HISTORIA DE LA POESÍA COLOMBIANA SIGLO XX

Juan Gustavo Cobo Borda

HISTORIA DE LA POESÍA COLOMBIANA SIGLO XX

De José Asunción Silva
a Raúl Gómez Jattin

Libro diseñado y editado en Colombia por
VILLEGAS EDITORES S. A.
Avenida 82 No. 11-50, Interior 3
Bogotá, D. C., Colombia
Conmutador (57-1) 616 1788
Fax (57-1) 616 0020
e-mail: informacion@VillegasEditores.com

© JUAN GUSTAVO COBO BORDA
© VILLEGAS EDITORES 2003

Editor
BENJAMÍN VILLEGAS

Departamento de Arte
HAIDY GARCÍA

Todos los derechos reservados.
Ninguna parte de esta publicación
puede ser reproducida, almacenada en sistema
recuperable o transmitida en forma alguna
o por ningún medio electrónico, mecánico, fotocopia,
grabación u otros, sin el previo permiso
escrito de Villegas Editores.

El autor agradece a Haidy García
su desinteresada, generosa, eficaz
y estéticamente valiosa colaboración.

Primera edición, Universidad de Antioquia 1987
Segunda edición, Tercer Mundo Editores 1995
Tercera edición corregida y aumentada, Villegas Editores 2003

ISBN 958-8160-39-1

Preprensa
ZETTA COMUNICADORES

Impreso en Colombia por
QUEBECOR WORLD BOGOTÁ S. A.

VillegasEditores.com

A Griselda y Paloma

Contenido

Al tal vez lector 15
Post-facio a la segunda edición 23
Tradición de la pobreza 27
   Caro y Flórez 32
   Silva vuelto a visitar 33
   "Salve, pujante macho" G. Valencia 40
   De Aurelio Arturo al nadaísmo 44
Una propuesta de lectura 61
José Asunción Silva (1865-1896) 85
Guillermo Valencia: tres imágenes (1873-1943) 101
Luis Carlos López (1879-1950) 115
   Bohemia burguesía 118
Relectura de Barba Jacob (1883-1942) 131
   Barba Jacob: tercera lectura 146
De León de Greiff a Eduardo Carranza (1930-1946) 159
   Denuncia y protesta 159
   Reflexión y trascendencia 162
   El verdadero cambio 165
   Colombia literaria: reacción y progreso 171
   Baldomero Sanín Cano (1861-1957), maestro benévolo 177
   León de Greiff (1865-1976): uno y múltiple 180
   La distancia fecunda 185

Rafael Maya (1897-1980) o la tradición conservadora — 188
Mirada al contorno — 194
Jorge Zalamea (1905-1969), la praxis de un hombre de letras — 196
Jorge Rojas (1911-1995): muchos poetas, una sola creación — 200
Eduardo Carranza (1913-1985): "salvo mi corazón todo está bien" — 204
Aurelio Arturo: la palabra original (1906-1974) — 213
   El silencio y la música — 219
   Una poesía anterior a la historia — 222
Mito — 231
Jaime Gaitán Durán (1925-1962) — 233
Los 42 números de Mito, 1955-1962 — 241
   Lectura de Mito — 256
   Gaitán, Durán, poeta — 272
   Si mañana despierto — 275
   Eduardo Cote Lamus (1928-1964) — 281
   Álvaro Mutis (1923) y su *summa de Maqroll el Gaviero* — 285
   La tradición inmediata — 293
   Mutis de vuelta — 302
   Fernando Charry Lara (1920) — 310
   Rogelio Echevarria, siete transeúntes — 317
   Meira del Mar (1922) — 323
El escándalo nadaísta y otros poetas — 341
   Gonzalo Arango (1931-1976) — 344
   La poesía y otros poetas nadaístas — 373
   Mario Rivero (1935) — 375
   Jaime Jaramillo Escobar (1932) — 378
   El clima nadaísta — 384
   Jaime Jaramillo Escobar: "el buen poema se come frío" — 391
   David Mejía Velilla (1935-2002) *canto continuo* — 398
   Una visión personal — 401

Los símbolos del poeta	403
Íconos (1968)	407
La década del setenta	411
En un país de poetas, la tradición en crisis	439
Repaso e incertidumbre	439
Un modernismo conservador	446
La vanguardia que no fue y la restauración neoclásica	448
Del nadaísmo a la disolución de todos los ismos	451
La institucionalización de la poesía	454
Nacidos después del cuarenta	458
Hablan las mujeres	464
Fin de la poesía: ella misma	468
María Mercedes Carranza (1945-2003)	473
Álvaro Miranda (1954)	476
Darío Jaramillo (1947)	478
La poesía de un país en liquidación	487
Trío costeño: Gustavo Ibarra, Héctor Rojas, Raúl Gómez Jattin	490
En la montaña antioqueña	497
La escuela del Haiku	506
Gloria Posada (1967)	508
Julio Daniel Chaparro (1962-1991)	512
Piedad Bonnet (1951)	515
Los nuevos y horribles trabajadores, como decía Rimbaud	519
Maestros y discípulos, o al revés	525
Fin del siglo XX: otra poesía	532
Un único espacio de conviencia	543
Bibliografía	559

AL TAL VEZ LECTOR

Poesía colombiana del siglo xx o de Silva a nuestros días. En las páginas que siguen se reúnen, a partir de una propuesta de lectura, diversos ensayos sobre el tema, visto tanto desde una perspectiva individual como colectiva. Se consideran así el período 1930-1945, la labor de la revista *Mito* (1955-1962), la agitación nadaísta, que se inicia en 1958, y aquellos poetas que comienzan a publicar sus primeros libros hacia 1970. Se repasa también la última década del siglo xx. Al mismo tiempo se incluyen trabajos sobre José Asunción Silva, Guillermo Valencia, Luis Carlos López, Porfirio Barba Jacob, Álvaro Mutis, Meira del Mar, Jaime Jaramillo Escobar y Darío Jaramillo Agudelo, quienes provenientes de algunos de esos núcleos, o siendo figuras aisladas y de transición, dibujan su propia secuencia personal, de superación y enlace, ajena a restricciones cronológicas, generacionales o de escuela. Barba Jacob, por ejemplo, no sólo expresa la reacción contra el modernismo, gracias al énfasis romántico, como lo señaló Federico de Onis en su *Antología de la poesía española e hispanoamericana* al hablar del "postmodernismo" (1905-1914) e incluyendo de Barba poemas como "Elegía de Sayula", "Canción sin nombre" y "Lamentación de octubre", sino que algo de su "postmodernismo" pervive en León de Greiff, modernista a su modo, e incluso en Jaime Jaramillo Escobar: la intensidad patética como forma de escarnecer una sociedad pacata. Líneas, como se ve, que se prolongan a través del tiempo, al disolver clasificaciones académicas, y convertir el tejido de la historia de nuestra poesía en algo mucho más rico y diversificado, a pesar de su íntima pobreza.

¿Hay entonces algo más fresco y enigmático que este poema de 1897?

El anochecer

Canta la fuente en el jardín. La tarde
se apaga, seda y oro, y una nube
en el ocaso entre arreboles arde.
Baja la noche. El pensamiento sube.
En torno sombras. Entra.
Todo en reposo. El bosque es negra mancha. La
visión del espíritu se ensancha
y el alma en el recuerdo se concentra.
En las manos la frente taciturna.
Sueños... Sombras... Callada la arboleda. Todo
se ha ido...
En la quietud nocturna
el rumor de la fuente solo queda.

Pocos sabrán que el poema forma parte de las "Acuarelas", de Ismael Enrique Arciniegas y que ciertos versos perfectos –"Baja la noche. El pensamiento sube"– tienen una densidad espiritual cada día más reveladora. ¿No dice acaso algo semejante algún poema de Octavio Paz, en *Ladera este* (1969)?

La poesía, hecha de tiempo y fabricada contra él, va más allá del lugar y las fechas en que fue compuesta. Sin embargo, la poesía colombiana, como el país quizá, adolece del prurito, cuando no infantil, baldío, de querer estar al día. De sentirse atrasada. Al repasar este siglo he advertido cómo la lírica colombiana, al margen de otros signos distintivos, busca, a toda costa, ser moderna, importando productos que antes no habían llegado. Los Nuevos lo hicieron con las greguerías. Piedra y Cielo con Juan Ramón Jiménez y la novedad que entonces era la poesía pura. Los de *Mito* se entusiasmaron con Perse y aún subsiste algo muy nerudiano en Álvaro Mutis. Los nadaístas repitieron, en Cali y Medellín, los "aullidos" de Ginsberg y los más recientes han (hemos) caído bajo los deslumbramientos de Borges, el surrealismo o Cavafis.

En consecuencia, nuestro poeta más actual sigue siendo José Asunción Silva. Él podía tener en mente a Poe, los simbolistas o lo que se quiera –el poeta casi siempre tiene demasiados libros en la cabeza, pero como lo dijo Xavier Villaurrutia, en el prólogo a *Laurel* (1941), refiriéndose a los iniciadores del gran cambio, los modernistas, ellos apuntaron al núcleo del problema: la poesía como asunto de lenguaje, y no al transvasamiento de influjos.

Dice Villaurrutia:

Los precursores se llaman Manuel Gutiérrez Nájera, José Asunción Silva, Julián del Casal. Son espíritus inconformes ante el eclipse de la poesía en lengua española. Al contrario de sus contemporáneos españoles, son espíritus abiertos a nuevas influencias, y, más o menos conscientemente, a menudo menos que más, pero guiados por su instinto, se enfrentan simultáneamente con el problema de la operación creadora que es la poesía y que es siempre, ante todo y sobre todo, un problema de lenguaje. La sacudida que provocan es, pues, la sacudida del lenguaje. Redescubren el sentido y el sonido de la palabra, y también su color y su materia. Vuelven a pensar en cuanto los poetas españoles y americanos que los precedieron habían enterrado, olvidado o petrificado. Restituyen al verso su condición de danza de sílabas y hacen surgir nuevamente, reconociéndoles toda su importancia, las pausas, los ritmos[1].

¿De cuántos poetas colombianos se puede decir lo mismo? En todo caso, y en *Laurel*, la antología que prepararon Emilio Prados, Xavier Villaurrutia, Juan Gil Albert y Octavio Paz en 1941, y que abarca 38 poetas, de Unamuno y Rubén Darío a Cernuda y Emilio Ballagas, pasando por César Vallejo y Jorge

---

[1] *Laurel. Antología de la poesía moderna en lengua española.* México. Editorial Séneca, 1941, pp. 10-11.

Luis Borges, sólo hay un colombiano incluido: Porfirio Barba Jacob.

¿Por qué? He aquí el otro punto: el afán de estar al día, de plagiar o morir, coexiste con el aislamiento perceptible. Somos nacionalistas de puertas para adentro, y el mundo, lamentablemente, no parece estar de acuerdo con nuestra escala de valores. La poesía colombiana, más allá de las fronteras patrias, no parece contar en el ancho mundo de la lengua española, en ningún sentido. Sí, claro: Silva, Barba, algo de Carranza, algo de Álvaro Mutis... y pare de contar. Fuera de Colombia, seamos honestos, nadie parece saber quién es León de Greiff ni tampoco Aurelio Arturo.

Planteando así el tema: carrera para alcanzar lo que siempre termina por dejarnos de lado, y aislamiento de incomunicada provincia, podemos, con tranquilidad, comenzar a leer nuestra poesía. Es, quién lo duda, una confrontación personal con textos personales, un intento por situarlos dentro del marco de una historia que ellos, en sus mejores momentos, trascienden.

Hay, en consecuencia, que comenzar a ver la historia de nuestra poesía, por lo menos en este siglo, como un diálogo de textos: entre ellos mismos, con la lengua en que se producen, dentro del país que los vio nacer y al cual afirman o, casi siempre, contradicen. La poesía, como la violencia colombiana, son dos de nuestros rostros que aún no asumimos del todo. Violencia y poesía: allí se origina nuestra imagen más significativa.

Como lector de poesía he seguido estas pistas por más de 15 años[2], desde cuando nuestra generación –la que en 1970 se llamó "generación sin nombre" y en 1985 llaman "generación desencantada"– comenzó a hacer pública, en periódicos y revistas, su lectura crítica de la tradición que la precedía, en Colombia y América Latina.

J. G. Cobo Borda
Bogotá, enero 3 de 1987

[2.] Los diversos avatares de esas lecturas se encuentran consignados en mis diversos libros de ensayos: *La alegría de leer,* Bogotá, Colcultura, 1976; *La tradición de la pobreza,* Bogotá, Carlos Valencia Editores, 1980; *La otra literatura latinoamericana*, Bogotá, Universidad Nacional, 1986; *Visiones de América Latina,* Bogotá, Tercer Mundo, 1987; *La narrativa colombiana después de García Márquez y otros ensayos,* Bogotá, Tercer Mundo, 1989 y *El coloquio americano,* Medellín: Universidad de Antioquia, 1994 y en tres antologías que he preparado y prologado durante el mismo período: *Álbum de poesía colombiana,* Bogotá, Colcultura, 1980; *Álbum de la nueva poesía colombiana, 1970-1980,* Caracas, Fundarte, 1980; y *Antología de la poesía hispanoamericana, poetas nacidos entre 1910-1939,* México, Fondo de Cultura Económica, 1985.

POST-FACIO A LA SEGUNDA EDICIÓN

La primera edición de este libro, publicada por el poeta Elkin Restrepo en 1987, dentro de las ediciones de la Universidad de Antioquia, tuvo un curioso destino: fue puesta como texto de referencia en colegios y universidades y sobre ella realizaron reseñas los alumnos del seminario Andrés Bello del Instituto Caro y Cuervo. También amigos del *Diario de poesía*, en Buenos Aires, la hallaron útil para internarse por los caminos de la poesía colombiana en este siglo.

Han pasado los años. El pequeño volumen se volvió inencontrable y nuevas páginas sobre Silva, Valencia, Barba Jacob –una tercera relectura– y Luis Carlos López subsanaban, de modo casi involuntario, ausencias del primer intento. Otras solicitudes editoriales, curiosamente desde Alemania a través de los profesores Gustav Siebemann y Karl Kohut, contribuyeron a actualizar los panoramas generales hasta los años noventa.

Fue entonces cuando Tercer Mundo Editores lo tomó como empresa propia y me obligaron a releer, corregir y revisar, como primer volumen puesto al día de mis trabajos críticos.

Sin embargo esta historia, porque es historia de la poesía colombiana en este siglo, sigue siendo muy personal. Por ello he querido llamarla portátil: la llevo conmigo. Son los poetas que algo me revelaron en el momento de leerlos. Los que me abrieron los ojos en el asombro de versos que quedaban resonando.

Quizá en otra nueva espiral de los tiempos, otras escrituras, aquí no contempladas, y otros poetas, me seduzcan e inciten a compartir sus secretos. Por ahora son estos algunos de los poetas colombianos que me acompañaron. Aquellos cuyos libros tiene uno claramente ordenados en la biblioteca de su casa: Silva, Valencia, Barba, Luis Carlos López, León de Greiff, Rafael Maya, Jorge Rojas, Eduardo Carranza, Fernando Charry Lara, Álvaro Mutis, Jorge Gaitán Durán, Eduardo Cote, Jaime Jaramillo Escobar, Mario Rivero, Giovanni Quessep, José Manuel Arango...

Esta elección, tan respetable y tan arbitraria como cualquier otra, sólo busca acentuar el carácter placentero de toda lectura, decantada por los años, y su derivación insensible hacia una escritura también gozosa y fluida. Me he acostumbrado a leer, para subrayar, con un lápiz en la mano. Eso daña los libros pero también suscita nuevos libros. Estas trescientas páginas son apenas los renglones que subrayé al leer la poesía colombiana.

Las citas y bibliografías finales tratan de enmarcar el simple disfrute hedónico dentro del más amplio terreno de una tradición, una sociedad y una cultura subyacentes, cómo no, en cada línea, pero que los versos logrados milagrosamente traspasan, para quedar allí flotando, en el compartido silencio de una admiración conmovida. También la crítica de la poesía aspira, luego de razonar tal sorpresa, a llegar al silencioso diálogo que la auténtica poesía propone al vasto mundo de sus elegidos.

Hace pocos días, al visitar a Germán Arciniegas, activo y lúcido en sus noventa y cuatro años, me propuso que trabajáramos juntos acerca de cómo tres poemas a su parecer indestructibles –el "Nocturno" de José Asunción Silva, "La luna" de Diego Fallon y el "Idilio eterno" de Julio Flórez– se escribieron y superaron, para siempre, a Palonegro y La Humareda, las batallas atroces de nuestras guerras civiles, que ya nadie recuerda. "Los versos viven", me decía e insistía: "Es hora de prestarle más atención a nuestra poesía que a la violencia que nos caracteriza". Tiene razón, y este libro aspira a ser fiel a tal observación suya.

J. G. Cobo Borda
Bogotá, marzo 20 de 1995

TRADICIÓN DE LA POBREZA

> Fáciles... He aquí el rasgo característico intelectual de los colombianos. No es posible imaginarse una espontaneidad semejante. Aturden, confunden.
>
> Miguel Cané, *En viaje*[1]

La lectura de la poesía colombiana, aunque sólo sea la de un siglo, resulta incómoda. Es una poesía poco importante. No es que no haya algunos buenos poetas y, lo que es quizás más importante, algunos buenos poemas. Es que la sensación general es de profunda e inalterable intrascendencia. Como el país, también la poesía colombiana resulta pobre. Pobre en recursos. Pobre en imaginación.

"Discreta la contribución indígena en población, mano de obra y técnicas; mediana y de difícil logro la riqueza y medianas las formaciones sociales de clases y grupos; con numerosos núcleos urbanos que hasta hoy han evitado el gigantismo urbanístico, Colombia bien puede ser llamado el país americano del término medio, de la *áurea mediócritas*". Estas palabras, de Jaime Jaramillo Uribe[2], bien pueden aplicar-

---

[1] Miguel Cané, *En viaje* (1881-1882). Buenos Aires, Editorial Eudeba, 1968, p. 211.
[2] Jaime Jaramillo Uribe, *La personalidad histórica de Colombia y otros ensayos,* Bogotá, Instituto Colombiano de Cultura, Biblioteca Básica Colombiana, No. 28, 1977, p. 153.

se a nuestra poesía. Una línea gris jalona su historia; y entre ese bosque de sonetistas ingeniosos y cantores rotundos, unos pocos árboles vuelven aún más desolado el panorama, no tanto por lo que ellos encierran de plenitud sino por la sombra que arrojan sobre el resto, el revelar su carácter de cosa trunca.

No es factible sustentar una tradición únicamente en fracasos, pero los logros resultan inexplicables. ¿Se puede decir algo más de lo que dice el "Nocturno"? ¿Es lícita una glosa de *Morada al sur?* ¿Quiénes fueron, en definitiva, Beremundo el Lelo y Maqroll el Gaviero? "Un mito es una historia y una figura mítica se mueve y existe únicamente dentro de la plenitud significante de su historia", como advirtió Harold Bloom en su libro sobre los románticos ingleses[3]. Ellos son, tan sólo, las palabras que nos los revelan. Pero en muy pocos otros casos esas palabras resultan ineludibles y fatales. Por el contrario, los poetas colombianos acostumbran a que se vuelvan canjeables.

Gustavo Otero Muñoz antologizó en 1930 ciento treinta años de poesía colombiana (1800-1930) e incluyó 85 poetas, añadiendo: "Además, debo advertir que aquellos 85 nombres no son los únicos dignos de hallarse a la cabeza de nuestro parnaso. Hay, por lo menos, 15 más, de quienes tuve que prescindir por los límites forzosos del volumen"[4]. Esto es, sim-

---

[3]. Harold Bloom, *Los poetas visionarios del romanticismo inglés.* Barcelona, Barral Editores, 1974, p. 46.
[4]. Gustavo Otero Muñoz, *Antología de poetas colombianos,* 1800-1930, Bogotá, Edit. de Cromos, 1930, p. XIV.

ple y llanamente, una insensatez. Ningún país ha producido, no en ciento treinta años sino en toda su historia, cien poetas de primer orden.

Esta carencia de criterio es la que prevalece en nuestras antologías. Allí no se encuentran los mejores poemas; están, en cambio, todos los que en un momento dado escribieron poesía. Los buenos poemas se pierden, sofocados entre la maleza. Y como son ellos la piedra de toque para discernir la calidad de los menores y la insignificancia del resto, el criterio empieza a ser decididamente oratorio o vagamente sociológico, un buen poema es aquel que se recita con frecuencia. También asoman por allí los fervorosos nacionalistas; ignorantes, obvio, de lo que el crítico mexicano Jorge Cuesta dijo en 1932: "El nacionalismo equivale a la actitud de quien no se interesa sino con lo que tiene que ver inmediatamente con su persona; es el colmo de la fatuidad"[5].

¿Qué es, entonces, una antología? La misma pregunta se hace Malraux en *El hombre precario y la literatura*, y responde: "¿Muestrario, cuadro de honor, metamorfosis?". Un ejemplo: no es lo mismo leer a Julio Flórez desde la perspectiva de Mario Rivero que contemplarlo como heredero degradado de Rafael Pombo. En el primer caso resulta una curiosidad; en el segundo, un epígono insignificante. El romanticismo es *páthos* pero es también conciencia crítica. Sin esta última se convierte en sentimen-

---

[5.] Citado por Carlos Monsivais en el prólogo a su antología, *La poesía mexicana del siglo xx*. México, Empresas Editoriales,1966, p. 24.

talismo de arrabal; y esto es lo que sucede con Flórez, no con Pombo. "Las quejas, el reproche / son ceguedad. Feliz aquel que consulta / oráculos más altos que su duelo". La noche de Pombo es la noche de Rancé; es decir: una alta noche.

Otro ejemplo: los poemas de Miguel Antonio Caro no son fríos, resultan, sólo, convencionales. Ninfas y Calderón y Jorge Manrique, el inevitable canto al Tequendama: "Qué prodigio, sin mengua en tu riqueza. / ¡Cuán hermoso en tu misma terribleza!". Se dirá que este es el precio de la época, pero uno de sus sonetos –*Pro senectute*– sobrepasa esa aparente limitación y todavía nos habla. "Ha perdido la fuente sus rumores, / Han perdido las flores su perfume", resulta desdeñable.

Tercer y último ejemplo. Valencia, Gómez Restrepo, Víctor M. Londoño, Luis María Mora y Pacho Valencia ambicionaban ser paganos. La ambición, por supuesto, era lícita; el resultado final, espurio. Con excepciones como el soneto de José Eusebio Caro, "Héctor", "La faz de polvo llena, / en brazos de la muerte adormecido / yace olvidado en la sangrienta arena", el resto resulta *papier mâché* y no asoman, por ningún lado, los frisos seculares. Mora dirá: "Como el romano adusto / Herede yo también salero augusto" ("Terra mater") con lo cual seguramente pretendía fusionar el Lacio y Andalucía, y Gómez Restrepo, "Leyendo a Homero", interrumpirá el paso veloz del "grave carro del invicto Aquiles" con este final, ciertamente conmovedor en el ámbito hogareño, pero del todo disonante dentro del clima que evoca el poema: "Ven asomar mis fascinados ojos, / llena de amor, tu cabecita rubia". Ni siquiera León de Greiff escapa al contagio y pide a Palas Atenea que se le muestre desnuda y "preste euritmia a mi rapsodia ruda". Se argüirá que Colombia forma parte de la tradición occidental y que Grecia y Roma siguen siendo motivos válidos. Pero no es esta, precisamente, la forma de invocar a las musas. Quizás el único que parece recobrar algo de ese mundo sea Maya. Hay en él un uso convincente de dichas imágenes; y una dicción donde la melodía reniega del cascabeleo y purifica toda esa parafernalia con un tono a la vez grave e indiferente. A él no le interesa llorarlas o apostrofarlas. Sabe que están aquí y con eso le basta.

No se trata de caracterizar a un romántico, a un neoclásico y a varios paganos sino de mostrar cómo la crítica, la biografía y la historia literaria son formas diversas de la tautología: ninguna de ellas mejora un mal poema. El buen poema, en cambio, sigue allí, inalterable y sorpresivo. Dice lo que siempre ha dicho o lo que nunca dijo, pero cada lectura lo renueva. Un siglo es poco, y las visitas de la musa, fugaces, pero quizás resulta posible descubrir en los textos, no en las anécdotas, las pocas ocasiones en que dentro de la poesía colombiana se oye esa voz inconfundible: la de la auténtica poesía. Revelemos de antemano el secreto: son muy pocas.

Unas últimas consideraciones. "Antes que ser Francia, la poesía francesa es, desde luego, la Poesía", escribió Thierry Maulnier en 1939. Y está bien que así sea. La *Memoria sobre el cultivo del maíz en Antioquia* o *El bambuco* son subsidiariamente poesía. Aluden, en primer término, a la agricultura o al folclor. En consecuencia: no nos interesan. Parece necesario también desconfiar de los rótulos: cuadernícola o nadaísta, puede, en un momento dado, atenuar las inepcias, no justificar los aciertos. Gide, antes de la segunda guerra, Andrés Holguín, más tarde, consideraron justa la elección de fragmentos. Me atengo a su criterio: siempre hay demasiados malos versos, y ¿por qué no ser corteses con ese lector hipotético? Hechas estas salvedades, comencemos.

CARO Y FLÓREZ

La lectura de las obras completas de José Eusebio Caro resulta insatisfactoria. ¿No lo es acaso el de toda obra completa? La añorada figura del padre, su pasión por Delina, las peripecias del proscrito y la feroz diatriba contra José Hilario López, aquello que Caro llamaba socialismo. No hay más núcleos temáticos pero no hay tampoco demasiada poesía. El final de *En alta mar* compensa, quizás, varios anteriores renglones huecos pero no salva el poema. "La blanca amapola del olvido", si la hubiera visto Giovanni Quessep sería un acierto pero "La hamaca del destierro" un poema carente de misterio.

Arcángel y ramera; gusanos y camposantos; cuerpos a los cuales el placer descoyunta y ese "pérfido monstruo que llaman Hastío": la poesía de Julio Flórez, elemental y descuidada, se nutre con tales elementos. Como dijo Rafael Maya en su prólogo a *Oro y ébano*, el libro póstumo: "el romántico colombiano decae con lamentable frecuencia y siempre con ejemplar celeridad hasta rasar el suelo del más pobre prosaísmo". Su ambición, en ocasiones desmedida –"rasgar los cielos y extinguir los astros"–, no llega a realizarse. Sus aciertos, casi indistinguibles en medio de tan apretada fronda lírica, son invariablemente irónicos. Pero son los mismos de las *Gotas amargas* de Silva: filosofía barata y retintín monótono.

Henry James, en 1876, dijo a propósito de Baudelaire: "el mal comienza para él afuera y no adentro y consiste primordialmente en grandes porciones de paisaje truculento y de utilería desaseada. Es esta una concepción casi ridículamente pueril del asunto". Las pordioseras tísicas de Julio Flórez ya no nos conmueven. A medida que su música se extingue, llegan a ser sólo incómodas.

SILVA VUELTO A VISITAR

Tres temas dominan todo cuanto se ha escrito sobre Silva y es mucho. El ambiente, las influencias literarias y su vida amorosa. Si a estos añadimos el suicidio, la confusión resulta total. Además su obra –un puñado de poemas, una novela curiosa y desigual, media docena de notas y algunas cartas– no ha servido, en ocasiones, más que de simple pretexto para que los críticos adelanten sus propias escaramuzas. Así Guillermo Valencia ataca a Unamuno, Rufino Blanco Fombona a Roberto Liévano, Ismael Enrique Arciniegas a Luis López de Mesa, Eduardo Castillo a Arturo Torres Rioseco... Algunas de ellas pueden ser divertidas, es cierto, pero la polvareda que levantan impide ver los textos.

Cuando se pide la vuelta a ellos –tal el caso de José Umaña Bernal y Hernando Téllez– el desorden está tan difundido que el primero prefiere hablar de Maurice Barrés, y el segundo, formular la única pregunta sensata: ¿Qué hacemos con Silva?

No podemos, lamentablemente, prescindir de él: nuestra sempiterna pobreza nos lo impide. Además, no sería justo perder algunos bellos versos –"son de laúd y suavidad de raso"– en manos de hagiógrafos piadosos: Silva es ya un santo al revés. No queda más remedio que repasar todo el asunto. Pero el nivel en que se desenvuelve es, por decir lo menos, lamentable. Si Alfredo de Bengoechea, por ejemplo, admite que bien pudo Silva tener amores con su hermana Elvira, "lo que no le chocaría ni escandalizaría en un ser tan superior", Daniel Arias Argáez, para defenderlo, revela que Silva tenía una *garçonnière* en la calle 19. ¿"La casta Susana", o un sátiro normal?

Pero si descendemos a estas minucias, el proceso contrario no resulta tampoco demasiado halagador. Se corre el peligro de la reconstrucción lírica. Una página de Carranza es igual a otra de Jorge Carrera Andrade y estas dos son perfectamente equiparables a una tercera de Raúl Andrade.

¿Qué hacer? ¿Limitarnos a la placidez de la vida académica? Raimundo Rivas habla de Bécquer, varios de Poe, Carrier de Baudelaire y Fogelquist de Heine; Orjuela menciona a Huyssmans y Caparroso a Verlaine. Lo único grave es que ya Silva había hablado de todos estos, antes, y mejor. ¿No era acaso un ávido lector? ¿No pedía a sus amigos en París, en 1896 –el año de su muerte– que lo suscribiesen, por un año, a la *Revue de Deux Mondes*, a la *Revue Encyclopédique*, a la *Revue Philosophipue*, a la *Revue Bleu*, a la *Revue Blanche*, al *Mercure de France*? ¿Por qué nos sorprende, todavía, que alguien lea, escriba, influya y sea influido?

O seguirnos barajando rótulos: ¿romántico, parnasiano, simbolista, modernista, precursor?

Si estos tienen larga vida, las penurias del medio también parecen perdurar. Unamuno, estableciendo el paralelo con España, habló ya en 1908 "del paso de aquella sociedad recogida y patriarcal, pero timorata y tal vez gazmoña e hipócrita, a otra sociedad más batida y aireada". Max Grillo, en 1946, se preguntaba si no se había exagerado "lo bárbaro" del ambiente en que vivió, y Rafael Maya, en unas páginas que tienen el mérito de lo personal, rectificaba su anterior juicio negativo sobre Santa Fe, que no Bogotá, apelando a los nombres consabidos: Caro, Cuervo, Suárez. Pero lo que el mismo Silva había dicho: "Todo el mundo conoce a todo el mundo. Las preocupaciones principales son la religión, las flaquezas del prójimo y la llegada del correo de Europa", y que Sanín había reiterado sobre ese Bogotá escéptico y burlón, en el cual "la suposición tenía méritos de realidad y la farsa se entronizaba como imperativo social, político y económico", ¿ya se había olvidado? Como lo confirmó Hernando Téllez, años más tarde, se trataba, en realidad, de una ciudad "más culta que civilizada".

En este sentido, nada más elocuente que la carta de Rafael Pombo a los hermanos Cuervo: "Dos plieguitos y medio. Suicidio ayer o antenoche de José Asunción Silva, según unos por el juego de $ 4000 de viáticos de cónsul para Guatemala; por atavismo en parte; mucho por lectura de novelistas, poetas y filósofos de moda. Tenía a mano el *Triunfo de la muerte,* por D'Annunzio, y otros malos libros. Ignominioso, dejando solas una madre y una linda hermana, Julia".

Quejarse resulta tan erróneo como disimularlo, pero en 1907 los equívocos proseguían: Lorenzo Marroquín y José María Rivas Groot, en *Pax,* parodiaban el "Nocturno" y se burlaban del difunto llamándolo S. C. Mata. Lo grave es que tan malos chistes revelan más sobre Silva que la amable simpatía póstuma de amigos y admiradores: Laureano García Ortiz, Tomás Rueda Vargas, Emilio Cuervo Márquez, Fernando de la Vega, Ventura García Calderón, Nicolás Bayona Posada. O que el entusiasmo militante de nuestros contemporáneos, Eduardo Camacho Guizado, para citar sólo uno, descubre en este párrafo torpe de Francisco Posada el primer análisis marxista de Silva: "Ser nobilísimo y selecto, de una irritabilidad emocional casi patológica, lo asfixiaba el ambiente feudal del país; pero tampoco lo satisfizo el capitalismo que conoció en

Europa". Si este es el marxismo, más vale seguir siendo liberal, o conservador.

Pasemos mejor a temas menos ásperos. Una tradición no se mide por las reacciones que suscita sino por la capacidad de engendrar nuevas obras. La muerte de Silva produjo un buen poema: el de Guillermo Valencia. Otros regulares: Julio Flórez, Víctor M. Londoño. Varios malos. Sus *Gotas amargas* han sido consideradas como valioso antecedente de Luis Carlos López. Pero este hecho, me parece, no es más que el prurito de inventarle antepasados ilustres a un poeta menor. Las *Gotas amargas* son un divertimiento, y Silva lo sabía. *Día de difuntos* no. Además buena parte, quizá la mejor, de la poesía de Aurelio Arturo proviene de estos versos de Silva: "La fragancia indecisa de un olor olvidado / llegó como un fantasma y me habló del pasado". Igual podría decirse de Charry Lara: "La brisa dulce y leve / como las vagas formas del deseo".

El poema que Eduardo Cote Lamus le dedicó, e incluso el de Luis Cardoza y Aragón, confirman la energía que todavía suscita su escritura. Un poeta nuevo, como Giovanni Quessep, coloca a Silva al comienzo de su tarea. ¿Está Silva vivo?

Ciertamente no. Como lo señaló Hernando Valencia Goelkel, al cumplirse el primer centenario de su nacimiento: "Sobre su obra aparecieron trabajos lúcidos, llenos de un sereno desapego; nadie, que yo sepa, se empeñó en la fatua tarea de aniquilarlo; con compasión o con ironía, escuchamos (y escuchamos mejor) a Silva desde su pasado; vive quizás una alta vida ardiente en algunas admiraciones, en algunas afinidades, pero de ninguna manera pertenece al campo de la política literaria. Se toma o se deja. Nadie lo impone; a nadie estorba".

Si es lícito reivindicar a *De sobremesa* como un *bibelot*, y ya Jorge Zalamea lo había hecho en 1926, sus poemas, en cambio, han sufrido el inmisericorde desgaste de la aceptación. ¿Es factible leer: "Una noche/una noche toda llena de perfumes, de murmullos y de músicas de alas" como si nunca nadie lo hubiera recitado? "Seguirnos debatiéndonos aún, decía Charry Lara, en 1965, con respecto a problemas comunes a vida y poesía, dentro de la misma indagación sin salida". Si esto fuera así nuestro anacronismo no sólo sería cómico sino atroz, lo cual es, básicamente, lo mismo que insinúa X-504, el poeta nadaísta, en su relectura de Silva.

Será mejor terminar. "El habitante de Bogotá, ciudad de aire estático y lloviznas pertinaces, de calles grises y silenciosas, con bajas y amplias casas coloniales, podía sentirse consustanciado con un tono de vejez que no llega a antigüedad", anotaba Juan Carlos Ghiano, en una de las pocas monografías sobrias sobre Silva. Y es precisamente este tono de vejez que no llega a antigüedad el que aqueja hoy en día a sus versos. Silva envejece pero no sabemos aún si sus lectores se renuevan. Silva ya no es un mito; es, tan sólo, un poeta, y a los poetas poco los leen. ¿Seremos capaces de volver a él o subsistirá, apenas, su vaga silueta; ese "recuerdo borroso / de lo que fue y ya no existe"?

Leamos a Silva: "¿Contra lo imposible qué puede el deseo?": esta pregunta que Silva reitera a todo lo largo de su corta obra es la que le da su modulación inconfundible. Hecha de vagos rumores y de palabras precisas, su escritura se interna en "el poema triste de la remota infancia" y allí permanece al tratar de recobrar, mediante una oculta simpatía, "la niebla de lo pasado", "la musgosa orilla". "Infancia, valle ameno", cómo son de breves "tus dichas transitorias". Sólo que el "sol de la realidad" disipara ese "aire tibio". Quedara, apenas, un recuerdo de "sosegadas armonías" y la imposibilidad de aprisionar en el verso esos "fantasmas grises". Por todo ello, porque prefiere cantar a Bolívar en la derrota, y no en lo falaz de la gloria, Silva sigue siendo el más auténtico poeta colombiano. Pagó con su vida lo penoso de una realidad que, inferior a sus sueños, se ahonda ahora en la música del "Nocturno". Este y tres más de sus poemas hechos –según sus propias palabras– de perlas pálidas y brisas cariñosas, perduran: "La fragancia indecisa de un olor olvidado / llegó como un fantasma y me habló del pasado".

Barba Jacob. Su vocabulario, empalagoso: rosicler, estelífera, perlina, soporoso. Y su homosexualismo "nefanda deidad activa / que los rubores vedan nombrar" le dicta demasiados marineros, demasiados exabruptos. Así, en *Acuarimántima* (VI): "dejo que mi carne, ruin loba / de lúgubres anhelos arrecida / se me abandone al logro del deleite, / desnuda en la impudicia de la vida". *Los desposados de la muerte*, en cambio, a pesar de su lastre –"láctea, meliflua, floreal"– y otros cuatro poemas, se sostienen. Poemas intensos en los cuales el arrebato se convierte en pasión verbal. "El tiempo es breve y el vigor escaso"; "La vida está acabando y ya no es hora de aprender": evidentemente Barba sabía de lo que hablaba. Pero la vaguedad de sus símbolos –"Una Jerusalén de poesía"–; el indeciso panteísmo y de pronto algunos golpes tajantes: "Oh reina, rencorosa y enlutada"; "contra la muerte, coros de alegría", no alcanzan a compensar el desgaste. El ensayo de Hernando Valencia, en *Mito*, lo explica. Estas palabras de José Lezama Lima, en *Paradiso*, resultan adecuado complemento a dicho juicio crítico. "Recuerde Usted aquel poeta Barba Jacob, que estuvo en La Habana hace pocos meses, debe haber tomado su nombre de aquel heresiarca demoniaco del siglo XVI, pues no sólo tenía semejanza en el patronímico sino que era homosexual propagandista de su odio a la mujer. Tiene un soneto, que es su ars poética, en el que termina consignando su ideal de vida artística, 'pulir mi obra y cultivar mis vicios'. Su demonismo siempre me ha parecido anacrónico, creía en el vicio y en las obras pulidas, dos tonterías que sólo existen para los posesos frígidos".

"SALVE, PUJANTE MACHO" G. VALENCIA

En 1919, al regalar su bastón, hacía Guillermo Valencia (1873-1943) un recuento de su itinerario: "seis congresos, mil reuniones / la iglesia, el circo, el estrado, / todo club bien reputado, / sepelios y diversiones, / agitadas elecciones, torneos de amor y ciencia, / la lid por la presidencia": en esto naufragó el gran poeta que *Ritos* presagiaba.

"Quise ajustar mi ofrenda / al viejo canon, y pulir el verso / con paciencia de orífice": en su canto *A Palmira*, Valencia señala el ideal que lo anima; y en el prólogo a *Catay*, fechado en 1928, denigra, con toda razón, de "cubistas, ultraístas, dadaístas y futuristas" y considera su libro "el libro preterista por excelencia". Pero si toda gran poesía tiene, como el ángel de Klee, el rostro vuelto hacia el pasado, en este caso el pasado hacia el cual mira Valencia es un pasado ya exhausto, no en sí mismo sino debido a la perspectiva con que lo enfoca: una perspectiva grandilocuente: Basta comparar su Grecia con la Grecia de Cavafis (1863-1933), son coetáneos, para advertir la diferencia.

En el encuentro de san Antonio y el centauro no hay una confrontación: cada cual se limita a decir su discurso. Y el paganismo enfrentado al cristianismo no puede sintetizarse en un lugar común, como lo intenta en las "Dos cabezas". El combate, en "Anarkos", entre León XIII y Bakunin no es épico sino trivial. Igual que el de san Francisco y Lenin, en "Loa del pobrecillo". Valencia aspiraba a suscitar grandes combates; engendra, en cambio, fintas verbales. Tan vacuas como sus sonetos filosóficos. Y luego, un instrumento verbal de primer orden, al servicio de himeneos y conmemoraciones.

La reacción de Carranza, en su *Bardolatria* de 1941, parece justa: "Valencia es apenas un buen poeta. Un buen poeta al uso del Parnaso [...]. Está lastrada su poesía de elocuencia ideológica-verbal [...]. Es un retórico genial si se quiere, al servicio de un poeta menor [...]". Que conste: no tengo nada en contra de la buena retórica. Al contrario, creo que la mejor poesía es una retórica eficaz. Ni pienso, tampoco, como Carranza, que Valencia no cante "lo entrañablemente humano". El segundo soneto que le dedicó a la memoria de su mujer es un modelo de pudor contenido, al igual que el prólogo a los sonetos a sus antepasados. Lo que sí pienso es que el *corpus* mayor de su poesía se ha venido a tierra. Como la ciudad que cantó, con versos marciales, es ya "un nostálgico pozo de olvido".

El demonismo de Eduardo Castillo pudo resultar escalofriante; hoy se ha convertido en una viñeta *art-nouveau*. Rezar a Satán, amar una vampiresa: ¡qué fastidio! Y ese Eros tenebroso; y esa prolijidad morbosa con que describe a *Anandrina*. Sin embargo, en los sonetos de *El árbol que canta* subsiste una gracia delicada.

Ciertamente nada más refrescante que los poemas de Luis Carlos López, vistos en la perspectiva de la tradición poética colombiana que lo circunda. Al lado del aticismo que preconizaba Cornelio Hispano o teniendo como parangón los convencionalismos piadosos de Diego Uribe, Luis Carlos López tiene, por lo menos, el mérito de lo concreto, de la silueta picaresca. Pero su repertorio no es más que el mundo de Sancho Panza según lo describe el poema de Valencia: "Por él supe los chismes de la parroquia artera, / los líos del barbero, del cura y la sobrina, / la fofa brillantez de la clase altanera, / y la malignidad de la chusma ladina".

Era, además, en sus primeros poemas, fervoroso españolizante: allí asoman alquerías y pesetas; duros y molinos; mesones, pollinos y botas de vino e incluso un paisaje de Sorolla. Quizás esto explique sus chistes gruesos, pero no es el hispanismo el que alivia el reiterado tedio de sus sonetos, siempre idénticos. Cromos, como él mismo los califica, quien habla en ellos es un adolescente que prefiere el gracejo al entendimiento. No cambió, pero tampoco profundizó: siguió siendo toda su vida un humorista de provincia.

De Greiff leyó a Valencia, a Barba, a Luis Carlos López; al "Indio Darío borracho"; a Laforgue y a Corbiére; a Poe y a Carolus Baldelarius; a Villon –"la bizarra Odisea en medio del hampa"– y a Will (Shakespeare). El romántico decadente, el bohemio truhanesco, el modernista irónico, el juglar medieval, el sentimental entristecido, el iracundo polemista..., todas estas máscaras indican su prodigiosa capacidad inventiva, sustentada en una férrea raíz: él mismo. Su máxima evasión, su mayor irrealidad, era vivir en Colombia. "¿Quién demonios te escucha?", se pregunta, pero ese silencio en torno suyo no interrumpió, en ningún momento, su caudal de erudición y, sobre todo, de risueñas rimas. "Ni que de necios me atosigue la acerbia, / ni que el aplauso me torne menos mío". Ningún otro poeta colombiano en que convivan mejor su propia parodia y su propia admonición. Entre Ofires soñados y penurias reales, De Greiff va tejiendo su vasta tela, de "cazador cazado". "Corazón desalado y espíritu burlón", "de poeta (y en el trópico) estoy".

Fernando Charry Lara, en ensayo aparecido en el No. 188 de *Eco* (junio 1977), ha enumerado las diversas formas en que se ejerce la influencia de De Greiff, al utilizar indistintamente prosa o verso: su afán narrativo y la invención de diversos alter egos: su visión del trópico como fuerza alucinada y su presentación de la banalidad de existir aliada al tema del viaje imaginario. Pero quizás la verdadera influencia de De Greiff, en el futuro, sea su imagen. Su fastidio, ante la ñoñez reinante, otorgaba a la presencia del poeta, por última vez, un aura mágica. No solemne sino travieso quedó convertido, con todas sus limitaciones y su innegable grandeza, en su mejor retrato. Es decir: en Beremundo el Lelo.

DE AURELIO ARTURO AL NADAÍSMO

El 11 de diciembre de 1959, siendo presidente de la república Alberto Lleras pronunció un discurso en el hotel Tequendama donde, entre otras cosas, dijo lo siguiente: "La poesía era el primer escalón de la vida pública y se podía llegar hasta la Presidencia por una escalera de alejandrinos pareados. Se dirá que todo aquello era anacrónico y absurdo, pero fue una vocación nacional, un modo de ser espontáneo, una inclinación que nos dio carácter internacional, aun pintoresco. Esa tradición se hunde de repente, como la Atlántida, en un cataclismo que no deja ninguna señal"[6]. Tan vertiginoso proceso, que se inicia en la primera administración de López Pumarejo, habría de incidir no tanto en la calidad de la poesía como en el *status* que ocupaban los poetas. Pero la riqueza económica no habría de convertirse, necesariamente, en riqueza poética. Esta última prefirió seguir siendo fiel a su menesteroso pasado.

Como ha dicho Rafael Maya, en una de las pocas obras válidas en dicho campo, *Consideraciones críticas sobre la literatura colombiana*, 1944, esta es, en general, pacata y provinciana y hay, en toda ella, una brillante superficialidad. La poesía colombiana, tan irremediablemente pueblerina –agregamos nosotros– donde todo divertimiento es exaltado como gran obra del espíritu, recuérdense las palabras de Miguel Antonio Caro respecto a la "Oda al chocolate", de Andrés María Marroquín: "magnífica en su género y evidentemente una de las mejores de nuestro Parnaso; una de las que más bien parados nos dejara, si se presentase como muestra de la literatura americana", ha gozado, como se ve, de completa impunidad. Impunidad que la carencia de crítica hace aún más ominosa.

Basta ojear la *Historia de la literatura colombiana*, 2a. edición, 1935, del padre José J. Ortega, obra que hace honor, por cierto, al dictamen de Borges

[6.] Alberto Lleras, *El primer gobierno del Frente Nacional,* tomo segundo, agosto de 1959-julio de 1960, p. 154.

acerca de cierta historia de la literatura argentina cuyo volumen era mayor que el de la materia que trata. Allí –en tipo menor de imprenta, y perdido en medio de lista interminable de nombres– esta anotación: "El discutido León de Greiff, de Medellín (1895) o Leo le Gris, es el más caracterizado de los simbolistas, por su gusto exótico y sus raras formas ultramodernistas, como se puede observar en sus obras *Libro de signos* y *Tergiversaciones*, y en las extravagantes e incomprensibles publicaciones que actualmente publica". Nada más sobre León de Greiff. En cambio, de Belisario Peña y Rafael Vásquez, de Juan de Dios Bravo –autor del célebre soneto el Aeroplano místico– y de Ricardo Nieto, qué fotos, qué encomios y sobre todo ¡qué poemas!, los que incluye. Estos son, evidentemente, ejercicios necrofílicos, que no tienen mayor interés pero que sí revelan, de algún modo, el estado en que yacían las letras nacionales.

El modernismo, que parece perpetuarse en Colombia hasta 1935, era ya gesto vacío. Pureza idiomática y corrección verbal daban lustre académico a la actividad creativa –¡qué fue de Alfredo Gómez Jaime, qué de Ángel María Céspedes!– que si bien podía sustentarse en tal rigidez, y ser correcta o castiza, también, y con deplorable frecuencia, concluía en la pompa, cuando no en el desenfreno oratorio, tan característico de nuestra poesía. Pero concretémonos a los poetas. No a las generalidades. Las mujeres que Ismael Enrique Arciniegas recuerda, a través de la vidriera; las que Alberto Ángel Montoya abraza, en un bosque próximo a ser talado; la amante burguesa que elogia José Umaña Bernal: he aquí nuestra tradición galante. Poesía de *garçonnière* y de champaña: no queda nada.

Luis Vidales descubrió, a fines de los veinte, la desenfadada explosión de los ismos, no del surrealismo, y el vuelo lírico de las greguerías. De esas fuentes se nutre *Suenan timbres*. Cincuenta años después, en *La obreriada*, Vidales hace suyo el sopor del realismo socialista. Preferimos al primer Vidales, no al actual camarada lírico. Pero no fueron sus primeras y simpáticas travesuras, ni tampoco la irrupción de Piedra y Cielo los que renovaron el clima. Fue, como siempre, un solitario, Aurelio Arturo.

Desde uno de sus primeros poemas, "Paisaje", incluido en la selección Samper Ortega, reproducido por Caparroso en su *Antología lírica*, 1951, y no recogido hasta hoy en las diversas ediciones de su obra, el tono de Aurelio Arturo es, sin lugar a dudas, uno de los más puros dentro de nuestra poesía, comparable, apenas, al de Silva. "Hace siglos la luz es siempre nueva", dice allí, y esta sensación de renovada frescura es la que inmediatamente nos sorprende, al releer su poesía. "Rumor hondo", "fluir sin fin", las palabras que hacen de *Morada al sur* el más importante poema colombiano de este siglo, continúan intactas. Son palabras capaces de convertir la naturaleza, y la maravillada memoria de la infancia, en una tierra común, en un espacio deslumbrante, no sólo por la claridad o la melodiosa transparencia de su lenguaje, sino, sobre todo, por ese reverso de sombras que acentúan su encanto. Hay algo no dicho, en toda la poesía de Arturo, que la hace enigmática y definitiva. El habla de un reino, hecho de limpidez y perfumes, que subsiste por obra y gracia del verbo, un reino que él creó y en el cual sigue vivo.

Octavio Paz, en su excelente ensayo sobre Villaurrutia[7], comenta el primer libro de éste, *Reflejos*, 1926, y dice: "Hay ecos de López Velarde y, sobre todo, del Juan Ramón Jiménez de *Eternidades* y de *Piedra y Cielo*. El parecido de estos poemas con los que por esos mismos años escribían varios poetas españoles y sudamericanos se debe simplemente a que todos ellos seguían la lección de Jiménez. A pesar de que hoy se deplora la influencia de Juan Ramón, pienso que fue benéfica: si no fue una pureza poética, como se creía en aquella época, sí fue una depuración retórica. La envarada y ataviada poesía hispánica se desnudó, se aligeró y se echó a andar". Trece años después de la aparición del libro de Villaurrutia se iniciaba en Colombia la publicación de las entregas quincenales de Piedra y Cielo que alcanzaron los siete números, y que Rafael Gutiérrez Girardot ha calificado de "revolución en la tradición": fueron a España a recoger los frutos de las semillas que allí había plantado Rubén Darío. Al aclimatarlos en Colombia lograron, en un primer momento, una indudable ruptura; más tarde se marchitaron. El soneto, por ejemplo, es en Piedra y Cielo una máqui-

---

[7] Octavio Paz, *Xavier Villaurrutia en persona y en obra*, México, Fondo de Cultura Económica, 1978, p. 54.

na perfecta. Basta, en consecuencia, con uno solo para advertir su funcionamiento.

La poesía de Eduardo Carranza, abanderado del grupo, ha corrido todos los riesgos. Demasiado próxima al poder, ha sido una poesía patriota, una poesía de circunstancia y ha fabricado su propio arsenal metafórico para tales circunstancias. Pero ha logrado, sin embargo, mantener por debajo de toda esa deletérea función pública, tan próxima al discurso, una voz más urgente y conmovida que, al dejar atrás la sola música de sus primeros poemas, se adensa, en gravedad, al contacto con la vejez y la muerte. Y es ella misma, su propia poesía, la que releída borra todo ese exaltado nacionalismo, tan sincero, quizás, en la persona del poeta, tan superfluo en sus escritos, dejándonos en cambio un perdurable puñado de poemas. Los enumero: "El olvidado". "Galope súbito". "El insomne". "Epístola mortal".

Fernando Charry Lara, lector de Villaurrutia, ama la poesía sonámbula. Y si bien ha reconocido el magisterio de Aleixandre, fue, en realidad, al contacto con el nítido dibujo de Cernuda como su voz se esclareció, se hizo más suya. Dueño de ella, ha escrito media docena de poemas en los que habita la claridad del misterio. Ensimismada en su búsqueda inútil, esta visión de los fantasmas de la ciudad y del deseo, logra, simultáneamente, estructurar el poema de modo exacto. Así, Charry reflexiona con hondura y logra que una vasta resonancia acompañe esa meditación desolada sobre su propio oficio, señal inequívoca de toda verdadera poesía.

Héctor Rojas Herazo, conocedor de Whitman y Neruda, prefiere exaltar lo copioso de su aventura vital con sonidos palpables. También asoman allí, con el súbito desconcierto de lo habitual, varias presencias inconfundibles: "un hombre cuyo único oficio / fuera descender una vara de nardo por los escalones de un templo", o "la damita inglesa que estornudó /antes de desaparecer por el porche de un consulado". La materia que aflora en todos sus textos, una materia espesa, cuando se refrena y entona, alcanza un ámbito nuevo, de singular vehemencia. Véase su *Salmo de la derrota*. Como lo expresó Fernando Charry, en una selección de poesía colombiana aparecida en Venezuela, en 1977, su poesía es "arbitraria, dura y sorpresiva, como la misma vida". Así es como ha logrado, en su poema sobre Agustín Lara, hacernos entrar en "el goce de un nuevo y esplendoroso sufrimiento", a la vez exultante y agónico.

Lo que disuena, desde el primer momento, en la poesía de Álvaro Mutis, es su acento. Se trata de una poesía madura; la única poesía colombiana que hoy cuenta en Latinoamérica. Vista desde el exilio, la tierra colombiana adquiere toda su opaca pesadumbre. Si el elemento de la poesía de Arturo es el aire, el de Mutis es la tierra, una tierra recorrida por la sed del deseo y los sueños truncos. Y si Aurelio Arturo edifica sus poemas mediante un ademán gentil, Mutis se sumerge en la lúcida fiebre del delirio. Con la desolación irremediable de todo lo que se pudre, allí surgen varios seres míticos –el húsar,

Proust, Matías Aldecoa, el capitán Cook– y, sobre todo, ese amasijo de vida que es Maqroll el Gaviero. Pasión y estoicismo, Mutis ha logrado lo imposible: que la miseria adquiera un esplendor desconocido. Ha obtenido la objetividad de la más alta poesía.

Se han hecho reiteradas comparaciones entre la vida, la obra y la muerte de Jorge Gaitán Durán y Eduardo Cote Lamus. Lo que en ninguna de ellas se ha dicho es que sus dos primeros libros, y algunos de los siguientes, son los dos más malos libros de poesía que se han escrito en Colombia. Cote empieza a ser poeta digno de ser leído con la aparición de *Los sueños*. Gaitán Durán únicamente en *Si mañana despierto*. Compararlos es disminuirlos: son distintos.

En Gaitán Durán, por vez primera en la poesía colombiana, el cuerpo habla y se desnuda. Es, claro, un cuerpo intelectual que se apoya en Sade y Bataille para proclamar su libertad y su repudio al "infierno social-patria o clase" –para citar sus propias palabras– en el *Diario*. "El poema es acto erótico", dice Gaitán, y a renglón seguido se pregunta: ¿Cómo transformar en dato la vibración irrepetible del orgasmo? Sus poemas de *Amantes* lo intentan y también, quizás con mayor brillo, "Sé que estoy vivo". Pero si bien su lenguaje llega a ser suntuoso y de gran firmeza, hay un afán racionalista que congela esos resplandores. Es más bien el paisaje, el paisaje calcinado de Cúcuta, el que le dicta la escueta frescura de sus mejores versos. Jardines en los cuales la humedad vivifica su palabra y la vuelve inmodificable incluso ante la muerte.

Fernando Arbeláez luego de una prehistoria impersonal, representada por libros como *La estación del olvido* y *El humo y la pregunta* se ha convertido en un poeta reflexivo y ha estudiado en sus poemas, con curiosidad e inteligencia, la herencia griega y el legado chino. También el pasado precolombino lo mismo que nuestra geografía amazónica. Pero ha sido en nuestro inhóspito presente, como lo atestiguan *Los presagios de la lluvia*, donde él, lector de Eliot, ha logrado que su palabra se seque hasta volverse diciente. Traductor de Cavafis, ha pintado luego la más perspicaz silueta del poeta de Alejandría. En esa rapsodia, donde brilla "la joya sonámbula de una mirada cómplice", él ha conseguido que sus anteriores raptos intuitivos se conviertan en sostenida indagación en torno al destino de los cuerpos, y la palabra que les confiere existencia. Vuelve suyo, leyéndolo, lo que ya no existe, y le otorga así un renovado sentido.

"De palabra en palabra encadenado", el verso con que concluye la elegía que Eduardo Cote Lamus dedicó a José Eusebio Caro es buen síntoma de la tensión que caracteriza *Los sueños*, tensión conceptual que se libera, apenas, de la aspereza con que trata de amoldar al dictamen o la sentencia una materia verbal exigente. Es un libro de difícil lectura, premioso y nada complaciente, en donde asoman, de golpe, felices hallazgos autobiográficos, sepultados, pronto, tras la dureza formal. Hay, además, una como luz ciega, pugnando por salir, pero que se enreda, a veces, entre los silogismos verbales o resulta demasiado visible, en el prosaísmo de ciertos apartes. "Uno tiene que morir porque no sabe lo que hace". *La vida cotidiana* resulta, en cambio, mucho más libre. Los versos, anchos, respiran con facilidad y se prolongan, envolventes. En ellos Cote narra con precisión (anécdotas, detalles) pero también logra que algo seco y cortante, distintivo de su estilo, le permita realizar bruscas transiciones que enriquecen sus textos. Hay también un afán filosófico que arruinará, luego, varios pasajes de *Estoraques* pero que cuando surge, necesariamente, del curso de la evocación da a Cote su signo distintivo: progresiva conquista de una realidad e interrogación acerca de lo que ella significa. No la realidad de los hechos, sino la pujante realidad de algunos de sus poemas. Pienso en *La vida en vano*.

Rogelio Echavarría se realiza más plenamente en el ámbito de la intimidad amorosa que en su errar de transeúnte. Con palabras de todos los días –"Oh flor de mi más alta confianza"– compone, con cálida dulzura, poemas como "Polvo", "Llegue tu carta" y "Declaración de amor", en los cuales lo cotidiano alcanza una exaltación decisiva. En donde el canto, que celebra y elogia, disuelve la subjetividad haciéndola fraternal y compartible.

En 1966 aparecieron los *Poemas urbanos* de Mario Rivero que, vistos hoy, pueden parecer demasiado elementales pero que ya se aferraban con ahínco a su temática: pequeñas historias que buscaban, con muy pocos vocablos, recrear horizontes de barrio bajo. Eran, en verdad, 20 postales en las cuales brillaban avisos de neón y estrellas de cine y un saludable relente de cursilería y perfumes no demasiado finos. Allí veíamos, por vez primera, una ciudad hasta entonces desconocida: no una Santa Fe de campanarios y virreyes o más tarde, antes de la república financiera, una gran aldea, pobre, sentimental y revoltosa, sino una metrópoli deforme, de edificios que crecen y gamines impacientes. Es decir: el maloliente bazar en que hoy sobrevivimos. Esta bocanada de aire fresco, con algo de *smog*, fue la que recuperó Rivero, en contra de la oficialización de la poesía, hecha de primores y eufonías. Rivero, el menos estridente de los nadaístas, logró socavar, él solo, toda una oquedad verbal, sonora y decorativa. Al publicar *Noticiario 67*, libro secundario dentro de su producción, Rivero insertó en mitad de él un texto, "El poeta habla de sí mismo", en el cual esboza su poética. Dice allí: "Mi participación en el quehacer poético tiene el carácter de irregular. Se deduce de la forma de mi poesía amétrica y prosaica y de su tono contenido y directo, que acusa una voluntad poética nueva [...]. Son versos antideclamatorios. Duros. Sin ritmo. Que afrentan la poesía convencional". Y agrega: "Se trata de escribir con claridad. De preferir la palabra común a la palabra ampulosa y ornamental. Se trata ante todo de ser directo [...]. Es como si no hubiera tiempo para ser inteligentes".

"Si otros no hubiesen sido necios, nosotros lo seríamos" dice uno de los "Proverbios del infierno", de William Blake. Pero la necedad del nadaísmo, en el caso de Rivero, parecía positiva: no con manifiestos, sino apenas con poemas, obtuvo el derecho a escribir de modo descarnado y con fuerza. Lo atestiguan, ante todo, sus *Baladas sobre ciertas cosas que no se deben nombrar*, 1973, y especialmente su primer tango a Irma la Dulce, allí incluido.

El primer libro de Eduardo Escobar apareció también en 1966, se titulaba *La invención de la uva*. Era un libro confuso. El libro de un joven e indudable poeta, que mezclaba sus voces: y pensaba puerilmente. Los poemas no terminaban sino que se interrumpían en cualquier parte y continuaban en otro poema, con entonación diferente. La única presencia reconocible, la de Fernando González, contribuía aún más al desorden.

Si el nadaísmo se juzgara sólo por este producto del más joven de sus adictos quedaría convertido en la diluida tristeza de un adolescente que orina mansamente contra el mundo, ya que dicho acto parece repetirse en estas páginas en forma por demás asidua. Más tarde, en *Del embrión a la embriaguez*, 1969, se apreciaba una poesía más dúctil, que afrontaba a sus verdaderos enemigos aunque estos fueran, previsiblemente, el napalm y los académicos. "La verdad es una larga mentira convincente": fue esta terquedad la que en *Buenos días noche*, 1973, con sus referencias a la apolillada historia de Colombia y, especialmente, en *Cantar sin motivo*, 1977, maduró su entonación. "Atrapado en las palabras la Realidad no puede salvarme de mi sueño". Su monólogo, titubeante y desmañado, empieza a aclararse con las luces de un mundo opaco.

En abril de 1960 escribía García Márquez: "Basta ser un lector exigente para comprobar que la historia de la literatura colombiana, desde los tiempos de la Colonia, se reduce a tres o cuatro aciertos individuales, a través de una maraña de falsos prestigios"[8]. Espero haber sido fiel a esta observación suya[9].

1979

[8.] Gabriel García Márquez, *La literatura colombiana, un fraude a la nación,* reproducido en *Eco,* No. 203, septiembre de 1978, p. 1200-1206.

[9.] Para esta lectura de la poesía colombiana he utilizado las siguientes ediciones, por las cuales cito: José Eusebio Caro, *Poesías completas,* Bogotá. Instituto Colombiano de Cultura Hispánica, 1973. Julio Flórez, *Obra poética.* Bogotá, Publicaciones del Banco de la República, 1970, prólogo: Eduardo Carranza. José Asunción Silva, *Poesías,* Bogotá, Instituto Caro y Cuervo, 1979. Edición crítica por Héctor H. Orjuela. Sobre Silva, ver la edición de José A. Silva, *Poesía y prosa,* Bogotá. Instituto Colombiano de Cultura, 1979, a cargo de Santiago Mutis y J. G. Cobo Borda, que incluye 44 textos sobre él. Porfirio Barba Jacob, *Poesías completas,* Bogotá, 20 Festival del libro colombiano, s.f. Prólogo: Daniel Arango. Sobre Barba: *Destino de Barba Jacob,* de Hernando Valencia Goelkel, en Mito, No. 8, junio-julio 1956, reproducido en *Mito,* 1955-1962. *Selección de textos,* Bogotá, Instituto Colombiano de Cultura, 1975. Guillermo Valencia, *Obras poéticas completas,* Madrid, Editorial Aguilar, 1955, prólogo: B. Sanín Cano. Eduardo Castillo: *Obra poética.* Bogotá, Ministerio de Educación, 1965. Luis Carlos López, *Obra poética,* Bogotá, Ediciones del Banco de la República, 1976. Edición crítica de Guillermo Alberto Arévalo. León de Greiff, *Obras completas,* Bogotá, ediciones Tercer Mundo, 2 tomos, 1975. Es de utilidad la *Antología poética de León de Greiff 1914-1937,* preparada por él mismo y con prólogo de Antonio García. Bogotá, Editorial Cultura, s. f., Aurelio Arturo, *Obra e imagen,* Bogotá, Instituto Colombiano de Cultura, 1977. Ver también *Morada al sur,* Caracas. Monte Ávila Editores, 1975, prólogo: J. G. Cobo Borda.

Eduardo Carranza: *Los pasos cantados, 1935-1975,* Bogotá, Instituto Colombiano de Cultura, 1975. Sobre Carranza: Gloria Serpa de De Francisco, *Gran reportaje a Eduardo Carranza,* Bogotá, Instituto Caro y Cuervo, 1978. Fernando Charry Lara, *Poemas,* Bogotá, Cuadernos Cántico, No. 5, 1944. *Nocturnos y otros sueños,* Bogotá, Editorial ABC, 1949, prólogo: Vicente Aleixandre. *Los adioses,* Bogotá, ediciones del Ministerio de Educación, 1963. Selección de sus poemas en *Golpe de Dados,* revista de poesía, Bogotá, enero-febrero 1978. Héctor Rojas Herazo, *Señales y garabatos del habitante,* Bogotá, Instituto Colombiano de Cultura, 1976, donde el propio autor antologiza sus cuatro libros de poesía. Álvaro Mutis, *Summa de Maqroll el Gaviero,* 1948-1970, Barcelona, Barral Editores, 1973, prólogo: J. G. Cobo Borda. Jorge Gaitán Durán, *Obra literaria,* Bogotá, Instituto Colombiano de Cultura, 1975, prólogo: Pedro Gómez Valderrama. Fernando Arbeláez: *El humo y la pregunta,* Bogotá, Imprenta Municipal, 1951. *La estación del olvido,* Bogotá, Imprenta del Distrito, 1955. *Canto llano,* Bogotá, ediciones del Ministerio de Educación, 1964. *Analectas y signos,* Bogotá, revista de poesía *Golpe de dados,* mayo-junio 1979. Eduardo Cote Lamus, *Obra literaria,* Bogotá, Instituto Colombiano de Cultura, 1976, prólogo: G. A. Arévalo. Rogelio Echavarría, *El transeúnte,* Bogotá, Instituto Colombiano de Cultura, 1977. Mario Rivero, *Poemas urbanos,* Bogotá, Antares-Tercer Mundo, 1966. *Noticiario 67,* Bogotá, Hernando Salazar, editor, 1967. *Baladas sobre ciertas cosas que no se deben nombrar,* Cúcuta, Instituto de Cultura y Bellas Artes, 1973. Otros poemas han aparecido en *Golpe de Dados,* revista de poesía, Bogotá, septiembre-octubre, 1978. Eduardo Escobar, *Invención de la uva,* Medellín, ediciones Papel Sobrante No. 3, 1966. *Monólogos de Noé,* Medellín. Editorial Gamma, 1967. *Del embrión a la embriaguez,* Medellín, Editorial Antorcha-Monserrate, 1969. *Buenos días noche,* Medellín, Editorial Gamma, 1973. *Cuac,* Medellín, Editorial Gamma, 1970. *Cantar sin motivo,* Bogotá, Cromos Editores, 1977. Hay dos antologías de sus libros, realizadas por el propio autor: *Confesión mínima,* Bogotá, Ediciones Tercer Mundo, 1975, *y Antología poética,* Bogotá, Instituto Colombiano de Cultura, 1978. Sobre los otros autores citados en el texto. Miguel Antonio Caro, *Obras poéticas,* Bogotá, Imprenta Nacional, 1929. Rafael Pombo, *Antología poética,* Biblioteca de Autores Colombianos, Bogotá, 1952, prólogo: Rafael Maya. Víctor M. Londoño, *Obra literaria,* publicada por Cornelio Hispano, Bogotá. Imprenta Nacional, 1938. Diego Uribe,

Obras poéticas escogidas, Bogotá, Antares-Tercer Mundo, 1967. Alberto Ángel Montoya, *Regreso entre la niebla y otros poemas,* Bogotá, Biblioteca Banco Popular, 1973, prólogo: Jorge Padilla. Rafael Maya, *Obra poética,* Bogotá, Instituto de Cultura Hispánica, 1972. *El tiempo recobrado,* Bogotá, Instituto Caro y Cuervo, 1974. Sobre la poesía de Maya: Fernando Charry Lara, *Rafael Maya,* en *Golpe de Dados,* revista de poesía, julio-agosto 1976. José Umaña Bernal, *Itinerario de fuga-antología inconclusa,* 1917-1960, Bogotá, Instituto de Cultura Hispánica, 1974, prólogo: Rafael Maya. Luis Vidales, *Suenan timbres,* Bogotá, Instituto Colombiano de Cultura, 2a. edición, 1976. Aunque no he hecho ninguna mención, no quisiera dejar de citar el que es, ciertamente, el mejor libro de poesía del grupo nadaísta: me refiero a *Los poemas de la ofensa,* de X-504 (Jaime Jaramillo Escobar), Bogotá, ediciones Tercer Mundo, 1968. Además, ya Helena Araújo le ha dedicado un exhaustivo ensayo: "X-504, un poeta Nadaísta", en *Caravelle,* No. 27, 1976, Université de Toulouse-Lc mirail, Francia. He consultado también las siguientes antologías: Rafael Maya, *La musa romántica en Colombia,* Bogotá, Biblioteca de Autores Colombianos-revista *Bolívar,* 1954. Darío Achury Valenzuela, *12 poetas-24 poemas,* Bogotá, Editorial Santa Fe, 1936. Carlos García Prada, *Antología de líricos colombianos,* Bogotá, suplemento de la *Revista de las Indias,* No. 5, 2 tomos, 1937. *Índice de la poesía contemporánea en Colombia,* desde Silva hasta nuestros días, Bogotá, Librería Suramérica, 1946, *Antología de la nueva poesía colombiana,* Bogotá, ediciones Espiral, 1949 (antología que fue preparada por Jorge Gaitán Durán y Clemente Airó. Ver *Poetas colombianos 20 años después.* Espiral, Nos. 120-121, sep.-dic., 1971). Carlos Arturo Aparroso, *Antología lírica*-lOO poemas colombianos, Bogotá. Biblioteca Popular de Cultura Colombiana, 1951. *Poemas de Colombia,* antología de la Academia Colombiana, Medellín, Editorial Bedout, 1959. Andrés Holguín, *Las mejores poesías colombianas,* Bogotá, 1er. Festival del libro colombiano, 2 vols., 1959. Fernando Arbeláez, *Panorama de la nueva poesía colombiana,* Bogotá, ediciones del Ministerio de Educacion, 1964. Andrés Holguín, *Antología crítica de la poesía colombiana,* Bogotá, Biblioteca del centenario del Banco de Colombia, 2 vols., 1974. Fernando Charry Lara, *Seis poetas colombianos,* y Jaime García Maffla, *Medio siglo de poesía colombiana,* en *Revista Nacional de Cultura,* No. 233, Caracas, septiembre-diciembre 1977. Sobre las antologías ver: Héctor H. Orjuela, *Las antologías poéticas en*

Colombia, estudio y bibliografía, Bogotá, Instituto Caro y Cuervo, 1966. Algunos ensayos sobre poesía: Baldomero Sanín Cano, *El oficio de lector,* Caracas, Biblioteca Ayacucho, No. 48, 1978. Compilación y prólogo: J. G. Cobo Borda. Hernando Téllez, *Literatura,* Bogotá, Editorial Argra. 1951. Rafael Maya, *Consideraciones críticas sobre la literatura colombiana,* Bogotá, Editorial Voluntad, 1944. Fernando Charry Lara, *Lector de poesía,* Bogotá, Instituto Colombiano de Cultura, 1975. Hernando Valencia Goelkel, *Crónicas de libros,* Bogotá, Instituto Colombiano de Cultura, 1976. Eduardo Camacho Guizado, "La literatura colombiana entre 1820 y 1900", incluido en el *Manual de historia de Colombia.* vol. 2, Bogotá, Instituto Colombiano de Cultura, 1979. "Ensayos sobre poesía colombiana" de Fernando Charry Lara y Rafael Gutiérrez Girardot, en *Eco,* No. 214, agosto 1979.

UNA PROPUESTA DE LECTURA

Gracias a las gestiones de Rafael Núñez, quien era presidente de Colombia y residía en Cartagena, el 17 de abril de 1893 el vicepresidente en ejercicio, residente en Bogotá, también poeta y traductor de Virgilio, don Miguel Antonio Caro, firmaba el nombramiento de Rubén Darío como cónsul general de Colombia en Buenos Aires y el de José Asunción Silva como secretario de la legación de Colombia en Caracas[1].

Singular coincidencia. Los 2400 pesos de sueldo anual que recibe Darío se convertirán así en la base de sustentación de aquel movimiento, el modernismo, que desde Buenos Aires, la cosmópolis de entonces, irradia el flamante diplomático nicaragüense, con consecuencias que aún perduran.

De otra parte, la visita de Silva a Cartagena también será decisiva para el autor del "Nocturno". Su obra, que se inscribe en un lapso temporal muy breve, el que va desde 1883 a 1896, o sea desde un año después del *Ismaelillo* (1882) de Martí al de la aparición de las *Prosas profanas* (1896) de Darío, experimentaría en dicha ciudad un reconocimiento

---

[1] Edelberto Torres, *La dramática vida de Rubén Darío*, 5a. edición, Managua, Editorial Nueva Nicaragua, 1982, p. 179.

público: la gente, al saludarlo, le recuerda los paródicos versos escritos en son de burla contra los imitadores sin alma de Darío[2].

La conocida "Sinfonía color de fresa con leche", dedicada: A los colibríes decadentes y firmada con el pseudónimo, también paródico, de Benjamín Bibelot Ramírez, aparece fechada en Bogotá el 6 de marzo de 1894, y era un buen ejemplo de la capacidad crítica de Silva, desde adentro, de los excesos retóricos, que ya percibía como estériles, de ese movimiento al cual se lo adscribe como miembro fundador decisivo. Junto, claro está, con Martí, Gutiérrez Nájera, Julián del Casal y el propio Darío. Aquí en Colombia, en todo caso, sería su más destacado representante seguido luego, ya en otra generación y en otro plano, por Guillermo Valencia.

La graciosa "Sinfonía" terminaba así:

¡Rítmica reina lírica! Con venusinos
cantos de sol y rosa, de mirra y laca
y policromos cromos de tonos mil,
estos son los caóticos versos mirrinos,
esta es la descendencia, Rubendariaca,
de la princesa verde y el paje Abril,
            rubio y sutil[3].

[2.] Carlos García Prada, "¿Silva contra Darío?", en *Hispania*, XLIII (1960), p. 179.
[3.] José Asunción Silva, *Poesías*, edición crítica por Héctor H. Orjuela, Bogotá, Instituto Caro y Cuervo, 1979, pp. 321-323. Sobre el mecanismo de la parodia dentro del modernismo, ver el estudio de Emir Rodríguez Monegal, "El caso Herrera y Reissig", en *Eco*, 224-226. Bogotá, junio-agosto 1980, pp. 199-216.

Todos eran hijos de Darío y allí, en solfa, Silva reconoce el auténtico origen del texto poético hispanoamericano. Sus excesos, ya denunciados en fecha tan temprana por él, no menoscaban la importancia del padre ni disminuyen su prodigiosa energía. Como lo ha expresado Pere Gimferrer: "Las literaturas hispánicas viven a rachas; a poco sólida que sea la tradición autóctona inmediata, tienden a asentarse en ella, en una especie de deliberado insularismo literario. Por ello es tanto más admirable que en breves décadas –en poco más de un cuarto de siglo, de hecho– un impulso acelerador, iniciado por Rubén Darío, catapulte la poesía española desde los dominios de Núñez de Arce y Campoamor a la poesía pura y la vanguardia"[4].

Con Silva, a través de su vertiente simbolista, se inicia entonces no sólo el modernismo en Colombia, sino, hablando estrictamente, la poesía moderna. Y si bien en los últimos años se ha puesto el acento, de acuerdo con el espíritu de la época, en su voluntad de verdad, manifiesta en sus *Gotas amargas* (el asco por sí mismo, su rechazo de una sensibilidad romanticoide y un idealismo espurio y su desprecio radical por un medio hipócrita e indiferente, en su inicial aburguesamiento), convirtiéndolo en el imprescindible punto de partida de Luis Carlos López y sus *Posturas difíciles* (1909) e incluso, lo cual ya parece un tanto excesivo, de Nicanor

---

[4.] Pere Gimferrer, "Fernando Portón, ahora", en *El País Libros*, Madrid, domingo 12 de mayo de 1985, p. 7.

Parra y sus *Poemas y antipoemas* (1954)[5], la otra faz de Silva, la de su voluntad de belleza, es la que ha terminado por imponerse.

Solitario sin precedentes en la historia de la poesía colombiana, aunque, por su elasticidad rítmica, se mencione a Rafael Pombo, Silva, ese modernista natural como lo llamó Juan Ramón Jiménez, que alcanzó, también en palabras del poeta español, "la precisión de lo impreciso", con su incomparable música, a la vez tan enigmática como estricta, es la referencia ineludible de cualquier aproximación a la poesía colombiana del siglo xx.

Y como lo ha explicado José Olivio Jiménez en su *Antología crítica de la poesía modernista hispanoamericana* (1985), "es en la atmósfera de la estética simbolista, con su gusto por la expresión misteriosa, vaga, sugerente y de cadenciosa musicalidad, donde hay que inscribir sus más intensos momentos poéticos, teñidos de una profunda vibración elegiaca"[6]. Algo, por cierto, que ya varios años antes había señalado Fernando Charry Lara en su acertada "Divagación sobre Silva"[7].

[5.] En el trabajo, por otra parte valioso, de James J. Alstrum, "Las Gotas amargas de Silva y la poesía de Luis Carlos López", incluido en *José Asunción Silva, vida y creación*. Selección de Fernando Charry Lara, Bogotá: Procultura-Presidencia de la República, 1985, pp. 211-232. En dicho repertorio crítico se agrupan 45 trabajos sobre Silva.

[6.] José Olivio Jiménez, *Antología crítica de la poesía modernista hispanoamericana*, Madrid, ediciones Hiperión, 1985, p. 140.

[7.] Incluido en *José Asunción Silva, vida y creación*, op. cit., pp. 425-437.

Y es precisamente en poetas como Charry, Eduardo Carranza o Aurelio Arturo donde podemos comenzar a fijar, acercándonos hacia él, una tradición que sin lugar a dudas parte de Silva, aunque en casos como el de Carranza la presencia de Darío, incluso a nivel de actuación pública y no sólo mediante su azul emblemático, semeja ser más decisiva.

En forma secreta y por ello mismo más fecunda, Silva irriga un terreno que subsiste incluso en obras de nuestros días, como la de Giovanni Quessep, por ejemplo.

Ya no es su leyenda la que incide –el poeta al cual la ciudad escupe y lleva al suicidio–, sino el ámbito apenumbrado de su dolida nostalgia. La cernida lluvia de su Bogotá perdida en las alturas, entre nieblas y grises. En la claridad lunar de su paisaje sabanero, la nostalgia crece con la intensidad de los deseos perdidos sin remisión posible, pero aún incurables y vivos.

Una noche,
en que ardían en la sombra nupcial y húmeda,
las luciérnagas
fantásticas.

En la célebre noche de perfumes, murmullos y músicas de alas, en la "noche tibia de la muerta primavera", las sombras aún continúan su búsqueda, con avidez indetenible. Las dichas transitorias, los fantasmas grises, las hondas lejanías y la infancia perdida conforman, además, la verdad de Silva, dicha con una fuerza que le permite encarnarla en formas incomparablemente sensibles. A partir de él es factible rastrear entonces la historia de la poesía colombiana de este siglo, en sus hitos más decisivos, que en el propio caso del modernismo pueden simbólicamente representarse por dos figuras antagónicas, tan sólo en apariencia. Una de ellas la de Guillermo Valencia, político conservador arraigado en Popayán y quien, como lo ha dicho Fernando Charry Lara, es "el único católico practicante entre los grandes poetas del modernismo"[8]. La otra, la de Porfirio Barba Jacob, el hombre errante por tierras de Centroamérica, México y Perú, y que, en 1927, vuelve por tres años para reencontrar a Colombia y continuar en México su trashumancia hasta morir allí en 1942.

Homosexual, sifilítico y marihuanero (llamaba a esta última "La dama de los cabellos ardientes" y la aspiró con unción toda su vida) alquilaba su pluma de buen periodista y conservaba intactos sus orígenes como maestro de escuela campesina, fundando a su paso universidades populares en México, Guatemala y Cuba. La azarosa existencia que llevó, unida a su capacidad de fabulación, terminaría por convertirlo en un sentimental cínico, oscilante entre el fervor y la abyección. Cambiaba de nombre como cambiaba de países: el Miguel Ángel Osorio original se trocó en Ricardo Arenales y finalmente en Porfirio Barba Jacob.

[8]. Fernando Charry Lara, *Poesía y poetas colombianos*. Bogotá, Procultura-Presidencia de la República, 1985, p. 23.

A todo lo cual contribuían las sucesivas expulsiones que padeció, gracias a dictadores y dictadorzuelos de turno; Calles lo echó de México, Ubico de Guatemala, Quiñones Molina de El Salvador, Leguía del Perú. Algunas motivadas por causas libertarias; otras buscadas más bien como una forma gratis de viajar. Así es factible deducirlo ahora gracias a la apasionante biografía *Barba Jacob el mensajero* que le dedicó Fernando Vallejo[9] y que nos restituye, por fin, su peripecia, adulterada por el parroquialismo, en su afligente y conmovedora realidad, aún más amarga y descorazonadora. Su saludable costumbre de hacerse internar en los hospitales para no pagar el hotel dejaba de ser una reminiscencia literaria de Verlaine para convertirse, en sus últimos años, en una espantosa realidad.

Murió tuberculoso y sus primeros libros, publicados después de cumplir los 40 años gracias a amigos que querían reunir algunos pesos para aliviar sus males, fueron rechazados por él. No le permitieron escoger los poemas, estaban plagados de erratas y el papel era deficiente. Pero la razón era otra. Quería negarse a sí mismo, incluso en su obra, pues su tiempo ya había quedado atrás. Como poeta era un rezagado. De ahí su voluntad de autodestrucción: "mi esfuerzo vano, estéril mi pasión". La publicación definitiva de sus obras lo desenmascararía con claridad: el gran libro con que quiso convertirse en el legatario de Darío no había sido escrito.

[9.] Fernando Vallejo, *Barba Jacob el mensajero*, México, Editorial Séptimo Círculo, 1984.

Jorge Cuesta, quien como Ricardo Arenales lo incluye en su conocida *Antología de la poesía mexicana moderna* (1928), lo presenta con estas palabras: "Ricardo Arenales nació en Colombia, pero su sitio está en la historia de la poesía mexicana, al lado de González Martínez y de Ramón López Velarde, de quienes él era cercano amigo". Agrega luego: "Por el espíritu de las influencias que su obra ha recibido y por las huellas que ha logrado imprimir, Ricardo Arenales es un poeta de México". En su juicio crítico Cuesta añade: "Arenales, aun en sus mejores poemas, guardaba, como un eco no siempre apagado, la resonancia de la retórica modernista". Reconociéndole "su originalidad, amarga y áspera", concluye: "Por desgracia, su impaciente inconformidad, unida a una existencia anacrónica de poeta maldito, ha impedido la difusión que su obra merece"[10].

Si bien en realidad sus poemas más conocidos habían aparecido infinidad de veces en toda la prensa de la época, reiterándolos según los países que visitaba y cambiándoles las dedicatorias según a quien hubiese que agradecer dádivas o limosnas, los 18 poemas que Xavier Villaurrutia y Octavio Paz escogieron para *Laurel*, muestran cómo el Barba Jacob que ya era asimilado como mexicano, no era ni mexicano ni colombiano —esos desdichados naciona-

---

[10]. Jorge Cuesta, *Antología de la poesía mexicana moderna* (1928). Reedición, México, Fondo de Cultura Económica; Sep 1985, pp. 117-122. Se incluyen cinco poemas de Ricardo Arenales: "Canción de la vida profunda", "La Reina", "Estancias", "Los desposados de la muerte", "Lamentación de octubre".

lismos. Era en realidad el último eco, a la vez débil y exasperado, de la aventura modernista, acorde, sólo en eso, con una poética que en 1916 había expresado en la Poetry Society de Nueva York, considerando a Eduardo Marquina el primer poeta de la lengua y autoconsiderando su propia poesía en estos términos:

> Yo debí haber nacido en Inglaterra: hubiera hecho mejor papel, con mi poesía grave, elevada y un poco inactual, al lado de Francis Thompson –el más grande poeta católico que ha tenido el mundo– o al lado de algunos antecesores suyos, como Shelley y los Rosetti, o al lado de ese incomparable Yeats –el místico que aún vive–, que al lado de Valencia, pongo por caso[11].

Sin embargo, él estaba aún más cerca de Valencia de lo que pensaba. El anclado en su tierra, Popayán, y el errante por el mundo rechazaban de plano todos los experimentos de la vanguardia. Esa negativa los unía a fondo.

En 1922, en la Asociación de Estudiantes de Guatemala, Barba reiteraría su pensamiento. Una reseña de la charla recuerda lo siguiente: "el poeta juzga dislocadas las cerebraciones de los poemas de vanguardia. Luego que dos o tres poemas, escogidos todos entre los menos vigorosos por no decir entre los torpes del ultraísmo, sirviéronle para afirmar su aserto sobre la poesía de vanguardia, habló de la

---

[11.] Fernando Vallejo, ob. cit., p. 123.

falsedad que una intromisión del mecanicismo en un medio donde carecemos de máquinas traerá a nuestra poesía"[12].

Valencia, por su lado, y en su prólogo a *Cathay*, fechado en 1928, denigra de "cubistas, ultraístas, dadaístas y futuristas" y considera su libro "el libro preterista por excelencia". Traduciendo, del francés, poetas chinos, buscaba otros exotismos, pero si su droga fue la política y no la marihuana, como en el caso de Barba, su poesía también se petrificó en una dicotomía irresoluble a nivel lírico: la que le llevó a oponer las encíclicas de León XIII a la erupción anarquista.

Sólo que los dos, Valencia y Barba, memorizados y recordados, con emoción, por su propio pueblo hasta una generación nacida a fines de los veinte como la de García Márquez —la última generación colombiana que se sabía la poesía de memoria— prosiguen hoy en día su recepción crítica y creativa ya no gracias a los encantos sonoros de la recitación en voz alta, sino por los méritos intrínsecos que la relectura de sus textos, en voz baja, van suscitando en el lector capaz de percibir mayores matices.

En tal sentido, y para concluir con el período modernista, basta citar la fluvial viñeta *art-nouveau* que dibuja Valencia en su conocido "Leyendo a Silva"[13].

---

[12]. Fernando Vallejo, ob. cit., p. 205.
[13]. Incluida tanto por Leopoldo Panero en el segundo tomo de su *Antología de la poesía hispanoamericana desde Rubén Darío hasta nuestros días*, Madrid, Editora Nacional, 1945, pp. 109-115, como por Carlos García Prada en su Antología de *Poetas modernistas hispanoamericanos*, Madrid, Ediciones Cultura Hispánica, 1956, pp. 248-253.

O la bronca pasión de Barba, resintiéndose dentro de su vocabulario en tantos casos apenas cursi y la tensión real, fuego y ceniza, de sus canciones y baladas: "Canción de la vida profunda", "Balada de la loca alegría", "La reina" o "Futuro". Allí se palpa un poeta, remoto, sí, pero no por ello menos lacerante.

El conservadurismo poético que terminaba por emparentar –dos caras de una misma moneda– a Valencia con Barba, perduraría y se prolongaría no sólo en la obra de León de Greiff, rica en música y humor, sino de modo más evidente y programático en todo el movimiento de Piedra y Cielo que bajo la advocación, en su nombre, de Juan Ramón Jiménez, se hizo público entre septiembre y diciembre de 1939 con la publicación de cinco cuadernos y al año siguiente de dos más, que reunían producciones de poetas como Eduardo Carranza y Carlos Martín, Jorge Rojas y Arturo Camacho. Son ellos los que prosiguen una secuencia histórica que ha convenido ya en subdividir el curso de la poesía colombiana, durante este siglo, en por lo menos 5 grupos muy nítidamente reconocibles. Estos rótulos, de carácter más bien orientador y pedagógico, no deben hacernos olvidar, claro está, lo que dijo Georges Mounin: "Sólo quedan de cada generación dos o tres auténticos poetas, unos diez por siglo en el mejor de los casos, y cada verdadero poeta llega a serlo sólo en alguna docena de poemas".

Serían ellos:

a) El de los modernistas: Silva; Valencia, Porfirio Barba Jacob; José Eustasio Rivera; el autor tanto de

La vorágine (1924) como de los menos leídos sonetos de *Tierra de promisión* (1921), y Eduardo Castillo.

b) El de Los Nuevos, donde fuera de León de Greiff y Rafael Maya no se distingue ningún poeta de verdadera trascendencia, salvo la curiosidad vanguardista que fue el libro de Luis Vidales *Suenan timbres* (1926), un pequeño escándalo dentro de una pequeña ciudad habituada al orden, la parsimonia y el tradicionalismo, y Jorge Zalamea, casi más por traductor de Perse que por poeta él mismo.

c) El de Piedra y Cielo, al cual se ha adscrito, sin serlo, Aurelio Arturo, un impar solitario, y que integrarían, además de los mencionados Carranza y Martín, Jorge Rojas, Arturo Camacho Ramírez y Gerardo Valencia.

d) El grupo nucleado en torno a la revista *Mito* (1955-1962), del cual formarían parte, además de los tempranamente fallecidos Jorge Gaitán Durán y Eduardo Cote Lamus, Fernando Charry Lara, Álvaro Mutis, Fernando Arbeláez y Rogelio Echavarría.

e) El grupo nadaísta, capitaneado por Gonzalo Arango y que a partir de la década de 1960 ha producido varios poetas de interés y valía, más perceptibles hoy, veinte años después de su eclosión inicial, que en el momento de su escandalosa irrupción pública. Serían ellos Jaime Jaramillo Escobar, Mario Rivero, J. Mario y Eduardo Escobar, Darío Lemos y Amílkar Osorio.

Finalmente, una antología realizada por Jaime Ferrán y publicada en España al comenzar la década de 1970 por la editorial Adonais, *Antología de una generación sin nombre*[14], sirvió, de modo tentativo, para denominar a varios de los poetas más recientes, nacidos a partir de 1940, como Elkin Restrepo, Jaime García Maffla, Darío Jaramillo Agudelo, Juan Gustavo Cobo Borda, que junto con otros, Giovanni Quessep, María Mercedes Carranza y Juan Manuel Roca, más que conformar un grupo, se sitúan, como todas las últimas promociones, desde la individualidad de su tarea, ajena, por regla general, a formulaciones colectivas.

Jaime Jaramillo Escobar, el poeta nadaísta, escribió hace unos años: "Salvando diez nombres de excepción, todo el resto de la poesía colombiana es soporífera, menos la de los poetas jóvenes que todavía no alcanza a ser ni lo uno ni lo otro"[15].

La iconoclastia burlona del grupo nadaísta se convertía 20 años después, como ya decíamos, en el canon legal y democráticamente aceptado de la poesía colombiana en este siglo[16]. Y la lista de sus diez nombres de excepción no suscitaba ninguna aclara-

---

[14] Jaime Ferrán, *Antología de una generación sin nombre*, últimos poetas colombianos, Madrid, Editorial Rialp, Colección Adonais, No. 277-278, 1970. Sobre el período 1970-1980, ver J. G. Cobo Borda, *Álbum de la nueva poesía colombiana*, Caracas, Editorial Fundarte, 1981, 224 p.

[15] Jaime Jaramillo Escobar, "El pipiripao y el gran turmequé", en *El Espectador*, Magazín Dominical, No. 103, marzo 17 de 1985, pp. 4-7.

[16] Así, por lo menos, lo atestiguan las diversas antologías. Ver, por ejemplo, el ya citado panorama de Fernando Charry Lara, *Poesía colombiana, 1880-1980*. Una selección, Bogotá, Círculo de Lectores, 1981, 238 p., y J. G. Cobo Borda, *Álbum de poesía colombiana*, Bogotá: Instituto Colombiano de Cultura, Biblioteca Básica, No. 41, 1980, 177 p.

ción o rectificación polémica. Se iniciaba con Hernando Domínguez Camargo, el poeta colonial reconocido en la antología en honor de Góngora (a Gerardo Diego, por ejemplo, le conmovía la fidelidad del neogranadino a las *Soledades*, destacando, sin embargo, su "sensibilidad e imaginación propias"), y Lezama Lima lo admiraba en su libro de ensayos *La expresión americana* y continuaba con Silva, Valencia, Rivera, Barba Jacob, Luis Carlos López, León de Greiff, Aurelio Arturo y Álvaro Mutis. Añadía Jaramillo Escobar: "Esos son los diez nombres que sustentan la poesía colombiana"[17].

Luego, refiriéndose a los más recientes poetas, y desarrollando su convicción de que si los jóvenes no atacan, "nos toca a nosotros atacarlos a ellos, porque la paz es estancamiento", insinuaba una explicación de ese rehusar los extremos que parecía caracterizar incluso a la más reciente poesía colombiana y que contrastaba, en forma abismal, con la imagen de agitación incesante y sangrienta violencia que ya distingue al país en todo el mundo.

Decía Jaramillo Escobar: "estos poetas rehúsan los extremos, porque son de clase media. Y es en esta clase en donde encontramos la explicación para la falta de audacia, porque la clase media es respetuosa y conservadora, y los poetas no han podido escapar a esos límites"[18].

---

[17]. Jaime Jaramillo Escobar, art. cit., p. 6.
[18]. Ibíd.

Coincidiendo en alguna forma con él, el crítico y antologista argentino Hellen Ferro, en su libro *La poesía del tercer mundo en Hispanoamérica*, se preguntaba recientemente:

> Extraña comprobar cómo en un país que se volvió violento –qué lejos quedaron aquellos paisajes de María–, nos referimos a Colombia, no termine de conformarse una poesía con fuerza verdaderamente revolucionaria, con nombres que trascienden el medio local[19].

Y añadía:

> notamos en la nueva poesía colombiana una "indecisión", "un desencanto" que recurre a la descripción ambiental o se refugia en la mención erudita[20].

Preguntándose:

[19.] El trabajo de Hellen Ferro, aún inédito, y titulado *La poesía del tercer mundo en Hispanoamérica* abarca el periodo 1960-1985, el cual subdivide en cuatro partes: "la elección política", "la canción de protesta", "el compromiso tercermundista", "la despolitización". Sobre la poesía hispanoamericana las mejores aproximaciones críticas se hallan en los diversos volúmenes de ensayos de Octavio Paz y en el libro de Guillermo Sucre: *La máscara, la transparencia*, México, Fondo de Cultura Económica, 2a. edición, 1985. Sobre los poetas hispanoamericanos nacidos entre 1910 y 1939, ver: J. G. Cobo Borda, *Antología de la poesía hispanoamericana*, México, Fondo de Cultura Económica, 1985, 518 p.

[20.] Hellen Ferro, ob. cit.

¿En qué consiste la despolitización que ya desde los años setenta impregna a los poetas de un país de vida violenta?[21]

La respuesta la daba él mismo: tomando en cuenta la antología explícitamente titulada *Una generación desencantada* (1985)[22] y que comprende siete poetas nacidos entre 1935 y 1950 (José Manuel Arango, Giovanni Quessep, Harold Alvarado Tenorio, María Mercedes Carranza, Juan Manuel Roca, Darío Jaramillo y J. G. Cobo Borda), y a partir de las observaciones que el prologuista del libro, Antonio Caballero, formula sobre la desilusión y el desengaño, el miedo al engaño y las sucesivas traiciones que parecen jalonar la historia colombiana, concluía el crítico argentino Ferro su análisis en estos términos:

> Terrible estado depresivo que comprende a toda una generación tal vez ahitada de esos muertos, de esos engaños morales, de ese escudriñar la cultura o los lugares sin asentarse nunca[23].

Sólo que su conclusión era perfectamente aplicable a toda Hispanoamérica. Es difícil definir a un país, y aún más difícil es definir una poesía. Las generalizaciones suelen camuflar la rica diversidad y ocultar los cambios, no demasiado visibles. En todo

[21] Ibíd.
[22] *Una generación desencantada*. Compilador: Harold Alvarado Tenorio, Bogotá, Universidad Nacional, 1985, 214 p.
[23] Hellen Ferro, ob. cit.

caso, en un valioso libro de 1927, *Seis ensayos en busca de nuestra expresión*, el dominicano Pedro Henríquez Ureña escribía:

> Cualquier lector avezado discierne sin grande esfuerzo la nacionalidad, por ejemplo, de los poetas.

Y añadía:

> Observando por conjuntos, quién no distingue entre la facundia, y la difícil facilidad, la elegancia venezolana a ratos superficial, y el lirismo metafísico, la orientación trascendental de Colombia[24].

Era una buena pregunta. ¿Cómo compaginar, en consecuencia, hoy en día, el lirismo metafísico con la violencia suicida? la orientación trascendental con la incertidumbre y la duda, realmente físicas?

Vasconcelos, el escritor mexicano, dijo que el lirismo había salvado a Colombia de la crueldad. Luego del nefasto noviembre negro de 1985, con la Corte Suprema de Justicia masacrada en pleno, en su propia sede, y luego de "ese terrible espectáculo de degradación política y moral que son las 164 ejecuciones del Frente Ricardo Franco en Tacueyó"[25], una purga de aparentes traidores dentro de una fracción guerrillera, la cita resulta un tanto impertinente. Sin

---

[24]. Pedro Henríquez Ureña, *Seis ensayos en busca de nuestra expresión*, Buenos Aires, Editorial Babel, 1927, p. 79.

[25]. Camilo: el cadáver de la izquierda", *Semana*, 198 Bogotá, 18-24 de febrero de 1986, p. 41. Constatando cómo el influjo de Camilo

hablar, por cierto, del terrorismo inmisericorde desatado por el narcotráfico, y las matanzas proseguidas por la guerrilla como por los grupos paramilitares.

Sin embargo, la poesía ha sido siempre impertinente. Su validez no ha consistido nunca en responder en forma explícita a circunstancias afligentes o conmovedoras. Ocupándose de los asuntos que en apariencia no le corresponden, ella lo ha hecho más bien, y como debe ser, de modo ambiguo. A la rígida línea de la historia, que es progresista según dicen, ella ha opuesto la múltiple diversidad de sus signos. A la explícita actualidad ella la ha trascendido mediante su flagrante anacronismo.

Un historiador, Jaime Jaramillo Uribe, ha llamado a Colombia el país del término medio, de la *áurea mediócritas*. La carencia de inmigrantes y el hecho de ser "una nación integralmente católica y de buen hablar español"[26] repercute en otros rasgos típicos suyos, como el civilismo –un solo golpe de estado en lo que va corrido del siglo (1953-1957), general Gustavo Rojas Pinilla–, todo lo cual no hace más que revelarnos cómo la perenne búsqueda de equilibrio, y de

---

Torres, el cura guerrillero, a 20 años de su muerte es nulo en Colombia, el articulista cita a García Márquez: América Latina "sólo tiene héroes muertos", y concluye: "Todo eso es historia habitual en Colombia. Una historia llena de generaciones perdidas, de esperanzas frustradas, de reformas postergadas, revoluciones prometidas, de símbolos manipulados, de mártires enterrados".

[26.] Jaime Jaramillo Uribe, "Algunos aspectos de la personalidad histórica de Colombia", en su libro: *La personalidad histórica de Colombia y otros ensayos*, Bogotá, Instituto Colombiano de Cultura,

legitimidad formal, se ve azuzada y resquebrajada, continuamente, por esa otra constante de violencia y desigualdad social que ha sido, también, su sino[27].

Por ello la lectura de este conjunto de poetas y poemas es importante ya que, escritos en este siglo, nos muestran cómo, a través del lenguaje, van asomando otras dimensiones de lo humano, incluida la histórica –los hombres hacen la historia, pero no saben la historia que hacen–, y nos permiten asomarnos a la intimidad propia de un país y sus gentes. A las formas verbales con que reaccionan entre sí mismos y ante las circunstancias que, determinándolos, ellos finalmente terminan por hacer suyas, otorgándoles una razón de ser, mediante su encarnación en una lengua. En este caso concreto: el español.

La intensidad erótica de Carranza, por ejemplo, de enamorado que se planta ante la muerte y reafir-

---

Biblioteca Básica No. 28, 1977, pp. 131-153. El ensayo está fechado en 1969 y en su nota final aclara: "Es muy probable que el desarrollo de los últimos 50 años haya cambiado en forma muy considerable la estructura social de Colombia, produciéndose una más acentuada y compleja diferenciación social".

[27.] Ver Françoise Barthélémy, "Dramático fin de mandato para el presidente Betancur", en *Le monde diplomatique* en español, edición Cono Sur, 1, 7, febrero 1986, pp. 6-8. Allí se dice: "Se espera siempre la puesta en práctica de una auténtica 'apertura democrática, que ponga fin al yugo del bipartidismo liberal-conservador establecido desde 1957. Un sistema que asfixia la vida política, muy a menudo limitada al 'clientelismo', favorece la corrupción y el terrorismo, explica el desinterés del electorado por el voto (la abstención alcanza una medida del 60% al 80% de los inscritos), permite al ejecutivo recurrir constantemente al estado de sitio para responder a los innumerables conflictos que implica la persistencia de numerosas desigualdades sociales".

ma su sueño, tiene un vigor autónomo en sí mismo. Si bien, como sucede en "Galerón", todos los datos del poema pertenecen al arsenal folklórico de la región natal de Carranza, los llanos orientales que Colombia comparte con Venezuela, el poema no es más que una enardecida historia de amor. Pero una historia que a todos nos concierne.

La de quien, desde su tierra, se hunde en ella, recreándola en música y desvelo, en nostalgia y baile. En imágenes carnales. A la vez dominada y desbordante, esta pasión creativa revela su miedo ante la muerte y al mismo tiempo su júbilo de vencerla mediante ese goce, gracias a ese canto.

Igual sucede con el poema "Cita", de Álvaro Mutis. Prosiguiendo ese retorno que su libro *Crónica regia* (1985) lleva hasta sus últimas consecuencias, él continúa su peregrinaje en busca del hilo perdido de sus raíces hispánicas, reiterando su fidelidad a un monarca como Felipe II, congruente, en ello, con su idea de que sólo una norma de carácter trascendente, como la monarquía de orden divino, puede trazar pautas en la vida de un hombre. Ahora, en esta cita con el "caballero de la triste figura", él busca también esa lección que ha de durar lo que dura la vida de los hombres. "La obstinada sangre para amar y morir", que nos viene de España, constituye entonces su preocupación más honda.

Quimeras, locuras, encuentros imposibles, el niño de Neanderthal, visto con ojos actuales en poemas de Jaime Jaramillo Escobar, fantasmas reales que dialogan con nosotros, en el entresueño, como en los poemas de Charry; o ese otro que también somos, ese hermano imaginario que, como posibilidad irrealizada, siempre nos acompaña —como en el poema de Darío Jaramillo, incluido en *Poemas de amor* (1986)— resultan formas insolentes y arbitrarias de una imaginación que se quiere dueña de sí misma y, en consecuencia, de todo el ilimitado horizonte que por definición le corresponde. "Horror de la vida, éxtasis de la vida".

En su libro de ensayos, *Lector de poesía* (1975), Fernando Charry Lara dedica cuatro trabajos a cuatro poetas de la generación del 27: Cernuda, Aleixandre, Salinas y Guillén. En el primero de ellos concluye afirmando: "La imaginación es la única fuerza capaz de despertar la conciencia del hombre. Cuanto más hoy se cerca al individuo, más violentamente lo rescata la poesía"[28].

Por su parte Fernando Arbeláez, en un premonitorio poema, "Los presagios de la lluvia", se preguntaba:

¿Qué será posible
entre las mistificaciones y el aire
entre la vergüenza y la bondad
entre la soledad y el juicio
qué será posible?[29]

---

[28]. Fernando Charry Lara, *Lector de poesía,* Bogotá: Instituto Colombiano de Cultura, Colección Autores Nacionales No. 3, 1975, p. 104.

[29]. Incluido en Fernando Arbeláez, *Serie china y otros poemas,* Bogotá, Instituto Colombiano de Cultura, Colección Autores Nacionales, No. 41, 1980, pp. 41-44.

La pregunta que formula toda auténtica poesía es siempre la misma. Y, curiosamente, a través de los siglos, las respuestas son también afines. En contra de la "mísera incuria de los hombres", el "rendido amador de Dulcinea" prosigue su camino. Ya no por la llanura castellana sino por las calientes tierras colombianas.

El diálogo entre América y España, base ineludible de nuestra poesía, vuelve a abrirse[30]. Esta propuesta de lectura, hecha desde una perspectiva colombiana, quiere contribuir a tal propósito.

[30.] He proseguido este análisis en "Viaje entre las dos orillas de la poesía hispánica", incluido en J. G. Cobo Borda, *Presencia cultural de Colombia en España*, Madrid: Embajada de Colombia en España, 1993, pp. 11-22, reproducido en la revista *Fin de siglo*, 5, Cali, junio 5 de 1993, pp. 33-38, con el título de "Las dos orillas de la poesía".

JOSÉ ASUNCIÓN SILVA (1865-1896)

Durante un siglo colombianos y extranjeros han leído la obra de José Asunción Silva con sincero interés. Han expresado su admiración en páginas que iluminan aspectos de su poesía y su novela y que establecen, a lo largo de estos cien años, las modalidades de recepción crítica de una de las más notables creaciones literarias colombianas.

Aun cuando ya se han hecho tres recopilaciones de trabajos críticos sobre Silva[1] y en los últimos años la biografía pionera de Alberto Miramón se ha visto superada por nuevos aportes[2], todavía subsisten multitud de miradas sin recopilar que nos permiten medir

---

[1] José Asunción Silva: *Poesía y prosa*. Con 44 textos sobre el autor. Edición a cargo de Santiago Mutis y J. G. Cobo Borda, Bogotá, Instituto Colombiano de Cultura, 1979; Fernando Charry Lara, *José Asunción Silva, vida y creación*, Bogotá, Procultura, 1985; Juan Gustavo Cobo Borda, *José Asunción Silva, bogotano universal*, Bogotá: Villegas Editores, 1988. Ver también, por los ensayos que la acompañan: José Asunción Silva, *Obra completa*, edición crítica coordinada por Héctor Orjuela, Madrid, Colección Archivos, No. 7, 1990; *Leyendo a Silva*, 2 vols., selección y prólogo: J. G. Cobo Borda, Bogotá: Instituto Caro y Cuervo, 1994.

[2] Ricardo Cano Gaviria, *José Asunción Silva. Una vida en clave de sombra*, Caracas, Monte Ávila Editores, 1992. Ver también Héctor Orjuela: *La búsqueda de lo imposible, biografía de José Asunción Silva*, Bogotá, Editorial Kelly, 1991; Enrique Santos Molano, *El*

la sugerente resonancia de su escritura. Y la forma como ella se ha estudiado, mediante muy diversos análisis.

Cómo, en muchos casos, su obra se convierte en un simple pretexto para trasmitir los intereses de la hora y cómo, en una segunda vuelta del tiempo, todos esos análisis se van adhiriendo, como pólipos, a la desnuda música de sus versos, otorgándoles la pátina de una riqueza más honda. De un eco que se prolonga y modifica a través de oyentes dispersos en el tiempo y en el espacio. ¿Por qué el mismo poema suscita reacciones tan variadas? No se trata tan sólo de un ejercicio universitario, como, con tanta agudeza, propuso I. A. Richards en *Lectura y crítica* (1929; versión española, 1967) sino, en cierto modo, de un corte longitudinal a lo largo de nuestra historia literaria y sus repercusiones en todo el ámbito de la lengua española.

Tales reacciones van desde quienes conocieron a Silva y permanecieron dentro de la órbita de una personalidad singular y un drama humano que marcaría,

corazón del poeta, Bogotá, Nuevo Rumbo Editores, 1992. Rafael Gutiérrez Girardot, *Modernismo*, Barcelona, Montesinos, 1983; Rafael Gutiérrez Girardot, *Hispanoamérica: Imágenes y perspectivas*, Bogotá, Temis, 1989; J. A. Silva, *De sobremesa*, prólogo: Rafael Gutiérrez Girardot, Bogotá: El Áncora, 1993, pp. 9-23. J. Eduardo Jaramillo Zuluaga, *El deseo y el decoro*, Bogotá, Tercer Mundo Editores, 1994; David Jiménez, *Fin de siglo. Decadencia y modernidad*, Bogotá, Instituto Colombiano de Cultura, 1994. Sobre Silva, pp. 109-197. Varios autores: *José Asunción Silva en Caracas*, Presentación: Óscar Sambrano Urdaneta, Caracas: Consejo Nacional de Cultura, 1994, 201 p.

por mucho tiempo, cualquier aproximación a sus textos, enturbiados por el escándalo de su muerte, hasta los estudiosos que revalúan una novela como *De sobremesa* y la sitúan, de lleno, dentro de la renovación modernista y sus preocupaciones esotéricas[3]. Cada época proyecta sus intereses al poner énfasis, en los mismos renglones, sobre quien los redactó o en la buscada autonomía de tales textos.

Entre esos dos puntos operan ensayistas hispanoamericanos como Rufino Blanco Fombona y Ventura García Calderón, o poetas como el español Francisco Villaespesa, tan influido por Silva, el nicaragüense Salomón de la Selva, el ecuatoriano Jorge Carrera Andrade y los colombianos León de Greiff y Germán Pardo García, quienes desde su ademán creativo asediaron el mundo de Silva, en pos de sus propias imágenes personales, como es obvio, pero también como un reconocimiento franco de quien los urgía y conmovía con la sinceridad entrañable de su poesía, en especial el "Nocturno", por antonomasia, piedra de toque de cuantos escriben sobre su obra.

De todos modos, en este repaso de textos, que atiende tanto a las peculiaridades de la ciudad que lo

[3.] En tal sentido se encaminan los trabajos de Alfredo Villanueva Collado. El interés por la novela se amplía, además, gracias a otros enfoques. Ver, por ejemplo: Selena Millares: "Sincretismo genológico y estilístico, parodia e intertextualidad en *De sobremesa* de José Asunción Silva", en *Anales de literatura hispanoamericana*, Madrid, Universidad Complutense, No. 19, 1990, pp. 83-93; y Julia Palmer: "Some aspects of narrative structure in José Asunción Silva *De sobremesa*", *Revista Interamericana de Bibliografía*, XLI, 3, Washington-1991, pp. 470-477.

vio nacer –caso del historiador Indalecio Liévano Aguirre– como a los conflictos sociales, económicos y políticos que un español como Juan de Garganta resume, en 1947, revisando la bibliografía disponible hasta la fecha, es factible concluir reafirmando el valor innegable de su aporte, ya nunca más regateado al lado de las figuras centrales de su tiempo, como es el caso de Rubén Darío y José Martí, cuyas obras leyó, asimiló e hizo suyas incluso hasta la parodia.

II

¿Quién fue entonces este poeta singular? Hijo de una familia acomodada de origen andaluz, su padre, Ricardo Silva, era un escritor costumbrista dueño de un almacén bogotano, como varios de su época, que importaba de Europa artículos de lujo.

Después de la muerte de su padre, Silva verá quebrar tal negocio y sufrirá el embargo que su abuela materna le declara luego de padecer 52 ejecuciones judiciales. Verá también morir a Elvira, su hermana más querida, y en el naufragio del vapor L'Amerique desaparecer lo que consideraba más valioso de su obra literaria. A pesar de tales desdichas muchos continuaron aludiendo a la belleza de su figura, la elegancia de sus maneras y la pulcritud de su camisa. Un dandy nazareno que buscaba ser fiel, hasta el final, al desapego apolíneo, sintetizado en esta frase:

"Antes me verán muerto que pálido".

Las anécdotas nos lo muestran sensible e irónico, avanzado para su tiempo pero unido de modo irremediable con su entorno, que lo vio vivir durante treinta y un años y le dictó muchas de las pautas de su conducta. Un viaje a Europa y una estadía en Caracas, como miembro de la legación colombiana, constituyen sus dos únicas salidas al exterior, igualmente decisivas: adquirió distancia. Supo de otras formas de convivencia. Se sintió solo y escribió para comunicar ese misterio que une a todos los hombres.

Una última y fracasada aventura comercial –el montaje de una fábrica de baldosines de cemento– y una cena final, con diez amigos, cierra la breve novela de su existencia. Luego de ella, y vestido con elegancia, se dispararía un tiro en el corazón: el lugar preciso que un médico amigo le había señalado días antes. No vio publicada su obra.

Tales elementos darían origen a una catarata inagotable de medallones románticos, agravados por unos supuestos amores con su hermana, y harían de su silueta la de un maldito o, por lo menos, un "raro", para usar la terminología impuesta por Darío. Tal sustrato se percibe en múltiples aproximaciones a Silva. La leyenda será consustancial a su figura. Ni la más objetiva de las lecturas puede prescindir de tales datos.

Pero el ser alejado del mundo, víctima de la ensoñación, impráctico para los negocios, era también el miembro de una familia liberal atraído pragmáticamente por la pragmática política conservadora de Rafael Núñez. Al elogiar los versos de Núñez, Silva buscaba conservar su puesto diplomático o, si era posible, mejorarlo.

Lo apasionante, en todo caso, fueron sus contradicciones y la forma como se trasmutaron en una música verbal de nitidez mágica. No era un hombre al margen de las tensiones sociales de su pequeño mundo, de las herencias y los pleitos del sectarismo político y las heridas no cerradas de varias guerras civiles. Pero era, ante todo, un poeta. Pudo escribir sobre los fantasmas difuntos que la bruma de su ciudad natal insinuaba en torno suyo.

Algo de esto había visto Laureano García Ortiz en 1896 al decir:

> Si bien es cierto que Silva era de naturaleza sensible en grado extremo, y de una sensibilidad que no iba siempre en vía y a paso normales, igualmente es cierto que jamás apareció en él indicio alguno sentimental; murió, según todo lo hace creer, en ejercicio de una libre y fría volición, como ponían fin a su vida las fuertes naturalezas del paganismo[4].

Esa fuerza para hacer suyo el destino también se percibe en sus versos: trascienden su época convertidos en imagen aún válida.

[4.] Todos los textos sobre Silva citados de aquí en adelante, incluido este de Laureano García Ortiz, se hallan recopilados en los dos volúmenes de *Leyendo a Silva,* Bogotá, Instituto Caro y Cuervo, 1994.

Si en la adolescencia comienza a ayudar a su padre en el negocio familiar y a los 18 años fue incorporado como socio, teniendo que habilitarle la edad, su interés por la poesía se mantendrá alerta a lo largo de estos años y la literatura francesa, como apunta Sanín Cano, estará siempre presente dentro de su horizonte intelectual.

Pero ese afrancesamiento, consustancial al latinoamericano de la época, no eludía, en ningún momento, el humus cultural que su medio le proporcionaba. El cual, como lo ha sintetizado Malcom Deas refiriéndose al período de hegemonía conservadora entre 1885 y 1930, podía resumirse así: cuidar la lengua es preservar la comunicación con el mundo hispanoparlante, añadiendo, al referirse a Miguel Antonio Caro:

> La preocupación por el idioma no se derivaba del temor al aislamiento aunque Colombia estuviera aislada, ni del menguante nivel de comunicación con los mexicanos, chilenos o argentinos, que le importaban poco. Me parece que el interés radicaba en que la lengua le permitía la conexión con el pasado español, lo que definía la clase de república que estos humanistas querían[5].

No fue Silva, como se dijo, un solitario aislado en su torre de marfil. Sí, un hombre de carácter que sa-

---

[5.] Malcom Deas, *Del poder y la gramática y otros ensayos sobre historia política y literatura colombiana*, Bogotá, Tercer Mundo Editores, 1993, p. 47.

bía trazar distancias y que trató, en prosa y verso, de lograr que los modos de percepción de la realidad se hiciesen más sutiles, al trascender el debate que muchos de sus poemas plantean —el peso de la herencia hispánica, el drama de las guerras civiles, el papel de Bolívar— hacia una dimensión más compleja e íntima, de innegable universalidad. Fue crítico de su herencia, pero lo mejor suyo es la consustanciación entre la palabra y un clima que sin la palabra no subsistiría envuelto entre las nieblas del deseo.

III

Ismael Enrique Arciniegas recuerda su participación en las reuniones que se realizaban en la imprenta de José María Rivas Groot. Allí donde se compiló *Víctor Hugo en América* y en las cuales participaban Julio Flórez, Diego Uribe, Federico Rivas Frade, los hermanos León Gómez, Joaquín González Camargo y Carlos Arturo Torres, el ensayista de los *Idola Fori*. En ellas Silva leyó "Ars", su definición estética, y páginas en prosa.

Allí se acordó publicar un libro colectivo de poesía con el título de Arpas amigas que luego se convertiría en La lira nueva (1886), cuyo prólogo, firmado por Rivas Groot, sintetiza el ideario del poeta del momento en tres palabras-temas: "Cristo, la república y la naturaleza".

Un ideario que no coincide exactamente con el de Silva. El suyo era más amplio, sí, pero también más ceñido a la propia fuerza expresiva de su trabajo verbal. No era un teórico de la reconciliación histórica con España. Era un creador que transformaba la lengua española y le hacía decir:

> El verso es vaso santo. Poned en él tan solo
> un pensamiento puro,
> en cuyo fondo bullen brillantes las imágenes,
> como burbujas de oro de viejo vino oscuro.

En dicha tertulia se rechazaban los versos agudos y esdrújulos. Las octavas bermudinas, las octavas reales, las sextillas que puso de moda el doctor Rafael Núñez. Se vivía, en consecuencia, dentro del debate vital del idioma. De sus modos de conjurar una realidad fugaz.

En una Bogotá "aletargada y brumosa" la vida literaria podía ser muy intensa, mezclada con las pasiones políticas, las preocupaciones gramaticales y los "sueltos", con pseudónimo, que todos los periódicos acogían, recogiendo chismes y maledicencias: así lo ha rescatado Enrique Santos Molano en *El corazón del poeta* (1992). Otra biografía de Silva donde se palpa la estrecha ligazón entre el poeta y su mundo.

La vida social, dentro de los comprensibles límites de una ciudad que sólo en 1900 alcanzaría los 100 000 habitantes, desplegó en torno suyo la secuencia de cenas y bailes, escenario este último de varios de sus poemas, como lo corroboran la crónica humorística de Clímaco Soto Borda y las propias crónicas de Silva, v. gr., la dedicada a la fiesta de los Koop (1887)[6].

La doble vida del joven de sociedad que buscaba compaginar sus actividades de comerciante y poeta, no queriendo que la segunda interfiriese en el crédito que los prestamistas le otorgaban para subsistir a él y su familia en la primera, será una constante y explica quizá el sarcasmo de sus *Gotas amargas*.

Transmutaba lo que había visto y padecido. Hacía público el malestar que le producía tal conflicto y la estrechez burguesa de su clase social leyéndolas, en confidencia, a los amigos más íntimos. Mantenía la dualidad que corresponde al creador en sociedades de incipiente capitalismo, impedido de concretar, a cabalidad, su vocación.

Ese "filósofo engarzado en un petimetre" que había retratado Pedro Emilio Coll con pechera blanca y zapatillas de charol, debió sufrir demasiados chistes malévolos y responder con variadas frases hirientes, para terminar marginado en el cementerio de los suicidas. Pero, de otra parte, estuvo próximo, en la tertulia de su padre, en las relaciones familiares, en las colaboraciones periodísticas, en el mostrador de su almacén, a lo decisivo de la sociedad de su tiempo: la que ejercía el poder. La que firmaba los nombramientos en el exterior.

Pero reconociendo esa unión entre persona y sociedad, entre entorno y familia, lo importante es

---

[6.] Cf. "La fiesta de los Koop" en *El corazón del poeta*, de Enrique Santos Molano, Bogotá, Nuevo Rumbo Editores, 1992, pp. 521-531.

también subrayar la ruptura. Si no estaríamos preguntándonos lo mismo que Luis López de Mesa se preguntó en 1928:

> ¿Para qué un Silva empleado de segunda categoría en un banco, subalterno de un ministro agreste o diputado por las derechas del hirsuto gamonalismo provinciano?[7]

Silva rompió y a través de su poesía restableció el vínculo, en un nivel mucho más profundo. Se convirtió en símbolo de Colombia, como lo denomina Alejandro Vallejo, al señalar cómo el "Nocturno", al igual que "La canción de la vida profunda" de Barba Jacob o "Las cigüeñas" de Valencia, encierran "algo que a todos nos es propio".

Pero el carácter representativo de Silva, como uno de los más altos logros de nuestra cultura, en la plenitud de sus versos y la amargura final de su existencia, cancelada con un gesto que tiñe de dolor retrospectivo todos sus actos anteriores, no nos impide intentar comprenderlo más allá del mito, al revisar el mayor número posible de puntos de vista sobre su humanidad y su escritura. Eduardo Zalamea, en 1946, señalaba:

> Se diría que nuestra literatura no ha llegado a la madurez necesaria para analizar la vida de nuestros grandes poetas.

[7.] Reproducido en J. G. Cobo Borda, *Leyendo a Silva*, ob. cit.

¿En dónde el libro que nos muestre el verdadero Silva y el que despoje a Caro de su clámide clásica para que podamos verle en su humana desnudez y el que nos revele el secreto del genio de Pombo, y el que aclare la penumbra que vela el rostro de Flórez, y el que nos entregue completo a Barba Jacob y el que nos dé la cabal medida de Valencia?[8]

Mucho se ha avanzado en tal sentido, pero aún faltan varias piezas del mosaico. De todos modos hoy conocemos mejor ese mundo de Silva ante los avances historiográficos y la voluntad esclarecedora de las sucesivas aproximaciones a su trayectoria. Lo cual impone, por cierto, un retorno a su poesía, que no supera las 220 páginas, y a su prosa, que no va más allá de las 160 cuartillas. Tomando en cuenta, como hoy lo hace la crítica, su rigurosa conciencia de artista y lo novedoso de su novela-ensayo-diario íntimo.

Las numerosas variaciones críticas en torno a Silva podrían llevarnos a desalentadoras conclusiones sobre el tedio de la vida académica, pero el cambio de atención de su poesía a su novela y de su drama personal al estado general de las letras hispanoamericanas durante el modernismo, y la sociedad en que se dio, es un buen síntoma. Enriquece la vista.

Además, el requisito previo de conocer cuanto se ha escrito sobre Silva resulta imprescindible.

[8] Ibid.

Quizá ya allí, en aquel olvidado estudio, estaban las bases de la interpretación que hoy se nos brinda como muy renovadora en enrevesada terminología. En todo caso, es curioso oír hablar de Silva, desde la intuición como desde el prejuicio. Es esclarecedor, en definitiva, ver cómo los otros leían a Silva. Esas miradas aumentan nuestro asombro ante la belleza de tantas de sus líneas.

En todo caso, desde los 44 textos sobre Silva que con ayuda de Santiago Mutis y Mauricio Pombo rescatamos en Bogotá para la edición de *Poesía y prosa* de 1979 y los 15 textos que en 1988 agrupé, desde Buenos Aires, en *José Asunción Silva, bogotano universal*, el interés prosigue. Sigo fiel al primer trabajo crítico que escribí: "Una aproximación a Silva" publicada en la revista *Arco* de Bogotá.

Vale la pena recalcar el valor propio de Silva y la forma como se apreció su contribución a la literatura hispanoamericana. Feliz contrapunto de admiración y análisis técnico de sus estructuras. Esclarecimiento de su secreto personal y contemplación del ámbito que lo circunda.

Estas lecturas de Silva terminan por multiplicar la pluralidad de sentido que alberga una obra como la suya y reconocen, con honesta autocrítica, cómo la auténtica poesía siempre dice un poco más (o un poco menos) de lo que los críticos intentan hacerle decir.

Podemos entonces citar el hermoso verso de Silva: "Si aprisionaros pudiera el verso/fantasmas grises cuando pasáis" como epígrafe adecuado. La crítica será siempre inferior a la poesía. Son los poemas de Silva los que, en definitiva, justifican estas mediaciones críticas y los que subsisten intactos más allá de tantos asedios. La poesía, iluminada por las palabras que la circundan, termina por celebrar, en solitario diálogo compartido, su voz única. Así sucede, por ejemplo, con sus "Midnight Dreams":

    Anoche, estando solo y ya medio dormido,
    Mis sueños de otras épocas se me han aparecido.

    Los sueños de esperanza, de glorias, de alegrías
    Y de felicidades que nunca han sido mías

    Se fueron acercando en lentas procesiones
    Y de la alcoba oscura poblaron los rincones.

    Hubo un silencio grave en todo el aposento
    Y en el reloj la péndola detúvose al momento.

    La fragancia indecisa de un olor olvidado,
    Llegó como un fantasma y me habló del pasado.

    Vi caras que la tumba desde hace tiempo esconde,
    Y oí voces oídas ya no recuerdo dónde.

    Los sueños se acercaron y me vieron dormido,
    se fueron alejando sin hacerme ruido

    Y sin pisar los hilos sedosos de la alfombra
    Y fueron deshaciéndose y hundiéndose en la sombra.

GUILLERMO VALENCIA: TRES IMÁGENES
(1873-1943)

Leyendo a Silva

Vestía traje suelto de recamado biso
en voluptuosos pliegues de un color indeciso,
y en el diván tendidas, de rojo terciopelo,
sus manos, como vivas parásitas de hielo,
sostenían un libro de corte fino y largo,
un libro de poemas delicioso y amargo.
De aquellos dedos pálidos la tibia yema blanda
rozaba tenuemente con el papel de Holanda
por cuyas blancas hojas vagaron los pinceles
de los más refinados discípulos de Apeles:
era un lindo manojo que en sus claros lucía
los sueños más audaces de la Crisografía:
sus cuerpos de serpiente dilatan las mayúsculas
que desde el ancho margen acechan las minúsculas,
o trazan por los bordes caminos plateados
los lentos caracoles, babosos y cansados.
Para el poema heroico se vía allí la espada
con un león por puño y contera labrada,
donde evocó las formas del ciclo legendario
con sus torres y grifos un pincel lapidario.
Allí la dama gótica de rectilínea cara,
partida por las rejas de la viñeta rara;

allí las hadas tristes de la pasión excelsa;
la férvida Eloísa, la suspirada Elsa.
Allí los metros raros de musicales timbres;
ya móviles y largos como jugosos mimbres,
ya diáfanos, que visten la idea levemente
como las albas guijas un río transparente.
Allí la vida llora y la Muerte sonríe
y el Tedio, como un ácido, corazones deslíe...

La primera imagen es la de un joven de mostacho romántico y mirada ensoñadora que llega a una Bogotá finisecular como secretario del general Rafael Reyes, y allí retoma la rica tradición poética colombiana y le confiere un renovado esplendor.

En 1987, con ocasión del primer aniversario de la muerte de José Asunción Silva, declama ante su tumba su poema "Leyendo a Silva", el cual se inicia con las estrofas antes citadas.

La breve y trágica vida de Silva, sellada por el suicidio y la musicalidad incomparable de su poesía, lo habían convertido en una figura mítica. Silva, el iniciador, el último nacido del viejo cisne y Leda, como lo llama Valencia, sería una referencia magnética para este joven de Popayán.

Luego de estudiar en el seminario sus griegos y latines, sus padres de la Iglesia y su historia antigua, descubría, en aquella también remota capital sudamericana, algo de los esplendores decadentes de un siglo que moría, con el disparo de Silva en su corazón, y algo también del pragmatismo reformista con que el general Reyes buscaba las soluciones prácticas y los hombres de acción, llamando luego a colaborar, durante su gobierno, a elementos del rival partido liberal.

Valencia, quien se definía a sí mismo como "conservador por estética", lograba en sus poemas establecer una profunda empatía con el precursor, al formular, en un verso preciso, el carácter del poeta: "Amando los detalles, odiar el universo / sacrificar un mundo para pulir un verso".

El poeta, el más concreto de los seres, aspira a la totalidad. A que todas las cosas se conviertan en palabras para darles así su última y más perdurable resonancia. La de una memoria que se renueva cada vez que volvemos a leer el poema. "Tener la frente en llamas y los pies entre el lodo; / querer sentirlo, verlo y adivinarlo todo".

Lo que Valencia decía sobre Silva lo decía también sobre sí mismo. Los textos que por entonces escribió hablaban de Oriente, de Grecia y Roma, la Edad Media y el Renacimiento, de Nerón, Miguel Ángel y Durero. De la transición del mundo pagano al orbe cristiano.

Y también, cómo no, del conflictivo mundo que tenía allí delante. Dos años después de declamar "Leyendo a Silva" ante su tumba, recitará "Anarkos", por primera vez, en el Teatro Colón de Bogotá.

> Por donde quiera que mi ser camine
> Anarkos va, que todo lo deslustra:
> un rito secular que no decline
> ante el puño brutal de Bakunine

y el heraldo feroz de Zarathustra.
No puede ser que vivan en la arena
los hombres como púgiles: la vida
es una fuente para todos llena;
id a beber, esclavo sin cadena;
potentado, ¡tu siervo te convida!
¡Nada escuchan! Los pobres, a la jaula
de la miseria se resisten fieras,
y con brazo de adustos domadores
y el ojo sin ternura, ¡les enjaula
la codicia sin fin de los señores!

Ese largo poema donde los perros, los mineros y los artistas se unen, en su marginalidad, opondrá a la dinamita del anarquismo las enseñanzas sociales de la Iglesia a través de la encíclica *Rerum novarum*, de León XIII. Como en el caso del poema dedicado a Silva, Valencia operaba por contrastes y su desarrollo se basaba en tesis, antítesis y síntesis. Sólo que más allá del debate ideológico que lo sustentaba, la mirada de Valencia se sentía atraída, en este como en otros textos, tanto por el deleite sensual de Salomé como por el rayo demoledor de una sentencia bíblica. Por los mármoles romanos como por la palabra de Cristo. Trataba, como poeta, de presentar las dos caras del asunto y dejar que, más allá de sus simpatías, la imparcialidad insobornable de la poesía dirimiese el conflicto.

Sólo que el mundo ideal hacia el cual Valencia dirigía sus aspiraciones "quién pudiera volar a donde brota / la savia de tus mármoles, Atenas" contrastaba, y en qué forma, con el real mundo de esa Colombia de guerras civiles y fracciones hirsutas, donde una poesía suntuosa, difícil y saturada de referencias culturales como la suya, no parecía tener demasiado sentido.

En todo caso cuando apareció *Ritos* (1899), su primer libro, y en realidad el único, transcurría la Guerra de los Mil Días y 200 ejemplares del mismo que eran remitidos a Valencia, entonces en París, pasaron a formar parte del morral de los soldados que combatían en Palonegro, al ser decomisados en el combate naval de "Los Obispos", en el río Magdalena.

II

El joven reconocido y consagrado en la capital extendía, de este modo tan involuntario, su eco por otras regiones del país, y el ávido turista que en el café Kalisaya de París intercambiaba libros con Óscar Wilde y recibía el espaldarazo de Rubén Darío, padre y maestro mágico del modernismo, en una de sus crónicas para *La Nación* de Buenos Aires, volvería a Colombia a sumergirse en las turbulencias de las luchas políticas para ser en dos ocasiones, 1918 y 1930, candidato derrotado a la presidencia por el cual votaron 216 000 y 240 000 personas respectivamente, cifras significativas para la época.

Y para comprobar reconfortado que, cuando salía a los balcones de las plazas a explicar su programa de gobierno, recibía la insólita petición por parte del público de que recitase.

Tal fervor no era indiscriminado, le pedían que recitase "Anarkos". Ese largo poema de una docena de páginas que su propio autor consideraba "un editorial en verso" y que cuando una falla de su memoria lo obligaba a detenerse, buscando la rima mnemotécnica, toda la multitud, en coro, salvaba el bache y así, de modo colectivo, proseguía su sinuoso curso. Los asistentes al mitin político no eran tan ajenos al canto de los bardos decadentes, "con el azul cuaderno bajo el ala", y la luz del ideal en la mirada.

Aunque nadie lo crea así era la Colombia de aquel entonces y los que hoy se asombran de cómo aquel país, regido por poetas y gramáticos, subsistió, no captan quizá cómo la gente transfería sus ideales de conocimientos y horizontes más amplios a la figura ya entonces anacrónica del vate, tan ciego para los avatares de la vida práctica como lo debió ser Homero y lo sería Borges años más tarde, y le pedían, en esta forma, diera un sentido más puro a las palabras de la tribu.

Le pedían, también que fortaleciera con estos versos su memoria colectiva y desarrollara ante gentes quizá analfabetas un espejismo irresistible: la tentación de la belleza. Aquella que los sacaba de sí mismos y los obligaba a mirar con más detalle el mundo, lejos de sus agobiantes preocupaciones cotidianas.

Hay un instante…

Hay un instante del crepúsculo
en que las cosas brillan más,

fugaz momento palpitante
de una morosa intensidad.
Se aterciopelan los ramajes,
pulen las torres su perfil,
burila un ave su silueta
sobre el plafondo de zafir.
Muda la tarde, se concentra
para el olvido de la luz,
y la penetra un don suave
de melancólica quietud,
como si el orbe recogiera
todo su bien y su beldad,
toda su fe, toda su gracia
contra la sombra que vendrá...
Mi ser florece en esa hora
de misterioso florecer;
llevo un crepúsculo en el alma,
de ensoñadora placidez;
en él revientan los renuevos
de la ilusión primaveral,
y en él m'embriago con aromas
de algún jardín que hay ¡más allá!...

Ir más allá, oponiéndose a las sombras. Sin abandonar lo cotidiano, esclarecer su intimidad. Como en "Hay un instante", la poesía habla por sí misma, en su gratuito desinterés, y no requiere de citas ni del epígrafe de ninguna autoridad. Nos abre los ojos hacia una realidad más intensa que la anodina realidad de todos los días, sin por ello hacernos perder el sabor de su milagro diario. Tal fue el logro de

Valencia en sus mejores momentos, hable de un crepúsculo, o de la muerte de su mujer, en su inolvidable soneto "A Josefina".

Valencia encarnó así todas las apasionantes contradicciones del político que, herido por la ingratitud, se refugiaba en la poesía o en la traducción de la misma –Baudelaire, Mallarmé, D'Annunzio y Hofmannsthal–, y el poeta curioso y sensual que, dispersándose entre variadas sugestiones, no dejaba de estar atraído por la mayor: el fuego fatuo del poder.

Mirando hacia el pasado, el hidalgo payanés cantaba en su hacienda de Belalcázar a sus antepasados, ennoblecidos por la corona española o fusilados por sus ansias de libertad. A esa tradición se aferraba para entender mejor su actual perplejidad. La de quien, gracias a la poesía, había obtenido todos los frutos, salvo la presidencia de la república.

Sólo que no había nunca demasiado tiempo para recordar, en este sosiego contemplativo, la anterior emoción. Al convertirse en hombre público, la historia no dejaba de llamar a su puerta y la intimidad pudorosa que asomó tan pocas veces, preservada al margen de tantos versos de ocasión, debía volcarse hacia el compromiso público, hable de Bolívar o de Miguel Antonio Caro, de Córdoba o de Popayán, o defienda la pena de muerte ante el Senado.

La tribuna del orador se trocaba en cátedra y púlpito y el pueblo, en tantos casos pobre y afligido ante la desaparición de los mejores, se aferraba al esplendor sonoro de esas joyas verbales con que el orador engalanaba sus párrafos y veía así desfilar, exaltados, los héroes y caudillos de su historia. Las incipientes leyendas de un país recién hecho sobre las cuales todos, por haberlas conocido, tenían algo que decir, y así la oración fúnebre se convertía en punto de referencia, memorizado y debatido hasta en los más remotos confines.

A la imagen del poeta debemos añadir la del orador y recordar, siquiera, el momento en que Valencia, ante el cadáver de quien fuera su adversario político desde las filas liberales, Rafael Uribe Uribe, vilmente asesinado, se levantaba sobre su propio dolor y en la marea del arrebato componía imprecaciones perfectas:

> ¿Así premias, ¡oh Democracia!, a los mejores de tus hijos? ¿Con óleo de sangre los unges? Los vistes de escarnio y los paseas ceñidos en los cascabeles de los locos? ¡Sucre, Arboleda, Uribe! A quien sólo tuvo para ti palabra de miel, ¿tú le respondes con la voz del agravio? A quien se desveló sirviéndote, así lo galardonas tú con el sueño medroso de los sepulcros? A quien cantó para ti con labios encendidos el himno de tus glorias, tú sólo le respondes con el yambo de las venganzas? A quien te ofrendó sus placeres, ¿tú le retribuyes con tormentos? ¡Lincoln, Canalejas, Jaures... ¡Oh Democracia, bendita seas aunque así nos mates![1]

---

[1] Guillermo Valencia, *Discursos*, tomo II, Bogotá, Instituto Caro y Cuervo, 1973, p. 64.

El poeta exquisito era también el orador eficaz y su pompa todavía resuena acercándonos esta segunda imagen: la del hombre que durante muchos años fue la voz de Colombia y propugnó, por encima de tantas tumbas, una convivencia civilizada a través de esa cultura, católica, apostólica y romana, que era la suya. Un bálsamo, no siempre eficaz, ante tantos sectarismos fratricidas, tantas vanidades y tantos orgullos heridos. Tantas desigualdades sociales, nunca bien asumidas.

III

En 1941 el diario *El Espectador* realizó una encuesta acerca de cuál era el poeta más popular de Colombia. Valencia ganó por una amplia mayoría: el 46 por ciento. Le seguían Porfirio Barba Jacob y Eduardo Carranza con apenas un 9,5 por ciento.

Este demócrata reinaba imperial sobre la poesía de su patria, dos años antes de su muerte, y los jóvenes impacientes, como Eduardo Carranza, podían acercársele y reprocharle la frialdad de sus poemas recibiendo la respuesta que su insolencia merecía:

"Amigo, en las más altas cumbres hace frío".

El país de frases continuaba intacto y Valencia, entonces, se envolvía en su capa de hidalgo y se retiraba, convertido en el símbolo de su ciudad, Popayán. Consustanciado con ella, Valencia paseaba su mirada irónica y su barbilla pugnaz, manteniendo vivas las tradiciones. Aquella, por ejemplo, que hablaba de cómo allí estaba enterrado Don Quijote. Por ello, en un último avatar, Valencia dejaba atrás al poeta sofisticado y al orador relampagueante, para metamorfosearse detrás de una figura mucho más próxima y mucho más humana, por ser quizá una figura literaria.

> el corazón de corazones,
> el paladín sin tacha, el andariego,
> mi adorado pariente, el gran manchego,
> honra con su presencia estos rincones.
> Esos mostachos negros y caídos,
> ese bravo pensar, esa amarilla
> tez y ese rostro de travieso alarde
> son los suyos, Alonso? Mis sentidos
> evocan tu figura sin mancilla
> y en tu loco fervor mi pecho arde.

Hablaba de don Alonso Quijano, alias Don Quijote. No es insólito, entonces, que haya un busto de Valencia en el Colegio Colombiano Miguel Antonio Caro, de Madrid, sito en la Avenida Séneca.

Su talante corresponde a tales nombres. Forma parte de la fructífera tradición poética colombiana que no ignora el aporte hispánico, para llevarlo más allá. Una tradición que recordaba así Gabriel García Márquez, en sus raíces pedagógicas y populares, aún no perdidas del todo.

> Los jóvenes de ahora no pueden imaginarse hasta
> qué punto se vivía entonces a la sombra de la poe-

sía. No se decían primero de bachillerato sino primero de literatura, y el título que se otorgaba, a pesar de la química y la trigonometría, era de bachiller en letras. Para nosotros, los aborígenes de todas las provincias, Bogotá no era la capital del país ni la sede del gobierno, sino la ciudad de las lloviznas heladas donde vivían los poetas. No sólo creíamos en la poesía, sino que sabíamos con certeza –como lo diría Luis Cardoza y Aragón– que es la única prueba concreta de la existencia del hombre[2].

En un momento dado Valencia fue la poesía. Por eso hoy está vivo y nosotros también estamos vivos recordándolo. Una prueba más, si hiciese falta, de cómo Colombia, a través de su poesía, resiste y perdura.

[2.] Gabriel García Márquez, "La poesía o cómo volver a ser joven". *El Tiempo*, Bogotá, febrero 21 de 1993, p. 17A.

LUIS CARLOS LÓPEZ (1879-1950)

Trazos, viñetas, cromos, croquis: Luis Carlos López dibuja. Y en ocasiones caricaturiza. Lo hace con línea firme y rápida, apelando a los catorce versos que arman el soneto. De esos pequeños cuadros surgen figuras con un encanto agridulce, entre zumbón y bonachón. Son apuntes callejeros, tomados del natural, que terminan por componer una colección de postales provincianas, redactadas en tono menor. "La comedia tropical", como la llamó Jorge Zalamea.

Un álbum, en definitiva, de personajes típicos, y todas sus ilusiones perdidas, vistos con la mirada fraterna ("A Basilio"):

> Cuando a medianoche, bajo los balcones,
> gime tu organillo de dolientes sones,
> con plañir mimoso, con amargo dejo,
> de seguro arrulla muchos corazones,
> mientras acaricia mis desilusiones
> tu organillo triste, tu organillo viejo...

Esta es la música de López, dotada de un encanto que puede ser tan cómplice en la nostalgia, como crítico en el sarcasmo.

El poeta se halla involucrado, no hay duda, en el asunto, y si puede reírse de todo cuanto le rodea, hasta llegar a la exageración –un cochero se equipara a un elefante, la musa llega a tener "mirada de buey"–, también su propia figura de poeta es ironizada debido a su cobardía ante los timoratos prejuicios rurales, ante su fingida "seriedad episcopal" ("Barrio abajo"). Y más tarde, en 1940, cuando lo coronan como poeta, por "el infeliz pecado / de hilvanar unos versos", su rechazo "A remontarme al cielo / tan desacreditado del Parnaso…" se basa, ante todo, en su calidad de buen burgués.

López tiene humor y compasión. Disfruta con sus travesuras, adopta "posturas difíciles", pero se sabe también irremediablemente condenado a compartir ese clima en ocasiones letárgico, de vulgo "municipal y espeso". Placentero, pícaro y distendido, de rumor de parroquia, de tertulia con un vaso de anís de coco, su bebida predilecta, junto con el infaltable cigarro.

En el poema titulado "Mi burgo" traza, de modo certero, esa relación amor-odio característica de todo poeta ante su ciudad. En su caso las murallas eran reales y no lo sacaron fuera del mundo, como en el poema de Cavafis. Lo obligaron, por el contrario, a sumergirse más en él.

Los mismos rudimentos de hace tres siglos…
Nada
de una protesta. Todo completamente igual:
callejas, caserones de ventruda fachada

y un sopor, un eterno sopor dominical.
Población anodina, roñosa, intoxicada
de incuria –aquella incuria del tiempo colonial–
con su falsa nobleza de acéfalos, minada
por el fraile y la hueca política venal.
Pobre tierra, caduca tierra que tanto quiero,
que hoy rumia mansamente su estolidez, veneno
de las intransigencias del medio parroquial,
que aún vive –si es acaso vivir en la atonía
de lo incurable–, bajo la risueña ironía
de un cielo azul, de un cielo siempre primaveral...

El texto es duro y sin excusas. Allí se hallan concentrados los elementos de su cosmovisión: el pasado colonial, la pérdida de vitalidad, las pretensiones de nobleza, los efectos conjugados y nocivos de politiquería y falsa religiosidad, la intolerancia, una existencia clausurada y, al final, como exudatorio y catarsis, "la risueña ironía" de un cielo siempre azul, que vuelve irrelevantes los anteriores dramas y que puede concluir tanto en la risa como en el cinismo. Es la pregunta escéptica acerca de qué uso dar a un fusil, como lo estudió Nicolás del Castillo, en un valioso trabajo sobre la poesía de Luis Carlos López.

Campea, a pesar del aparente tono de rebajamiento
y de burla, un afecto sincero por el terruño natal,
una sentida nostalgia por los tiempos idos y por el
heroísmo pasado y un hondo amor que se demuestra plenamente en ese nocturno recorrer de las oscuras y solitarias callejas de la vieja Cartagena.

Añadiendo respecto al propio poeta:

Sin ser un poeta alegre, López hace de su cinismo cordial el mejor antídoto contra su innato pero inofensivo pesimismo. Y lo que muchos románticos solucionan con una bala de revólver, López lo resuelve con una sonrisa burlona[1].

BOHEMIA Y BURGUESÍA

La prosa de la vida vigoriza esta poesía con su referencia cotidiana, con su apelación a personajes únicos –un agiotista, un campanero, un borracho– con nombre propio, con la inclusión de animales y frutos inconfundibles: iguana y cangrejo, alcatraz y jicotea, icaco y guama. En otras ocasiones, sus renglones se tornan débiles e imprecisos, en la ataraxia de una "cerebral masturbación". Son los devaneos de quien bosteza, en verso. O de quien formula gracejos, no demasiado memorables.

Pero en realidad algunos de sus mejores momentos se logran en la aparente aceptación de una tradición inamovible. "No hay fuerza contra la tradición": al aceptarla, la cuestiona. Al sugerir que es imposible superarla, va más allá de ella ("Canción burguesa"):

---

[1] Nicolás del Castillo, "Apuntes sobre la poesía de Luis Carlos López". Boletín de la Academia Colombiana de la Lengua, XXIII, 97, Bogotá, 1973, pp. 135 y 139.

sin asomo de pena, sin torpes rebeldías,
fingiendo la indulgente pasividad del buey.

El saberse vencido de antemano en esas mezquinas luchas cotidianas y el reírse de ello a través de la evasión o la burla, dota a su poesía del compartido interés por una batalla de la cual nadie se halla exento. La rebeldía bohemia. La claudicación burguesa.

Villorrios y poblachones, cerca del mar. "Holgazanería parroquial": no se pueden elegir escenarios menos nobles, ni una historia tan descalabrada. Al pensar en su Cartagena, todo ímpetu heroico resulta cosa del pasado y los colores buscan, con pertinacia, resultar incómodos y disonantes ("Cromito"):

La testa del cerro. Rugosa y rapada,
brilla con los tintes de la mermelada,
y detrás de un techo de color de ají
se asoma el cigarro de una chimenea,
que en la paz del croquis, lentamente humea,
taladrando el cielo como un berbiquí.

El título, en diminutivo, lo dice todo. Las suntuosas músicas del modernismo hallan en estos escorzos una refutación radical. Al reducirse, reniegan de sus anteriores júbilos, a veces tan altisonantes, y de su musicalidad a toda costa, para brindarnos este grabado expresionista, contenido y a punto de estallar. Por un lado lo acecha el mal gusto. Por el otro, la poesía social con ímpetus redentores.

López no se halla exento de las dos tentaciones pero termina, en definitiva, por ironizar sobre su instrumento y sobre sus objetivos, desacralizando el lenguaje pretendidamente poético y colombianizándolo en sus giros, como señaló James J. Alstrum[2]. Y como lo aclaró el propio López, en una entrevista concedida en 1950 al periodista José Morillo: "Nunca presumí de innovar en poesía, de ser un 'poeta nuevo' en mi época. Apenas me he considerado un autor con un modo de sentir distinto, producto de un temperamento propio"[3]. Él maneja, en definitiva, palabras y no balas. Y lo que puede sonar chabacano, distorsionado, y en ocasiones grotesco, termina por actuar como revulsivo apenas, dentro de la secular historia de ímpetu y caída, de subversión cuestionadora y orden recompuesto. La obra de López no altera la forma del poema, inserta apenas elementos antes no usados que, dentro del ámbito por entonces tan convencional de la poesía colombiana, producen una gran sacudida. El estremecimiento nuevo. Un poema como "Medio ambiente" es paradigmático en tal sentido. Los nombres propios, dicientes en su universalidad –un don Sabas, un don Lucas–, los objetos precisos como la máquina de coser Singer,

---

[2] James J. Alstrum, "Luis Carlos López y la colombianización y desacralización del lenguaje poético en Colombia". En: *De ficciones y realidades*, Bogotá: Tercer Mundo, Universidad de Cartagena, 1989, pp. 137-145.

[3] José, Morillo, "Entrevista a Luis Carlos López". En: *Por el atajo*, Cartagena: Ed. Bolívar, 1975, pp. 7-14. Originalmente publicada en la revista *El Bodegón*, año XXVIII, No. 390.

el recuerdo de la juventud ida, concluyen, tajantes, en los seis últimos versos, en los que una cotidianidad vulgar anula cualquier intento de vida propia y creativa ("Medio ambiente"):

> Quimeras moceriles –mitad sueño y locura–,
> quimeras y quimeras de anhelos infinitos,
> y que hoy –como las piedras tiradas en el mar– se
> han ido a pique oyendo las pláticas del cura, junto
> con la consorte, la suegra y los niñitos...
> ¡Qué diablo!... Si estas cosas dan ganas de llorar.

Nada más refrescante que los poemas de Luis Carlos López, vistos en la perspectiva de la tradición colombiana que lo circunda. Al lado del aticismo que preconizaba Cornelio Hispano, o teniendo como parangón los convencionalismos piadosos de Diego Uribe, López tiene el mérito de lo singular, como en "De perfil":

> Cutis garrapiñado,
> nariz curva de anzuelo,
> y del gorro, que porta a medio lado,
> surge la hirsuta rebelión del pelo.
> La brusca pincelada
> de la ceja, enfocando la azogada
> mirada socarrona, una mirada
> de bebedor de whiskey.
> Es una coma
> y un signo musical, bajo un violento
> golpe de luz, la oreja.

Y la cachimba vieja,
la panza gris de la cachimba asoma
por un bigote ahumado y soñoliento.

Dibujo exacto de un viejo lobo de mar, sostenido apenas en la concisión de unos pocos trazos definitorios. Sólo que su repertorio no es mayor que el mundo de Sancho Panza, tal como lo describe el poema de Guillermo Valencia, tan admirado por López: "Por él supe los chismes de la parroquia artera, / los líos del barbero, del cura y la sobrina, / la fofa brillantez de la clase altanera, / y la malignidad de la chusma ladina".

Era, además, en sus primeros poemas, fervoroso españolizante: allí asoman alquerías y pesetas, duros y molinos, mesones, cortijos, chopos, mozas, pollinos y botas de vino. Incluso un paisaje de Sorolla. Pero luego este vocabulario se americaniza, en sabor y compenetración, aunque muchos de sus chistes gruesos y sus exageraciones poco fundamentadas no pueden atribuirse, tan sólo, a una españolería de segunda mano. Pertenecen más bien a las limitaciones de un adolescente que prefiere el choque al entendimiento. López mantuvo, durante buena parte de su vida, el enfoque de un humorista de provincia, aun cuando varios de sus textos superen tales restricciones. De "Visión inesperada", donde en forma tan tosca compara un faro a "un erecto pene fenomenal", a poemas que pudiéramos llamar clásicos dentro de su producción, como "Muchachas solteronas", "En tono menor" o "Sepe-

lio", con su humanidad entrañable y no por ello menos cuestionada por el humor, la distancia es abismal. Pero los poetas son recordados por sus buenos poemas y no por sus caídas en la banalidad.
Pero la desigualdad no es demasiado perceptible en la obra de López. Mantiene una calidad constante, quizá debido a lo restrictivo de su temática y la estrechez de su horizonte. "Vivir en la provinciana niñez": así lo hace, con entereza. El liberal, radical y masón, lector de Vargas Vila y de Voltaire, termina por estar férreamente unido al entorno que repudió, compenetrado hasta el tuétano con sus virtudes y sus males, no en su pulcra y discreta vida personal, sin mayores altibajos, sino en los elementos que su poesía encarnaba, dentro de una constante tensión antinómica, nunca resulta del todo.
De ahí las tres grandes influencias temáticas de que habla Ramón de Zubiría, el realismo, la sátira social, lo gnómico, y de ahí también la perspectiva que este mismo crítico esboza, refiriéndose al afincamiento de López en su veracidad histórica indisociable del proceso que vivió su ciudad natal:

La erosión de aquella altiva grandeza, por la irrupción del más burdo materialismo, la pequeña insolentada, el fariseísmo y la más rampante grosería, con un correlativo desquiciamiento de valores y la aparición de toda la gama del arribismo[4].

[4.] Ramón de Zubiría, "Presencia de Luis Carlos López", prólogo a: *Luis Carlos López. Obra escogida,* Bogotá, Aseguradora Grancolombiana, 1979, p. 11.

Como todo nostálgico, también era un conservador: mantenía viva, en la memoria de los versos, lo que había dejado de ser:

"Fuiste heroica en los años coloniales [...] Mas hoy, plena de rancio desaliño / bien puedes inspirar ese cariño / que uno le tiene a sus zapatos viejos...". Se opuso a ello con la firmeza del crítico que señala abusos y desigualdades, frío como un erudito, porque jamás termina por cortar amarras, ni romper del todo.

Por ello sus viajes, trátese de Munich o Baltimore, donde fue cónsul de Colombia, apenas si se reflejan en sus versos más que como una acentuación de sus lazos con "La nueva Arcadia del Caribe", como llama a su solar nativo. Refrenda así su dependencia emotiva y recalca, ante las nuevas exigencias, las mismas e incurables limitaciones, como en el caso de su poema "Nueva York": "No sabiendo nosotros, biznietos del atraso / ni jugar ese juego científico del golf". Lo que hubiera sido, para cualquier futurista, el incentivo máximo, se convirtió para Luis Carlos López en la urgente necesidad de tornar a "La tierra tranquila del banano", a "La oscura grieta / sabrosa de mi pueblo". Su corazón y su mirada habían quedado atrapados para siempre por Cartagena y los pequeños pueblos vecinos, a la orilla del mar Caribe, donde alegres muchachas pregonan "camarones frescos" con su batea.

Su rechazo al progreso, el sarcasmo explícito en "Versos futuristas" o en "Película", ponen en duda las virtudes del movimiento o el simbolismo de los sueños, tan trajinados en aquellos años veinte por futuristas y surrealistas.Prefería seguir anclado en su parroquia, haciendo bromas en los juegos florales o redactando epístolas "entreabiertas" a sus colegas y amigos de la prensa de la capital. Allí hará el elogio del mondongo y concluirá: "Que así somos, sublime Don Quijote, / y así seremos: tipos de comedia, / con birrete, sotana, chafarote, / mandil y mostrador".

De la tienda de ultramarinos al periodismo, de la tertulia a la política: así transcurrieron también sus días, "La sonrisa en los labios / y la pistola Colt en el bolsillo", como le escribe a su amigo Jorge Matéus, pero esto último no era más que una baladronada. Nadie más pacífico, incluso en sus propios versos, que el Tuerto López. Por ello en el poema "Al padre Donoso" o en la respuesta a Evaristo Carrillo, desde Berlín, en 1928, Luis Carlos López, desde el exterior, sigue manteniendo su actitud inmodificable: la de un humorista que añora los motivos de su risa. La del cronista de la ciudad, que a través de viñetas dedicadas a sus calles y a sus personajes más llamativos, nutre el dilema entre lo que fuera una grandeza épica y un deterioro actual ("Naturaleza irónica..."):

¿Qué contradicción dinámica
desorganiza a un plácido terruño
de sacapotras y de tinterillos?
–Nada: elecciones para concejales.

El título, con sus puntos suspensivos, lo dice todo: mirar y dejar pasar. Ser feroz en la denuncia, pero resignarse sabiendo que nada se podrá cambiar. Sólo que al decirlas, ya ha modificado las cosas.

Los antiguos palacios se vienen abajo y necesitan ser restaurados, pero él, por falta de dinero, no podrá adquirirlos; él, "biznieto aburrido y sin dos cuartos". Continúa así la dicotomía entre encanto secular y la modernización inexorable. Realismo y añoranza: sombra y luz de un mestizaje.

Hemos referido al contrapunto bohemia-burguesía, dentro de "el fastidio / del ambiente letal", como característico de la poesía de López. Con sus "neurasténicos bardos melenudos" que terminan por abandonar su arte a cambio de un plato de carne y arroz el ejemplarizar ese descenso del estereotipo romántico ya adocenado al más crudo realismo. Todo ellose hace a partir del recuerdo crítico de su pasado colonial. De su española raza, dado que el Tuerto López provenía directamente de inmigrantes españoles, como eran sus abuelos maternos y paternos. Su poema al respecto, apenas una enumeración, es una forma de dilucidar sus raíces, y de ver cómo la relación de España con sus provincias, que él llama "De trabuco y pastoral", se diversifica y se hace mucho más compleja ("Mi española raza"):

Del seminario,
   mientras las campanas
   citan para el rosario,
   van saliendo sotanas y sotanas...
Después, tras la eminente

nulidad de un político, en la acera
de enfrente
luce su desparpajo una ramera.
Y delante de mí, cabe un mendigo
de hosco sombrero
y de peludo ombligo,
pasan dos militares y un torero.

Aguafuerte goyesco del poeta de una ciudad ya legendaria que en el hoy de López había quedado reducida, en sus versos, a un pequeño ámbito donde se vive "siempre a plomada". Aburrimiento y rutina, para emplear sus propias palabras, donde apenas si ladrones y demagogos alteran su perpetuo sopor dominical. Sus retratos de amigos y contertulios, en las reuniones de "el Bodegón", transcriben perfiles escuetos y complicaciones simples. Jóvenes que se casan y cuyas mujeres los dominan, condiscípulos que se han hecho ricos, conocidos que pasan del lirismo a la política. Sin embargo, como lo anotó con sagacidad Baldomero Sanín Cano:

> Esta cosa insípida, gris, blanda y desarticulada que es la vida política de Colombia en los últimos treinta años, está admirablemente vertida por la poesía insuperable, por el humor penetrante y sano de Luis Carlos López[5].

[5.] Baldomero Sanín Cano, prólogo a: Luis Carlos López. *Por el atajo.* 2a. edición, Cartagena, Delvalle y Espinosa Editores, 1928.

Fue, no hay duda, un poeta que secó los excesos retóricos del modernismo y puso un dique al caudal lacrimógeno del romanticismo, aún activo entonces. Por ello sus vuelos evasivos, dentro de ese "pueblo intonso, pueblo asnal", no van más allá de un cambio de postura en la poltrona o de alguna chuscada erótica. La verdadera evasión era escribir "librejos", como los llamaba, donde un lector "hueco y panzudo" encuentra expresados, con certeza inmodificable, el aburrimiento sin límites y la rutina cotidiana, tan simple como la vaselina. Este era el tipo de comparaciones que usaba López. Comparaciones que disminuyen y rebajan. De ahí que Héctor Rojas Herazo no lo considere poeta logrado, debido a su "monocordia psicológica"[6] y a sus aires de censor. Germán Espinosa, por el contrario, dice:

> Ello no quiere decir que eludiera los contextos puramente líricos, en él frecuentes. Ocurre tan sólo que prefería oponerles un contrapunto prosaico, logrando así una especie de desacorde armónico que, milagrosamente, en virtud acaso de un don muy personal, enriquecía su poesía[7].

De mi villorrio (1908) y *Por el atajo* (1920), títulos del primero y último de sus libros, resultan una de-

---

[6] Héctor Rojas Herazo, "Boceto para una interpretación de Luis C. López". En: *Luis Carlos López. Obra poética*, Bogotá, Banco de la República,1976, p. 561.
[7] Germán Espinosa, *Luis Carlos López*, Bogotá, Procultura, 1989, p. 25.

finición personal. Retorno a la provincia, porque allí está lo universal, al margen de cualquier cosmopolitismo espurio, sea el de Grecia o el de Versalles. Y desde allí mirar las cosas con el desnivel filosófico, "bisojo y medio cínico", de quien ríe gravemente y no termina por desesperarse del todo ante lo irremediable, ni siquiera ante la agorera, "La última farsa hecha en latín / junto al cochero de chistera / senatorial, ebrio de anís" ("Sepelio"). Le queda el sarcástico consuelo de su poesía, a veces acre y brutal, como la consideró Eduardo Castillo, en otras amplia y tajante en la captura de lo humano, con todos sus matices. Allí queda, entonces, el Tuerto López, "conmovido por dentro y burlón por fuera", tal como se describió a sí mismo, con profundo conocimiento de causa.

RELECTURA DE BARBA JACOB
(1883-1942)

En 1979, preparando el *Álbum de poesía colombiana* (1980), una antología que abarca del romanticismo al nadaísmo, leí a Porfirio Barba Jacob, muerto el 14 de enero de 1942 en México. La elección recayó en cuatro poemas: "Futuro", "Canción de la vida profunda", "Elegía de septiembre" y "La estrella de la tarde". El párrafo dedicado a Barba en dicho prólogo es, en cierto modo, el epígrafe necesario a esta nueva lectura (relectura) de quien, con el nombre de Miguel Ángel Osorio, nació en Santa Rosa de Osos, Antioquia, el 29 de julio de 1883, y es considerado, con razón, uno de los más importantes poetas colombianos.

Continuidad y refutación: lo que entonces dije de Barba no es exactamente lo mismo que hoy pienso, pero la imagen global que tenía de su poesía no difiere mucho de la que sigo conservando. Quizá estas notas contribuyan a complementar esas sucesivas lecturas.

Su *vocabulario*, empalagoso. Rosicler, estelífera, perlina, soporoso. Y su homosexualismo, "nefanda deidad activa / que los rubores vedan nombrar", le dicta demasiados marineros, demasiados exabruptos. Así, en "Acuarimántima (VI)": "dejo que mi carne, ruin loba / de lúgubres anhelos arrecida / se me abandone al logro del deleite, / desnuda en la impudicia de la vida". "Los desposados de la muerte", en cambio, a pesar de su lastre –"láctea, meliflua, floreal"–, y otros cuatro poemas se sostienen. Poemas intensos en los cuales el arrebato se convierte en pasión verbal. "El tiempo es breve y el vigor escaso"; "La vida está acabando y ya no es hora de aprender": evidentemente Barba sabía de lo que hablaba. Pero la vaguedad de sus símbolos –"Una Jerusalén de poesía"–; el indeciso panteísmo y de pronto algunos golpes tajantes: "Oh reina, rencorosa y enlutada"; "contra la muerte, coros de alegría", no alcanzan a compensar el desgaste.

El ensayo de Hernando Valencia en *Mito* [hoy recogido en su libro *El arte viejo de hacer novelas* (1982)] lo explica. Estas palabras de José Lezama Lima en *Paradiso* resultan un adecuado complemento a dicho juicio crítico: "Recuerde usted aquel poeta Barba Jacob, que estuvo en La Habana hace pocos meses; debe haber tomado su nombre de aquel heresiarca demoniaco del siglo XVI, pues no sólo tenía semejanza en el patronímico sino que era homosexual propagandista de su odio a la mujer. Tiene un soneto, que es su *ars* poética, en el que termina consignando su ideal de vida artístico, 'pulir mi obra y cultivar mis vicios'. Su demonismo siempre me ha parecido anacrónico, creía en el vicio y en las obras pulidas, dos tonterías que sólo existen para los posesos frígidos"[1].

Anacronismo. Tres años después retomo a Barba. Primera cita, una mención de Octavio Paz con-

---
[1] Ver *Paradiso*, México: Era, 1970, p. 269.

signada en su epílogo a la reedición de la antología *Laurel*, fechada en 1982: "Por su acento elocuente y la musicalidad de su prosodia, una y otra no carentes de noble intensidad, Barba Jacob es un modernista rezagado". En ésta, como en la observación de otro crítico mexicano, Jorge Cuesta, fechada en 1928 "–Su impaciente inconformidad, unida a una existencia anacrónica de 'poeta maldito', ha impedido la difusión que su obra merece"– apuntan hacia lo mismo: Barba como un poeta que emplea los logros del modernismo y lleva a un punto de plenitud tales instrumentos, sin innovar en él. Se detiene allí, le otorga cierto esplendor, pero no lo sobrepasa. Y éste, en definitiva, lo ahoga. A quien llamaron, con la exageración típica que caracteriza toda afirmación en pro o en contra suya, el heredero natural de Darío, terminó por convertirse en su epígono. Se silenció. Como lo dice Germán Posada Mejía: "La obra poética de Barba Jacob no es caudalosa: se compone de unos setenta y cinco poemas, escritos entre 1906 y 1939. Su época de florecimiento puede situarse entre 1915 y 1925, y sus años de mayor plenitud hacia 1920. Conviene tener presente, por tanto, que él es un poeta alejado de la actualidad por una distancia de siete u ocho lustros"[2].

Reacción incómoda: los muchos lirios, mieles y nardos de varios de sus poemas. La comprobación,

---

[2] Cfr. *Porfirio Barba Jacob. El poeta de la muerte*, Bogotá, Instituto Caro y Cuervo, 1970, p. 50.

una vez más, de la fatiga de todo lenguaje. De cómo su excesiva fidelidad a lo pretendidamente poético de la época, acaba por arruinarlo. Un lenguaje "lilial", para usar sus propias palabras; "aun-azulino", "lácteo-azulino", fúlgido, donde asoman palabras ustorias, de brisas alígeras; donde surgen "clámides opalinas", turquís lumíneos, y "tules / franjadas por el ámbar ponentino". Uriel Ospina, en un artículo de 1967, sobre el vocabulario de Barba, enumera sus vocablos preferidos: alabastro, alcor, ambarino, ambrosía, arcano, bruno, cauda, carbunclo, celajes, irizado, lampos, lauro, lira, lirio, nacarino, lumen, opalino, opreso, orto, plectro, plenitud, plenilunio, plinto, querubes, raudo, refulgente, rielar, silfo, tul, trémulo, unduoso, ungüento, ustorio, vagaroso, vesperal. Con dos o tres excepciones, un lenguaje desueto por completo. Un lenguaje viejo, en definitiva, que vibra y se mantiene sólo cuando cierta intensidad vital se desborda en el impulso ávido y simultáneamente se contiene en el ritmo medido de la canción. "Balada de la loca alegría" es ejemplar en tal sentido. De Praxíteles a Bolívar, toda la erosión que la historia produce se ve refrenada por ese grito jubiloso y demente: beber, danzar, blandir la alegría como un único talismán.

El propio Barba era consciente de ello: hablando de sus mejores poemas, aquéllos por los cuales no debía pedir indulgencia, y que Lucy Martínez Arévalo, en su tesis sobre Barba, de 1960, enumera: "La estrella de la tarde, Canción de la vida profunda, Elegía de septiembre, Un hombre, Los desposados de la muerte, El son del viento, Canción de la soledad, Balada de la loca alegría, La reina y Futuro", considerándolos las "Nueve antorchas contra el viento", de que hablaba el propio Barba, diciendo: "Las llamo perfectas, porque he expresado a trazos mi concepción del mundo, mi emoción, mi alarido, la robustez varonil de mi alma en el dolor de la vida, de la dulce y trágica vida, tal como yo quería expresarlos: con un acento personal lleno de dignidad, dando fulgencia a las palabras, aliñando la música hasta sus últimos matices dentro de pautas un poco arcaicas"[3].

Pautas un poco arcaicas: era evidente que Barba ya se sentía relegado. Su ciclo como poeta había concluido hacia 1925. De ahí en adelante, durante casi 20 años, debía sobrevivir, apelando a una fama y a una leyenda negra que lo marcó, pero a la vez era la única razón que le quedaba. Muerto en vida: su testamento ya había sido escrito. Era ese puñado de poemas que en 1931, al permitir por fin publicarlos, lo hizo con aire totalmente fúnebre:

"Los trabajos que anuncio resultan póstumos. El soñador modernista que los imaginó y los compuso ha muerto, ha resucitado y vuelto a morir hoy de

---

[3.] Ver "La divina tragedia", en *Poesías completas* de Porfirio Barba Jacob, Bogotá, 2 Festival del Libro, s. f., pp. 41 y ss. *La vida profunda* (1973) recopila la poesía de Barba y se incluye "Ensayos y conceptos, al pie de los poemas, de 229 escritores de 19 nacionalidades", como reza la carátula del curioso volumen. Tanto "Claves" (1932), como "La divina tragedia" (1933), dos prólogos donde Barba Jacob desarrolló su poética, se hallan en sus *Poesías completas*, prologadas por Daniel Arango, Bogotá, 2 Festival del Libro Colombiano, s. f., pp. 41-82.

muerte ineluctable"[4]. Al permitir, a los 50 años, la publicación de su primer libro, estaba cerrando esa etapa, ya entonces cancelada y, nuevamente hay que decirlo, un tanto anacrónica, de recitador inflamado y de conversador deslumbrante. Ahora le era necesario fijarse en esa antelación de la muerte que es toda escritura. Ahora ya no había posibilidad de mistificación y engaño, ni la resonancia sonora de la palabra, en voz alta; ni los encantos maléficos, de ese ser hechizado, que deslumbraba en las tertulias del café Rivière, en Bogotá, y en sus giras provincianas. Ya su figura no podía respaldar sus poemas. Ellos estaban solos, enfrentados a los lectores que no lo conocieron y para los cuales, hoy en día, su leyenda es sólo un puñado de polvo: valentía para oponerse a una moral timorata y grandes dosis de mal gusto, en su impugnación escandalosa. Sinceridad y retórica. Gutiérrez Girardot, en su análisis incluido en el *Manual de historia de Colombia* (1980), dice: "Se creía rebelde, aunque sólo era de un patetismo desaforado y fachoso. Dominó el arte de decir banalidades sonoramente"[5]. Pero toda esa literatura de combate, que llega a infiltrarse en su propia poesía, debilitándola, ha pasado y no queda nada. Sólo quedan, ciertamente, esos 18 poemas que Xavier Villaurrutia, en 1942, incluyó en la antología *Laurel*.

---

[4] Ver "Claves", en *Poesías completas* de Porfirio Barba Jacob, ob. cit.
[5] Cfr. "La literatura colombiana en el siglo xx", *Manual de historia de Colombia*, tomo III, Bogotá, Procultura, Tercer Mundo, 42 edición, 1992, pp. 496-500.

Muchos más, por cierto, de lo que se puede antologizar de cualquier poeta colombiano. A ellos habrá que volver, revisándolos. Pero incluso media docena es una cifra muy alta para cualquier poeta. Aquí, en ellos, reside la importancia real de Barba.

Cultura campesina. Luis López de Mesa, en 1956, dijo sobre Barba: "Sin educación secundaria siquiera, sin ambiente cultural propicio, desgreñado y huérfano, errabundo y pobre, 'cuajó en almendra', como diría Bello, obra eminente"[6]. El bucolismo de Barba, visible desde sus primeros poemas, harto elementales, por cierto, se mantiene sobre el trasfondo campesino, de inocencia convencional. El campo donde se halla la paz, la novia que es siempre pura, el crepúsculo donde la fatiga se adormece y la ensoñación se vuelve lírica. Crepúsculo dentro del cual él, el único, disuena: "¡Sólo yo pierdo la inefable esencia / de la vida inocente, porque crío / tu gusano letal, concupiscencia!".

¿Barba poeta metafísico?, ¿poeta existencial? Sí, pero quizá no excesivamente trascendente. Su pensamiento es obvio. Como él mismo lo dice: "Lecho duro y ensueño blando". Esa blandura le quitó vigor. Lo redujo a decir: todo se acaba. Hay que vivir. Villaurrutia se refería, en 1941, a Barba en estos términos: "La angustia de un drama personal se resuelve, en última instancia, en música, canto y apasionada sensualidad". Cierto, pero esta última se hace tensa, desga-

---

[6] Citado por Alfonso Duque Maya y Eutimio Prada Fonseca en *Poesías completas* de Porfirio Barba Jacob, Bogotá, Editorial Andes, 1973.

rrada y melodramática. Enturbiada no tanto por el paso del tiempo, que limpia las cosas, como por la culpabilidad acentuada que la interfiere y la lleva, por una parte, a vanagloriarse de su caída, y por la otra a buscar refugio en una puerilidad fácil y en ocasiones bobalicona.

Como lo atestiguan, hasta la saciedad, las *Conversaciones de Porfirio Barba Jacob* (1946), recogidas por Manuel José Jaramillo, Barba también podía ser todo lo contrario de un campesino inculto: era un bardo decadente, especialista en desplantes, y de una actitud fatua e insoportable. Jaramillo lo califica, varias veces, de "solemne" y "pomposo". Esa máscara que se fue haciendo, de príncipe maldito, venía muy claramente de Wilde y Remy de Gourmont, de Huysmans y el *Coridon*, de Gide; de *Los raros*, de Rubén Darío –un breviario de fin de siglo que marcó a muchos en Latinoamérica. De toda esa mescolanza, no muy bien digerida, habría de venir también la pretensión de Barba de escribir un tratado sobre la "Filosofía del lujo"; tratado que, al contrario *De sobremesa*, la ficción ensayo de Silva, nunca realizó. En él, el vate menesteroso habría de prolongar la tradición de Poe, vertido por Baudelaire –"Phylosophie de l'ameublement" (1852)–, encontrando en lo imaginario la opulenta realidad que estas menguadas repúblicas centro y suramericanas no podían darle.

Bastón de bambú, pitillera de ámbar, orquídea amarilla: los rudos montañeros del valle de Aburrá no podían soportar, con paciencia, tales espectáculos. Esas tertulias de muchachos ignorantes y ávidos, que bebían guarapo en totuma en las fincas próximas a la capital antioqueña y que, indigestados por lecturas caóticas, arribaban al evolucionismo y al darwinismo, totalmente trasnochados, exaltando al murciélago como "la especie intermedia que nos ofrece la naturaleza para señalar el ensayo abortivo del cuadrúpedo en su esfuerzo por pasar a las aves". Allí era donde la figura de Barba se volvía sublime y fantasmagórica. Las sombras la agigantaban.

De allí también brotaban inventos superfluos, como un psico-animálasis, que no era más que un breve pretexto para armar las bromas de rigor: Rafael Vásquez visto como un marsupial, López de Mesa como una grulla, José Mar como un basilisco, Augusto Ramírez Moreno como una especie indecisa entre el mono y el hombre y el general Berrío como un elefante. Algo, por cierto, que ya Ricardo Rendón había hecho, mucho mejor, en sus aceradas caricaturas. Pero esto, que está muy bien dentro del jolgorio bohemio y la diversión inherente al mismo, debía afectar, en puntos neurálgicos, al propio Barba. Este, que debía sobrevivir arrastrando su máscara de poeta, se vio obligado a confundirse de tal modo con su antifaz, que la situación se volvió letal.

Como él mismo lo decía:
"La influencia de Saturno me ha llevado al umbral de los extravíos donde abren sus puertas los paraísos artificiales. Algo extraño (...) algo lúgubre ha debilitado mi voluntad y me ha colocado sombríamente al borde de la patología (...). La marihuana

y las drogas heroicas empiezan ya a cambiar el rumbo de mi personalidad, dislocando el ambiente de mi naturaleza afectiva y trastornando el ritmo y la dirección de mis itinerarios morales (...). Mi poesía, en gran parte, se anticipó, con gran antelación, a representar el drama alarmante de estos estragos (...). Tal puede preverse en el poema "Acuarimántima", cuyo nombre sugiere el mecanismo de una voluntad subconsciente empeñada en forjar una zona fuera de todo contacto con la realidad[7].

No le demos más vueltas: Barba no era un visionario que previó su destino. Era, simplemente, al contrario de lo que él quería hacernos creer, un hombre que por reacción a su medio campesino, en todo sentido, a través del homosexualismo, las drogas y el exilio, buscó asumir una imagen de poeta maldito. Escribió los poemas para volverse esos poemas. La poesía lo amparaba así de sus desgracias personales, en un ámbito intemporal –esa sucesión de desterrados, de parias, de Verlaines que él invoca. Pero lo grave es que la poesía también traiciona, haciendo que la cotidiana y afligente vida diaria que Barba llevaba no alcanzara a volverse palabra convincente. Su afán de deslumbrar paletos enrarecía su idioma en una incomunicabilidad deliberada. Esos perfumes de flores malditas que decía aspirar –"talictros coitiformes, peonías vulvóideas"– sólo servían para aislarlo más, y volver más enrarecida la atmós-

---

[7]. Ver las *Conversaciones de Porfirio Barba Jacob*, Medellín, Bedout, 1946.

fera en torno suyo, que no era precisamente la de un Oriente fabuloso sino la muy concreta de cantinas en Chihuahua y de garajes en El Paso, Texas, donde, según sus palabras, "la corrupción moral asume tales formas, que parece ideada en una sobreexcitación pesimista del alcohol".

"Hambre y gloria, eso me dieron en mi patria": así le escribe Barba a su amigo Juan B. Jaramillo Meza, en una carta recogida en el libro de este último *Vida de Porfirio Barba Jacob* (1972)[8]. Pero entre el hambre y la gloria, la distancia es casi tan abismal como entre el Oriente y Chihuahua. De ahí, por una parte, los periódicos y revistas que Barba fundó en Bogotá, México y Centroamérica, para poder comer; de ahí su vinculación a *La Prensa*, de Lima, bajo las órdenes del dictador Leguía; de ahí sus vaivenes ideológicos, desde el joven que en 1902, participante en la guerra civil –"mi facultad hispanoamericana de estudios clásicos"–, afirmaba: "cobijados por la bandera republicana y llevando en el corazón la fe del Crucificado, vamos a luchar por la defensa de nuestros hogares y la conservación del orden social cristiano", hasta el hombre que en La Habana, según Jaramillo Meza, "se había alistado en el partido comunista y había ya escrito varios artículos de carácter violentamente revolucionario, libelos que daba a la publicidad en pequeños periódicos que editaba ese partido, pero ninguna ayuda alcanzó de sus camaradas".

---

[8]. El volumen fue publicado por el Instituto Colombiano de Cultura en 1972. Las citas de Barba que siguen pertenecen a él.

Ese impulso idealista habría de trncarse en fatigado cinismo: ser periodista, dice en 1920, "consiste en escribir muchos artículos cortos con desenvoltura comedida, opinar sobre todos los temas que uno no conoce, saber ponerse romántico todos los días de distinto modo, profesarle horror a la verdad y urdir todos los días pequeñas trampas donde caigan los lectores ingenuos, que aún quedan algunos".

"Se me iba depurando el sentimiento ficticio de antes en la realidad del dolor; ya mi ternura no era inmediata, y mi agua verbal ahondaba su cauce". Sí, lo ahondaba, pero para secarse. Escribiendo, como él mismo dice, con amarga ironía, un sincero elogio de la mujer guatemalteca que luego, en Nueva York, por cinco dólares, publicó convertido en un también sincero elogio de la mujer colombiana, él asistía amargado a su degradación: él quería ser, apenas, un poeta exquisito y decadente, al que le fueran permitidos todos sus vicios. Si eso le fuera concedido, él pondría su obra futura, la obra que no habría de venir, al servicio de esa belleza, perturbadora y hechizante, maldita y sombría.

Barba conservaba la ingenuidad de un campesino en un mundo que había alcoholizado a Darío y llevado a Silva al suicidio. El precio no lo pagó sólo su cuerpo martirizado, al fin y al cabo en él encarnaba todo el dolor del poeta-mártir, sino su propia poesía, que había quedado resentida por ese afán, en tantos casos desparramado y estéril. Por eso estas notas críticas que van surgiendo a medida que releemos a Barba no desconocen, en ningún momento, la capacidad de Barba para, a partir de circunstancias tan afligentes, lograr media docena de poemas que forman parte ya de la antología viva de la poesía hispanoamericana en este siglo.

Qué otra cosa pensar del joven que padeció la guerra civil sin enfrentarse nunca al enemigo, sino matando gallinas; del mismo que vio cómo el alcalde de Angostura lanzaba una ordenanza exigiéndole no prestar, por inmorales, los originales de su novela *Virginia*, porque "hay allí conversaciones que perjudican a la moral pública", y que de no hacerlo pagaría 50 pesos de multa, convertibles en arresto. Es obvio, entonces, que este muchacho deslumbrado por Darío y Valencia se convirtiera en un epigrafista feroz, que, en medio de sus admiradores menos leídos, buscaba impactar diciendo: "Amigo mío, para ser hombre, pero en toda su plenitud, son necesarias dos cosas imperativas: odiar la patria y aborrecer la madre".

Así, una lectura de todo el material crítico (aunque la palabra suene excesiva) y biográfico en torno a Barba nos deja enfrentados a la consabida paradoja de las letras colombianas: una obra juvenil y deslumbrante, como en Silva, como en Valencia, y luego un largo e inconvincente silencio, roto, aquí y allá, por atisbos fugaces y reiteraciones carentes de fuerza. Con razón Barba, desde su juventud, ya presentía "la hora otoñal, de fuerza menguante o abolida". Con razón, ya desesperado, él proclamaría como suya "la ciencia difícil de fracasar, que probablemente es el ápice de la sabiduría".

Pero, curiosamente, aunque tantos factores negativos —la sociedad colombiana, su homosexualismo, las limitaciones de su cultura, el trabajo mercenario— pueden explicar su fracaso, ninguno de ellos explica el logro que fueron esas seis o nueve antorchas contra el viento que él consideró sus poemas perfectos. Están allí, preguntando a las nuevas generaciones si toda la vida confusa y espasmódica de Barba tenía razón de ser; si valía la pena pagar un tan alto precio por esos instantes, hoy tan lejanos de lo que entendemos por poesía, y en los cuales, no hay duda, asoma una repentina belleza, insuflada de fuerza y pavor ante la muerte. Ya es hora de leer a Barba. Estas notas se limitan, simplemente, a despejar el terreno para llegar a sus poemas. Ninguna de sus anécdotas vale la pena. Sólo nos quedan esa media docena de poemas. Un legado por cierto que debemos conservar – leyéndolos.

Sobre su recuerdo físico quizá estas palabras de Luis Cardoza y Aragón nos permitan visualizar mejor su trayectoria y su silueta:

> Cuando murió Porfirio Barba Jacob pregunté a Juan Larrea, secretario de redacción de *Cuadernos Americanos*, quién escribiría sobre el colombiano. "Nadie. No fue más que un modernista rezagado, seguidor de Darío. No publicaremos ni una palabra".
> Guardo del colombiano un recuerdo de sumos contrastes: iluminaba lo que veía, otras veces, su mirada ensuciaba lo que veía. Lo tajante de Larrea me atrajo: empezaba consigo.

En la obra de Barba Jacob palpé el casco hendido y los cuernos de fauno maricón, palpé su naturaleza con no sé qué de celeste y bestial. Era delgado, moreno, aindiado, terroso, de aire meditabundo, de vértices y vértices, entre cetrino y asfalto, literario hasta la indecencia, con algo de cadáver viviente de luz y de vileza. Todo él fue un supositorio, una almorrana, un fruto ácido. Su rostro, de burócrata de funeraria, de emisario de la fatalidad; rostro laminado, que más así lo veía por la nariz aquilina desplomada sobre la boca infecta, que resistía con dificultad el hongo venenoso de un sonreír inseguro y equino. Había demencia en los ojos de esta centaura tenebrosa que escribió "Los desposados de la muerte". Parecían suspensorios sus ojeras de tan abajo que caían. Su pensamiento emanaba hedor de carroña, de azufre de botica. Escuchando la amargura de sus atrocidades y agudezas, vislumbraba su deseo de inventar con la mierda una teología. Untuosa, solemne columna salomónica de mayonesa oscura, que ganó su existencia, cínica y triste, escribiendo decenas de millares de páginas anónimas en diarios, con la orientación que le pagasen. Su mercenaria soltura deletérea fue tal que al verlo vacilar en la máquina de escribir, el admirador le dice que está cansado, Barba Jacob responde: "No quiero mezclar las ideas de cinco pesos con las de cincuenta del editorial de mañana"[9].

[9.] Luis Cardoza y Aragón. *El río*. Novelas de caballería, México, Fondo de Cultura Económica, 1986, p. 573.

BARBA JACOB: TERCERA LECTURA

Miguel Ángel Osorio Benítez, Maín Ximénez, Ricardo Arenales, Porfirio Barba Jacob, fueron los nombres que sucesivamente usó el poeta colombiano conocido por el último de ellos. Aun cuando nunca publicó por iniciativa propia un libro de poemas, tres recopilaciones de sus versos se hicieron mientras estaba vivo. Editadas en México, Guatemala y Colombia, llevaban los títulos de *Canciones y elegías* (1932), *Rosas negras* (1933) y *La canción de la vida profunda y otros poemas* (1937).

Su obra, compuesta en realidad por unos 150 poemas, de los cuales se conservan 120 en la confiable edición preparada por Fernando Vallejo[10], es una buena muestra de cómo los últimos hálitos de la renovación modernista se personalizaban, con intensidad melódica, en una figura que padecía simultáneamente el lastre de un lenguaje ya vuelto convención. Era un modernista rezagado, como lo ha llamado Octavio Paz. Por ello, y si toda obra completa es forzosamente desigual, la de Barba Jacob lo es aún más.

Allí se perciben los ecos evidentes de Rubén Darío, en composiciones rutinarias como la dedicada a Barranquilla, o en sus largas parábolas de reyes y campesinos, o en sus relatos, tan de época, de mujeres fatales. Hay en Barba Jacob mucho de abalorio

---

[10]. *Porfirio Barba Jacob. Poemas*, recopilación y notas, Fernando Vallejo, Bogotá, Procultura, 1985.

y de joyas de fantasía. Pero hay también, en este "desalado peregrino", la incontrovertible certeza de lo que sintió intensamente y escribió con brío. Más allá de lo declamatorio, consustancial a un período en que los recitales de poesía eran parte esencial del *modus vivendi* del poeta, dicha altisonancia no alcanza a sepultar a un auténtico creador.

¿Qué advertimos en una primera lectura? Primero el mundo idealizado de la infancia y de la granja campesina, como lo atestigua uno de sus poemas más conocidos, "Parábola del retorno", en el cual el adulto que es Barba, acompañado por el niño que fue, se interrogan por lo que ya no existe más, su perdido paraíso:

Señora, buenos días; señor muy buenos días...
Decidme, ¿es esta granja la que fue de Ricard?
¿No estuvo recargada bajo frondas umbrías?
¿No tuvo un naranjero, y un sauce, y un palmar?
El viejo huertecito de perfumadas grutas
donde íbamos... donde iban los niños a jugar,
¿no tiene ahora nidos y pájaros y frutas?
Señora, y ¿quién recoge los gajos del pomar?

Esta poesía, que mira hacia la infancia como un agua redentora, borboteo onomatopéyico de juego de niños –"din-dan", "traque-que-traque", tal como lo hacían antes Pombo y Silva–, se va cargando poco a poco con toda la vitalidad errabunda de su existencia de poeta maldito: "El orgullo de ser, ¡oh América!, el Ashaverus de tu poesía", como dice en "El son del viento", un poema afín a los "Cantos de vida y esperanza" de Rubén Darío.

En este marco surgen otros temas: su carne "ansiosa y opulenta", iluminada por un rojizo resplandor diabólico, sus contradicciones vitales, su homosexualismo, sus dudas y desfallecimientos, su alegría y su pavor ante la nada, su afán de perdurar y su aguda conciencia en torno al fracaso que implica todo existir. Proceso que ilustra un verso: "Mi mal es ir a tientas con el alma enardecida".

Preguntas existenciales que, como sucede en "La estrella de la tarde", uno de sus más logrados poemas, sólo obtienen como respuesta un "Nunca sabremos nada", y una inmersión en el espectáculo que brinda la naturaleza, reconciliándonos con ella en su contemplación pacífica. Su infancia campesina y su vocación de maestro de escuela confluían así en un cuestionar incesante y en una idealización del paisaje.

Barba incorpora además a su figura poética los rasgos de un paria, estéril como árbol que no da frutos, pero a la vez rebelde e insumiso, "entre vanos amigos e impulsos desleales".

De este modo, en este torbellino trashumante que fue su existencia, surge la conciencia de que su gran obra no habría de ser escrita: "Si ya mi juventud presiente la cercana / hora otoñal, de fuerza menguante o abolida" ("La hora cobarde").

Sin embargo, todo su vaivén vital parece concentrarse en la música asonante de su "Canción de la vida profunda", su poema más conocido, en el cual la ondeante volubilidad de los estados de ánimo y la perpetua inestabilidad del ser humano se tornan armonía y prosadia en las siete estrofas de la "Canción":

> Hay días que somos tan móviles, tan móviles,
> como las leves briznas al viento y al azar.
> Tal vez bajo otro cielo la gloria nos sonría.
> La vida es clara, undívaga y abierta como un mar.
> Y hay días en que somos tan fértiles, tan fértiles,
> como en abril el campo, que tiembla de pasión;
> bajo el influjo próvido de espirituales lluvias,
> el alma está brotando florestas de ilusión.
> [...]
> Mas hay también, ¡oh Tierra!, un día... un día... un día
> en que levamos anclas para jamás volver;
> un día en que discurren vientos ineluctables...
> ¡Un día en que ya nadie nos puede retener!

Las palabras típicas del vocabulario modernista, "undívaga", "próvido", y el uso reiterado de los signos de admiración no elevan el tono de su poesía a un enrarecimiento ininteligible. Por el contrario, en sus poemas más notables –"Parábola del retorno", "La estrella de la tarde", "Canción de la vida profunda", "Elegía de septiembre", "Lamentación de octubre", "Los desposados de la muerte", "Balada de la loca alegría", "La reina" o "Futuro"– la intensa carga vital es la que garantiza su capacidad de comunicación. No era necesario que recalcase: "Mi poesía es para hechizados". En sus mejores momentos su arrebato patético, "Desprecio de mí mismo: ¡estoy llagado!", supera la autocrítica personal y se trueca en intuición generalizada. La muerte, la nada que a todos nos cerca, terminará por convertirse en esa "Reina, rencorosa y enlutada". Lo afligente de toda existencia individual se ha vuelto así la certidumbre última que es el idioma. Se ha encarnado en un símbolo.

Enrique González Martínez, el poeta modernista mexicano que lo conocía bien y que le dedicó varios poemas, escribió estas palabras: "Alma solemne, sólo el humorismo le está vedado [...]. Hay en su obra un gemido de angustia, una sed insaciada que le turba el goce de la contemplación y la jocundidad de vivir. No es pesimista, sino ávido, y su avidez se transforma en suplicio espiritual y clamor persistente [...]. El gemido, como el de Prometeo, es angustioso y viril. Su erotismo es amargo, siente el dolor de lo efímero y la resignación del hastío. Nada hay más grande sino la muerte"[11]. Esta muerte a la que Barba opone sus coros de alegría.

En uno de sus pocos sonetos, "Sapiencia", formula su estética: "Bruñir mi obra y cultivar mis vicios". Pero lo que en dicha afirmación hay de desplante no nos hace perder de vista al otro Barba, artesano del verso. El mismo que por su trabajo con la palabra logra trasmitirnos la precisa intensidad de su visión. "Yo tuve el ensueño", como dice en la "Elegía de septiembre", o "¡todo pudo ser mío!", como recuerda en "La dama de cabellos ardientes". Un hombre, en definitiva, que luego de sentir muy próxima

[11.] *El Heraldo*, México, noviembre 20 de 1919.

la inasible plenitud, contempla, atónito y dolido, su caída. Un romántico que debe renacer, cada día, a partir de las heridas que él mismo se ha infligido: sus ilusiones, sus ímpetus, sus brutales apetitos, hechos trizas. Convertidos en hastío.

Las causas, como él mismo lo dice, bien pueden ser las drogas, la concupiscencia, la voluptuosidad y la lujuria, pero el motivo quizá sea aún más elemental y terrible: el simple hecho de vivir, y dirigirse ahora, de modo inexorable, a la disolución y al olvido. De ahí su pavura, como repite, y los plazos cada vez más cortos que la existencia le impone: "¡Pero la vida está acabando, / y ya no es hora de aprender!", concluye su "Lamentación de octubre". Poeta que ve la inexpresada maravilla, y que lucha para que ella se perciba a través de un lenguaje propio, en medio de la retórica de la época: tal su dilema. Ya en 1920, en "La divina tragedia", había anticipado el conflicto: "Tampoco los príncipes de la lengua me dieron mi desatada libertad, sino que yo me la tomé y a mí me sirve para escribir como me da la gana, yo pomposo, yo romántico, yo engreído, yo delirante, yo prestidigitador". Y en sus "Claves", de 1930, que sirve de prólogo a *Canciones y elegías*, dirá: "Luché por trascender la retórica 'modernista'; por volar libremente hacia la forma pura, simple, de inagotable virtud germinal". Reconociendo, cómo no, "que debemos a Rubén el sentimiento de la aristocracia formal como una conquista democrática".

Así toda la obra de Barba oscila entre ese ideal elevado, de refinamiento artístico –"codicié la estrella", encendí lámparas ante "El ara del ideal", tuve "hambre de azul" o sentí "pensamientos de inspiración divina"– y ese otro tipo de impulso, terrestre y sombrío, que abarcaba tanto el alcohol y la marihuana como el homosexualismo y que, haciendo de su existencia un anecdotario más patético que pintoresco y no por ello desprovisto de ingenioso cinismo, le dictaría también algunas de sus canciones más jubilosas y libres. Allí donde la culpa se ha diluido en música y el arrebato eufórico aplaca todo remordimiento, acrecentando su goce. El caso de su:

Balada de la loca alegría

Mi vaso lleno –el vino de Anáhuac–,
mi esfuerzo vano –estéril mi pasión–,
soy un perdido –soy un marihuano–,
a beber, a danzar al son de mi canción...
[...]
¡Ah de la vida parva que no nos da sus mieles
sino con cierto ritmo y en cierta proporción!
¡Reíd, danzad al soplo de Dionisos que embriaga
[el corazón!
La Muerte viene, todo será polvo
bajo su imperio; ¡polvo de Pendes,
polvo de Codro, polvo de Cimón!

¿Qué es poesía?, se preguntaba en su "Canción en la alegría".

"El pensamiento divino hecho melodía humana", se responde. Por ello el principio que regía la búsqueda de su libertad expresiva era "la sustitución de las relaciones lógicas por las relaciones melódicas". Lo cual, como lo ha recordado Fernando Vallejo, lo lleva a emplear un curioso método de composición: En un esfuerzo de concentración iba acomodando el acento y sobre el acento las palabras. Venía primero el zumbido del ritmo y la música del verso, luego la distribución de los acentos y por último la colocación de las palabras. Caso único en la lírica española, Barba Jacob alcanzaba así el dominio casi absoluto de la onomatopeya[12].

La música como fuerza que dará vida a todos esos moldes vacíos –mundo, hombres, cosas–, presos de una gran mudez. Barba intenta conferirles vida con su palabra, impedir que desaparezcan, insuflarles su ilusión juvenil. Encontrar, para ellos como para él, "norma y destino". Como él mismo lo dice en un poema revelador, "En la muerte del poeta Porfirio Barba Jacob", la suya es una tragedia grotesca y sin sentido. Al Barba postmodernista le habían trocado todas las músicas. De ahí que se autoflagele llegando a la más grotesca de las ironías: "¡Qué miquito tan ridículo!". El drama ha sido un drama "horrible, ruin y frustrado"[13].

El hombre que se había arruinado poco a poco, dilapidando su herencia verbal, y cuyo cuerpo ya olía mal –ese lenguaje desueto vuelto sudario inde-

---

[12.] Barba, ob. cit., p. 220.
[13.] Un análisis detallado de este poema se encuentra en: María Salgado. "Eco y Narciso: imágenes de Porfirio Barba Jacob". En: *Ensayos de literatura colombiana*. Compilación, Raymond Williams, Bogotá, Plaza y Janés, 1985, pp. 51-67.

sarraigable– abandonaba, como una serpiente que muda su piel, sus sucesivos nombres, queriendo rehacerse a sí mismo a partir de cero. La ilusión de cambiar de identidad a medida que cambiaba de país, en su peregrinaje centroamericano. Sólo que niño, adolescente o maduro, siempre lo acompañaba su "roto, cansado, viejo corazón" y su "egregia musa", que ya no creía en nada, "ni aun en la poesía", como escribe en su "Canción de la hora feliz". Por ello, en "La reina", insistiría en el mismo motivo: "Mi musa fue de dioses engañada".

Al percibir "¡la realidad, la realidad!", como un reflejo apenas, "una ilusión entre los oros de mi espejo", la poesía de Barba sólo podía hallar asidero en una realidad interior. Como el mismo Barba lo razonaba en "La divina tragedia": "Yo antes veía el crepúsculo. Después supe que el verdadero crepúsculo es el que está en lo íntimo de nosotros…".

Realidad interior que va desde la exacerbación de los sentidos, "en los abrazos férreos de una pasión inicua", a la recuperación esperanzada de un ideal trascendente, como en el caso de "Acuarimántima", un largo y pretencioso poema donde Barba, a través de Maín Ximénez, busca resumir toda su trayectoria, perpetuándose "en la virtud del canto". Aun cuando allí se dan "el arduo afán [...] por resolver el canto en melodía" y el enfrentarse a fondo con la dolorosa irrealidad que lo circunda:

¡Sé digna de este horror y de esta nada,
y activa y valerosa, oh Alma mía!

El resultado no es del todo feliz, ni logrado en su totalidad. El propio Barba ya había hablado de su "genio a relámpagos" y de cómo "mis fugas [...] amenguaban en mí la capacidad de la inteligencia; extinguían la impulsión creadora". Allí, sin embargo, retorna con acierto a sus raíces:

> Yo descendí de la antioqueña cumbre,
> de austera estirpe que el honor decora,
> el alma en paz y el corazón en lumbre,
> y el claro sortilegio de la aurora
> bruñó mi lira y la libró de herrumbre.

Asume sus dudas: "Un no sé qué... que túrbame el sentido", y sus perennes dualidades: "Ser yo, no ser, en sucesión alterna". Sólo que la febril inquietud que lima su vigor le hará sentir hasta qué punto "el tiempo es breve y el vigor escaso". Su meditación sobre la vida, sobre su propia vida, concluye, más que en suma, en resta:

> Sólo el amor de un vago viento vano
> volando en los velámenes expira.

Un viento americano, como diría Gastón Baquero, "informe, violento, inestable, dominado por la naturaleza"[14], que aún agita esa docena de "Antorchas

---

[14.] Gastón Baquero, "Porfirio Barba Jacob". En: *Escritores hispanoamericanos de hoy*, Madrid, Instituto de Cultura Hispánica, 1961, pp. 45-49.

contra el viento" que son sus mejores poemas, entre los que hay que destacar "Futuro". El cual tiene la acerada intensidad lacónica de los epitafios, resumiendo esa huida constante de sí mismo que fue su vida y esa contradictoria tensión que le dio a la vez energía y muerte a su poesía, todo ello dentro de una erguida concreción verbal.

Oigamos, entonces, a Barba, comprendiendo, por fin, su voz más pura. Aquella que encarnó en auténtica poesía y pudo, por ello, prever su segura perdurabilidad.

Decid cuando yo muera... (¡y el día esté lejano!):
soberbio y desdeñoso, pródigo y turbulento,
en el vital deliquio por siempre insaciado,
era una llama al viento...
Vagó, sensual y triste, por islas de su América;
en un pinar de Honduras vigorizó el aliento;
la tierra mexicana le dio su rebeldía,
su libertad, sus ímpetus... Y era una llama al viento.
De simas no sondadas subía a las estrellas;
un gran dolor incógnito vibraba por su acento; fue
sabio en sus abismos –y humilde, humilde,
                                    [humilde–
porque no es nada una llamita al viento...
Y supo cosas lúgubres, tan hondas y letales,
que nunca humana lira jamás esclareció,
y nadie ha comprendido su trágico lamento...
Era una llama al viento y el viento la apagó.

DE LEÓN DE GREIFF A EDUARDO CARRANZA
(1930-1946)

En 1930 León de Greiff publica en Medellín su *Libro de signos*, segundo mamotreto, como acostumbraba a subtitularlos, de su producción poética. En 1945, en Buenos Aires, Germán Arciniegas ve editada su *Biografía del Caribe* (1945). ¿Qué ha pasado entre estas dos fechas en la literatura latinoamericana en general y en la colombiana en particular?

Un cambio que hoy nos resulta evidente, pero que en aquel entonces no era fácil percibir en medio de tantas tendencias, tan diversas entre sí, y todas conviviendo en el mismo ámbito.

DENUNCIA Y PROTESTA

Como el título de un libro del poeta peruano Luis Nieto aparecido en 1938: *Puños en alto, poemas de barricada y combate,* la primera y más obvia es la que hace suya la denuncia antiimperialista (United Fruit, Standard Oil, explotación minera) y el ataque a los intermediarios locales, la vieja oligarquía terrateniente, la nueva, y ya ávida, burguesía industrial, centrándose tanto en el análisis del latifundio como en el de los emigrantes europeos, al sur del continente. En el suburbio como en las desdichas del campo.

La primera imagen, en consecuencia, y quizá también la más superficial, es la de las gruesas líneas, en blanco y negro, de los grabados en madera con los cuales se ilustraban libros y revistas por aquellos tiempos. Un buen ejemplo, a nivel colombiano, lo constituye *Mancha de aceite* (1935), la novela de César Uribe Piedrahíta sobre los yacimientos petrolíferos en Venezuela.

Campesinos en los puros huesos; obreros que protestan sobre un telón de fondo de fábricas y chimeneas; banqueros de lustroso sombrero de copa y un puro entre los dientes. El garrote del Tío Sam. Esta iconografía se repitió, sin mayores variantes, por toda América. Tenía que ver, nadie lo duda ahora, con el encuentro en Washington, en 1938, de Franklin Delano Roosevelt y el perpetuamente reelegido dictador de Nicaragua, Anastasio Somoza.

La lista de dictadores abarca del Caribe al Río de la Plata: Rafael Leonidas Trujillo, en la República Dominicana, sobre el cual, en 1946, el escritor colombiano José Antonio Osorio Lizarazo publicó una elogiosa semblanza, pagada por el propio Trujillo: *La isla iluminada*; Maximiliano Hernández Martínez, en El Salvador; Jorge Ubico, en Guatemala; Fulgencio Batista, en Cuba... Los dictadores latinoamericanos, apoyados en tantos casos por Estados Unidos, manejaron sus países como haciendas y prefirieron, antes que senados obsecuentes, el terror y el paternalismo como métodos para mantener su cesarismo, en verdad poco ilustrado.

No es extraño entonces que "la era de Trujillo", como él mismo quiso autodenominarla, iniciada en 1930, coincida, en sus comienzos, con la llamada "década infame" en la Argentina. El golpe militar del teniente general José Félix Uriburu en contra del presidente radical Hipólito Irigoyen habría de inaugurar en aquel país, tan alejado en apariencia de las llamadas "repúblicas bananeras", una cadena interminable de golpes de cuartel que si bien parecía suspenderse con la elección, en 1946, de Juan Domingo Perón como presidente, no por ello dejaría de reanudarse al poco tiempo. Pero es quizá la muerte de Juan Vicente Gómez de Venezuela, en 1935, la que mejor sintetiza este período. La perdurabilidad de los dictadores adquiría ya caracteres legendarios (sobre Gómez el escritor colombiano Fernando González publicaría en 1934 un libro, *Mi compadre*).

Así lo entendió muy bien Miguel Ángel Asturias, quien abrió este mismo ciclo a nivel literario con sus *Leyendas de Guatemala* (1930), donde la mitología maya y el surrealismo francés engendran un producto latinoamericano, de alto voltaje poético, cerrándolo, en 1946, con la obra que retrataba ante el mundo el personaje nuestro por excelencia: El señor presidente.

Al lado de las dictaduras castrenses, que Colombia no tuvo, la preocupación ya sea por el indígena o por el negro alimentaban una producción literaria que subordina la validez estética a la reivindicación social, en tantos casos apenas esquemática: indios y blancos, patrones y obreros. Las referencias canónicas son, en la novela, *Huasipungo* (1934) de Jorge Icaza y *El mundo es ancho y ajeno* (1941) de Ciro Alegría; y como curiosidad frustrada *El tungsteno* (1931) del poeta peruano César Vallejo; y en la poesía: *Motivos del son* (1930), *Sóngoro cosongo* (1931) y *West Indies Ltd.* (1934) de Nicolás Guillén. Es apenas natural, en consecuencia, que escritores colombianos como Antonio García, en *Pasado y presente del indio* (1938), o Jorge Artel, en *Tambores en la noche* (1940), se adscriban, con carácter derivativo, a estas líneas mayores. Como lo decía García, en un artículo aparecido en la *Revista de las Indias*, en 1941: "Ciro Alegría está escribiendo en novelas la sociología del Perú"[1]. Sólo que deteniéndonos con mayor atención en el terreno y contemplándolo en detalle, veríamos cómo al lado de esta literatura "comprometida" en sus inflexiones ideológicas y sociológicas hay también otra que desde la vertiente ensayística reflexiona buscando una trascendencia mayor.

REFLEXIÓN Y TRASCENDENCIA

Esta segunda línea la ejemplifica el título del libro de Raúl Scalabrini Ortiz aparecido en 1930 en Buenos Aires: *El hombre que está solo y espera*. ¿Quién es él? El habitante de la gran ciudad. El transeúnte que en medio del acelerado desarrollo urbano bus-

---

[1] "La novela del indio y su valor social", *Revista de las Indias*, 2a. época, XII, Bogotá, diciembre 1941 - febrero 1942, pp. 26-39.

ca sus raíces queriendo conocer, a fondo, esa patria, en tantos casos ajena, que tiene allí delante. Lo hará, en ocasiones, desde la lírica. En otros, y apelando a las nuevas ciencias del hombre: antropología, sociología, psicología, elaborará aportes capitales para la comprensión de estos países. Enumero tres. *La radiografía de la pampa* (1933) de Ezequiel Martínez Estrada, en la Argentina; *Casa grande e senzala* (1933), de Gilberto Freyre, en el Brasil; y *Contrapunteo cubano del tabaco y el azúcar* (1940) de Fernando Ortiz, en Cuba.

Estas páginas, aún válidas, y volcadas con atención minuciosa al análisis de realidades concretas, tratan de una geografía y un mestizaje; una historia y un desarrollo; unas relaciones de producción y una filosofía, incluso. Hasta una concepción del "ser nacional" que bien puede desprenderse de allí. Por las mismas fechas Luis López de Mesa, entre nosotros, se preguntaba igualmente *De cómo se ha formado la nación colombiana* (1934), Eduardo Mallea redactaba las páginas de su *Historia de una pasión argentina* (1937) y Samuel Ramos trazaba el *Perfil del hombre y la cultura en México* (1985).

Se buscaba la América profunda, la América esencial, y se trataba de rehacerla, de nuevo, a través de la educación y la cultura, la autenticidad y el deporte, los clásicos griegos o las lenguas indígenas, superando tanto el nepotismo dictatorial como las desigualdades sociales. Para ello era útil tanto el evolucionismo de López de Mesa, el idealismo de Mallea, como el positivismo de Ramos, el marxismo que

José Carlos Mariátegui revelaba en un libro programáticamente titulado: *Defensa del marxismo* (1934). Era una cultura progresista, en su reformismo democrático, que buscaba dejar atrás la devota penumbra clerical y su empecinado aislamiento del mundo moderno.

Quedaba atrás la "república vieja" como se dijo en el Brasil, en 1930, cuando Getulio Vargas subió al poder. Pero quizá otros nombres expresen, de manera más clara, tal viraje. Los de Lázaro Cárdenas, en México, nacionalizando las compañías anglo-holandesas y norteamericanas explotadoras de petróleo. O el de Rómulo Gallegos, el autor de *Cantaclaro* (1934), *Canaima* (1935) y *Pobre negro* (1937), quien en 1940 había sido candidato simbólico a la presidencia de su país, Venezuela, obteniéndola efectivamente, luego, para el período 1948-1952, y siendo derrocado en noviembre de 1948 por un golpe militar. Desterrado en Cuba, y luego en México, sólo diez años más tarde volvería a su patria.

Política y exilio: dos constantes del escritor latinoamericano en esa y en casi todas las épocas. ¿No aspiró también acaso José Vasconcelos a ser presidente de México, siendo derrotado en 1930? ¿No publicó en 1933 Alejo Carpentier su primera novela, de tema afrocubano, *¡Ecue-Yamba-O!*, teniendo que exiliarse, en París, al poco tiempo, por culpa del dictador cubano de turno? En todo caso, en el Perú, mientras Víctor Raúl Haya de la Torre promueve las consignas socialistas del APRA, reforma agraria, defensa del indio, estado antimperialista, uno de los hombres que lo secundan con mayor entusiasmo, Luis Alberto Sánchez, historiador y crítico literario, publica en 1940 un libro denominado *Balance y liquidación del novecientos*.

Se clausuraba el modernismo entre nosotros y sus últimos estertores decadentes. Se buscaba dejar atrás aquel movimiento que en Colombia parecía dar frutos tardíos con *El árbol que canta*, de Eduardo Castillo, aparecido en 1928, pero que sin embargo contribuiría aún a nutrir las obras poéticas de Porfirio Barba Jacob y de Rafael Maya y a tornarse apenas decorativo y ya carente de nervio, no de elegancia, en los madrigales galantes de Alberto Ángel Montoya.

Fin de esa época y comienzo de otra: la explosión, en la década del veinte, de las vanguardias, se había amortiguado y sus ecos, en Colombia, salvo el único ejemplo tantas veces citado de *Suenan timbres* (1926) de Luis Vidales, no fueron oídos. Sin embargo una tercera, y por ahora última mirada, al imaginario mapa literario de América Latina que vamos esbozando, nos permitirá advertir, aquí y allá, secretas manchas de verdor que retomaban el ímpetu de la vanguardia, adensándolo. Tales manchas presagiaban el verdadero cambio.

EL VERDADERO CAMBIO

¿Quién fue su artífice? Varios. Entre ellos, y en primer lugar, Jorge Luis Borges. En 1932 aparece en la Argentina, con el título de *Discusión,* una recopilación de sus ensayos: la poesía gauchesca, la cábala, el cine, el escritor argentino y la tradición, las versiones homéricas, Whitman y Flaubert. Allí también un ensayo fechado en 1930 y titulado "La supersticiosa ética del lector". En su página final Borges escribe esto:

> La preferida equivocación de la literatura de hoy es el énfasis. Palabras definitivas; palabras que postulan sabidurías angélicas o resoluciones de una más que humana firmeza –único, nunca, siempre, todo, perfección, acabado– son de comercio habitual de todo escritor. No piensan que decir de más una cosa es tan de inhábiles como no decirla del todo, y que la descuidada generalización e intensificación es una pobreza y que así lo siente el lector. Sus imprudencias causan una depreciación del idioma[2].

Concluyendo:

> Ignoro si la música sabe desesperar de la música y si el mármol del mármol, pero la literatura es un arte que sabe profetizar aquel tiempo en que habrá enmudecido, y encarnizarse con la propia virtud y enamorarse de la propia disolución y cortejar su fin[3].

---

[2] El texto se halla incluido en el volumen *Discusión*, Buenos Aires: Gleiger Editor, 1932, pp. 43-50.
[3] Ibíd.

Por los mismos años que en una literatura honesta y animada de buenas intenciones, patética y tremendista, o simplemente panfletaria, pretendía cambiar el mundo, Borges modificaba el ángulo de enfoque y hacía que la literatura se mirase a sí misma. Gracias a tal modificación, nuestras letras se volvieron mucho más eficaces. A la suma de protestas, quejas y llantos se oponía ahora la resta, donde imperaba tanto el humor como el pudor, el juego y la ironía, la creativa erudición. La literatura latinoamericana ya no se agotaría más en la servidumbre de la denuncia sino que se trocaba en el sueño lúcido de una prosa, y de una poesía, tan despojada como tumultuosa, tan exacta como reveladora. Ahora sí, efectivamente, la realidad era creada y recreada de arriba abajo, gracias a la imaginación.

Lo confirman el Borges de *Historia universal de la infamia* (1935) y el Borges, ya plenamente dueño de sí, de *El jardín de senderos que se bifurcan* (1941) y de *Ficciones* (1945). El Felisberto Hernández de *Por los tiempos de Clemente Collins* (1942), en el Uruguay, o el ambiguo mundo, entre fantasmal y concreto, de la chilena María Luisa Bombal, en *La última niebla* (1935) y *La amortajada* (1938). También la precisa "irrealidad" científica de Adolfo Bioy Casares en su novela *La invención de Morel* (1940). Y el fecundo aporte, a nivel de la prosa ensayística, de autores como el colombiano Baldomero Sanín Cano, con *Crítica y arte* (1932); el mexicano Alfonso Reyes, con *La experiencia literaria* (1942), y el dominicano Pedro Henríquez Ureña en

Plenitud de España (1942) y *Las corrientes literarias en la América hispánica*, en su edición en inglés de 1945.

Sin embargo, y utilizando una expresión del historiador francés Fernand Braudel, podemos decir que también en América Latina conviven historias paralelas con velocidades distintas. En 1941, el mismo año en que Eduardo Caballero Calderón, en Colombia, publica *Tipacoque, estampas de provincia*; José María Arguedas, en el Perú, edita *Yawar-Fiesta*, y Juan Carlos Onetti, en Uruguay, edita *Tierra de nadie*, precedida, en 1939, por *El pozo*.

El solitario de Onetti y esos exiliados, no sólo de Europa, sino de toda ilusión colectiva, eran ya hombres que se miraban a sí mismos con el desapego y la morosidad típicas del existencialismo. La novela como fenomenología. La confluencia de puntos de vista, en la obra de Arguedas: costeños, serranos, mistis, indios, y su incorporación del quechua en pro de la ductilización de un lenguaje que los unifique, hace de ella un producto natural de la transculturación narrativa. Por su parte Caballero Calderón, teniendo siempre en mira la lengua de Castilla, fija su terruño boyacense, y sus inconfundibles campesinos, con nostalgia pasatista: ese también era un mundo arcaico que la industrialización haría polvo.

Ciudad y campo, sí, gamonales y siervos, sí, liberalismo y fascismo, sí, modernidad y anacronismo, también, pero así mismo una literatura, en todo el continente, que buscaba ir más allá de esas oposiciones binarias y en tantos casos apenas maniqueas.

Si en la década del treinta Arturo Uslar Pietri, con *Las lanzas coloradas* (1931), asume la barbarie de las guerras de Independencia, Roberto Arlt, con sus *Aguafuertes porteñas* (1933), aparecidas antes en los diarios, hace suyo el desamparo de los proletarios, los marginados y el nihilismo radical de los anarquistas, defensores del acto gratuito, a través de un lenguaje del todo ajeno a la academia pero en cambio pleno de vitalidad y fuerza. Los tiempos disímiles confluían en espacios comunes, buscando una nueva independencia. A ella contribuirían la industria, la educación y el voto democrático. Independencia que, empleando expresiones del libro de López de Mesa ya citado, nos permitiría superar la etapa de la "emotividad adolescente" e ir más allá de un arte que sólo era "un sollozo de soledad", "el gemido de un errabundo en el vacío".

Donde se dio en forma más palpable este propósito de renovación literaria fue en la poesía. Allí se destacan, con claridad, las obras señeras. *Altazor*, de Vicente Huidobro, aparecido en 1931; las *Residencias en la tierra* 1 y 2, de Pablo Neruda, aparecidas en 1933 y 1935, respectivamente; los *Nocturnos*, de Xavier Villaurrutia, en 1933, y su *Nostalgia de la muerte*, en 1938; *Tala*, de Gabriela Mistral, en el mismo año; y *Poemas humanos* y *España, aparta de mí este cáliz*, de César Vallejo, clausurando la década de 1930 a 1940. ¿Sólo ellos? No, por supuesto.

También allí, comenzando, o definiéndose, las obras de Ricardo Molinari y de Enrique Molina, en la Argentina, cuyo primer libro: *Las cosas y el delirio*, data de 1941; Rosamel del Valle y Humberto Díaz Casanueva, en Chile; Emilio Adolfo Westphalen, en el Perú –*Las ínsulas extrañas* es de 1931 y *Abolición de la muerte*, de 1935–; José Lezama Lima, en Cuba: *Enemigo rumor* es de 1941; Jorge Carrera Andrade, en el Ecuador; Pablo Antonio Cuadra y Carlos Martínez Rivas, en Nicaragua... Los gérmenes renovadores a los cuales no era ajeno el surrealismo habrían de tener una larga y robusta descendencia.

Esta década y media que ha visto el ascenso de Hitler al poder, en 1933; sentido, en carne propia, la tragedia que fue la guerra civil española, iniciada el 18 de julio de 1936 –el mismo año en que Eduardo Carranza publica en Colombia sus *Canciones para iniciar una fiesta*– y padecido, en todos los órdenes, las incidencias de la segunda guerra mundial, entre 1938 y 1945, es la que ahora sí podemos entrar a estudiar teniendo en cuenta este marco latinoamericano, y desde la perspectiva específica de las obras literarias colombianas de alguna significación que se editaron durante estos quince años: 1930-1946. Los años, en Colombia, de la llamada república liberal. Caracterizados, en poesía, por los nombres de De Greiff, Porfirio Barba Jacob, Rafael Maya, Aurelio Arturo y la irrupción de Piedra y Cielo, con Eduardo Carranza a su cabeza. En el ensayo por Sanín Cano, López de Mesa, Germán Arciniegas, Jorge Zalamea, Hernando Téllez. En la pintura por Ignacio Gómez Jaramillo, retratista de Zalemea y de Greiff. Y en la novela por Eduardo Zalamea, Uribe

Piedrahíta, Osorio Lizarazo, Caballero Calderón y Fernando González, oscilante entre ella y el ensayo. No son todos, pero sí algunos de los que conviene tener en cuenta.

COLOMBIA LITERARIA: REACCIÓN Y PROGRESO

La convivencia, en el mismo lapso, de por lo menos tres generaciones: la del Centenario, la de los Nuevos y la de Piedra y Cielo; la imagen que nos deparan las revistas literarias más destacadas de la época, *Revista de las Indias* (1936-1950), *Pan* (1935-1940); las tensiones advertibles entre una modernización que se desea y unos remanentes vetustos cuyo peso era todavía decisivo; la voluntad democrática, a nivel popular, que llevaba a escritores como Germán Arciniegas a dar con prosa ágil versiones revisadas de la historia en general y de Colombia en particular, el caso de *El estudiante de la mesa redonda* (1932), con todo el ímpetu juvenil de éste como transmisor de cultura y abanderado de grandes cambios; su trabajo sobre *Los comuneros* (1938) o su biografía de Jiménez de Quesada, revaluando el barro indígena y convirtiendo su figura, al final, en una resurrección del Quijote andariego por tierras de América, todo ello apunta hacia esa búsqueda que la nación, y el espíritu, emprendían de "mejores aires", como lo proclamaba León de Greiff en sus poemas. De más amplios horizontes, como los que Baldomero Sanín Cano iba acotando.

Colombia, a raíz de la depresión económica de 1929, padecía los vaivenes del mercado mundial e incluso en ella varias cosas se modificaban. Fijada, siempre, dentro de la órbita del "Respice Polum", la estrella del norte que simbolizaba a Estados Unidos, en aquel período sus contactos con el resto de América Latina se hicieron más fluidos. Lo prueba, como hemos visto antes, la errática existencia de Barba Jacob, peregrino por toda América.

Pero no sólo eso. El hecho de que Fernando González, con su "método emocional" y su vitalismo un tanto incoherente, centrase su atención en Juan Vicente Gómez el tiempo suficiente para dedicarle un libro –mezcla de ángel y de tigra parida, lo llama– atestigua que en él, como en el Uribe Piedrahíta de *Mancha de aceite*, las fronteras nacionales eran imposiciones ajenas, frutos de los desmembramientos producidos por las guerras civiles, posteriores a la Independencia, o de la balcanización ulterior, propiciada por el capital extranjero, y no necesidades emanadas de la propia realidad americana, cuya unidad ya era perceptible.

En este sentido el libro clave es la *Biografía del Caribe*, de Germán Arciniegas. En él toda la historia de estos pueblos, una historia que no cesa en ningún momento, es siempre idéntica. Narrada en presente, desbordada de anécdotas y animada por un humor leve y una fulgurante rapidez narrativa que le da ímpetus de novela, gracias a ella nos acostumbramos a tratar con naturalidad a los seres más remotos e inaccesibles. Va de Colón a Teodoro Roosevelt, del siglo XVI al XX, y todo ello bajo el sol de las Antillas. Como lo dice Arciniegas, refiriéndose a una de las ciudades de este mundo: "allí cada nación arroja un nuevo grupo de colonos, cada continente un color, cada lengua un acento, hasta hervir una de esas espumosas ollas podridas que son la gloria del puchero universal"[4]. Fernando González, por su parte, afirmaba que Suramérica era "el teatro del gran mulato", entendiendo por mulato todo individuo de sangre mezclada.

Asumiendo, entonces, el mestizaje como base de nuestra cultura, Arciniegas logra darnos una visión de ese arco insular que se extiende sobre unos 4700 kilómetros, en el cual la belleza natural y la rapiña imperialista, como en el caso del canal de Panamá (1903), los contrastes de culturas y el sincretismo religioso y musical, forman un ininterrumpido estrépito histórico que no podía menos que sacudir la gris molicie colombiana de aquel entonces con su bien manejada prosa de periodista viajero.

En realidad todo contribuía a sacudir la modorra. El conflicto armado con el Perú, en 1932, en el mismo Putumayo de Uribe Piedrahíta, en *Toa*; las reformas tributarias y la nueva ley de tierras, de López Pumarejo, en el 36; el fracaso del golpe militar contra él, en Pasto, en 1944, y, cómo no, la aspiración presidencial de Jorge Eliécer Gaitán y las masas que lo acompañaban a todo lo largo de estos años.

[4.] Cfr. *Biografía del Caribe*, Buenos Aires, Editorial Sudamericana, 1945.

Esto se reflejaría de modo muy claro en la narrativa de Osorio Lizarazo, uno de sus biógrafos, quien en 1939 publica un folleto titulado *Ideas de izquierda. Liberalismo, partido revolucionario*, donde critica la primera administración de López, considerando ya frustrada su "revolución en marcha". En una república anodina e impersonal, dice, y además eminentemente conservadora, sólo ha habido un cambio de rótulo. Más certeras, en cambio, son sus novelas, aparecidas por aquellos años que parecen hacer de él la figura arquetípica del período, con todas las limitaciones que ello implica. Una, *La cosecha* (1935), y otra, *El hombre bajo la tierra* (1944), lo abren y cierran, en forma previsible, refiriéndose a la vida en las haciendas cafeteras o a la explotación de las minas, todo ello dentro del área rural. Pero la urbanización, tan decisiva, es la que mejor estudia en su ciclo bogotano, que comprende, para este período, *La casa de vecindad* (1930), *Hombres sin presente* (1938) y *Garabato* (1939).

La brevísima descripción de su contenido es ya un reflejo cabal de aquellos tiempos: En la primera, y debido a la llegada de los linotipos, un tipógrafo pierde su empleo y acaba convertido en mendigo. En la segunda, "novela de empleados públicos", como la subtitula, Osorio logra conciliar el análisis de la incipiente burocracia con una monotonía –la monotonía bogotana– aún más intolerable que la propia mediocridad de sus pequeños seres. Y en la tercera, remontándose a principios de siglo y llegando hasta Enrique Olaya Herrera, nos da un cuadro muy amplio de un niño que sufre los rigores de la educación eclesiástica, el reacomodamiento de las clases sociales, una vez terminadas las guerras civiles y, sobre todo, de la miseria inalterable de un Bogotá sombrío, de velas de cebo, que Osorio buscaba despertar con sus relámpagos justicieros.

Los mismos que se volverían realidad, en poco tiempo, con los incendios del 9 de abril de 1948, que arrasarían con esa época.

La nueva cultura, una cultura del deporte y la radio, una cultura de la calle, en ebullición, que ante la escasez sentida por todos –fueron años de hambre– desencadenó intensos y variados cambios sociales. Obligan a la gente a abandonar su secular pasividad y participar activamente en la vida colectiva y convivía con otra, de signo contrario. Convivía, sí, pero también luchaba contra ella, en forma denodada. Con razón López de Mesa, al final de su trabajo acerca *De cómo se ha formado la nación colombiana*, decía: "el desorden de la cultura en que vivimos denota un período de transición", agregando: "Nuestro mundo es una fantasmagoría, el cinematógrafo lo representa ante la historia"[5].

Muy seguramente. Pero también, ante estos avances, otros prefirieron replegarse, explorando mundos interiores y sacando a la luz tesoros escondidos. No es insólito que uno de los poemas más aplaudidos de la época sea *La ciudad sumergida* (1939), de Jorge Rojas, un laborioso descenso al interior de sí

[5.] Cito por la edición de 1970, publicada por Bedout en Medellín.

mismo, al mar del tiempo y la memoria, donde la búsqueda se hace mediante "un conocimiento luminoso, sin mancha de experiencia", en impecables tercetos.

Pero es quizá la publicación, en 1942, del poema "Morada al sur" de Aurelio Arturo, en la revista de la Universidad Nacional, la institución que mejor encarna la nueva cultura por aquel tiempo, donde esa inmersión confirma la importancia de la poesía, como lo había hecho ya en De Greiff, para representar a un país en su verdad más íntima y sin embargo más compartible: Ya "no eran jardines", ni "atmósferas delirantes". Era una sola hoja:

Pequeña mancha verde, de lozanía, de gracia, hoja
sola en que vibran los vientos que corrieron
por los bellos países donde el verde es de
                        [todos los colores,
los vientos que cantaron por los países de Colombia.

La que daba razón de ser a una tierra y a unas gentes, alimentándose de su circunstancia, pero trascendiéndola gracias a la síntesis melódica que sus ritmos, purificados de toda nostalgia espuria, alcanzaban. Era el adiós a una naturaleza convertida en magia.

En los mismos años de la preocupación hispánica de Piedra y Cielo, y los sucesivos furores gongorinos, garcialorquianos, nerudianos y miguelhernandezcos; de la asimilación de la derecha francesa por parte de "los leopardos" de Manizales o de la eficacia comunicativa, en su tarea biográfica-periodística, a la usanza norteamericana que demostraba Arciniegas, Aurelio Arturo recobraba el hilo de un diálogo entre el poeta y su medio que nacido, quizá, en Silva, atravesaba esa decisiva época de cambios para mantener y renovar una tradición. Para perdurar, siendo algo original. Algo que atiende a los orígenes de nosotros mismos.

El liberalismo reformista que subió al poder con Olaya Herrera, al otorgar derechos a la mujer y posibilitar el acceso a la conducción del país de una clase empresarial más próxima a una burguesía moderna, suscitaría, por simpatía o rechazo, por afinidad o distancia, diversas propuestas literarias. Esos avances y esos retrocesos, esas pugnas y esos marginamientos, son los que ahora podemos medir mejor, a través de varios casos concretos.

Literatura que en tantos casos parecía evadirse de los problemas inmediatos, la fuga desembocó, en los mejores, en obras muy nuestras. Otros, compenetrados con su momento, parecen más bien devorados entre la rigidez de dos fechas. Sin embargo, la auténtica literatura, que es siempre un perpetuo presente, se nutre tanto del pasado como de los imprevisibles caminos que va abriendo.

BALDOMERO SANÍN CANO (1861-1957), MAESTRO BENÉVOLO

La revista *Patria*, de Bogotá, decía en su edición correspondiente al 6 de noviembre de 1924: "Ha salido de Londres con rumbo a la República Argentina, de donde se encaminará a esta ciudad, nuestro ilustre compatriota don Baldomero Sanín Cano, quien ha estado ausente de la patria desde hace cosa de veinte años, durante los cuales ha contribuido al brillo del nombre colombiano por su vasta erudición literaria y sus campañas de prensa al servicio de las más benévolas ideas".

Nombrado representante a la Cámara por el partido liberal, en 1933; miembro de número de la Academia de la Lengua, en 1935, y rector de la Universidad del Cauca, en 1942, el retorno de Sanín Cano a Colombia lo convierte en una figura pública. Más importantes, por cierto, son los libros que durante estos 15 años edita. Son cuatro: *Crítica y arte* (1932), *Divagaciones filológicas y apólogos literarios* (1934), *Ensayos* (1942) y *Letras colombianas* (1944).

Aparecidos dos en Bogotá, un tercero en Manizales y el cuarto en México, comprueban su voluntad de religarse a su tierra, brindándole el caudal de lecturas, países, idiomas y amable sentido de las proporciones que había ido adquiriendo en sus dilatados desplazamientos por el mundo. Periodista siempre, y aclimatador de novedades, como fue calificado en forma despectiva, fue, en realidad, el fundador entre nosotros de la moderna crítica literaria, a partir de sus maestros Taine y Brandes. Calificado, además, de "neo-liberal", por José Carlos Mariátegui, "porque la palabra liberalismo sabe a cosa rancia, bastante desacreditada", Sanín Cano sirvió de puente para conectar a Colombia con el mundo y lograr que el estrecho ámbito parroquial que nos ahogaba adquiriera unas dimensiones mucho más amplias.

Era un viejo "modernista", si así puede decirse –recuérdese que nació en 1861–, que en aquellas décadas del treinta y cuarenta recogía su cosecha, sin por ello anquilosarse, con los ojos vueltos al pasado. Por el contrario: los tenía muy abiertos para reconocer, en 1936, que Tomás Carrasquilla –según su criterio: "el mejor novelista de Colombia"– no había hecho otra cosa que leer y escribir, "las ocupaciones fundamentales del hombre de letras", y destacar, un año después, las virtudes de León de Greiff en su *Variaciones alredor de nada* (1936). Hablando de De Greiff repite lo que se dijo de Carrasquilla: "toda su vida, toda su inteligencia, todos sus estudios miran a la poesía".

Entender el oficio intelectual como una tarea diaria fue, aunque parezca insólito, una de sus lecciones más fecundas. En segundo lugar, la atención que siempre prestó a las letras colombianas, ubicándolas dentro de un marco comparativo, a nivel latinoamericano y, en general, universal. No fue intolerante, en ningún momento, y su rigor, a simple vista, no resulta demasiado perceptible. Pero el tono de su prosa está allí, en los periódicos, día tras día, y luego en los libros, hasta convertir su presencia reiterada en una modificación radical de la escala de valores: hablaba de lo que sabía. Los que debían ser tomados en cuenta –Silva, Valencia, Isaacs, Carrasquilla, Luis Carlos López, Rivera, Maya, De

Greiff– lo fueron, por fin, de manera racional y justa. Si a comienzos de siglo les descubría a los colombianos el porqué de la pintura impresionista, en los treinta, con idéntica generosidad de espíritu, y a partir del nivel intelectual que él mismo había obtenido, les demostró que formaban parte del mundo y que era necesario dicho conocimiento para que el aporte nuestro, quizá insignificante, quizá valioso, fuera posible.

Hay, al final, en su prédica, una insistencia demasiado paternal, ante una grey que no parecía escucharlo, pero si bien ello lo torna digresivo, y algo errático, sus elementales mandamientos no fueron estériles. Entre el nacionalismo a ultranza y el cosmopolitismo mimético, él impulsó el cambio de una visión crítica que luego, en discípulos suyos como Hernando Téllez (*Inquietud del mundo*, 1943; *Luces en el bosque*, 1946; *Diario*, 1946) habría de volverse más personal y urticante. Pero sin Sanín Cano nada de ello hubiera sido posible. Sereno, antidramático, jovial, en medio de hispanistas rezagados, censores eclesiásticos y maniáticos de la ortografía, él representó la ecuanimidad, el mundo, la alegría de leer, la sabia sonrisa. No parece mucho, pero hoy como ayer tal aporte resulta decisivo.

LEÓN DE GREIFF (1895-1976): UNO Y MÚLTIPLE

El De Greiff de aquellos años, como lo resaltaba Sanín, pasaba por su mejor momento. Publica

Libro de signos, Variaciones alredor de nada y *Prosas de Gaspar* (1937), redactadas estas últimas entre 1918 y 1925. Inspirado y burlón, travieso y erudito, bardo y músico, da la impresión de no tomarse a sí mismo demasiado en serio y, sin embargo, está produciendo algunos de sus más significativos poemas, los "Relatos", por ejemplo.

Gran lector de libros de viajes, en una de las "Favillas" recogidas en *Variaciones* se interroga:

¿Qué se hicieron los vagos anhelos innocuos?
¿Mi fuga?
¿Mi evasión?
¿Mis periplos jasoneos?
¿Qué se hicieron los cálidos vinos de la aventura
y los tesoros
de mis noches estremecidas en el selvoso asilo
bolombólico?
"Anclado.
Al pairo.
En mi sitio".
Dijo El Otro.

El Otro, que era él mismo. Como Hárald el Obscuro, todos sus viajes eran ya viajes de regreso. Había hallado el lugar y la fórmula. Su trashumancia, en el tiempo, y sus desplazamientos, en el espacio, se concentraban, ahora, en la variedad infinita de su escritura, que crecía, precisamente, ante la chatura del medio que la rodeaba.

Lodo, barro, nieblas; bruma, nieblas, brumas
de turbio pelaje,
de negras plumas.
Y luces mediocres. Y luces mediocres.

Así la había apostrofado, en su *Libro de signos*, en un poema de título definitorio: "Balada del tiempo perdido", y el paisaje, cómo no, traslucía el alma. Pero su juego, como él mismo lo confesaba –risueño–, era un juego mucho más taimado. Miraba sin ver y sólo se escuchaba a sí mismo. La música que brota de sus páginas es, en consecuencia, la más opulenta y variada.

Una línea narrativa, de incomparable destreza, se enriquecía con un guiñolesco trasfondo de minucias históricas, sabiduría literaria y chistes propios. Un juguetón sentimentalismo: "Esta rosa fue testigo / de ese, que si amor no fue, ningún otro amor sería", atemperaba su salacidad jocunda: "Oh Rosa de los abrazos / de fulva leona en brama / Rosa pícara felina". Y esta lujuria de buena ley –"dóname tu lagar tibio y recóndito"– contribuía a vigorizar el pentagrama infinito de sus ritmos; su obsesión por convertir el poema en pura música.

Sólo que la corporeidad era palpable. Admitía el sarcasmo contra "toda la trínca, todo el cotarro, ¡el zafio lote!" y hacía que un lenguaje añejo se desempolvara con su desparpajo de juglar extemporáneo. Parecía precipitarse en el absurdo, por culpa de sus caprichos, pero nunca caía.

Erguido y robusto mantenía muy bien su origen sueco, y las fuentes que lo nutrían: de Barba Jacob a Poe, de Verlaine y Rimbaud a Baudelaire y Laforgue, de Tristan Corbiére y Heine, al Flaubert de *Bouvard y Pecúchet*. Sabía también hacia donde se encaminaba su nave –para emplear uno de sus tópicos predilectos–: hacia sí mismo. En el "Relato de Gaspar" lo dice:

> en orgulloso narcisismo
> espiritual aposente el entero
> ritmo de las fazañas antañonas
> y el palpitante ritmo de mi iluso
> ensoñar y también el turbulento
> inverecundo ritmo de mi pasión desbordada,
> y el ritmo sincopado de mi definitivo aburrimiento:
> en orgulloso narcismo, ¡Oh Risa!

Contra "el grasoso potaje de la vida cotidiana", él enfila su tedio y enrumba su odio, en ningún momento dañino. Eran formas de un discurrir distraído, y en el fondo inocente, de grata charla bohemia, en el café y entre amigos. Pero esta charla, ingeniosa, viva y animada por muchas lenguas, mucha música y diversas literaturas, no le impedía mantener, con claridad, las distancias, "Lejos de Santanderes y Bolívares", como dice en el "Relato de Aldecoa".

El ocioso era lúcido y su no hacer nada terriblemente fecundo. Incluso en la exploración de tierras vírgenes (cómo se reiría, con tal expresión) había sido pionero, mucho antes que Uribe Piedrahíta y Zalamea Borda en sus respectivas novelas. Él, De Greiff, también dejó la ciudad y se fue a perseguir el oro, en los ríos de Antioquia, el Nare, el Porce, con puertos soleados, tiendas de lona, gentes de aventura, alcohol y alegres damiselas, que ahora surgen, en su memoria, como el paraíso perdido. *El barco ebrio* de Rimbaud, anclado en una altiplanicie –Bogotá– poblada de nubes y mugre. Era la vida en bruto; la vida misma, en fin, la que había quedado atrás y a la cual ahora el fastidio urbano va haciendo perder brillo.

Pero todo el paisaje muy concreto de ríos y quebradas, de casas de zinc y guaduas, de aguardiente y hamacas, se trueca, sin perder por ello nada de su sabroso picante, en una saga mitológica, donde Venus y sirenas conviven con robustas campesinas, en algo inconfundiblemente colombiano, dentro de su peculiar imaginación. Es ya Bolombolo, "región salida del mapa", tan real como propia, y a la cual él puebla con sus numerosos personajes. Una multitud de alter-egos que él ha puesto en marcha, con su talento, y en plan de conquista, como señala Jorge Zalamea, para ocupar esa tierra que ya era suya mediante el idioma, la música, la ironía y el amor perceptible. Todos ellos –el pícaro truhanesco, el juglar medieval, el sentimental claudicante, el iracundo polemista–, todas estas máscaras sugieren su prodigiosa capacidad inventiva, sustentada en una férrea realidad: la fidelidad a sí mismo; a sus quimeras, invenciones y mentiras. Su máxima evasión, su mayor irrealidad, era vivir en Colombia.

Entre Ofires soñados y penurias reales, De Greiff va tejiendo su vasta tela, de "cazador cazado". "Corazón desalado y espíritu burlón", "de poeta (y en el trópico) estoy": qué mejor definición que la suya propia. El resultado en estos años treinta –véase el "Relato de Sergio Stepansky" o el "Relato de Guillaume de Lorges"– es insuperable.

LA DISTANCIA FECUNDA

"Todas las cosas / trujéronme fastidio" decía un León de Greiff juvenil, en los años veinte, y algo de ese ademán distanciador se mantuvo a lo largo de toda su trayectoria.

Fue en el gesto y en la figura todo un poeta, de boina y pipa, el gabán abultado de novelas policiacas, y la legendaria tertulia en el Café Automático, intoxicados de humo, café y aguardiente todos los asiduos. Las réplicas maliciosas y el humor corrosivo.

Pero ese tedio existencial, ese elogio consciente a la pereza,

La pereza agiliza, apresta, aguza...
Pereza... ¡Oh palafrén que yo cabalgo!,

como reconocía en un poema de 1922, dio como resultado una poesía recia, díscola y rebelde.

Era un viajero sedentario, un aventurero de la imaginación, que de Blake a Omar Jayyam se complacía en reconocer cómo "todo se lo llevó la trampa" y en filosofar, con sorna, "Todo no vale nada, si el resto vale menos". "Mi aburrimiento es largo, pero la vida es corta", insistía complacido, y se reía de sí mismo, enamorado de la luna, viéndose como un trovador anacrónico en un mundo que exaltaba fábricas, progreso y músculo.

Le quedaban, en cambio, los viajes y el amor; y la música, tan exultante como redentora, que le permitía cazar nubes, domeñar vientos y cabalgar sombras, en una soledad "¡asesinada de imposible!", como decía en un poema escrito entre 1924 y 1926, donde aparecía su amado Carolus Baldelarius.

La historia de la literatura se había convertido en una ocupación de entrecasa, manejada a su arbitrio, de Homero a Nietzsche, y la proverbial torre del desdén, apenas si consentía la ocasional salida, "el señorial papirotazo / al fastidioso zumbar de la mosca".

Si bien le daba la espalda al paisaje, éste se le colaba en sus andanzas, tan colorido como melodioso, y "el extranjero", ¡"el exiliado! con veleidades aventureras", inventaba, uno tras otros, sucesivos heterónimos, que le permitían sentirse "fallido Odiseo, fracasado Sindbad, Viking de río" frente a las "odiseas siempre iguales" de los calurosos e interminables ríos del trópico como el río Cauca, en cuyo canto se perdía, maravillado y saudoso.

Tal peripecia melódica sólo era un telón de fondo para proclamar su fe más terca y más absurda. Su fe en el amor. Su alta confianza romántica en la mujer como intercesora de todo lo caído.

Lo primero de todo es el amar.
Hay que amar a destajo hasta morir.
Hasta que CRONOS blanda su segur.

Esto lo escribía en 1970, caprichoso como un niño que aún no cejaba en sus quimeras y que le había dado al arcaico grano de su voz una límpida y sorprendente actualidad.

Lo primero de todo es la mujer.
De la mujer –primero– lo mejor.
De la mujer lo mejor es su flor.

Por ello jamás se preocupaba de quien pudiera escucharlo, "cantando mi cantinela / como trovero de antaño..."
Para ser moderno se volvió a la Edad Media.
Para ser actual, se sumergió en un pasado propio. "No buscas sino ser tu propio oyente".
Con el mismo humor, e igual indolencia, debemos celebrarlo. Su poesía requiere una sustanciosa antología, en 200 páginas, y una lectura reposada. Con ella quizá salvemos los escollos de su rudo humor paisa y sus previsibles juegos de palabras. También la obsesiva insistencia de sus variaciones musicales en torno a un mismo tema. Ese yo, a veces pueril y fatigoso, pero en tantas ocasiones deslumbrante, cuando se revestía con otros ropajes.

Nos queda, también, la fuerza reveladora con que sus nocturnos ahondan la magia: "Tú me darás, ¡oh noche, el tibio asilo de tu regazo, que perfuman exquisitos aromas"; al hacer de la tierra un cielo poblado de estrellas carnales y el soberbio don con que desarrolló sus relatos.

Una saga de figuras impares en nuestro ámbito por su capacidad para hacer de sus fantasías realidad verbal. Realidad mucho más concreta que la irrealidad de esos empleos con que nutrió sus ocios y se ganó la vida: contador del Banco Central, subdirector de Enseñanza Secundaria en el Ministerio de Educación y empleado en la Contraloría General.

Pero ni estadística ni contabilidad secaron su vena lírica, tan impugnadora como melódica. Despreció todo cuanto su fastidio, e incluso su odio, consideraban digno de tal negación, "para ofender la mesocracia ambiente / mi risa hago sonar de monte a monte". No creyó en "las vírgenes necias del entusiasmo" y logró, en sus mejores momentos, una conciliación plena. Allí donde la baja vida se expandía desbordante de hazañas imaginarias. Gracias, ante todo, a la fuerza de su imaginación musical, siempre certera en su final objetivo: el puerto, dorado por el sol de Bolombolo, de una poesía propia y universal.

RAFAEL MAYA (1897-1980) O LA TRADICIÓN CONSERVADORA

Conservador en política, católico en religión y clásico en poesía, Rafael Maya publicó, en estos quince años, tres volúmenes de versos: *Coros del mediodía* (1930), *Después del silencio* (1935) y *Tiempo de luz* (1945). Y tres ensayos: *Alabanzas del hombre y de la tierra*, volumen 1, 1934; volumen 2, 1935, y *Consideraciones críticas sobre la literatura colombiana* (1944), acaso el más personal y valioso de sus trabajos en este campo.

Una poesía clásica en un tiempo de cambio

La obra poética de Maya se destaca por su sobriedad expresiva y el afecto inalterable hacia ciertos temas, constantes a todo lo largo de su producción. Primero que todo su ciudad natal, Popayán:

> yo nací en una urbe
> hecha de granito y de mármol
> con escudos de piedra tosca
> que unen la clave de los arcos,
> y llena de polvo y de huesos
> como un antiguo catafalco.

La cita resulta ilustrativa: confirma su devoción por el pasado y por ciertas figuras literarias –Virgilio, Horacio– que le ayudan a expresarlo. Así la poesía de Maya, en este período, mantiene vigente su admiración por los personajes de la mitología griega –Flora, Afrodita, el joven Arcade–, o cristiana –Jesucristo como poeta crucificado, en uno de los poemas dialogados de *Después del silencio*– o incluso del fantasma romántico, como en su romance "Mujer y rosa".

Pero cuando trata de incluir en ella las nuevas realidades –"En las abiertas calles / forjaban sus motores/o movía sus hélices / la divina mecánica" ("La muerte del héroe")– la estructura se resiente y fracasa.

Debe, como en otro de sus poemas dialogados, "Rosa mecánica", contrastar la naturaleza, en sus formas más simples, un tallo de hierba, un escarabajo azul, con una conflagración cósmica (palabra, esta última, que utiliza con frecuencia) en la cual caen mil fábricas por el suelo. Sólo así se siente insertado, de nuevo, en el mundo que le es propio: el de la tierra, en sus ciclos legendarios; el del firmamento, siempre inmutable.

Igual sucede en romances como "Elegía de las lámparas", donde la llegada de la luz eléctrica a un pueblo le dicta amargas reflexiones. Se reza menos y la luna, provinciana, se pierde en "alegre / calle de letreros. / Todo lo cambiaron / los negros inventos". Sí, el mundo de Maya no es el del "ruidoso / mecánico infierno". Pero no se piense por ello que se complace en el rechazo fácil. Si bien ama "las sombras todas / del antiguo tiempo", en algunos de sus mejores momentos logra una acertada fusión de formas clásicas y temas eternos, todavía válidos. Su "Invitación a navegar" es muy lograda, en tal sentido. El adiós que profiere a su tierra, y a sus propios límites, es sereno, y logra crear un vasto horizonte en torno suyo, no diluyéndose en él mismo sino manteniendo vivas sus raíces. Esta estrofa es un buen ejemplo:

La tibia noche de mi infancia
oyó una historia de naufragios
en que mi abuelo, que tenía
un corazón de Ulises bárbaro,
murió de viejo en una isla
comiendo dátiles dorados.

La utopía poética se torna palpable, y la voluntad de huida se asume en correspondencia con un sentimiento entonces muy generalizado. Lo corrobora la novela *Cuatro años a bordo de mí mismo* (1934) de Eduardo Zalamea y el título, y el contenido, de un libro de poemas de José Umaña Bernal: *Itinerario de fuga*, también de 1934. Igualmente, en "Mujer sobre el ébano", otro poema dialogado, infunde Maya a su verso, en ocasiones demasiado lógico, un muy humano erotismo:

Yo vi su desnudez ligera
dorar la alcoba, como la luna un puerto
nocturno.
Parecía que de sus hombros
arrancaban dos llamas para iluminar su cuerpo,
y que toda ella, desde la raíz de las vértebras
hasta el nácar mínimo de las uñas,
participase alegremente de la energía elástica
del fuego.

Pero éste no se mantiene, en otros textos, ni logra volver más accesibles sus largas y a veces un tanto monótonas reflexiones filosóficas, o su titanismo, un tanto sumario.

Quizá consciente de ello él prefiere concentrar sus esfuerzos en la flexible cárcel del soneto. *Tiempo de luz*, por ejemplo, es un libro que sólo contiene sonetos: 49 escritos entre 1940 y 1945. Limita así su ambición, como el que lleva igual título, a una estética, no por menor, menos reveladora.

Ahora voy a lo humilde, a lo pequeño,
buscando en todo la fracción divina
de un amor, de un crepúsculo, de un sueño.
Y sólo así mi corazón advierte
la unidad que se encuentra en toda ruina,
y el designio creador que hay en toda muerte.

Los tiempos modernos no impedían escribir poesía. Le daban, por el contrario, un extraño encanto. El de manifestar, en versos bien medidos, su distancia de una modernidad, y un progreso, que definitivamente no le interesaban. Más aún: de repudiar una "revolución en marcha", que, por cierto, no era la suya, y que, además, comenzaba a estancarse apelando a la intemporalidad clásica. Poeta culto, poeta intelectual, poeta docto, estas preocupaciones se hacen más claras en sus ensayos.

Una crítica justa ante una tradición precaria

"Fue firme siempre sin arrogancia vana, y orgulloso, sin vanidades pueriles": así describe Maya a José Eusebio Caro y algo de eso hay también en Maya.

Continuidad y rigor, desdeña el histérico brillo de los aciertos ocasionales y elige, en cambio, la penumbra diligente. Trabaja a largo plazo.

"Somos un pueblo de hombres apasionados y, por lo tanto, mudables e inconstantes", escribe en su ensayo sobre "Aspectos del romanticismo en Colombia", y luego agrega: más que apasionados somos, en realidad, "simplemente emotivos". Esto explica quizá "el país de burócratas y de eminencias pedigüeñas", como lo definió; y da pie para su aristocratismo de espíritu: los prejuicios dominantes y la voluntad sañuda y vengativa de las masas –tales son sus palabras– arrasarán con cualquier jerarquía, recreándose en el espectáculo final "de una vasta e incurable mediocridad". El Ortega y Gasset de *La rebelión de las masas* (1929) entusiasmó a muchos latinoamericanos.

Esta conciencia crítica sustentada en una ética del lenguaje le fue útil para analizar nuestra breve tradición anterior, con gran perspicacia.

"Muchas de las poesías de Rafael Núñez son exposiciones prosaicas de temas científicos, escritas en renglones cortos". "¿Qué cosa quedó de ese humanismo del siglo pasado, de ese fervor por los estudios clásicos de que fue símbolo preclaro Miguel Antonio Caro? Quedó un poco de fraseología, la afición por ciertos temas eruditos y algo que podríamos definir como la manía o prurito del grecolatinismo. En fin: un humanismo fraccionado y acomodaticio, para uso de la oratoria y el periodismo, y con todos los estigmas del ripio y del regazo". "Pequeña, muy pequeña, en relación con su vida, su talento y su formidable ilustración es la obra de Valencia".

En 1944 se definió con estas palabras: "No me ha disgustado nunca la palabra retrógrado, ni cuando se aplica en sentido literario, ni cuando se le da significación política y religiosa. Si algo necesita apoyarse en los suelos más duros del pasado es la revolución". He aquí el fundamento de su fe en "la continuidad lírica de Colombia". "Como todos los pueblos pobres y felices, hemos cantado mejor de lo que hemos logrado vivir. La belleza nos ha prestado auxilio siempre para suplir abundantemente lo que nos negó la menguada realidad".

MIRADA AL CONTORNO

En un país de nueve millones de habitantes, como el que describió muy bien la norteamericana Kathleen Romoli[6], donde sólo había 35 000 extranjeros registrados como residentes, y "en el que la clase gobernante es limitada y el 80 por ciento de la población es analfabeta", era apenas natural que los escritores buscasen perpetuar el carácter ideal de su república literaria. Como lo dijo Alberto Lleras, a la presidencia de la república se podía llegar por una escalera de alejandrinos pareados. Sólo que por aquellos años, y con buen olfato, ya percibían las modificaciones que experimentaría su hábitat. Ahora sólo les que-

---

[6] En su libro *Colombia*, Buenos Aires, Editorial Claridad, 1944, p. 294

daban los suplementos literarios de los periódicos, y no el país, para medir sus fuerzas.

Otro viajero, el boliviano Alcides Arguedas, había registrado en su libro *La danza de las sombras* (1934) el tiraje de los diarios, al comenzar la república liberal, en el treinta. Eran estos:

"*El Tiempo*, 30 000 ejemplares en edición ordinaria y hasta 50 000 los domingos; *Mundo al Día* 20 000 y, los sábados, hasta 40 000; *El Espectador* 15 000; *El Nuevo Tiempo* 5000; *El Diario Nacional* 4000; *El Debate* 3000"[7].

Allí, a través de ellos y, claro está, mediante la radio, se daría la batalla por la modernización y el cambio. Pero los ensayos de Maya, releídos hoy, resultan demasiado largos para una volandera hoja de periódico. Eran, si se quiere, más profundos y más graves. No es que Maya se situase al margen de lo que estaba pasando. Por el contrario. Como director de la crónica literaria del diario *El País*, de Cali, impulsó, desde 1936, las primeras apariciones públicas de Piedra y Cielo, y, antes, los trabajos pioneros de Aurelio Arturo. Y, aunque breve, su participación, en 1944, como miembro del partido conservador en la Cámara de Representantes, muestra con claridad sus simpatías políticas. Pero hay algo en él que se sustrae a los afanes de la hora. Una solidez en su tarea crítica y una equilibrada frialdad en su quehacer poético, que demuestran la firme profesionalización de su tarea y el recto criterio con

---

[7] Cfr. *La danza de las sombras*, 1934, p. 163.

que siempre la puso en práctica. Sin abdicaciones y a la vez sin concesiones.

JORGE ZALAMEA (1905-1969), LA PRAXIS DE UN HOMBRE DE LETRAS

En 1933 Jorge Zalamea publica su ensayo político: *De Jorge Zalamea a la juventud colombiana*. Era vicecónsul en Londres. Se trata de una vigorosa diatriba contra la generación del Centenario, "inconciencia, debilidad, histrionismo y mezquindad en sus fines", tales las acusaciones, y un llamado de alerta a los miembros destacados de su generación –*Los Nuevos*, título de una pequeña revista literaria de la cual sólo aparecieron 5 números en 1925–, previniéndolos acerca de su "adhesión entusiasta a los hombres y doctrinas" del Centenario. Los "nuevos" más destacados eran los hermanos Felipe y Alberto Lleras Camargo, Maya, Arciniegas, Eliseo Arango, León de Greiff, Francisco Umaña Bernal, Manuel García Herreros y Luis Vidales, a juzgar por la nómina de colaboradores. La carta de Zalamea es, además de un programa de gobierno, una defensa de la independencia del hombre de letras ante la política, y a la vez de su libertad de participar, si así lo exige su conciencia, en tareas colectivas.

"Un pueblo económicamente enfermo no puede producir cultura; si ya la tenía la pierde; si carecía de ella, jamás estuvo tan lejos de alcanzarla" dice allí, y a su regreso a Colombia, en el año 36, habría de entregarse, con gran entusiasmo, a las tareas que en el campo cultural promovía la primera administración de López Pumarejo. En ella Zalamea se desempeña como secretario general del Ministerio de Educación y luego, por 18 meses, encargado interino del mismo, y como director de la Comisión de Cultura Aldeana. Si en el primer cargo defiende con brillante inteligencia, ante la Cámara y el Senado, la reforma educativa, en el segundo publica una muy válida monografía sociológica sobre el departamento de Nariño (1936). De 1937 a 1938 es secretario general de la Presidencia y en tal cargo elabora un estudio sobre *La industria nacional* (1938).

El niño que había comentado libros de los decadentes franceses en *Cromos*; que se había embarcado, aventurero adolescente por tierras de América, con una compañía de teatro, y que de 1928 a 1933 precozmente maduró, viajando, entre otros países, por España, había mantenido con Federico García Lorca una estrecha amistad, según lo corroboran las hermosas cartas de este último, había puesto su vocación literaria al servicio de una causa con la cual se sentía identificado. Había conocido el poder, y las obligaciones que conlleva. Su conferencia, en mayo de 1936, en el Teatro Municipal de Bogotá, titulada "La cultura conservadora y la cultura del liberalismo", es una cabal muestra del debate intelectual y político en aquellos años.

A las acusaciones de "ordinariez y mental bajeza" que se le hacen al gobierno liberal, él responde con un análisis de los treinta años de hegemonía conservadora: 1900-1930. No sobra recordar que en el plano de las ideas, y de manera más esquemática, estos años han sido los del positivismo (1880-1900), los del espiritualismo (1900-1920) y los de planteamientos socialistas, entre 1920-1940, con el reconocimiento del populismo como factor importante de la escena política latinoamericana. Consecuente con esa renovación progresista, Zalamea saca sus conclusiones. ¿Cuáles son?

La existencia, durante aquellos treinta años, de un proceso de mistificación que había sustituido "la cosa concreta y viva" por la retórica; que había disimulado "la ignorancia de la geografía humana y del hecho económico" con acicalamientos de clásico o intemperancia de románticos, cuando no con "el bálsamo milagroso destilado en tierras ultramarinas por los Barrés y los Daudet y los Maurras". La última alusión era transparente: se refería a esa "Acción francesa" traducida a Manizales que era el grupo de Los Leopardos, varios de los cuales habían colaborado en *Los Nuevos*, con artículos por demás dicientes, Augusto Ramírez Moreno, en el No. 1, con el titulado "La orientación reaccionaria de la juventud" y Silvio Villegas, en el No. 3, con el denominado "Reflexiones inactuales". La polémica literaria se convertía en lucha política. A la vibrante oratoria de Los Leopardos, que habían escuchado con atención las vociferaciones de Mussolini y los silencios de Franco, Zalamea oponía la pragmática construcción de escuelas, colegios y universidades. A la profesión de fe religiosa y política, en asuntos educativos, una amplia tolerancia de credos e ideas. Pero el asunto no era fácil y él mismo reconocía allí, en esa intervención, la "pesada y lenta marcha de los órganos administrativos" y el débil e intermitente interés de las regiones por la acción del gobierno central. La modificación del estilo y el tono de la vida nacional, que había señalado como meta de su gobierno López Pumarejo, al asumir el poder en 1934, no parecía factible lograrla en tan poco tiempo, pero de todos modos la construcción de la Universidad Nacional, a lo cual Zalamea coadyuvó en forma tan eficaz, atestiguan su capacidad de trabajo en el terreno de la praxis cultural. Originados en la misma voluntad pedagógica son los tres libros que publica en un mismo año: 1941. Son ellos *La vida maravillosa de los libros*, viajes por las literaturas de España y Francia que fueron, originalmente, charlas por la radio; *Nueve artistas colombianos*, breves textos de presentación de los pintores del momento: Pedro Nel Gómez, Ignacio Gómez Jaramillo[8], Gonzalo Ariza, Luis Alberto Acuña, Sergio Trujillo y el escultor Ramón Barba, entre otros; e *Introducción al arte antiguo*, un breviario didáctico.

En estos años la vocación de Zalamea se encaminaba más hacia la tarea pública, en sus aspectos de divulgación cultural y actualización de referencias, que en la elaboración de una obra propia. Sólo años más tarde, en el exilio argentino, redactaría su mejor

---

[8]. Sobre Gómez Jaramillo ver Juan Gustavo Cobo Borda: *Ignacio Gómez Jaramillo*, Bogotá, Villegas Editores, 2003.

obra: *El gran burundún-burundá ha muerto* (1952) y experimentaría "la consolación poética" deparada por sus traducciones de Saint-John Perse. Ahora, en estos años, Zalamea asumía con honestidad su identificación con un partido, el liberal, y un gobierno, el de López Pumarejo, que encarnaba, en el campo administrativo, similares propuestas renovadoras a la suya en el campo literario. Esta actitud, similar a la de Sanín Cano cuando, en contra del peso de la tradición hispanizante, presentó las literaturas nórdicas a un público que las desconocía del todo, muestra también las ambigüedades y conflictos de un medio que, por pobre y precario, no permitía a verdaderos hombres de letras como eran Sanín Cano y Zalamea el pleno despliegue de su fuerza creadora. Debían, primero, crear el espacio propicio donde su obra pudiera desarrollarse. Sólo que, por desgracia, en tal tarea secundaria consumieron buena parte de su energía y su talento.

JORGE ROJAS (1911-1995):
MUCHOS POETAS, UNA SOLA CREACIÓN

Una lectura panorámica de la obra de Jorge Rojas, recogida en volúmenes como *Suma poética* (1977), *Obras completas* (1978) y *Obra poética* (1986), es sorprendente: conviven allí varios poetas.

En primer lugar el sonetista impecable que, como ya lo dijo Álvaro Mutis, hace pensar en el Siglo de Oro. Un Siglo de Oro evaporado y elusivo, pero siempre elegante y bien dibujado. Luego el traductor de *El cementerio marino* de Paul Valéry que hace suya la poesía pura para cantar, en ajustados tercetos, una ciudad, Tunja, donde "lo soñado / me oculta claramente lo vivido" y la arquitectura mental, reconstruida en el interior del poeta, se elabora "con un conocimiento luminoso sin mancha de experiencia". Más que la historia, la música de Claude Debussy.

Pero no son sólo esos dos poetas los que allí se expresan: hay también un creador feliz e ingenioso, que retuerce las metáforas, con la misma alegría con que la generación del 27 dio franquicia al juego verbal para airear la rigidez neoclásica. Como Rafael Alberti y Pedro Salinas, su preferido, Jorge Rojas, el deportista, se divierte sabiamente con los vocablos, respetando todas las reglas poéticas e inventando algunas otras. Allí están, entonces, "los columpios que mecen / el vuelo de los ángeles", pero allí mismo, en *La forma de su huida* (1939), asoman otras divinidades.

En primer lugar, claro está, "nuestro Santo Padre Juan Ramón", como lo llamaba, que se hace concreto en la evanescencia y prolonga su musicalidad en un acorde siempre diferido de color: "Vivir como una isla, lleno por todas partes / de ti, que me rodeas, / ya presente o distante / con un temblor de luz / primera, sin pulir, / sin arista de tarde, / ni sombra de jardín".

Un joven maestro, como puede verse, que hace de la confidencia otra forma de la impersonalidad, y que comienza a convivir con otro poeta, más rotundo, más explícito, que recibe también, como todos los miembros de su generación, el alud terrestre de Neruda y recorre sus mismas "calles de fósforos y de calcio", para cantar, con terquedad impar, su tema, el tema por excelencia: el de un deseo que aspira a ser concreto (mujer-poema) y que termina por convertirse en una fugaz música inasible. La del recuerdo. La de la conciencia enfrentada a su vacío.

Un vacío que va llenando otro Jorge Rojas, prolijo, enumerativo, americanista, con sus amplios paneles de poesía pública, de Colón a Bolívar, de Santander a las ciudades colombianas que exalta en largas odas: Cartagena, Cali, Bogotá.

Sin embargo, ese poeta de los héroes y los paisajes, de las piedras, las frutas y los ríos empieza, poco a poco, a volcarse hacia una intimidad exacerbada: la de la pasión amorosa, tan ebria como arrasadora.

Ello se hace evidente en su *Cárcel de amor* (1976), donde los cuerpos se vuelven báquicos al intentar detener con el vino la lividez del olvido, coronados de uvas.

Otro poeta surge, entonces, que clama calcinado. Que busca recobrar el fluido consuelo de un líquido redentor, como en "Salvación por el agua", y que añora, quizá, las brumas campesinas, la casa rodeada de árboles, los momentos de la doncella. Pero, en realidad, sólo encontrará a la misma poesía.

La que su último libro, *Huella* (1993), patentiza, demostrándonos su cabal conocimiento de una tradición formal que, a partir de Góngora, tendió más hacia el escorzo becqueriano que hacia el abigarramiento barroco; y que terminó por encontrar en el abrazo de la melodía su refugio y su alivio: "me lanzo a estrecharla entre mi alma / y quedamos a gusto. / Su piel contra mí piel, / como en los sueños, solo en mi compañía, su cuerpo, / el cuerpo de la música".

El hombre que habla a solas, desbordado de palabras que debe precisar con nitidez, pacta una tregua en el perpetuo combate, y al efectuar el recuento de rostros que ya son fábulas, de afectos que son sólo nombres también idos, encuentra, como es obvio, tan sólo su propio fantasma, impalpable entre las cosas que lo han acompañado para siempre: una copa, una terracota, un dibujo de Foujita.

Un sueño más, que debe clarificar también, con el afán nominativo con que se remonta al pasado, en el romanticismo sensible de una persecución infinita. Ese último Jorge Rojas, herido por Eva en su costado, y que dice, con la plena tranquilidad que sólo da la auténtica poesía,

> Qué fácil es vivir: llegar a lo más alto
> de la vida y mirar la prometida tierra
> y ver por fin, ¡oh vida!, los soles del ocaso
> dorar las yertas torres donde la muerte espera.

Los muchos poetas que convivían en el poeta concluían, como debe ser, en el sensible clasicismo de quien fecundaba la herencia con la originalidad de su aporte, y volvía productiva su fantasía y su lenguaje autónomo frente a lo real, para enseñarnos así, con palabras de Danilo Cruz Vélez, cómo "el poeta posee el poder de captar el relumbrar instantáneo de lo individual y de fijar en el verso su presencia efímera y fugaz, lo que no logra el filósofo ni el científico, que van siempre en pos de lo universal y lo abstracto propios de la idea platónica y de la ley válida para una pluralidad"[9].

EDUARDO CARRANZA (1913-1985): "SALVO MI CORAZÓN, TODO ESTÁ BIEN"

Si bien los primeros poemas de Aurelio Arturo, aparecidos en suplementos literarios de 1931 a 1934, constituyen el punto de ruptura en medio del largo dominio modernista, éste sólo falleció oficialmente en Colombia en 1936 con la aparición del libro inicial de Eduardo Carranza: *Canciones para iniciar una fiesta*, al cual habrían de seguir, dentro del período que contemplamos, otros dos: *Seis elegías y un himno* (1939) y *Ella, los días y las nubes* (1941).

Y fue quizá la personalidad beligerante de Carranza, nacido en Apiay, en los llanos orientales, y afirmada en su destino de poeta, la encargada de dar carta de ciudadanía a una poesía esbelta y emotiva, llena de sugerencias musicales y que tenía como elementos más

---

[9]. Ver Danilo Cruz Vélez, *El misterio del lenguaje*, Bogotá, Planeta, 1995, p. 93.

propios un cielo perpetuamente azul y un coro de doncellas inmateriales, o de "doradas señoritas lánguidas", como las llamaría cuarenta años más tarde.

Esta poesía, que encontraba en Garcilaso y en Gustavo Adolfo Bécquer algunos de sus paradigmas, respiraba un clima de juventud y lozanía, regido por una gracia ágil, entre nebulosa y mágica, a través de la cual asomaba un idealizado pero perceptible paisaje tropical; y una vibrante sonoridad, surcada de juegos de palabras:

¿En qué jardín del aire o terraza del viento,
entre la luz redonda del cielo suspendida,
creció tu voz de lirio moreno y la subida
agua surtió que te hace de nube el pensamiento?

Transparente en el sentimiento y artificial en la forma, había en ella, sin embargo, algo íntimo en medio de su levedad. Como lo dijo Jorge Zalamea en 1940: "Eduardo Carranza tiene alas para vuelos más altos y amplios que los circulares que ensaya en su clausurado jardín de niñas como alondras y jazmines como niñas".

En contra de la altisonancia predominante, Carranza opuso un adelgazamiento verbal y un acento más fino, hecho casi siempre de nostalgia:

Asomada en su alma, ella sonríe
detrás del aire, pensativamente.

Al mismo tiempo Carranza, amparado en Rubén Darío y Juan Ramón Jiménez, iniciaba sus campañas líricas y secundado por Bolívar, el Bolívar autoritario, el Bolívar de la constitución boliviana, sus escaramuzas políticas. Sus escaramuzas poéticas en 1935 tuvieron por blanco a Guillermo Valencia.

En 1941 volvía a la carga calificando a Valencia de "retórico genial al servicio de un poeta menor", en un resonante artículo titulado "Bardolatría", en el cual esbozaba su poética: "En el lirismo lo esencial no es lo que se dice sino lo que no se dice, la dorada niebla de sugestión que esfuma los contornos del poema"[10]. Se afiliaba así a una ilustre tradición colombiana que de José Asunción Silva a Eduardo Castillo y de éste a Aurelio Arturo ha preferido la insinuación al grito. La voz baja al discurso.

Pero en ese entonces Carranza ya no era, como se autodefiniría en 1974, "el secreto adolescente triste", sino "el joven victorioso en su relámpago". Su relámpago fue Piedra y Cielo.

Apropiándose del título de un libro de Juan Ramón Jiménez, y con el patrocinio de Jorge Rojas, mecenas del grupo, aparecieron entre septiembre y diciembre de 1939 cinco cuadernos, y al año siguiente dos, que recogían producciones del propio Rojas, Carlos Martín, Arturo Camacho Ramírez, Eduardo Carranza, Tomás Vargas Osorio, Gerardo Valencia y Darío Samper.

[10.] "Bardolatría", incluido en Gloria Serpa de Francisco, *Gran reportaje a Eduardo Carranza,* Bogotá, Instituto Caro y Cuervo, 1978, pp. 111-132.
[11.] Ver "Notas sobre Piedra y Cielo", *Revista de las Indias,* V, Bogotá, febrero-abril, 1940, pp. 169-180.

Con los ojos fijos en la generación española del 27, que la célebre antología de Gerardo Diego, en 1932, había puesto a circular por toda América, esta poesía aérea, delicada y suspirante, que retomaba "el imperio tan dulce como tiránico de las eternas normas poéticas"[11], según las palabras de Jorge Zalamea, adquirió, sin embargo, en el caso de Carranza, una entonación propia.

Base de su fama fueron sus sonetos, recogidos en *Azul de ti* (1937-1944).

Allí se agrupan versos que la memoria colectiva no olvida, como aquellos de "Teresa en cuya frente el cielo empieza" o el conocido final de su "Soneto con una salvedad": "salvo mi corazón, todo está bien", que gozaron de justa resonancia. La poesía, ha dicho Carranza, es anécdota trascendida, y en ellos un neorromántico exaltaba, dentro de la tradición clásica española, el mito del amor juvenil.

La palabra melancolía, una melancolía entre enternecedora y elástica, define muy bien dicho período, en el cual mantiene la añoranza de un paraíso feliz y perpetuamente perdido. Un paraíso de palmeras y vastos horizontes por el cual flotan, translúcidas, o saltan, gimnásticas, innumerables muchachas, siempre en flor. Su lenguaje diáfano y su buen gusto le impiden caer en el riesgo sentimental, como lo ha señalado Fernando Charry Lara.

Una nota de Carranza, fechada en 1943, y referida a su compañero de Piedra y Cielo, Jorge Rojas, define bien los objetivos del grupo: la vigencia de los ismos, situada entre 1920 y 1935, ha quedado atrás;

atrás han quedado, entonces, "los deleznables tópicos ultraístas, la denominada poesía social, a base de un falso internacionalismo de lugares comunes; la utópica poesía pura con su pretencioso hermetismo".

"Se buscaron de nuevo la claridad conceptual, la clásica ordenación, la métrica y los ritmos tradicionales y una prudente objetividad; se procuró –aun reaccionando contra la anécdota literaria y el poema argumental– dar a la poesía asideros mentales y sentimentales y reducir su misteriosa fluidez, su aroma volandero, a más lógicas y obvias fórmulas expresivas". Como él mismo lo reiteraba, "volvieron a los eternos asuntos con las eternas palabras: el amor terreno y el celeste amor; la angustia del tiempo, del espacio, de la muerte; la ausencia; la voluptuosidad; la nostalgia; la melancolía; la alegría o la pena de existir. Había pasado la tormenta, y el campo, el aire y el cielo de la poesía, eran de nuevo puros, azules, cristalinos"[12].

Sólo que esa poesía primaveral, mimética, en ocasiones, de la de Pedro Salinas, de la de Jorge Guillén, de la del propio Paul Valéry, cuyo *El cementerio marino* tradujo Jorge Rojas en 1945, corría varios peligros. El mayor, como lo expresó en 1944 Joaquín Piñeros Corpas, refiriéndose a la totalidad del piedracielismo, era el comprobar cómo "la excesiva finura de las imágenes" comunicaba a los textos "una fragilidad exasperante". Lo que fue asombro, y me-

---

[12]. Citado por Danilo Cruz Vélez en "Arte poética" de Eduardo Carranza incluido en *El misterio del lenguaje*, ob. cit., pp. 76-82.

táforas sorpresivas, se había trocado en fórmula. A partir de allí, y utilizando el mismo arsenal metafórico, Carranza se dedicó a cantarle, en voz alta, a la patria. Fabricó, así, una poesía pública y enumerativa, conmemorando paisajes y gestas sobre la cual ha caído, en forma justa, el peso del tiempo. En esa ruta, próxima al "nerudismo", lo había precedido Jorge Rojas con sus conocidos poemas "El cuerpo de la patria" y la "Parábola del nuevo mundo", dedicado este último a Cristóbal Colón y fechado en 1945.

Autor de uno de los primeros artículos que se escribieron en Latinoamérica sobre José Antonio Primo de Rivera, el caudillo falangista; defensor, en el juicio universal, de Benito Mussolini; cantor de "Cara al sol", "el himno más hermoso de amor y muerte que yo conozco", Eduardo Carranza era, al iniciar la década del cuarenta, un poeta célebre, que, en cierto modo, había desplazado a Guillermo Valencia, arrebatándole su "cetro de insigne marfil". Viajaría, en 1946, a Chile, como agregado cultural, y allí, como más tarde en España, entre 1951 y 1958, su poesía experimentaría un cambio sensible. Maduraría y se enriquecería.

Precisamente un poeta chileno, Pablo de Rokha, proverbial enemigo de Neruda, visitó por aquellos años, 1945-1946, a Colombia, publicando sus impresiones en un libro bastante olvidado hoy en día[13]. Miembro del partido comunista y defensor a ultranza de la Unión Soviética, Rokha se sorprende al ver

---

[13]. *Interpretación dialéctica de América*, Los cinco estilos del Pacífico, Buenos Aires: Ediciones Libertad, 1947.

cómo, durante el segundo gobierno de López Pumarejo, muchas "figuras intelectuales de la clase media, que adoptan las formas académicas de la versificación caduca" y que "arrastran aún la marca de la camisa negra del fascio"[14], representan una tendencia innovadora. Le asombra aún más comprobar cómo "la actitud académica de Piedra y Cielo aparece como revolucionaria", y cómo la reacción hace la revolución liberal contra la reacción, apoyándose en los reaccionarios, todo lo cual, "indiscutiblemente" –según él– "va a la demagogia"[15]. Tal era el contradictorio clima en que se desarrolló Piedra y Cielo, esa "revolución en la tradición".

Sin embargo, 40 años más tarde, estas palabras de Danilo Cruz Vélez hacen justicia al aporte inicial de Carranza. "El primer libro de Carranza" –dice– "significó una ruptura con una tradición de extemporaneidad y una incorporación de la poesía colombiana a la modernidad". ¿La razón? En *Canciones para iniciar una fiesta* "el poema se desliga de lo dado, y no tiene que buscar su verificación en las cosas –en los objetos exteriores, en los sentimientos, en el mundo cultural– sino en sí mismo"[16]. Autonomía de la poesía para cantar lo que su propio lenguaje le dicta y así poder recobrar de nuevo el mundo. Tal la contribución de Carranza y su grupo. Un aporte, como todos los de este período 1930-1946, marcado

---

[14.] Ibíd, p. 322
[15.] Ibíd, p. 314.
[16.] Danilo Cruz Vélez, ob. cit.

por las fecundas contradicciones de una época de cambio. Pero, como diría Borges, ¿no son acaso todas las épocas, épocas de cambio? Así, por lo menos, y en este caso concreto, lo atestigua esta literatura, debatiéndose, de continuo, entre un pasado que la constriñe y un futuro que no logra visualizar, del todo, en sus retrocesos y rupturas. En su sensibilidad renovadora y en sus avances, a veces no del todo perceptibles.

AURELIO ARTURO: LA PALABRA ORIGINAL
(1906-1974)

La poesía sólo puede expresar lo que es original en un sentido: el sentido en que hablamos del pecado original. Es original, no en el despreciable sentido de ser nuevo, sino en el sentido más hondo de ser viejo; es original en el sentido que trata de orígenes.

G. K. Chesterton, *Robert Browning*

Aurelio Arturo nació en 1906. Colombiano, su nombre está asociado, exclusivamente, a la selección de poemas *Morada al sur*, libro aparecido en 1963, Premio Nacional de Poesía ese año, y que recoge textos publicados, en periódicos y revistas, entre 1931 y 1934; 1942 –el que da título al libro– y 1960[1]. Sus últimos poemas son de 1973. Pero estos son datos; lo decisivo consiste en afirmar, desde el comienzo, que Aurelio Arturo es, uno de los poetas más valiosa de Colombia.

Ejercicio retórico, la crítica repite lo que está ahí, pero quizá su sentido último le otorgue razón de

[1] Todas las citas corresponden a Aurelio Arturo: *Morada al sur*, Bogotá, Ediciones del Ministerio de Educación, 1963, 109 p. En 1975, con destino a Monte Ávila Editores de Caracas, preparé y prologué una nueva edición de *Morada al sur* corregida por el autor.

ser, admiración, homenaje compartido: la humildad —y a la vez la arrogancia— de un lector develando sus interrogantes. Sólo que cubrir con nuestra escritura aquella visión que esclarece es, inevitablemente, incurrir en el palimpsesto. Y no hay palabra más diáfana que la de Aurelio Arturo. Así que me curo en salud revelando, desde el principio, el secreto: Aurelio Arturo es Aurelio Arturo. No hay explicación distinta, y en tal tautología se basa mi recorrido: el deslumbramiento de un lector, el placer de la lectura. Alguien repite, en voz alta, líneas que ama.

En esta república latinoamericana donde los bardos incurren, sin rubor y sin gloria, en el volumen anual, el caso de Aurelio Arturo resulta francamente escandaloso. Marginal, discreto, la fluida y parca vena de agua de su poesía corre inextinguible: permanece. O sea que habría que comenzar a definirlo en forma negativa: también entre nosotros se ha perdido el sentido de la mesura y acaso sorprendería aquella aseveración de Gottfried Benn: "Aun entre los grandes poetas de nuestro tiempo, ninguno ha dejado más de seis u ocho poesías perfectas. El resto puede ser interesante para la biografía y la evolución del autor, pero pocas se bastan a sí mismas, pocas producen su propia claridad, pocas poseen una larga fascinación. Así, por seis poemas, treinta o cincuenta años de ascetismo, de sufrimiento, de combate"[2]. "Pero un poema es un don": con estas palabras con-

---

[2]. Citado por Guillermo Sucre en *Borges el poeta*, Caracas, Monte Ávila Editores, 1968, p. 139.

cluye Vladimir Holan *Una noche con Hamlet*, escrito de 1949 a 1962. La respuesta, entonces, ya está dada. De ahí que el trabajo poético de Aurelio Arturo, llevado a cabo, y de manera esporádica, al anverso de una existencia "de juez, de abogado, de funcionario público"[3], produzca, desde el primer momento, un intenso asombro:

> En las noches mestizas que subían de la hierba,
> jóvenes caballos, sombras curvas, brillantes,
> estremecían la tierra con su casco de bronce.
> Negras estrellas sonreían en la sombra con
> [dientes de oro.
> Después, de entre grandes hojas, salía lento el mundo.

¿De dónde surge esta poesía, de dónde brota este esbelto surtidor de frescura; a qué se debe la fascinación inalterable que ejerce este solitario, en medio del opresivo panorama de la versificación colombiana?

> (Reyes habían ardido, reinas blancas, blandas,
> sepultadas dentro de árboles gemían aún en la
> espesura)

¿Cómo se ha logrado compaginar tanta sencillez con tanto misterio? "... un áureo hilo de ensueño / se enredaba a la pulpa de mis encantamientos" ¿Cuál

---

[3] Fernando Arbeláez, "Morada al sur, de Aurelio Arturo", en *Cuadernos*, 84, París, mayo 1964, p. 101.

es el origen de esta palabra, de su transparencia tan acentuada y a la vez de su resonancia sonámbula tan clara? "Un largo, un oscuro salón rumoroso / cuyos confines parecían perderse en otra edad balsámica". ¿En qué forma se ha conservado, simultáneamente, tan tersa y tan enigmática? "O acaso, esa mujer era la misma música, / la desnuda música avanzando desde el piano, / avanzando por el largo, por el oscuro salón como en un sueño".

Se ha dicho, ella viene de José Asunción Silva: "La fragancia indecisa de un olor olvidado / llegó como un fantasma y me habló del pasado" ("Midnight Dreams"). Del encanto hipnótico de los cuentos de hadas, las leyendas brumosas y la niebla de la mejor poesía inglesa. Podría agregarse, también, el Perse de "Para celebrar una infancia", los simbolistas franceses. T. S. Eliot... No me interesan las influencias; me preocupa, apenas, lo que los verdaderos poetas logran a partir de ellas.

> Y aquí principia, en este torso de árbol,
> en este umbral pulido por tantos pasos muertos,
> la casa grande entre sus frescos ramos.
> En sus rincones ángeles de sombra y de secreto.
> En esas cámaras yo vi la faz de la luz pura.
> Pero cuando las sombras las poblaron de musgos,
> allí, mimosa y cauta, ponía entre mis manos
> sus lunas más hermosas la noche de las fábulas.

Prefiero, ante ejemplos como éste, pensar que es algo nuestro; algo que la naturaleza ha impregnado con su clima, confiriéndole esbeltez, acendrando su belleza. Además, la identidad que ella manifiesta entre la música y la anécdota, entre el canto y el cuento –"Se canta una viva historia, contando su melodía" (Antonio Machado)–, es única. La metamorfosis a que ella ha sometido los seres, las criaturas, los ambientes, sumergiéndolos en una atmósfera personal donde la bruma de la memoria acentúa, tan sólo, su nitidez implacable, tiene la densidad corporal de los auténticos fantasmas: "Oigo crecer las mujeres en la penumbra malva / y caer de sus párpados la sombra gota a gota".

De otra parte, la melodiosa insistencia con que se ha referido a sí misma, la grave dulzura de su goce enamorado, son uno de los pocos milagros de nuestra historia literaria. Una herencia farragosa, de gramáticos y juristas, se vio negada por este lenguaje que aúna la precisión a la magia.

Te hablo también: entre maderas, entre resinas, entre millares de hojas inquietas, de una sola hoja; pequeña mancha verde, de lozanía, de gracia, hoja sola en que vibran los vientos que corrieron por los bellos países donde el verde es de todos
                                 [los colores,
los vientos que cantaron por los países de Colombia.

Y la flexible generosidad, la opulencia casi, de su registro temático, es capaz de abarcar toda una geografía (espiritual):
"¿Tierra, tierra dulce y suave, / cómo era tu faz, tierra morena?", interior, pero concreta: "este poema

es un país que sueña". Se trata, pues, de una poesía esencial. La lírica, en su punto más alto. Algo real: "Trabajar era bueno en el sur, cortar los árboles, / hacer canoas de los troncos", y al mismo tiempo legendario: allí donde el silencio es "un maduro gajo de fragantes nostalgias".

> He escrito un viento, un soplo vivo
> del viento entre fragancias, entre hierbas
> mágicas; he narrado
> el viento; sólo un poco de viento.

Esta sencillez (aparente) no hace más que acentuar el sentido último que la caracteriza: resumen que es exaltación devota, consagración, fiesta verbal, la obra de Aurelio Arturo –allí donde la imaginación y la memoria se unen para cantar y transfigurar– logra otorgarnos un profundo consuelo verbal. Inicio de nuestra auténtica tradición, ella nos enseña a sentir claramente y a gozar con profundidad, ya que posee "una verdad más alta y una más alta seriedad"[4]. Ella es nuestro fundamento –la palabra original–, porque ella ha sido la única capaz de hablarnos

> de un bosque extasiado que existe
> sólo para el oído, y que en el fondo de las
> noches pulsa
> violas, arpas, laúdes y lluvias sempiternas.

---

[4] Aristóteles, citado por Matthew Arnold, *Poesía y poetas ingleses*, Buenos Aires, Austral, 1950, p. 30.

EL SILENCIO Y LA MÚSICA

La estilística nos dice que la gran mayoría de los poemas de Aurelio Arturo se realizan como una evocación, que su tiempo verbal es casi siempre el imperfecto de indicativo y que su sentimiento es el recuerdo suavemente nostálgico; nos dice, también, que hay dos centros temáticos: el ambiente natal y la amada, si bien en este último caso su tiempo verbal es el presente. Finalmente nos asegura que es imposible establecer, con nitidez, una división entre los dos núcleos temáticos, ya que existe "una definida unidad de actitud y, consecuentemente, estilística, en todos los poemas del libro"[5]. Lo dicho: Aurelio Arturo es Aurelio Arturo. Prefiero, en consecuencia, extraviarme por otros caminos.

El mundo de Aurelio Arturo es el de la unidad primordial. Una afirmación así, tan vacua, cobra en el caso suyo un carácter muy preciso. Para él, la naturaleza no sólo es humana sino que establece una convivencia con quien la habita: "Oh voces manchadas de tenaz paisaje, llenas / del ruido de tan hermosos caballos que galopan bajo asombrosas ramas". Y son dos las vías que utiliza para lograr que esa realidad, distante ya, se conserve intacta, se nos entregue íntegra. La imaginación narra lo que mira, y así lo mitifica, por una parte. Por otra, el diá-

---

[5] Eduardo Camacho G. "Poesía colombiana, 1963", en *Eco*, 43, Bogotá, noviembre 1963, pp. 1-12.

logo se exalta, en su remembranza apasionada, recobrando, de modo más real, aquello que ya no existe. Comencemos por la segunda.

"Cuando nada subsiste ya de un pasado antiguo, cuando han muerto los seres y se han derrumbado las cosas, solos, más frágiles, más vivos, más inmateriales, más persistentes y más fieles que nunca, el olor y el sabor perduran mucho más, y recuerdan, y aguardan, y esperan, sobre las ruinas de todo, y soportan sin doblegarse... el edificio enorme del recuerdo": palabras de Proust.

En el umbral gastado persiste un viento fiel,
repitiendo una sílaba que brilla por instantes.
Una hoja fina aún lleva su delgada frescura
de un extremo a otro del año.
Torna, torna a esta tierra donde es dulce la vida.

Desdoblándose, el poeta se invita a volver al paraíso: esto sirve, casi siempre, para comprobar hasta qué punto se halla degradado –"las hadas se pudren en los estanques / entre algas y hojas secas / y malezas"–, pero a él no le interesa la pérdida, muladar recubierto por "un silencio duro, sin manantiales", sino el reencuentro. Esa "líquida palabra melodiosa", que surge de una "fresca agua recóndita"[6], es lo que busca, ya que está impregnada por algo edénico, anterior a la caída. La infancia: aquello que vivió

[6.] Aurelio Arturo, "Canción de hadas", en *Eco*, 40, Bogotá, agosto 1963, pp. 273-274.

(o soñó) por vez primera y cuya intensidad y júbilo restablecen el vínculo perdido. Territorio ancestral: allí presente y pasado son lo mismo; allí la fusión y la añoranza se confunden. Purificado al máximo, nos brinda un instante que, paradójicamente, por ser fragmentario, ilumina todo el recinto. El padre, la madre, los hermanos, la casa, la nodriza, los cuentos infantiles, la resina de los árboles, los animales: toda brilla y a la vez se oculta; todo queda transformado en poesía: "Y si al norte el viejo bosque tiene un tic-tac profundo / al sur el curvo viento trae franjas de aroma". Esta emoción punzante, que tiñe toda la remembranza, recupera, así, la comarca que fue tan suya; recrea y, por lo tanto, inventa; vuelve lenguaje –transmisible– lo que continúa siendo un enigma. Algo que por ser intuición, atisbo, no agota su contenido, sino que señala, apenas, las pautas de ese diálogo secreto pero lleno de sentido:

> Y le dices, le dices: ¿Eres mi padre? Llenas el mundo
> de tu aliento saludable, llenas la atmósfera.
> –Yo soy tan sólo el río de los mantos suntuosos.

Algo que se desliza y ondula: "el río de los mantos suntuosos": la respuesta se convierte en pregunta. Toda está surcada por fulguraciones que a través de los años han mantenido viva su precariedad, su incertidumbre y, al mismo tiempo, su certeza conmovida:

> Hay un caballo, el mío, y oigo una voz que dice:
> "Es el potro más bello en tierras de tu padre".

Presencia viva; esta poesía, tan sustancial –"los días que uno tras otro son la vida"– no ha padecido la uña del tiempo, su incuria. Está ahí, fresca, palpitante, aromada, fundando el ámbito que le es propio; marcando, ella misma, sus límites. En 1973, treinta años después de publicado el poema que comentamos, Aurelio Arturo continúa aferrado a su visión; a la fe que lo anima. "Y cuando es alegría y angustia / y los vastos cielos y el verde follaje / y la tierra que canta / entonces ese vuelo de palabras / es la poesía / puede ser la poesía"[7]: no un juicio, sino una apertura; lo que abriéndose hacia el mundo nos trae, evasivo, aquello que no cambia ni se modifica; aquello que parece carecer de nombre que lo designe. "Tierra que canta", "país que sueña": ambas sentencias son indescifrables y nítidas, dicen lo que dicen y, al mismo tiempo, algo más. Se complementan, además, armoniosamente: cierran un círculo. Recobran lo perdido, sí, pero también inauguran el mito. Y este último es fundamental en la poesía de Aurelio Arturo.

UNA POESÍA ANTERIOR A LA HISTORIA

Concentrada en poemas como "Morada al Sur", "Canción del ayer", "Canción de la noche callada", "Interludio" y "Nodriza", la poesía de Aurelio Arturo puede desplegarse, en tono algo distinto, en poe-

---

[7.] Aurelio Arturo, "Palabra", en *Golpe de Dados*, 1, Bogotá, enero-febrero 1973, pp. 4-5.

mas como "Sol" (recuérdese el poema LXXXVII de *Las flores del mal*: "Ce pare nourricier..., ...veille dans les champs les vers comme les roses"); o "Rapsodia de Saulo", cantos al trabajo, pero retomará, siempre, sus motivos inconfundibles, cerrándose en torno a su eje: "el viento fiel que mece mi poema". ¿Por qué esto? Todo auténtico poeta escribe un solo poema; y es allí, precisamente en el titulado "Clima", donde un verso sorprendente queda vibrando: "La vida es bella", base de toda la creación de Arturo. Esta afirmación, tajante, y la explicación que sigue –como toda explicación, superflua– muestra hasta qué punto Aurelio Arturo es un poeta original, dentro de nuestra lírica: un poeta que canta –la reflexión, pero también el júbilo; alborozo lúcido, alguien que celebra y exalta; alguien que justifica y da existencia a aquello que crea–, que cree. Una mirada que se despliega: "cual dos aves rapaces, persiguieron mis ojos el rebaño de horizontes" y que luego se concentra, extasiada, en la contemplación de lo que parece más nimio: "verde algarabía de las hojas menudas", haciéndolo estallar: todo un mundo. Este proceso, el proceso de su poesía, radica en su sentido que es también un sonido: la luz. "En mi corazón una gran luz de sol y maravilla": una luz que nunca es súbita, como aclara en "Interludio", y que le ha permitido, en forma infinitamente lenta, de maduración interior, cristalizar en muy pocos poemas (diría que cuatro o cinco) todo un territorio inconfundible: el nuestro –el suyo. Ese libro a través del cual leemos la realidad y mediante el cual la realidad nos mira.

Recuerdo como tres antorchas áureas nuestras
cabezas inclinadas
sobre aquel libro viejo que rumoraba profunda-
mente en la noche.
Y la noche golpeaba con leves nudillos en la
puerta de roble.
Y en los rincones tantas imágenes bellas, tanto
camino soleado, bajo una leve capa de sombra
luciente como terciopelo.

La aventura que nos proponen estos versos, su armonía, sus ritmos, es la espléndida aventura del modernismo, que adquiere aquí una connotación distinta, otro espacio, otra búsqueda: "Un largo, un oscuro salón, tal vez la infancia". A Aurelio Arturo no le interesa salir de viaje: comarcas exóticas. París o las ruinas indígenas. Grecia, tan trajinada en su época. A él lo que le obsesiona es tornar habitable la tierra en que vive: humanizarla, enumerando el contorno que está alrededor suyo, interiorizándolo:
"Te hablo de una voz que me es brisa constante"; "te hablo de días circuidos por los más finos árboles: / te hablo de las vastas noches alumbradas / por una estrella de menta que enciende toda sangre". De este modo, lo que él nos narra –el deslumbramiento, el avance perpetuo, la invasora presencia de la naturaleza– se va tornando caja de resonancia; eco, apenas, de sonidos que son versos; rumor, murmullo, diálogo del follaje, vuelo de pájaros, agua, niebla, rumor lento: estos idiomas, que Aurelio Arturo ha descifrado, apropiándoselos, son la cla-

ve; gracias a ello ha podido regresar: "Y yo volvía, volvía por los largos recintos / que tardara quince años en recorrer". Vuelve allí, a ese punto de confluencia, al corazón de su poesía "con un pie en una cámara / hechizada, y el otro a la orilla del valle", logrando la conjunción de lo de fuera y lo de adentro, armonizándolos: naturaleza y cultura: la casa en mitad del valle. Puede, ahora sí, urdir "la feliz cantinela"; "la habla pulposa, casi palpable"; puede convertir todo en verbo encarnado: es dueño de su lenguaje.

De ahí que al concluir este primer periplo (el de la memoria) diga, en un poema de título lo suficientemente expresivo, "Remota luz": "Si de tierras hermosas retorno, / ¿qué traigo? Me cegó su resplandor". "No traigo nada: traigo una canción". Ese poeta encantado –"las doradas abejas de la fiebre"– no trae nada; unos destellos, apenas, con ellos es factible reconstruir un reino –el reino de la imaginación.

Fabulista atrapado por lo asombroso de su invención: "Un hombre viejo en el sur, contando historias!": quien cuenta, no muere –como Scherezada. Cada día logra que lo familiar se torne en leyenda; cada día recrea la saga de aquellos que edificaron un imperio –el vasto imperio de la palabra: "Juan Gálvez, José Narváez, Pioquinto Sierra, / como robles entre robles": Aurelio Arturo, lector de Homero, nos narra otra *Odisea*: la nuestra. "Pablo Garcés, Julio Balcázar, los Ulloas": nombres –hombres– héroes: "de ágiles remos por los ríos opulentos". Estas son sus hazañas: "trabajar entre ricas maderas"; "ir por los ríos en el sur", "decir canciones". La conquista de la tierra, su colonización, el hecho de poblarla: *Morada al sur*. Y sus cimientos, los muertos: "los que no volvieron viven más hondamente, / los muertos viven en nuestras canciones". Los hombres no vuelven a la tierra, convertidos en polvo; adquieren otro rostro –el definitivo rostro de la poesía–. Fantasmas, sobre ellos comienzan a brillar "las grandes lunas llenas de silencio y espanto".

Hijo y cronista, Aurelio Arturo ha justificado el esfuerzo, grata fue la rudeza, exaltando su región nativa, trocándola en melodía. Resurrección y síntesis:

(Yo miro las montañas. Sobre los largos muslos
de la nodriza, el sueño me alarga los cabellos)

el sueño, el cuento, siguen, misterio y erotismo, hay allí una profundidad insólita: el desciframiento de nuestro paisaje anímico. Octavio Paz, en *Los hijos del limo*[8], cita un verso de José Martí: "El universo/ habla mejor que el hombre". Esto lo sabe muy bien Aurelio Arturo: un poeta que asiente, que dice sí a la tierra, y que logra que ella se exprese a través suyo. ...Él no habla: habla la brisa:

¿Por qué ya no me arrullas, ¡oh noche mía
　　　　　　　　　　　　　　[amorosa!,
en el valle de yerbas tibias de tu regazo?

---

[8]. Octavio Paz, *Los hijos del limo,* Barcelona, Seix Barral, 1974, p. 140.

En mi silencio a veces aflora fugitiva
una palabra tuya, húmeda de tu aliento,
y cantan las primaveras y su fiebre dormida
quema mi corazón en ese solo pétalo.

Una noche lejana se llegó hasta mi lecho,
una silueta hermosa, esbelta, y en la frente
me besó largamente, como tú; ¿o era acaso
una brisa furtiva que desde tus relatos
venía en puntas de pie y entre sedas ardientes?

Tú que hiciste a mi lado un trecho de la vía
¿te acuerdas de esos viajes bordeados de fábulas?

La poesía está aquí: basta con oírla. Por eso, prefiero concluir: los primeros comentaristas que tuvo la obra de Aurelio Arturo –Hernando Téllez, Fernando Charry Lara[9], Fernando Arbeláez– están acordes en señalar el don que posee para humanizar la tierra, tornándola elocuente, logrando que los límites entre la persona y el ambiente que la rodea cesen; puente entre nosotros y las cosas, ésta es una poesía anterior a la historia. Una poesía que amplía, al máximo, el registro de nuestras sensaciones, ofreciéndonos la manera más segura de conocer, a fondo, nuestra realidad: visión primordial. Es esta, finalmente, una poesía que nos constituye.

[9.] Fernando Charry Lara, "El poeta", en "Lecturas Dominicales", *El Tiempo*, diciembre 8 de 1963, p. 4. Recogido luego en *Lector de poesía*, Bogotá, Instituto Colombiano de Cultura, Colección Autores Nacionales, 1975.

De ahí que el puesto que ocupa, dentro de nuestra literatura, sea central; debido, obviamente, a su marginalidad. Inclasificable, su influencia ha sido vasta y fecunda, pero lo que importa, en esta ocasión, no son tanto las relaciones y sus contrastes, sino reiterar su signo: solitaria, única, a ella habrá que volver. Escuchémosla, una vez más:

Desde el lecho por la mañana soñando despierto,
a través de las horas del día, oro o niebla,
errante por la ciudad o ante la mesa de trabajo,
¿a dónde mis pensamientos en reverente curva?

Cuando W. H. Auden fue nombrado profesor de poesía en Oxford, concluyó su lección inaugural con estas palabras: "La poesía es capaz de hacer mil y una cosas, puede complacer, entristecer, turbar, divertir, instruir, puede expresar todos los matices de la emoción y describir todo tipo de acontecimientos concebibles, pero sólo existe una cosa que toda poesía debe hacer: debe alabar su propia existencia y su propio acontecimiento"[10]. Esto, precisamente esto último, es lo que ha hecho Aurelio Arturo. Y sólo hay una manera de celebrarlo: leyéndolo.

---

[10] W. H. Auden, "Hacer, conocer y juzgar", *La mano del teñidor*, Barcelona, Barral Editores, 1974, p. 69.

MITO[1]

Al comienzo de 1984 Gabriel García Márquez contaba lo siguiente: "En esto de romper papeles tengo un recuerdo que podría parecer alentador pero que a mí me resulta deprimente. Es un recuerdo que se remonta a una noche de julio de 1955 –la víspera de un viaje a Europa enviado por *El Espectador*–, cuando el poeta Jorge Gaitán Durán llegó a mi cuarto de Bogotá a pedirme que le dejara algo para publicar en la revista *Mito*. Yo acababa de revisar mis papeles, había puesto a buen seguro los que creía dignos de ser conservados y había roto los desahuciados.

"Gaitán Durán, con esa voracidad insaciable que sentía ante la literatura, y sobre todo ante la posibilidad de descubrir valores ocultos, empezó a revisar en el canasto los papeles rotos y de pronto encontró algo que le llamó la atención. 'Pero esto es muy publicable', me dijo. Yo le expliqué por qué lo había tirado: era un capítulo entero que había sacado

---

[1] Las citas de este ensayo referidas a *Mito* se basan en los 42 números de la revista y en la selección de textos *Mito*, 1955-1962, que, con selección y prólogo de J. G. Cobo Borda, fue publicada en Bogotá por el Instituto Colombiano de Cultura en 1975, 422 p. Se incluye allí una amplia cronología de *Mito*, que registra la mayor parte de estas referencias.

de mi primera novela *La hojarasca* —ya publicada en aquel momento— y no podía tener otro destino honesto que el canasto de la basura. Gaitán Durán no estuvo de acuerdo. Le parecía que en realidad el texto hubiera sobrado dentro de la novela pero que tenía un valor diferente por sí mismo. Más por tratar de complacerlo que por estar convencido, lo autoricé para que remendara las hojas rotas con cinta pegante y publicara el capítulo como si fuera un cuento. '¿Qué título le ponemos?', me preguntó, usando un plural que muy pocas veces había sido tan justo como en aquel caso. 'No sé', le dije. 'Porque eso no es más que un monólogo de Isabel viendo llover en Macondo'.

"Gaitán Durán escribió en el margen superior de la primera hoja casi al mismo tiempo que yo le decía: 'Monólogo de Isabel viendo llover en Macondo'. Así se recuperó de la basura uno de mis cuentos que ha recibido los mejores elogios de la crítica y, sobre todo, de los lectores. Sin embargo, esa experiencia no me sirvió para no seguir rompiendo los originales que no me parecen publicables, sino que me enseñó que es necesario romperlos de tal modo que no se puedan remendar nunca"[2].

La anécdota de García Márquez, es perfecta y pinta de cuerpo entero a Jorge Gaitán Durán. ¿Quién era él; qué significa, dentro de la cultura colombia-

---

[2] La crónica de G. G. M. fue publicada en el periódico *Clarín*, de Buenos Aires, el 9 de febrero de 1984, p. 5. Para esta época de *Mito* ver sus memorias *Vivir para contarla* (2002).

na, la revista *Mito*, que entre 1955 y 1962 financió y dirigió, y cuáles eran los otros escritores agrupados en torno a esa empresa renovadora?

JORGE GAITÁN DURÁN (1925-1962)

"Yo tenía quince años en 1940. Durante los cinco años que siguieron fuimos lo que la guerra quiso. No alcanzamos a ponernos el uniforme, pero la propaganda modeló nuestra imagen del mundo (...). Quizá esto explique que nuestra primera reacción literaria fuera una poesía desengañada y melancólica y nuestra primera reacción política y social una desconfianza un poco lúgubre ante cualquier orden establecido (...).

"Imposible enumerar aquí las revelaciones, inquietudes y fracasos que nos permitieron quebrar el conformismo color de rosa, o lacrimoso, en el cual nos habíamos levantado. Voy a recordar apenas una película francesa, que vi en 1948 o 1949, y que pasó casi inadvertida en Bogotá: *Le diable au corps*. Basada en la obra de Raymond Radiguet y dirigida por Claude Autant Lara, nos ofrecía una visión del mundo radicalmente inconformista, oponía la protesta y el amor a la mitología huera de la guerra (...). Nuestra adolescencia no se parecía en nada a la que describía la película, pero en 1949 queríamos que así hubiera sido nuestra vida a los 15 años. El intérprete de la película se llamaba Gerard Philipe. (Era) un héroe a la vez lúcido y apasionado. Con su muerte termina nuestra juventud".

Este esbozo autobiográfico fue escrito por Gaitán Durán en 1959, cuando se desempeñaba como crítico cinematográfico en *El Espectador* de Bogotá, remplazando a García Márquez, quien había inaugurado la columna, y sintetiza los temas centrales de su trayectoria. Por una parte, la rebeldía; por otra, la búsqueda de un lenguaje que expresara dicha rebeldía.

La lucidez lo llevó a ser un sensible ensayista; la pasión, a convertirse en un luminoso poeta. Las dos juntas animaron una de las más interesantes revistas colombianas, *Mito*, de la cual salieron 42 números, modificando, de modo radical, el contexto de nuestras letras. Allí aparecieron, entre otros, textos como *El coronel no tiene quien le escriba* (1958) de García Márquez; la *Memoria de los hospitales de ultramar* (1959) de Álvaro Mutis; fragmentos de la novela de Álvaro Cepeda Samudio *La casa grande* (1962), editada luego en las ediciones de *Mito*, y colaboraron en ella escritores como Hernando Valencia Goelkel, su co-director, Fernando Charry Lara, Pedro Gómez Valderrama, Eduardo Cote Lamus, Marta Traba, Rafael Gutiérrez Girardot, Danilo Cruz Vélez y Jorge Eliécer Ruiz, cuyos aportes a la creación de una actitud mucho más moderna, en el campo de la cultura, son apenas comparables a lo que en otro ámbito, distinto del colombiano, realizaron los colaboradores latinoamericanos y españoles de *Mito*: Octavio Paz, Luis Cernuda, Vicente Aleixandre, Carlos Fuentes, Julio Cortázar, Alejandra Pizarnik, Alejo Carpentier, Juan Liscano, Jaime García Terrés. Aunque se ha hablado de un grupo Mito e incluso de una generación *Mito*, refiriéndose a los poetas coetáneos de Gaitán Durán por él convocados a la revista, las páginas de ésta eran muy flexibles y allí convivían desde Baldomero Sanín Cano hasta los nadaístas; desde León de Greiff y Jorge Zalamea hasta Eduardo Carranza y Francisco Posada. No sobra recordar que Colombia, bajo sucesivos gobiernos conservadores, había logrado compaginar su ya un tanto mancillada fama de Atenas suramericana –ediciones de y sobre Horacio, preparadas por beneméritos eclesiásticos, eran editadas por la Imprenta Nacional– con los 200 000 muertos de la violencia partidista (liberales versus conservadores) entre 1949 y 1962. Esta guerra civil, larvada e implacable, es la que habría de pautar toda la evolución de Jorge Gaitán Durán y su grupo.

Currículum

Nacido en Pamplona, Norte de Santander, el 12 de febrero de 1925, de 1941 a 1946 realizó los previsibles estudios de derecho en la Universidad Javeriana, regentada por los jesuitas, y participó, al lado de Jorge Zalamea, en la toma de la Radiodifusora Nacional de Colombia durante los cruentos sucesos del 9 de abril de 1948. Diez años después los recordaría así: "Comunicados absurdos y discursos imbéciles se sucedieron vertiginosamente. Esta situación duró hasta la llegada de Jorge Zalamea, a quien de manera tan ignominiosa se ha calumniado por su comportamiento de ese día. Fue el único que tuvo la lucidez y la autoridad suficiente para proponer un programa insurreccional concreto y un poco de orden (...). Intentamos infatigablemente dirigir al pueblo hacia los lugares de lucha, donde se jugaba la suerte del país, apartándolo de todo atentado contra individuos o contra establecimientos. Pudieron más que nuestras voces, perdidas en esa confusión terrible, la miseria y la ignorancia de nuestro pueblo, siempre desesperado y ese día además justamente colérico".

Tal testimonio corrobora lo que en 1963 diría Álvaro Mutis refiriéndose a Jorge Zalamea: "Jorge Zalamea, en el grupo de Los Nuevos, y Jorge Gaitán Durán, dentro de los llamados Cuadernícolas, han sido las únicas voces ariscas, indomeñadas e infatigables que han lanzado a todos los vientos, no solamente la protesta contra las condiciones que abruman a su patria, sino el testimonio lúcido, infatigable y sin compromisos de cómo esas condiciones asfixian toda posible voz inconforme y liman, en la conducta de las gentes, toda posible aspereza que no se ajuste al manso molde que conviene a quienes han determinado siempre cómo se debe vivir en Colombia"[3].

A los 23 años ya Gaitán intentaba, como lo expresaría años después, "convertir una tierra amorfa y pestilente en una patria". Para ello era necesario, en

---

[3] Recogido en Jorge Zalamea, *Literatura, política, arte,* Bogotá, Instituto Colombiano de Cultura, 1978, p. 845.

primer lugar, formarse. Vivió en París de 1950 a 1954, asistiendo allí a los cursos de filosofía de Merleau-Ponty, en el Colegio de Francia, y tomando clases sobre cine. A su regreso a Colombia funda la revista *Mito* y se vincula a varias universidades como profesor de humanidades. Miembro del comité de redacción del periódico *La Calle*, órgano del Movimiento Revolucionario Liberal acaudillado por el hoy ex presidente Alfonso López Michelsen, publica allí *La revolución invisible*, apuntes sobre la crisis colombiana, en 1958, y a través de *Mito*, ya sea la revista o las ediciones del mismo nombre, divulga traducciones suyas: Rimbaud, *Las sirvientas* de Genet y, sobre todo, Sade. El libro sobre Sade, dedicado a Octavio Paz y aparecido en 1960, recoge textos de Sade traducidos y presentados por Gaitán Durán mediante un agudo ensayo: "El libertino y la revolución".

Más que sus episódicas intervenciones en política al lado del MRL, conviene recordar sus contribuciones tanto a la crítica del arte como a la de cine –en esta última uno de los pioneros–, aún no recopiladas, y algunas de literatura. En todos estos campos mantuvo una actitud beligerante e informada, que vale la pena destacar. En contra del infinito provincianismo de la vida intelectual colombiana y su sempiterna flacidez, en contra de esa mediocridad, "más letal que todas las tiranías", Gaitán se esforzó por suscitar un espacio propicio para la reflexión. El 21 de junio de 1962, en un accidente de aviación ocurrido en Point-á-Pitre, muere, seis meses después de haber publicado su mejor libro de poemas: *Si mañana despierto* (1961). Muerte precoz, anunciada por su poesía, y que parece reafirmar el dictamen de Sartre –una de las referencias habituales de Gaitán Durán– al final de su trabajo sobre Baudelaire: "la elección libre que el hombre hace de sí mismo se identifica absolutamente con lo que llamamos su destino"[4].

Intelectual cómplice

> Lo más importante por ahora no es ir hasta la raíz misma de las cosas, sino, siendo como es el mundo, saberse comportar.
>
> Albert Camus

Intelectual cómplice en el sentido en que él lo definió: "Jamás el intelectual es víctima de cierto estado de cosas. El intelectual es siempre cómplice. No puede excusarse con la fe. Tiene la culpabilidad original de la conciencia", la postura ética de Gaitán Durán se ve enfrentada a diversas disyuntivas. Él mismo las vio con claridad cuando al referirse a Lawrence y Malraux, "poetas de la acción", demuestra cómo ellos fracasan en la acción, irrevocablemente: "El agente en Arabia al servicio de la inteligencia británica termina su vida como soldado raso en la RAF. Exilio o asco, su historia revela la pasividad

---

[4.] Jean-Paul Sartre, *Baudelaire*, Buenos Aires, Losada, 1968, p. 160.

vergonzante de cierto tipo de masoquista. Malraux renuncia a su libertad ante el mito imperial de De Gaulle. No es falta de convicción lo que hiela al intelectual en la batalla: es su desdoblamiento: reflexiona sobre el acto en el mismo instante que actúa. No logra confundirse con su lucha".

La lucha de Gaitán, en este sentido, se encamina, tan sólo, a ser un hombre libre: un hombre libre en medio de la derecha que lo llamaba comunista y en medio de los comunistas que lo calificaban de reaccionario. Un hombre libre en medio de las jerarquías eclesiásticas o políticas, que prohibían la versión cinematográfica de *Rojo y negro* o *La dolce vita*, de Fellini, y arrojaban, en los llanos, guerrilleros liberales desde los aviones en marcha. Un hombre libre cuyas simpatías por el marxismo y cuyos viajes por Rusia y China concluyen, abruptamente, con una revelación trágica. En 1958, ante la ejecución del militante comunista Imre Nagy, dirá: "La dictadura del proletariado ha desembocado en una burocracia terrorista y fetichista, el ideal de la sociedad sin clases ha sido reemplazado por la razón de Estado".

Gaitán Durán era en realidad víctima de la peste de nuestro tiempo: la política. Algo que ya Julien Benda, en 1927, había analizado con singular perspicacia en su libro *La traición de los intelectuales*: "Sin duda –y aunque hayan fundado el Estado moderno en la medida en que éste domina los egoísmos individuales– la acción de los intelectuales sería siempre teórica: no han podido que los profanos (laicos) llenen toda la historia con el ruido de sus odios y matanzas; pero les han impedido convertir en religión tales movimientos y creerse grandes cuando trabajan por llevarlos a cabo. Gracias a ellos puede decirse que, durante dos mil años, la humanidad hacía el mal, pero honraba el bien. Esta contradicción era el honor de la especie humana y constituía la brecha por donde podía deslizarse la civilización. Pero a finales del siglo XIX se produjo un cambio capital: los intelectuales se dedican a hacerle el juego a las pasiones políticas"[5]. ¿Conclusión? "Orfeo no podía pretender que hasta el fin de los tiempos los leones se dejasen atrapar por su música. No obstante, podía acaso esperarse que Orfeo en persona no se convirtiera en león"[6].

Para contrarrestar tan siniestra perspectiva, Gaitán Durán concluía sus palabras de homenaje a Baldomero Sanín Cano con una exigencia fundamental: "Hay que acabar con la idea monstruosamente banal de que la calidad intelectual es independiente de la calidad humana. Todo edificio estético descansa sobre un proyecto ético. Las fallas en la conducta vital corrompen las posibilidades de la conducta creativa". Con razón entonces Gaitán Durán en su poesía no predice sino dice. "Grité: Todos los Hombres son nuestros hermanos. ¡Mentí!". Así, en un primer momento, su acción se ejerce a través del poema, como ins-

---

[5] Julien Benda, *La traición de los intelectuales,* Santiago de Chile, Ercillaa, 1941, p. 45. Versión, Luis Alberto Sánchez.
[6] Ibíd, p. 185.

tancia decisiva. El poema no miente: por el contrario, juzga a quien lo escribe, y en este caso concreto lo absuelve. La limpidez de la poesía borra la mugre de la política. Hagamos ahora un paréntesis en torno a su poesía, para retornarla luego, dentro del conjunto de su generación. Concentrémonos en *Mito*, la revista, cuyos planteamientos, inquietudes y manías se hallan estrechamente vinculados a la personalidad de Gaitán Durán y al diálogo que él supo establecer, en sus páginas, con gentes no sólo de diversa ideología sino de pasiones literarias muy disímiles. Como siempre sucede, la revista es obra de Gaitán y sus amigos, pero las consecuencias de la misma se difunden más allá de ellos y en otros sentidos.

LOS 42 NÚMEROS DE *MITO*, 1955-1962

> Una revista así, libre, inconforme, en la cual la literatura, el arte, la ciencia o la filosofía, no aparecen como pobres damas vergonzantes a quienes se les da refugio provisional por benévola condescendencia, sino como la razón de que ella exista, merece larga vida. Y merecería el respeto de la comunidad, si a la comunidad le interesaran estas cosas. Pero es obvio –y natural– que no le interesen.
>
> Hernando Téllez, "Nota sobre *Mito*", 1958.

En el último número de *The Criterion*, una revista que T. S. Eliot dirigió durante 16 años, éste se despedía de sus lectores hablando de esas "revistas minoritarias que aseguran la continuidad de la cultura". Borges, por su parte, en las conversaciones que sostuvo con Jean de Milleret, revivió la época de la fundación de *Sur* –la revista argentina que dirigió y financió Victoria Ocampo durante 35 años– y cómo "durante 10 años *Sur* no pagaba a sus colaboradores, puesto que su propósito era difundir la cultura"[7]. Así, con ese tono irónico, Borges agrega luego: "Por otra parte, Victoria Ocampo tenía una concepción bastante curiosa de la revista literaria: no quería publicar más que textos de colaboradores ilustres y no le interesaban las notas sobre teatro, cine, conciertos, libros..., y todo eso constituye la vida de una revista, ¿no? Es decir, lo que quiere encontrar el lector; mientras que si encuentra un artículo de cuarenta páginas firmado Homero y otro de cincuenta firmado Víctor Hugo no hace más que fatigarse"[8]. Borges concluye con esta aseveración irrefutable: "La única manera de hacer una revista es contar con un grupo de personas que compartan las mismas convicciones, los mismos odios"[9].

La importancia de *Mito* radica en eso: quienes la hicieron compartían los mismos odios. Odiaban el conformismo de la sociedad colombiana. Su provincianismo y su bobería. Si en una revista editada hoy en Bogotá se encuentran textos inéditos de García

---

[7] *Entrevistas con Jorge Luis Borges*, Caracas, Monte Ávila, 1971, p. 49.
[8] Ibíd.
[9] Ibíd.

Márquez, Álvaro Mutis, Octavio Paz, Julio Cortázar, Carlos Fuentes o Alejo Carpentier, lo menos que puede decirse es que se trata de un número que ostenta un alto nivel. Bien, esto lo hizo *Mito* hace ya medio siglo. Pero lo anterior es apenas una concesión espuria a eso que llaman actualidad. Lo decisivo no es esto, aun cuando esto también lo sea. Ni sumarios alternos:

Brecht, Lukács, Paul Baran y un informe sobre la reunión de Punta del Este en la cual participó el Che Guevara, hablando del subdesarrollo y la dependencia económica latinoamericana. O páginas, vertidas por primera vez al español, de Sade, Durrell y Nabokov, o contribuciones originales de Cernuda, Aleixandre o Jorge Guillén.

La vida normal de una revista, por aquellos tiempos, sería ésta, si existiera vida normal para las revistas, dentro de nuestra precaria inmadurez cultural. Lo grave –o lo regocijante, en beneficio de *Mito*– es que no había vida normal en ningún sentido. Ésta, que parece ser la constante más diáfana de nuestro transcurrir nacional, es precisamente aquella que la gente agrupada en torno suyo afrontó de modo eficaz. Sartreanos, aspiraban a la totalidad, pero se limitaron a trabajar en un terreno muy concreto: el de la crítica, el de la creación. Y, a pesar de que estas dos instancias parecen formar la dicotomía más nefanda de las letras nacionales, fue en las sucesivas entregas de *Mito* donde por fin se logró la fusión.

Textos de autores colombianos como los ya mencionados están presentes, o diluidos, de modo más o menos perceptible, dentro de nuestro actual sistema de referencias. Me explico: no se puede hoy hablar de narrativa colombiana contemporánea sin mencionar a García Márquez, ni aludir a la poesía que en estos tiempos se ha escrito en Colombia sin citar a Álvaro Mutis. Igual sucede, a nivel del teatro, o de la crítica artística y literaria, en relación con Enrique Buenaventura, Marta Traba o Hernando Valencia Goelkel. Sólo que sus trabajos iniciales aparecieron por primera vez en *Mito* en pie de igualdad con otros textos nacionales o extranjeros, sin los cuales no se explican del todo. Aquí es necesario, como ejemplo, traer a cuento el rigor con que Danilo Cruz Vélez o Rafael Gutiérrez Girardot divulgaban entre nosotros aspectos de la reflexión filosófica en Nietzsche o Hegel, Husserl o Heidegger, equivalentes, en las propuestas de lectura que la revista ofrecía, a los comentarios hechos en torno al cine italiano o la *nouvelle vague* francesa por cineastas como Francisco Norden o Guillermo Angulo. Como lo decía Hernando Téllez en su nota sobre *Mito*, una zona muy restringida de lectores hallaba la orientación de *Mito* perfectamente ortodoxa; es decir, "sincronizada con la actualidad literaria o filosófica del mundo contemporáneo". Para el resto del público, *Mito* no era más que "un pedante crucigrama hecho por gentes ociosas e insolentes, amigas de escandalizar a los buenos burgueses". La explicación era la misma de siempre: "el desajuste entre esos temas absolutamente normales en otro medio y el medio intelectual colombiano". Nuestro retraso para llegar al banquete (o al horror) occidental. Sólo que aquello que antes era disidente hoy constituye la legalidad o la vetustez. El tópico de cómo las vanguardias son asimiladas es cierto y es trivial: podría afirmarse, en últimas, que ésta constituye su razón de ser. Pero las exigencias que se hicieron todavía parecen tener carácter de excepción: el nivel, la calidad. Una medida cualitativa y, claro está, elitista. Los 1000 o 1500 ejemplares que aparecieron cada dos meses y durante siete años, de modo irregular, no hicieron y tampoco pretendían, en verdad, la revolución. Sí recalcaron, en cambio, el papel que la inteligencia y la imaginación deben cumplir: un lugar para pensar, un sitio para crear. El recordarnos, por ejemplo, que existen "otras voces, otros ámbitos".

Uno de los más tozudos argumentos en contra de *Mito* fue precisamente el de su cosmopolitismo. "La farsa" que fue *Mito*, según las palabras de un corresponsal. La carta que Darío Ruiz envió desde Madrid en 1960, y que publicó la revista, resulta ingenua y ejemplar. A los Genet, Sade y Durrell de *Mito* opone los suyos: Robbe-Grillet, Claude Simón, Sarraute. A la "estética trasnochada de la señora Traba", "la vigencia política que una pintura como la de Ramírez Villamizar tiene hoy en el mundo", y a las admiraciones de *Mito* sus propias admiraciones: "la literatura antioqueña, la caldense", Luis Carlos López, "los nuevos y desconocidos valores sin tribuna"; es decir, él mismo. Pero lo gracioso no era esto, sino la furibunda arremetida contra Gaitán Durán y su preocupación por el erotismo.

Mito ha querido comenzar la revolución por el sexo, decía. "Porque está bien que exista nuestro problema sexual, que nuestros jóvenes tengan un cementerio de espermatozoides en sus braguetas. Esto existe. Lo candoroso consiste en comenzar la transformación del país por ahí. Asustando a curas y sacristanes". Y añade, como conclusión: "El sexo es algo neutral. Lo tienen y lo sostienen católicos y comunistas"[10].

Sólo que la indagación de Gaitán Durán resultó válida, máxime en un país feudal donde no cuenta tanto la moralidad como los modales, y en el cual la presencia del clero, respaldada por un Concordato con la Santa Sede, todavía ejercitaba su férula a nivel educativo y social. Restituirle al lenguaje su poder, su capacidad de trasmitir lo censurado e incluso castrado; hacer que la palabra vuelva a ser creadora, fecundante y seminal, en cuanto ella otorga inteligencia, sabiduría y clarividencia: he aquí algo todavía necesario. En tal sentido no sólo los poemas –"Dos cuerpos que se juntan desnudos / solos en la ciudad donde habitan los astros / inventan sin reposo el deseo"–[11] y las notas críticas de Gaitán, sino también los apuntes de Hernando Téllez sobre la conciencia burguesa [agrupados luego en el libro que *Mito* editó con el título de *Literatura y sociedad*

---

[10] Con el título de "¿Es neutral el sexo?", esta carta apareció en el No. 34 de *Mito*, enero-febrero, 1961.

[11] "Amantes", 1958. Aparecido en *Mito*, 22-23, Bogotá, noviembre-diciembre 1958, enero-febrero 1959.

(1956)] siguen siendo corrosivos y certeros; sabían muy bien lo que atacaban porque lo padecían a fondo: escritores burgueses cuestionando la burguesía, para utilizar el cliché habitual. Años más tarde Roland Barthes, hablando de Sade, Loyola y Fourier, diría: "No existe hoy ningún lugar del lenguaje que sea exterior a la ideología burguesa: nuestro lenguaje viene de ella, vuelve a ella, permanece encerrado en ella"[12].

Algo de esto lo intuían ellos mismos, comprobando su limitado radio de acción: en una reseña del libro de Gaitán sobre Sade, Hernando Valencia esclarecía la paradoja: "Los libros de Sade son, en rigor, ilegibles. Es el de Sade un frenesí decepcionante. Su obra es, si se quiere, un alto momento del espíritu; está más allá –o más acá– de la literatura"[13]. ¿Entonces...? Lo que estaba más allá, o más acá, de una literatura maldita era la realidad, y ésta afortunadamente todavía parecía conservar su capacidad traumática. Un documento como la "Historia de un matrimonio campesino" así lo confirma: en ella, con fotos, se mostraba cómo un campesino colombiano cerraba el sexo de su mujer con candados y alambres de púas. Nuestro erotismo subdesarrollado podía ser pavoroso. "La realidad nacional", "el enigma de nuestro pueblo", lo que Darío Ruiz pedía desde España, sí aparecía develado en las páginas

---

[12.] Roland Barthes, *Sade, Loyola, Fourier*, Caracas, Monte Ávila Editores, 1977, p. 14.
[13.] *Cromos*, noviembre 21 de 1960.

de esta revista "aséptica" y era acogido por André Breton para ser presentado en una de las últimas exposiciones del surrealismo: la dedicada al erotismo. Sólo que, en Colombia, no había la costumbre de lo que sacudía nuestra inercia leer. Y por este camino (cosmopolitismo, intelectualismo, erotismo) llegamos a uno de los puntos en verdad significativos.

En un país donde todos los abogados son poetas vergonzantes y la mayoría de los políticos periodistas ocasionales, luchar por la especificidad del trabajo creativo, o investigativo, es algo positivo: he aquí un primer mérito de *Mito*. Con un agravante:

Octavio Paz, en una nota fechada en 1959, lo dijo: "La mayoría de las nuevas revistas están contagiadas, a destiempo, por la idea de la 'responsabilidad social del escritor', creencia que nos ha hecho olvidar o desdeñar la responsabilidad mayor: decir cosas nunca dichas o que así lo parezcan. El sermón, la homilía, la exposición de la buena doctrina, se han convertido en los géneros literarios preferidos de los 'espíritus avanzados'. A diferencia de lo que ocurría hace veinticinco años, en nuestros días el radicalismo en política está teñido de superstición burocrática y se alía al 'academismo' en literatura y al conformismo en filosofía y moral. Estilo, ortodoxia política y buenas costumbres: ingredientes del escritor 'positivo'. Una de las revistas por las que aún circula un poco de aire fresco y otros saludables venenos es *Mito*, la valerosa y valiosa publicación fundada por el poeta Jorge Gaitán Durán. Valiosa, aunque desigual, porque en cada número se puede leer, por lo menos, un texto memorable. Valerosa, porque Gaitán Durán, uno de los espíritus más despiertos y originales de la nueva literatura latinoamericana, es partidario del riesgo intelectual"[14].

El riesgo intelectual no reside entonces tanto en la publicación de documentos "ejemplares y explosivos", que asustaban más a quienes los editaban que aquellos a quienes supuestamente estaban destinados a estremecer (la clase dirigente colombiana siempre ha convertido toda agresión verbal en contra suya en un renglón más de su tolerancia paternal, de su preocupación por la cultura), sino en algo aún más subversivo: conocerse a sí mismo, reconocer el ámbito donde transcurre y se inserta su acción.

"Pertenezco a una generación marcada con más hondura por Marx, Freud y Sartre, que por Proust, Joyce y Faulkner; nos interesa y nos entusiasma la experiencia literaria de Borges y Robbe-Grillet o la experiencia ontológica de Heidegger, pero prestamos más atención a Machado, Lukács o Henri Lefebvre; nos conmueve la aventura humana de Henry Miller o de Jean Genet, pero es en una película como *Paths of Glory* de Stanley Kubrick donde nos reconocemos": la tarjeta de presentación que puso Gaitán Durán al comienzo de *La revolución invisible* es pedante, sintomática, y, obviamente, no se puede aplicar a todo el grupo. Pero una entona-

---

[14] Recogida en *Puertas al campo,* México, Joaquín Mortiz, 1967, pp. 131-132.

ción similar se encuentra en la introducción de Fernando Arbeláez a su *Panorama de la nueva poesía colombiana*[15]. Poesía confesión, citando de paso a Baudelaire, el afrancesamiento y el deslumbramiento ante él eran evidentes. La pasión por Sade es casi comparable al interés que suscitaba Françoise Sagan. Arbeláez también había publicado en 1956 un pequeño libro de ensayos, *Testigos de nuestro tiempo*, que incluía aproximaciones a Saint-John Perse, Rilke, Neruda, García Lorca y Eliot, concluyendo en un elogio de la Virgen de Guadalupe como símbolo de la integración mestiza en el continente y figura capaz de suscitar una nueva irradiación poética. Tal era el clima. Un clima, por cierto, nada diferente al que imperaba en otros países de América Latina, tal como lo describe Julio Cortázar en su primer libro póstumo, *Salvo el crepúsculo* (1984): "En un antiguo Buenos Aires donde habíamos vivido y escrito en la incertidumbre, abiertos a todo por falta –o desco-

---

[15.] Ediciones del Ministerio de Educación, Bogotá, 1964. Bien vale la pena recordar aquí cómo este amplio panorama realizado por Fernando Arbeláez, otro de los poetas ensayistas que formaron parte de *Mito*, y los cinco libros de poesía que se publicaron a partir de 1963, siendo ministro de Educación Pedro Gómez Valderrama, constituyen, por así decirlo, prolongación natural, en la esfera oficial, de lo aparecido en la revista y en la idea que la animaba: me refiero a *Morada al sur* (1963) de Aurelio Arturo; *Estoraques* (1963) de Eduardo Cote Lamus; *Los adioses* (1963) de Fernando Charry Lara; *Canto llano* (1964) de Fernando Arbeláez y *El transeúnte* (1964) de Rogelio Echavarría. Otro libro, también valioso, de otro poeta que colaboró en *Mito*, es el de Héctor Rojas Herazo, publicado en 1961: *Agresión de las formas contra el ángel*.

nocimiento– de asideros reales, las mitologías abarcaban no sólo a los dioses y a los bestiarios fabulosos sino a poetas que invadían como dioses o unicornios nuestras vidas porosas, para bien y para mal, las ráfagas numinosas en el pampero de los años treinta / cuarenta / cincuenta: García Lorca, Eliot, Neruda, Rilke, Holderlin, y esta enumeración sorprendería a un europeo incapaz de aprehender una disponibilidad que maleaba lenguas y tiempos de una misma operación de maravilla: Lubicz-Milosz, Vallejo, Cocteau, Huidobro, Valéry, Cernuda, Michaux, Ungaretti, Alberti, Wallace Stevens, todo el azar de originales, traducciones, amigos viajeros, periódicos, teléfonos árabes, estéticas efímeras. Las huellas de todo eso son tan reconocibles en cualquier antología de esos años"[16], y, por supuesto, añadimos nosotros, en *Mito*: Perse traducido por Jorge Zalamea y Fernando Arbeláez; Blake por Hernando Valencia; Benn y Pound; Gaitán Durán escribiendo en la revista de la Universidad de los Andes unas páginas sobre Vallejo; Andrés Holguín, en *Mito*, presentando unas sobre el unicornio.

Lo que para los analfabetas colombianos con título universitario era esnobismo, no era, en realidad, más que voluntad de estar bien informados. Y ello no los eximía, de ningún modo, del drama que todos estaban viviendo, ya fuera a nivel de la

---

[16] Julio Cortázar, *Salvo el crepúsculo*, Buenos Aires, Nueva Imagen, 1984, p. 253.

sensibilidad –"durante años hemos percibido en la vida cotidiana un sabor difuso de lodo y muerte"–, ya fuera a nivel de las instituciones y sus cambios "modernizadores": "La elección de Alberto Lleras a la presidencia de la república", decía Gaitán Durán en *La revolución invisible*, "implica en verdad un fenómeno que algunos ya habíamos sospechado: el traslado del poder real de los partidos políticos, sin ideas originales o proyectos específicos de gobierno en desacuerdo con la evolución de las estructuras del país, a fuerzas económicas en ascenso, es decir, a nuestra burguesía industrial y bancaria". Algo que venía de atrás y que entonces comenzaba a perfilarse: "La 'revolución en marcha' no era una carrera hacia el socialismo, como creyeron algunos reaccionarios exasperados y algunos izquierdistas ingenuos, sino apenas una tentativa para convertir a Colombia en un país capitalista moderno"[17].

¿El precio? Los 200 000 muertos que monseñor Guzmán y Orlando Fals Borda señalan, de 1949 a 1962, como resultado de la violencia[18]. ¿Los logros? "Un proceso contrahecho que ha pasado de un brinco de la manufactura artesanal y semi-feudal a la etapa monopolista", con la obvia concentración de capitales, "un ritmo de industrialización que fue el mismo desde 1940 a 1960" y la dependencia exter-

[17] Jorge Gaitán Durán, *La revolución invisible*, pp. 12, 45, 46.
[18] Monseñor G. Guzmán y Orlando Fals Borda, "Sociología de la violencia", en *La violencia en Colombia*, Bogotá: 1962, parte 1, p. 292.

na, como lo anotó en 1969 otro de los colaboradores de *Mito*, Francisco Posada[19].

O sea que los hitos generales dentro de los cuales se enmarcaba la acción de la revista y la formación de sus colaboradores, a nivel histórico, podrían ser los siguientes: del 9 de abril de 1948, pasando por todo el período de la gran violencia (1947-1957), indeleble marca de esta generación, al 10 de mayo de 1957, con la caída del general Rojas Pinilla, acerca de lo cual ya anotaba Gaitán Durán, en contra de la interesada amnesia nacional: "Hemos olvidado que el dictador derribado el 10 de mayo de 1957 fue el 13 de junio de 1953 el hombre más popular de Colombia", para arribar a la revolución cubana, a la cual *Mito*, a fines de 1961, dedicó uno de sus últimos números.

Un historiador colombiano contemporáneo, Marco Palacios, ha sintetizado, a nivel internacional, lo que fue dicho período. Dice Palacios: "Entre la guerra fría y 1960, aproximadamente, la hegemonía norteamericana en el hemisferio se mantenía en buena medida conciliando los intereses económicos de las multinacionales (la ganancia y el control de mercados) y los intereses estratégicos de Washington (el dominio de Estados-clientes en su pugna global con la URSS). Esto se expresa en la pretensión nor-

---

[19] *Colombia: violencia y subdesarrollo,* Bogotá, 1969, pp. 164-165.
Posada, quien publicó trabajos sobre la civilización chibcha, la cultura colombiana, Mariátegui y quien dirigió la revista *Tierra firme*, fue el autor también de un volumen de ensayos sobre Lukács, Brecht y los problemas del realismo.

teamericana de dominar 'un hemisferio cerrado en un mundo abierto'"[20].

"En Colombia", añade Palacios, "la concepción de la guerra fría se convirtió en un principio incuestionado de la política exterior, como quizá en ningún otro país latinoamericano, debido a un conjunto de circunstancias muy específicas. El mensaje ideológico de la guerra fría, con sus dos componentes, la contención al bloque soviético y el anticomunismo, penetró a toda una generación de dirigentes colombianos, conmocionados por la experiencia traumática del 9 de abril de 1948. Efectos de ésta fueron, en lo interno, un reforzamiento de los mecanismos del orden público con el consiguiente fortalecimiento del ejército, y, en el frente externo, una adhesión más firme a las políticas norteamericanas que muy rápidamente se traduciría en que Colombia resultó ser el único país de América Latina que envió tropas a la guerra de Corea, bajo el mando de las Naciones Unidas"[21]. (Tres crónicas de García Márquez, aparecidas en diciembre de 1954 en *El Espectador* y tituladas "De Corea a la realidad", cuentan el retorno de esos héroes "inútiles" y carentes de trabajo).

Concluye Palacios: "Cuando parecían debilitarse los efectos del trauma del 9 de abril y la crisis económica posibilitaba que los dirigentes colombianos desarrollaran en el campo político ciertos principios

---

[20] "El interés nacional y el ingreso a los no alineados", en *Colombia no alineada*, Bogotá: 1983, pp. 67-69.
[21] Ibíd.

del nacionalismo económico, triunfa en Cuba la revolución, que rápidamente se radicaliza y reproduce y magnifica en América Latina las tensiones de la guerra fría. En Colombia, donde aún no se eliminaban del todo los reductos de la violencia desencadenada con mayor fuerza después del Bogotazo, hay una especie de sobreposición entre los ideales guerrilleros de la Sierra Maestra y la persistencia de focos guerrilleros y de bandoleros. Esto apuntalaba nuevamente la noción de orden público interno y la adhesión a esquemas norteamericanos de contrainsurgencia y a un mayor acercamiento a los Estados Unidos. Como respuesta a la revolución cubana, los norteamericanos desarrollan dos programas de singular importancia para Colombia: La Alianza para el progreso y el Pacto Internacional del Café"[22].

Ante estas circunstancias generales –que trabajos como el de Darío Mesa: "Treinta años de historia colombiana (1925-1955)", aparecido originalmente en *Mito*[23], complementan–, la revista aspiraba a cumplir un papel que, guardadas las proporciones, era prácticamente el mismo que Sartre expresó en el número inicial de *Les Temps Modernes*, una revista que inspiró y sirvió de ejemplo a *Mito*: devolverle a la literatura su función social y buscar la liberación total del hombre, "actuando lo mismo sobre su constitución biológica que sobre su condicionamiento

---

[22.] Ibíd.
[23.] Originalmente aparecido en el No. 13 de *Mito*, marzo-mayo de 1957, ha sido reeditado en varias ocasiones.

económico, lo mismo sobre sus complejos sexuales que sobre los datos políticos de su situación"[24]. Pero este programa tan ambicioso se vio limitado en el caso colombiano a un círculo más estrecho, aparentemente: el de la literatura.

De ahí que la lectura de *Mito*, más de veinte años después de su desaparición, muestre con claridad la preponderancia de lo literario, sin detrimento –y esto es lo importante– de lo artístico (los trabajos de Marta Traba sobre arte colombiano), lo histórico (varios textos de lndalecio Liévano Aguirre, por ejemplo) o lo filosófico (diversas traducciones, además de los ya mencionados aportes de Cruz Vélez y Gutiérrez Girardot), conjunto de textos, por otra parte, que vuelve anécdota incidental, fruto de nuestro sempiterno anacronismo, toda esa mitología tremendista que en un momento dado pareció acompañarla. Es la escritura que acogió en sus páginas la que se encarga de refutarla y de hacer ella misma su propio balance.

LECTURA DE *MITO*

Digamos, en primer lugar, que los textos originales, las traducciones, los colaboradores extranjeros, el diálogo y la polémica que instauró fueron uno de los pocos intentos coherentes por situar el trabajo

---

[24] Jean-Paul Sartre, *"Presentación de Les Tempes Modernes"*, en *¿Qué es literatura?*, Buenos Aires: Editorial Losada, 1967.

intelectual colombiano dentro de una órbita de validez internacional –novedosa, tan sólo, en el sentido de que el país estaba y sigue estando retrasado, en ése y en casi todos los otros campos. De ahí que los reticentes elogios que Nicolás Suescún le dedica en su prólogo a una antología del cuento colombiano publicada en Montevideo[25]: buen ojo, buen gusto, cosmopolita, cómoda ambigüedad política, y que parecen concretarse, al final, en la idea de que "en un momento dado pareció integrar un grupo que incluía no sólo poetas sino cuentistas y novelistas" (el aporte costeño representado por escritores como García Márquez y Cepeda Samudio), resultan a la postre muy endebles ya que apuntan hacia el trillado tema de los géneros y sus casi siempre dudosas compartimentaciones Y si bien la hipertrofia de la lírica denota caracteres morbosos, estos parcos elogios no aclaran, como sí lo hace Hernando Valencia Goelkel en el prólogo a *Estoraques*, de Eduardo Cote Lamus, los motivos muy pertinentes que aún existen en tal sentido para la repulsa y el fastidio, "una legítima reacción al papel que la literatura jugaba en la mitología reaccionaria colombiana. El bonito argumento rezaba: un país es grande por el espíritu, y es el espíritu (o sea, para ellos, la retórica) lo que ha hecho grande a este país. Y como al fin de cuentas carecemos de novela, y de cuento, y de crítica y de teatro, era la poesía el alegato último. Toda está bien: díganlo, si no, Caro, Silva, Valencia, Barba Jacob,

---

[25]. *Trece cuentos colombianos*, Montevideo, Editorial Arca, 1970, p. 13.

etc. O sea que a nuestra poesía, ya intrínsecamente bien menguada, se le asignó el papel imposible de justificar una realidad cada vez más ruin, cada vez más odiosa. Sobra decir que la actitud consecuente sería, como en todo, una de análisis y enjuiciamiento, y no confundir a la poesía con la función que le impuso la propaganda conformista; pero también es muy comprensible que estas farsas susciten un rechazo indiscriminado, una negación total"[26]. En tal sentido se orienta, por cierto, el trabajo de Valencia Goelkel sobre Barba Jacob aparecido en el N° 8 de *Mito*, pero las frases suyas que acabamos de citar no son aplicables, por cierto, al grupo de *Mito*, que, si por algo se caracteriza, volviendo lícita la utilización del vocablo "grupo", es por haber estado integrado, en su mayoría, por poetas. Poetas-ensayistas, como los ha denominado muy bien Sarah de Mojica en un trabajo al respecto[27].

Allí muestra cómo el ensayo, forma mediadora entre la poesía y la vida, entre la creación y la reflexión, le permite al poeta que la visión de su obra sea complementada por un discurso que él propone como tentativo y a menudo inmerso en las contradicciones que lo rodean, añadiendo: "En el ensayo no sólo se representan sino que se crean también articulaciones intelectuales del proceso social que de alguna manera adquieren, en su repre-

---

[26] Cfr. Hernando Valencia Goelkel, "Prólogo", en *Estoraques*, Bogotá, Ministerio de Educación Nacional, 1963, pp. 14-15.
[27] Sarah de Mojica, "El poeta como ensayista. Colombia: Revista *Mito* (1955-1962)", en *Eco*, 260, Bogotá, junio 1983, pp. 160-174.

sentación unida a la imagen, un carácter ejemplar. Entonces el ensayista, como intelectual, está profundamente ligado a los procesos sociales. También es un crítico y, desde esta perspectiva, es el que dibuja los límites de la creación, crea su espacio, encauza su sentido y define lo que es posible decir"[28].

Esto, en el caso de los dos poetas de *Mito* que analiza –Gaitán Durán y Álvaro Mutis–, está hecho desde la situación de "soledad desamparada" de la cual parten. Es desde allí desde donde el poeta contempla la desesperanza y la muerte, misión suya, al parecer, en "tiempos de penuria".

Jorge Eliécer Ruiz, en su trabajo titulado "Situación del escritor en Colombia"[29], complementa la anterior descripción, mostrando las circunstancias específicas ante las cuales se encontraban los miembros de la revista. Dice allí: "Cada vez resulta más notorio que los escritores nuevos aprecian el valor de las palabras y comprenden que éstas sirven para arrojar luz sobre la realidad, para revelar el mundo y no para idealizarlo o para refutarlo. Es muy posible que una literatura conformista e hipócrita haya contribuido notablemente a reforzar los mecanismos de la violencia. Cuando la realidad es más deprimente que la ficción; cuando no se describe el mundo sino que se lo afeita; cuando se ensalzan los poderes constituidos y se los adorna con las virtu-

---

[28]. Ibíd.
[29]. Apareció originalmente en el N° 35, 1961, de *Mito*.

des que fabrica nuestro temor, se están creando las condiciones propicias para la anarquía, el tedio, la violencia, ya que ésta, en última instancia, no es otra cosa que la resolución irracional de las tensiones creadas entre la realidad y el espíritu".

"El viento corre tras devastaciones y vacíos, / resbala oculto tal navaja que unos dedos acarician, / retrocede ante el sueño erguido de las torres, /inunda desordenadamente calles como un mar en derrota" (Fernando Charry Lara, "Ciudad"). "La mujer que nos llamaba perro / mientras suplicábamos por un poco de gomina para sosegar el martirio de nuestras guedejas de diez y siete años" (Héctor Rojas Herazo, "Salmo de la derrota"). "Yo elaboro / yo abro mis palabras para que tengan un sentido" (Fernando Arbeláez, "Nocturnos del Sur"). "Todas las calles que conozco / son un largo monólogo mío" (Rogelio Echavarría, "El transeúnte"). Estas breves citas de diversos poemas aparecidos en *Mito* muestran cómo la modulación es distinta, ni delicuescente ni sensiblera: concreta. Y la validez de esto –con las palabras de George Steiner en su prólogo a *Poem into poem*– resulta evidente: "El poema no acepta la rutina y taquigrafía de la experiencia puesta en prosa, atenuada en las figuras casi siempre inertes del habla diaria; por constante definición, el poema trabaja contra la índole de lo ordinario. Esta insurgencia creativa es el principio mismo del poema: el poeta quiere escandalizar nuestras creencias, hacerlas nuevas y rebeldes". Tornar expresivo un lenguaje adulterado y reflexionar sobre él para volverlo aún más eficaz: el cambio fue radical[30]. Más apreciable aún si tomamos en cuenta el contexto dentro del cual se daba. Fernando Charry Lara, otro poeta-ensayista vinculado a *Mito*, lo muestra así en su trabajo "La crisis del verso en Colombia" (1959): "Ha llegado, entonces, el momento de preguntar si ha existido en todos estos años recientes la posibilidad de que el poeta pueda, en Colombia, satisfacer su misión esencial de escribir poesía. Temo que tal posibilidad le ha sido negada, aun a veces por censuras y bayonetas y las más por el silencio propio de la época que nos ha correspondido no vivir sino padecer. Cuando, hacia 1948, se habían advertido ya nuevos signos valiosos que reflejaban un cambio de actitud en los poetas más jóvenes con respecto a la estimación de la poesía, el país se hunde en la crisis mayor de su historia. La cultura del país sufrió en la mayoría de sus aspectos una paralización que apenas puede tomarse como reflejo del desastre nacional. Nadie puede ser ajeno a una sensación de desconfianza de todos los valores, a un estado de escepticismo de todas las circunstancias y a una desilusión de todos los mitos. Los pocos poemas que por esa época se escriben reflejan la aridez del lenguaje colectivo". Y concluye: "Ante un país que fue de cárceles y torturados, humillado por la muer-

---

[30]. Ver J. G. Cobo Borda, *La alegría de leer*, Bogotá, 1974; *La tradición de la pobreza*, Bogotá, 1980 y *La otra literatura colombiana*, Bogotá, 1982, donde se incluyen diversas aproximaciones a los poetas –Gaitán Durán y Mutis– y al grupo de *Mito*. Ver también la monografía individual dedicada a Álvaro Mutis, Bogotá, Procultura, No. 10, 1989, 102 p.

te y obsesionado por la venganza, resultaría de un humor trágico la solicitud a sus poetas de olvidar la ruina colectiva y continuar una temática artificial con la que alguno pudo embriagarse en un mundo menos ensombrecido. La frágil nostalgia suspirante, como estado poético exclusivo, nada dice al espíritu de un pueblo que en su experiencia vital ha acumulado tantos infortunios ciertos"[31].

Esta reacción iba más allá, como se ve, del dardo envenenado contra el corazón de piedracielismo y su "frágil nostalgia suspirante". Se concentraba, por el contrario, en un lenguaje escueto, meditativo, como el de las citas hechas anteriormente, en el cual es factible distinguir una intensidad que se aquilata, un silencio que se vuelve diciente, un pensamiento escrupuloso acerca de los datos que configuran el canto. *La vida cotidiana*, un libro de poemas de Eduardo Cote Lamus publicado por las ediciones de *Mito* en 1959, resulta ejemplar en tal sentido: realista, aborda la ciudad, la gente, sus amores y los otros poetas (Silva), a través de una escritura de gran sequedad expresiva, en la cual la metáfora llega a hacerse conceptual. Fernando Charry Lara, por su parte, en *Los adioses*, edifica a través de la nostalgia, del rumoroso oleaje incierto de la pasión, esa voz apesadumbrada, sonámbula e infalible, que ya nos hemos acostumbrado a distinguir por el carácter certero que le confiere el ensueño. Y Jorge Gaitán Durán, en *Si mañana*

[31.] Incluido en su libro de ensayos *Lector de poesía,* Bogotá, Instituto Colombiano de Cultura, 1975.

despierto, nos cuenta cómo el deseo, deslumbrante y efímero, encarna, fugaz, en sentencias verbales, que no por develar su carácter fantasmagórico dejan de ser muy rotundas y precisas. A partir de los cuerpos él intenta una filosofía del erotismo. El delirio imaginativo de Mutis y la aspereza carnal de Rojas Herazo –cuya poesía, en el No. 7 de *Mito*, Jorge Eliécer Ruiz muestra como referida a un "mundo oscuro, viscoso y turbulento, absurdo", un mundo "material y tangible"–, nos van dando la pauta de hacia dónde se encaminaban sus búsquedas. Era una poesía que por fin tocaba la realidad. Que era, en ocasiones y por fin, la realidad. La indestructible y sin embargo siempre cambiante realidad de la poesía.

Sólo que, al lado de ella, los relatos de Gabriel García Márquez (además del ya citado "Monólogo de Isabel" y *El coronel no tiene quien le escriba*, en *Mito* apareció por primera vez su cuento "En este pueblo no hay ladrones"); los borgianos informes apócrifos de Pedro Gómez Valderrama, demasiado exactos para no ser ciertos; los artículos de Marta Traba sobre pintores colombianos: Obregón, Ramírez Villamizar; las reseñas críticas de Hernando Valencia, todos ellos estaban formulando una proposición lúcida, donde la invención y la transmutación, la arbitrariedad creativa y el conocimiento científico, adquirían una resonancia mucho más precisa. Cumplían una función desmitificadora. Quizá esto no parezca demasiado –como es bien sabido, se trata, apenas, de uno de los requisitos previos para la subsistencia del trabajo intelectual–, pero en Colombia sí resulta remarcable.

El carácter menesteroso bajo el cual siempre ha sobrevivido tenía ahora la posibilidad de manifestarse y, de algún modo, especializarse: ya no se trataba tanto de ser columnista y presidente, diplomático y orador. Se intentaba simplemente ser escritor. Y para ello, como lo manifestó Wordsworth, es necesario que "cada poeta cree el gusto mediante el cual puede ser comprendido". A ello dedicaron sus esfuerzos: Perse o Blake, Villaurrutia o Dylan Thomas, Pound o Benn, Rimbaud o Updike, Malraux o Borges: esa zona de lectura, de afinidad o de rechazo, en la cual pueden ser hoy, y de hecho lo son, asimilados. Estas cuestiones, como es bien sabido, son minoritarias y sin embargo irreversibles. Ya no es posible abocar el estudio de nuestro pasado literario sin tomar en cuenta esta escisión. Contra la facilidad y el desgreño, un cierto decoro. Un estilo, un instrumento de análisis. Contra la habitual improvisación, datos, elementos, cifras y opciones. Un aprendizaje que era a la vez trabajo y acción. Sanín Cano, Hernando Téllez, Valencia Goelkel: una misma línea de conducta, idéntica actitud, que se puede resumir con las palabras de este último: "la rebeldía no es ya un heroísmo; es, probablemente, un deber. Por consiguiente, ha perdido su énfasis y su sonoridad"[32].

En un país que la ignoraba, *Mito*, en los años finales de la década del cincuenta, fue la vanguardia, no por ser un "ismo" sino por intentar estar al día. Fue

---

[32.] "Aden Arabia", de Paul Nizan, en *Mito*, 34, Bogotá, enero-febrero 1961.

también, y en cierto modo, el punto de partida hacia otra cultura, no servil ni elocuente. Podrían venir luego aventuras más radicales, pero esto no sucedió así, al menos entre nosotros. Su último número, dedicado al nadaísmo, muestra hasta qué punto la apertura que iniciaron era consecuente: el nadaísmo fue, por cierto, la negación de todo lo que *Mito* había hecho o, mejor aún, su prolongación y contradicción a partir de su vertiente más deletérea: el escándalo y la provocación.

"El otro día, en una conferencia, Gonzalo Arango acumulaba todas las herramientas de su talento para denunciar a las academias, a las iglesias, a las supersticiones, pero su invectiva tenía un tono curiosamente institucional y académico; era la resonancia de polémicas extinguidas, un ensañarse póstumo contra fantasmas, contra rivales abolidos. Al menos en este aspecto –lo que provisional y vagamente denominó tradición institucional–, el escritor actual no tiene ya razones para cultivar, como empedernida y deleitosamente lo hacían sus antecesores, el masoquismo. El no sentirse acorralados nos coge a todos de sorpresa: en la parroquia éramos víctimas; en la ecumene conquistada podemos ser responsables, debemos ser más libres. ¿Incómoda perspectiva? Quizá; aunque probablemente es preferible un futuro trivial a un pasado atroz"[33]. El pasado atroz, por lo menos, ha sido cancelado. Accedimos a la

---

[33.] Hernando Valencia Goelkel, "¡Al fin solos!", en *El Tiempo*, Suplemento literario, febrero 13 de 1966, Bogotá.

modernidad pero, al parecer, no nos hemos instalado tranquila y definitivamente en ella. ¿Y en dónde más podríamos hacerlo?

Rafael Gutiérrez Girardot, en una página suya de 1980, efectuó una buena síntesis del papel cumplido por *Mito*. Dice así: "La fundación de la revista *Mito* en 1955 significó un salto en la historia cultural de Colombia. Desde el nivel y la perspectiva de sus artículos, los poetas y escritores oficiales, los académicos de una novela, las 'glorias locales' aparecían como lo que en realidad siempre habían sido: restos rezagados menores de un siglo XIX de campanario. *Mito* desenmascaró indirectamente a los figurones intelectuales de la política, al historiador de legajos canónicos y jurídicos, al ensayista florido, a los poetas para veladas escolares, a los sociólogos predicadores de encíclicas, a los críticos lacrimosos, en suma, a la poderosa infraestructura cultural que satisfacía las necesidades ornamentales del retroprogresismo y que a su vez, complementariamente, tenía al país atado a concepciones de la vida y de la cultura en nada diferentes de las que dominaban entonces en cualquier villorrio carpetovetónico. La revista *Mito* desmitificó la vida cultural colombiana y reveló, con publicaciones documentales, las deformaciones de la vida cotidiana debidas al imperio señorial. No fue una revista de capillas, porque en ella colaboraron autores de tendencias y militancias políticas opuestas (Gerardo Molina y Eduardo Cote Lamus, por ejemplo). Su principio y su medida fueron el rigor en el trabajo intelectual, una sinceridad robespierana, una voluntad insobornable de claridad, en suma, crítica y conciencia de la función del intelectual. Demostró que en Colombia era posible romper el cerco de la mediocridad y que, consiguientemente, ésta no es fatalmente constitutiva del país".

Gutiérrez Girardot concluye así su juicio: "Con todo, sería ilusorio suponer que el ejemplo de *Mito* podía tener perduración. El 'Frente Nacional', esa otra cuadratura del círculo que bajo el pretexto de salvar la 'libertad republicana' sólo fue un acuerdo de las clases señoriales para reconstituir el *statu quo* del retro-progreso, posibilitó primero y fomentó después el espontaneísmo de los 'nadaístas'. La curiosa alianza subterránea entre los seniles artífices del 'Frente Nacional' y el *pseudohippismo* de los nadaístas tenía que reprimir en la subconsciencia los propósitos y el ejemplo de *Mito*. Antes de que se hiciera ese singular paréntesis en la historia política y cultural de Colombia, *Mito* significó realmente un eslabón entre la incontenible dinámica del pueblo colombiano –que en esto no es diferente de los pueblos de América Latina– y la tradición crítica de su inteligencia"[34].

Este tránsito, por decirlo así, de la superstición y la improvisación a la razón y la observación, a la previsión que implicaba rescatar lo válido del pasado y proyectarlo, quizá no inmediatamente, hacia el

---

[34]. "La literatura colombiana en el siglo XX", en *Manual de historia de Colombia*, vol. III, Bogotá: Colcultura/Planeta, 1980, pp. 535-536.

futuro, es el que bien puede definir la trayectoria de *Mito*. En 1982 otro de los colaboradores de *Mito*, Danilo Cruz Vélez, señalaba al respecto: "Hay signos clarísimos de que por fin hemos entrado en el mundo del saber y de las técnicas superiores y ya hemos alcanzado nuestra mayoría de edad cultural. De este modo, hemos logrado una nueva emancipación. Se habla frecuentemente de la necesidad de superar nuestra dependencia económica y política olvidando la dependencia cultural, cuya superación es más urgente que las otras dos. Mientras no tomemos posesión de nuestro pasado arqueológico y artístico, mientras no podamos trabajar creativamente en las ciencias, mientras no formemos expertos familiarizados con las técnicas basadas en ellas, mientras no podamos explotar autónomamente nuestros recursos naturales, mientras sigamos a merced de la sensibilidad y la emoción, y no poseamos ideas claras sobre nuestro ser, esas ideas 'claras y distintas' con que Descartes puso en marcha la Edad Moderna, seguiremos dependiendo del exterior, seguiremos siendo una fuente de materia prima, un mercado y un objeto de explotación y, a lo sumo, un espectáculo pintoresco, o mágico, como se dice ahora"[35]. A esa mayoría de edad cultural la revista *Mito* contribuyó en forma notable.

Edmund Wilson, refiriéndose a T. S. Eliot y Auden, decía que ellos "permanecían ostentosamente aparte

---

[35] "Nuestra mayoría de edad", texto leído al recibir el premio Fundación Centenario del Banco de Colombia, diciembre 14 de 1982.

de los otros poetas contemporáneos. Es una cuestión de estatura supongo. No están jugando, ni divirtiéndose, ni tratando de impresionar, ni expresando de vez en cuando una emoción más o menos punzante. Sus ambiciones son más altas y más serias"[36]: esto podría decirse, toda proporción guardada, de los poetas colaboradores en *Mito* y de sus críticos más destacados. También podría formularse el reproche ya habitual en contra de esta clase de empresas. Ángel Rama, al hablar de *Sardio*, una revista inspirada en *Mito*, que renovó la literatura contemporánea en Venezuela (entre 1958 y 1961 publicó 8 números, en 6 entregas), lo expresa así: "Proclamarse afiliado a 'un humanismo político de izquierda' no disimula la concepción elitesca que les será reprochada –como a sus congéneres colombianos de *Mito* ya desde antes– y que se evidencia en esa proclividad de los intelectuales a esperarlo todo de la pura y exclusiva enunciación de las ideas en un reiterado y obsesivo afán de conducción ilustrada. Tantas veces en tierras latinoamericanas, desde su primera aparición en el 'Salón Literario' romántico de 1837 en Buenos Aires, hemos visto repetir esta esperanza que no nos sorprende su previsible fracaso"[37].

Sólo que este fracaso resulta un tanto curioso: de *Sardio* surgió no sólo Salvador Garmendia, el

---

[36] Edmund Wilson, "Una entrevista con Edmund Wilson", en *Eco*, 35, Bogotá, marzo 1963.

[37] Ángel Rama, *Salvador Garmendia y la narrativa informalista*, Caracas, Universidad Central de Venezuela, 1975, p. 11.

más valioso novelista venezolano, al cual Rama dedica todo un libro –el mismo donde consigna estas opiniones–, sino también Adriano González León y Guillermo Sucre, para citar sólo dos valiosos ejemplos. De *Mito* no sólo García Márquez, quien ha dicho: "con ella comenzó todo", sino algunos otros de los cuales ya hemos hablado o que aparecerán en las páginas que siguen, destacando su importancia. No tumbaron el gobierno, como parece ser la exigencia que se les hace siempre a los intelectuales y sus publicaciones. Pero sí cambiaron para siempre la literatura de un país. Y éste es, por cierto, un cometido que ellos deben cumplir.

¿Será entonces impertinente recordar que no sólo Borges y Bianco en *Sur*, en Buenos Aires; Xavier Villaurrutia en *El hijo pródigo* y Octavio Paz en *Taller* (1938-1941) como luego en *Plural* y *Vuelta*, en México; José Lezama Lima en *Orígenes*, en Cuba, César Moro y Westphalen en *Las moradas* y luego en *Amarú* en el Perú, hicieron, en su momento, algo parecido? El verdadero problema no es éste sino el que describió Renato Poggioli: "La revista de vanguardia se opone diametralmente a la prensa periódica popular y comercial de nuestro tiempo, que, en vez de guiar a la opinión pública, satisface las pasiones de la multitud y es recompensada por ella con una inmensa circulación y un notable éxito económico". "Es precisamente el triunfo del periodismo de masas lo que motiva y justifica la existencia de la revista de vanguardia, instrumento de una reacción tan natural como necesaria contra la vulgaridad o vulgarización de la cultura"[38].

Esta excepción, esta marginalidad dentro del circuito acaba, como es natural apenas, por ser incorporada u olvidada, pero cuando esto sucede su objetivo, casi siempre, se ha logrado: señalar, revelar. Ser contestataria, en la medida misma en que su corta vida acentúa su intensidad. Repetir a la gente, como lo expresó Lionel Trilling en un artículo titulado "La función de las revistas literarias", que "nuestro destino, para bien o para mal, es político. Por lo tanto, no es un destino afortunado, aun si tiene un matiz heroico; pero no hay escape, y la única posibilidad de soportarlo es introducir en nuestra definición de la política toda actividad humana y cada uno de sus aspectos. Esto importa riesgos mayores, pero el no hacerlo los importa aún mayores. A menos que insistamos en que la política es imaginación e inteligencia, aprenderemos que la imaginación y la inteligencia son política, y de una índole que no nos resultará grata en modo alguno"[39].

Ateniéndose al sabio precepto de Borges –*Mito* le dedicó en 1962 un número especial– de que "el frenesí" de llegar a una conclusión es la más funesta "estéril de las manías", es pertinente terminar esta relectura de *Mito* con unas palabras de su dios tutelar: Jean Paul

---

[38] Renato Poggioli, *Teoría del arte de vanguardia*, Madrid, Revista de Occidente, 1964, pp. 38, 89.
[39] Lionel Trilling, *La imaginación liberal*, Buenos Aires, Sudamericana, 1956, pp. 119-120.

Sartre. "Nos hacen falta muchos años para que un libro (y sobre todo una revista, agrego) se convierta en un hecho social al que se examina como una institución o al que se incluye como una cosa en las estadísticas; hace falta poco tiempo para que un libro se confunda con el mobiliario de una época, con sus trajes, sus sombreros, sus medios de transporte y su alimentación"[40]. *Mito*, una revista de la cual aparecieron 42 números entre 1955 y 1962, ha entrado ya a formar parte de lo mejor que ha tenido la cultura colombiana, como propósito de renovación.

GAITÁN DURÁN, POETA

La prehistoria poética de Gaitán Durán es anodina. La constituyen cuatro libros: *Insistencia en la tristeza* (1946), *Presencia del hombre* (1947), *Asombro* (1951) y *El libertino* (1954). Siendo justos podríamos aplicarles a todos ellos, sobre todo a los primeros, las propias palabras de Gaitán Durán consignadas en su Diario, en 1952: "Cuanto a mi país se refiere, siempre me ha sorprendido el extraordinario poder de simulación y confabulación del colombiano. Se comprende entonces por qué en general nuestros poetas son tan malos. En una cotidianidad roída por lo imaginario se diluyen la concentración y la tensión necesarias para el sobresalto único de la poesía". Es una realidad en los diez poemas que

---

[40] J. P. Sartre, *¿Qué es literatura?*, ob. cit., p. 17.

integran la secuencia titulada *Amantes* (1959), donde su lenguaje empieza a cargarse con el peso de una honda reflexión en la cual la palabra, grávida de deseo, exalta lo subversivo del placer y se enfrenta a la menesterosa condición a la cual el hombre se ve determinado.

"Los hombres ya no viven: como enterradas serpientes / en el otoño, como lunas perezosas en el invierno, / en el estío son águilas o tigres, soles sanguinarios / que arden en el opaco mundo de las cosas".

Si el erotismo introduce en la existencia un elemento de fiesta, pero también el desorden y la destrucción, como anotaba en su ensayo sobre Sade, aquí, en estos poemas, la lujuria mantiene, en esa unión de guerreros que se afrentan, la distancia infranqueable:

"Sus bocas están juntas, mas separadas siguen las almas".

En *Si mañana despierto*, la muerte y la imaginación entablan un combate feroz. En primer lugar, entre el demasiado por decir que contrasta con el poco que las convenciones del poema soportan. De ahí su integración del verso y la prosa; de ahí el hecho de que los poemas estén acompañados al final de un diario que enriquece su lectura: "El amor y la literatura coinciden en la búsqueda apasionada –casi siempre desesperada– de comunicación. Rechazamos la soledad esencial de nuestro ser y nos precipitamos caudalosamente hacia los otros seres humanos por medio de la creación o el deseo. Los cuerpos ayuntados son himno, poema, palabra. El poema es acto erótico". De ahí su contrapunto de inteligencia y lirismo, de meditación y de goce. En medio de los cuerpos desvelados por su propia ebriedad, él encuentra la palabra que, trascendiéndolos, les da razón de ser. Se trata de una poesía encarnada, en la cual la difícil aleación de belleza y eficacia se cumple a cabalidad. Con razón Gaitán Durán citaba a Alfonso Reyes: "la poesía es un combate con el lenguaje".

Al develar la parte reprimida del ser, al infundirle a una tradición anquilosada júbilo y esplendor, él vivificaba el idioma y, manteniendo su rigor formal —excelentes sonetos, por ejemplo–, le comunicaba una certidumbre inextinguible: la del deseo que sigue siendo deseo. Por otra parte, este lenguaje tenso y erguido, se ve animado por una soterrada y fluyente melodía, la cual le comunica la precisión del misterio. Lo convierte en indudable poesía.

A ella volveremos luego. El "mundo mondo", la "sonaja de semillas semánticas" de que habla Octavio Paz en el poema de su libro *Salamandra* (1962) dedicado a Gaitán Durán ("Sólo a dos voces"), se ha poblado de palabras plenas de sentido. Es aquí donde el compromiso del poeta se cumple sin subterfugios: ha sido fiel al verbo, a la memoria de éste, y por tal razón este puñado de poemas es ya "raíz en la tiniebla" de nuestra época[41].

---

[41] La obra literaria de Jorge Gaitán Durán fue editada por el Instituto Colombiano de Cultura en su serie Biblioteca Básica Colombiana, No. 6, 450 páginas, recopilada y prologada por Pedro Gómez Valderrama, 1975. De allí provienen todas las citas. Son de interés sobre su obra los textos de Fernando Charry Lara en *Lector de*

SI MAÑANA DESPIERTO

Es ésta, sin lugar a dudas, la obra más personal y valiosa de Gaitán Durán. Releerla, años después de aparecida, significa, ante todo, comprobar el inalterable vigor de su palabra. Una pasión reflexiva le confiere el don de la valentía: nunca antes la poesía colombiana se había expresado así. Conserva intacto el reiterado milagro de un lenguaje hermoso y justo. Poesía levantada, desafiante en su búsqueda, como si un ademán de necesaria arrogancia –la arrogancia de los tímidos, según cuentan quienes conocieron a Gaitán– la llevase a conquistarse a sí misma en un doble movimiento a la vez exaltado y agónico. Si bien en ocasiones delira, también y primordialmente canta. Comienza por recobrar la desnudez esencial de lo que se nombra por primera vez.

"La verdad es el valle. El azul es azul". Y gracias a esa claridad un aura de misterio la circunda: "la pura luz que pasa / por la calle desierta". Hay algo severo en dicha depuración, gracias a la cual trasfigura la magia natal de su ciudad, Cúcuta, en una atmósfera quieta, de blancura deslumbrante: allí donde "ninguna cosa tiene simulacro ni duda". Mediante esta ascesis, "el extranjero", el desconocido de sí mismo, vuelve a

poesía, Bogotá, 1975; los de Guillermo Sucre, en *La máscara, la transparencia*, Caracas, 1975; los de Jaime Mejía Duque, en *Momentos y opciones de la poesía en Colombia*, Bogotá, 1980, y el de Juan Liscano, en *Descripciones*, Buenos Aires, 1984. Véase también el recuerdo poético de Luis Cardoza y Aragón, incluido en su libro *Círculos concéntricos*, México, 1967.

lo más suyo, percibe "las nobles voces de la tarde que fueron mi familia" y redescubre la verdadera música, de una insólita frescura, en medio de la desierta arena rojiza: "El rumor de la fuente bajo el cielo/habla como la infancia". Al hallarse, por fin, asumiendo su punto de partida, no sólo restablece el vínculo, sino que lo prolonga en una metamorfosis última; él, el poeta, al concluir su viaje, desaparece convertido en personaje ancestral: "Todo para que mi imagen pasada / sea la última fábula de la casa". Fin que es un nuevo comienzo: "El regreso para morir es grande / (lo dijo con su aventura el rey de Ítaca)".

En ésta, la primera parte del libro, se conjugan, pues, un límpido asombro ante lo que es siempre decisivo –su tierra de origen: "amo el sol de mi patria, / el venado rojo que corre por los cerros"– y la certeza que acompaña esta apropiación última, simultáneamente familiar y nuevamente desconocida: "Nubes que no veía desde entonces / como la muerte pasan por el agua". Ella, la muerte, será la otra presencia central del libro. Muerte y erotismo, corrupción y misterio: Quevedo y Novalis. Los epígrafes de estos dos autores muestran cómo Gaitán se liga así a la tradición occidental: al barroco español y al romanticismo alemán.

La visión es inseparable de la conciencia y ésta no es más que conciencia de un ser dividido y su aspiración a la unidad. Pero esta escisión no suscita en su caso la ironía, sino la analogía, sólo que se trata de una amarga analogía, la analogía del sarcasmo, del cuerpo que se pudre: "Vengan cumplidas moscas".

Verse vivir: contemplarse morir. Las tensiones contradictorias exasperan su verso, que llega a ser "comadreja en las vísceras", convirtiéndolo, finalmente, en una meditación desolada sobre el tiempo y las ruinas que lo representan. La historia como basurero y las obras del hombre como muñones truncos. Octavio Paz, en un texto de 1983[42], habla allí del reverso de la medalla quevedesca: "su genio tétrico y verbalista, su crueldad, su carácter pendenciero y envidioso, su odio a las mujeres, su falta de naturalidad", y concluye: hay algo demoniaco en él, es "el orgullo (¿el rencor?) de la inteligencia".

Cioran, por su parte, en un preciso texto sobre el siglo XVIII, titulado "El aficionado a las memorias", de su libro *Desgarradura*, aparecido en francés en 1979, dice: "Una vez soberana, la inteligencia se yergue contra todos los valores ajenos a su actividad y no ofrece ninguna apariencia de realidad en qué apoyarse. Quien se apega a ella, por culto o por manía, desemboca infaliblemente en la 'privación del sentimiento' y en la pesadumbre de haberse consagrado a un ídolo que no dispensa más que vacío (...). Por desgracia, una vez lúcidos, lo somos cada día más: no existe medio alguno de escabullirse o de retroceder. Y ese progreso se realiza en detrimento de la vitalidad, del instinto. ¿No se desarrolla el hastío en el abismo que se abre entre la mente y los sentidos? Ningún movimiento espontáneo, nin-

---

[42] Octavio Paz, *Sombras de obras*, Barcelona, Seix Barral, 1983, p. 117.

guna inconsciencia es entonces posible"[43]. Todo se vuelve cerebral, hasta el orgasmo.

Algo de todo esto, como peligro ulterior, se avizora en la poesía de Gaitán Durán. Como anota Octavio Paz en el texto ya citado: "La pasión, más que un desorden, es exceso vital convertido en idea fija. La pasión es idolatría; por eso adora la forma y en ella se consume". La escritura congela aquello que es esplendor y movimiento. El modo como imaginamos el amor termina por petrificar, intelectualizando todo flujo. El poema como estela que hiela un latido. De ahí, en consecuencia, el fracaso de todo poema al intentar apresar aquello que está vivo. Este sentimiento se acentúa aún más en su diario, diario que es también poética –reflexión, a la segunda potencia, de lo que hace, teoría sobre el poema que intenta escribir–, y en algunos textos en prosa, concretamente los agrupados bajo el título de "Sospecho un signo".

Apuntes quizá para un poema futuro, la inteligencia, ese "lancinante foco de luz", seca la descarga verbal, la agota en sí misma. No es una mirada que descubre objetos imprevistos, cargándolos de energía, sino una contemplación que, al analizarse a sí misma con tal lucidez, se anula. De ahí, por cierto, el influjo determinante de Octavio Paz en algunos poemas, como "Siesta", en lo cual se manifiesta su propósito de romper con tal tautología. De todos modos, su poesía restituyó a la palabra su función expresiva: precisión pero también brillo, capacidad creadora:

[43]. E. M. Cioran, *Desgarradura*, Barcelona, Montesinos, 1983, pp. 32-33.

"Pongo con las manos un halcón en el cielo". Y esto era absolutamente necesario en un momento en el cual la retórica colombiana se volvía aún más delicuescente y sensiblera.

Violar el lenguaje, manifestando así lo que se halla escamoteado –las fiestas del placer, la euforia del cuerpo, el juego infinito de los sentidos–, quizá sólo sea factible destruyéndolo: gritos, susurros, gemidos, el estertor y el éxtasis, risas, balbuceos de ternura, jadeos de bestia herida. No esta arquitectura perfecta, no estos sonetos estrictos. Pero es aquí donde la presencia de Novalis, como referencia, inagura otra vía. El flujo sonámbulo de una confidencia involuntaria.

De ahí que la parte más bella del libro sea aquella constituida, más que por poemas, por fragmentos, casi, de poema, en los cuales la unión se logra a través de la sencillez (aparente) de la melodía: "De galaxia en galaxia, iba el alma / tras la vista, hacia firmamentos / en donde nada medra ni concluye".

Esta armonía con un universo pleno no le hará perder de vista lo más nimio, ni convertirá su canto en una exaltación cósmica. Por el contrario, a él sólo le interesa "el verde / la dulce densidad del silencio". Y esa sensación sugerente y evasiva, y sin embargo tan concreta, que parece provenir del mejor Lorca:

"Cuando siente un aire / de luna, aléjase silbando por la orilla".

Hay en ellos una secreta intuición de la poesía, de su elasticidad ante la resistencia del mundo y de su capacidad para ese infiltramiento recóndito que la distingue. Como dice García Márquez, la poesía se caracteriza por sus virtudes de adivinación y su permanente victoria sobre los sordos poderes de la muerte. Algo de ello hay en estos textos de Gaitán: "Pasó un ciervo blanco / por el sigilo húmedo del bosque". La aparición se inmoviliza en una imagen perdurable: "Pájaros y verde cruzan por el frío". Versos así, aislados y repentinos, que desconciertan por su capacidad de quedar resonando en la memoria, sin perder por ello su carácter enigmático. No dicen más de lo que dicen, de modo perfecto, pero siempre dicen, también, otra cosa. Plenitud y autonomía.

De todos modos no querría relegar, a segundo plano, aquello que era su signo. Esas palabras densas y justas, de una refrenada vehemencia inextinguible, en las cuales un ansia perpetua parece prolongarse. En el soneto final, por ejemplo, algo queda vibrando luego de su conclusión memorable: "Tantas razones tuve para amarte / que en el rigor oscuro de perderte / quise que le sirviera todo el arte / a tu solo esplendor y así envolverte / en fábulas y hallarte y recobrarte / en la larga paciencia de la muerte". Esta "atada pasión, / este sigilo / del alma hacia términos oscuros", como lo expresó en el que muy seguramente fuera su último poema, son su dilema. Afán de expresarse y conciencia de esa voluntad, lucha y agonía: esto es palpable a todo lo largo del conjunto. Poesía viril escrita no sólo con el corazón, sino también con el sexo, se aferra a la vida, pero también se halla indisolublemente unida a "toda la ruin materia que te ceba".

Fuerza y rebeldía, nace con el esplendor de conocer el mundo, muere con la intensidad con que vivió cada minuto. Esta lucha entre extremos garantiza hoy en día su importancia como poeta ensayista ligado al debate central de aquellos años (poesía-historia) en toda América Latina. Sólo que soterrado, casi invisible, resurge cada tanto ese sueño que era el suyo: "Quise un mundo que fuera / como fuga de pájaros". Allí es donde reside su perdurabilidad hoy en día.

EDUARDO COTE LAMUS (1928-1964)

Se han hecho reiteradas comparaciones entre la vida, la obra y la muerte (ambas trágicas) de Jorge Gaitán Durán y Eduardo Cote Lamus. Lo que en ninguna de ellas se ha dicho es que sus dos primeros libros, y algunos de los siguientes, son los dos más malos primeros libros de poesía que se han escrito en Colombia. Cote empieza a ser un poeta digno de ser leído con la aparición de *Los sueños* (1956). *Preparación para la muerte* (1950) y *Salvación del recuerdo* (1953) son objetos descartables, entusiastas naderías.

En Gaitán Durán, como ya hemos dicho, por vez primera en la poesía colombiana el cuerpo habla y se desnuda. Es, claro, un cuerpo intelectual, que se apoya en Sade y Bataille para proclamar su libertad e intensificar su repudio al "infierno social –patria o clase–", por citar sus propias palabras en el diario.

"El poema es acto erótico", dice Gaitán, y a renglón seguido se pregunta: ¿Cómo transformar en dato la vibración irrepetible del orgasmo? Ya no en dato estadístico, como en el Informe Kinsey, publicado en *Mito*, sino en dato poético. Pero si bien su lenguaje llegaba a ser suntuoso, y de gran entereza, hay un afán racionalista que enfría esos resplandores. Se mantienen más bien en la escueta frescura de sus mejores versos. Ellos llegan a ser patios y jardines en los cuales la humedad de una palabra vivifica sus contornos y vuelve tal ámbito inmodificable, incluso ante la muerte.

Gaitán y Cote, Cástor y Pólux: los Dioscuros de nuestro Parnaso. Cote, autor de "una poesía cuyo tono es siempre grave"[44] como ha dicho Hernando Valencia Goelkel, y que incluso, en varias ocasiones, cultivó un neo-culteranismo que desemboca en la impenetrabilidad y el hermetismo, complementó la indagación de Gaitán desde otro ángulo: utilizando, sí, un marco filosófico, pero para exaltar dentro de él el papel de la anécdota.

Valencia Goelkel ha escrito: "Quien lea con algo de desprevención a Eliot y a Pound, a Apollinaire o a Aragón, a Machado, a Cernuda, a Neruda o a Brecht, tropezará con la obstinada presencia protuberante de la anécdota en lo mejor de sus obras respectivas. La explicación no es nada esotérica. En el campo gaseoso de las filiaciones literarias,

---

[44] Hernando Valencia Goelkel, "Una exaltación de la anécdota", en *Crónicas de libros*, Bogotá, Instituto Colombiano de Cultura, 1976.

una reacción contra la poesía 'del sentimiento'; en el terreno de la llamada historia de las ideas, el predominio de filosofías disímiles pero con una nota común de arraigo en lo concreto: marxismo, fenomenología, existencialismo"[45]. En esta nota referida a *La vida cotidiana*, el tercer libro de Cote —aparecido en 1959—, se precisa muy bien el contexto literario e ideológico en que se daba su poesía. "De palabra en palabra encadenado": el verso con que concluye la elegía que Eduardo Cote Lamus dedicó a José Eusebio Caro es buen síntoma de la tensión que caracteriza *Los sueños*. Una tensión conceptual que se libera apenas de la aspereza con que trata de amoldar al dictamen o a la sentencia una materia verbal exigente. Es un libro de difícil lectura, premioso y nada complaciente, en donde asoman de golpe felices hallazgos autobiográficos, sepultados pronto tras la dureza formal. Hay, además, como una luz ciega pugnando por salir, que se enreda a veces entre los silogismos verbales o resulta demasiado visible en el prosaísmo de ciertos apartes: "Uno tiene que morir porque no sabe lo que hace". Pero en poemas como "El vértigo" el movimiento circular y adusto se inmoviliza en un magnífico crecimiento por despojo:

> Todo se va cayendo, todo es piedra,
> molino que cambia aire por harina
> como el hombre es igual a lo que anhela.

[45]. Ibíd.

[...]
Alguien se fue quitando días, poco
a poco, hasta quedar sin años, para
meterse en tierra y embozarse en ella.

La vida cotidiana, en cambio, resulta mucho más libre. Los versos anchos respiran con facilidad y se prolongan, envolventes.

Enumeran el mundo y lo recrean. En ellos Cote narra con certeza (anécdotas, detalles, circunstancias exactas: Alemania después de la guerra; barrios de Barcelona, España; las gentes de Pamplona, Norte de Santander, su tierra), pero también logra que algo seco y cortante le permita realizar bruscas transiciones que enriquecen sus textos. Hay también un afán filosófico que arruinará luego varios pasajes de *Estoraques* (1963), pero que, cuando surge del curso de la evocación, da a Cote su peculiaridad distintiva: progresiva conquista de una realidad e interrogación profunda acerca de lo que ella significa. No ya la realidad de los hechos sino la pujante realidad de algunos de sus poemas, que, como en el caso de *Estoraques*, no es más que la meditación sobre la erosión que el viento y el tiempo realizan sobre una naturaleza y una historia que, si bien es la de unos terrenos próximos a Ocaña, también lo es de imperios extintos y civilizaciones desaparecidas: Nínive, Babilonia, Chichén Itzá.

"La lírica es un género crepuscular", afirma Valencia Goelkel. "Cuando la lírica transmuta poéticamente las ideas, las costumbres, las creencias, los afanes de una sociedad y de un período (y toda gran lírica lo hace siempre), es porque ese repertorio está expirando. La poesía hace entonces un enorme esfuerzo de intelección, un trabajo de síntesis desmesurado, para decir: todo esto fue. El gran poeta nos habla siempre de algo que concluye: algo se está muriendo en Manrique, en Garcilaso, en Quevedo, en Espronceda, en Machado. En la obra de Pablo Neruda no encontramos la revolución: hallamos el mundo anterior, previo a una revolución. Igual cosa podría decirse de Brecht, y cito estos dos altos ejemplos porque suele ocurrir que sus lectores creen que les están hablando del futuro. La lírica es elegiaca, en ella las cosas y los seres y los instantes aparecen con una intensidad perfecta. Pero se trata de la perfección de lo concluso; a lo caduco le confiere la lírica una final realidad esplendorosa, pero es su realidad última. Los hombres, los pueblos, los amores, no comienzan en ella, sino que en ella concluyen: es su última transformación, su más exaltada metamorfosis"[46]. Estas palabras, referidas a los *Estoraques* de Cote, son también aplicables a Álvaro Mutis y a su personaje clave: Maqroll el Gaviero.

ÁLVARO MUTIS (1923) Y SU *SUMMA DE MAQROLL EL GAVIERO*

Perse, diplomático en Asia,
descubre la violenta energía con la cual

---

[46] Hernando Valencia Goelkel, "Prólogo", en *Estoraques*, Bogotá, Ministerio de Educación Nacional, 1963.

la civilización se crea a sí misma y marcha...
Sin embargo, con esas imágenes él no puede ver
la apatía moral luego del pacto de Munich,
el forzado silencio de la línea Maginot,
y además no puede prever la caída de Francia...
[...]
Por toda Europa estos desterrados descubren
[en el arte
lo que es el exilio: también el arte se convierte en
[exilio,
un secreto y un código estudiado en secreto,
proclamando la agonía de la vida moderna
Delmore Schwartz, "Consideremos dónde
están los grandes hombres"

"*Mito* limpió el aire provincial de la cultura colombiana", dijo Álvaro Mutis en una entrevista de 1974 con José Miguel Oviedo y Alfredo Barnechea[47], y en ella misma agregó: "Mi maestro fueron las traducciones que Jorge Zalamea hizo de Saint-John Perse, sobre todo los *Elogios*, que son magníficos, y el poema capital, que normó diez años de mi vida poética: las 'Imágenes para Crusoe'. Es casi obvio explicarlo, ¿no?, pero al convertirlo en poesía pude ver yo mi propio mundo de infancia, de calor y de

---

[47]. Santiago Mutis Durán preparó, en 1981, en 738 páginas la edición de la *Poesía y prosa* de Álvaro Mutis, Bogotá, Instituto Colombiano de Cultura, Biblioteca Básica Colombiana, No. 46, que incluye al final una amplia serie de entrevistas y textos críticos sobre Mutis. La entrevista de José Miguel Oviedo y Alfredo Barnechea está fechada en 1974.

trópico, y de esas fincas de café que habían sido de mis abuelos y luego fueron de mi madre".

Fincas cafeteras del Tolima: de allí brota la poesía de Mutis, pero su onda de expansión es mucho más amplia. Enumeremos, entonces, para comenzar, algunos de los elementos peculiares que la constituyen.

El verde dombo de los cafetales, la lluvia sobre los techos de zinc, los cuartos de los hoteles de paso, trapiches y cascadas, la tierra caliente, hembras opulentas y guerreros deteriorados, trenes y aeropuertos abandonados en mitad de la selva, clausurados socavones de las minas, parques a punto de cerrarse y olores de frutos en descomposición. A tales ámbitos habría que agregar hospitales, colegios y cuarteles, colores que se destiñen e impulsos que se desgastan, el orín que oxida la quilla de los barcos y los hechos que tienen la dorada lejanía de la historia: Babilonia, Felipe II, César Borgia muerto en Viana, la gesta napoleónica degradándose en el triste sopor del trópico, la muerte de Bolívar en Santa Marta.

En tales escenarios, que parecen traer consigo un recuerdo de extranjeros viajeros por América, en el siglo pasado, o de viajes alrededor del mundo, como en su leído Valery Larbaud, se da la "nostalgia de un catolicismo aventurero y místico a la vez, de cruzada y sacrificio", a la cual se contrapone un escepticismo, cada vez mayor, ante el espectáculo de hombres que creen tener el poder, engañándose y dejándose engañar en su conquista, destruyéndose en lo conquistado. Una visión, si se quiere, muy teatral de la historia, en la cual Melville y Conrad conviven con el impacto sorpresivo de las imágenes surrealistas, mostrándonos el envés de la epopeya colonial –la fatigada Europa y la inconclusa América– y el destino de estos pueblos formados por un imperio en decadencia –la España de los Austrias y de los Borbones, engendrando lerdas burocracias en medio de una naturaleza agobiante–, lo cual produciría, como resultado final, la fea y mezquina realidad del subdesarrollo y esa conciencia del fracaso –lo que se debió hacer y no se hizo– que sigue trabajando allí dentro, en el subconsciente del mestizaje, haciéndonos pueblos "inconformes, astutos, frustrados, ruidosos, inconstantes".

En consecuencia, un rechazo radical de la modernidad. De los males tan terribles que ella, según Mutis, produce: "la igualdad, la libertad, la fraternidad, el liberalismo manchesteriano, la libertad de cultos, la igualdad de las personas ante la ley, la clase obrera, la abolición de la esclavitud, la libertad de las colonias y tantas otras ñoñeces de nuestra época".

Reaccionario y monárquico, la lúcida desesperanza que signa su obra tiene en la muerte –último rito, postrer ceremonia– su momento más alto, y es sin embargo esa misma lucidez la que acrecienta, como impulso desencadenante, la perdurabilidad del deseo que sigue siendo deseo y que, en un pacto de sucia complicidad con la vida, la nutre de esos alimentos ante todo terrestres. Citemos sus propias palabras en el poema "En el río":

> La carne borra las heridas, lava toda huella del pasado, pero nada puede contra la remembranza del

placer y la memoria de los cuerpos a los que se uniera antaño.

Hay una nostalgia intacta de todo cuerpo gozado, de todas las horas de gran desorden de la carne en donde nace una verdad de substancia especial y sobre la que el tiempo no tiene ascendiente alguno. Se confunden los rostros y los nombres, se borran las acciones y los dulces sacrificios por quien se amó una vez, pero el ronco grito del goce se levanta repitiendo sus sílabas como las sirenas de las boyas a la entrada del puerto.

Ese "ronco grito del goce" en medio de un escenario tan afligente y un hastío tan inapelable es lo que da a la poesía de Mutis su intensidad. En el primer poema, por ejemplo, de su libro *Los elementos del desastre*, una pieza de hotel, la habitación "204", espacio típicamente nerudiano, similar al de "Las furias y las penas", da pie a una plegaria ferviente y desesperada: la de la prostituta que clama a Dios en su abandono; la de un cuerpo hábil y dichoso, un cuerpo animal, que ante el ciclo inexorable de todas las cosas, precipitándose en una nada indiferenciada –n"de la ortiga al granizo / del granizo al terciopelo / del terciopelo a los orinales"–, advierte ya la "tibia y espesa sombra" que terminará por cubrirlo. Así la poesía de Mutis, opulenta en su forma, religiosa en su entonación, celebra realidades tan carnales como trágicas. Conciencia de vigía que señala las nuevas tierras, pero a la vez anuncia los síntomas de la inexorable decadencia y el futuro desastre.

Se trata, por cierto, de una poesía muy colombiana en su sabor y en su aroma, pero el personaje que termina por dar coherencia a todos estos fragmentos, en verso y en prosa, que constituyen su obra, el legendario Maqroll el Gaviero, no es más que un paria de toda tierra, un marginal de cualquier empresa. Estuvo en Estambul y acompañó al capitán Cook en sus viajes, pero también peleó como coracero en Valmy y fue mago de feria en Honda, condujo un tren entre los vericuetos de la cordillera de los Andes y cuidó trasatlánticos en un perdido puerto del Caribe. Fue, como los personajes borgianos, como todos los hombres, todos y nadie. Sólo que su gesta es irrisoria y los fastos de cualquier remota grandeza se hallan convertidos en jirones. Le queda apenas la miseria. Una fértil miseria, como dice Guillermo Sucre, asumida a plena conciencia. Miseria corporal, claro está, pero también la profunda convicción acerca de lo vano de toda empresa humana. Se trata de un hombre a la intemperie: sin Dios y sin morada.

Anota Sucre: "La verdadera ley de la manada, que él observa, no es otra que la ley de la muerte: la muerte que lo degrada todo, pero que le otorga a todo su exacta realidad. Otros viven, o creen vivir, suponiendo la existencia de Dios, de la historia, del poder, de la gloria. Para Maqroll, la muerte vuelve irrisorias tales entidades y pone también al descubierto el doble engaño que encierran: figuran una trascendencia o un sentido superior que no existe; hacen vivir no la vida misma sino la confianza –la seguridad– de creer que se está viviendo. Doble engaño que es una doble impostura: nadie vive en ni mucho menos para la trascendencia; nadie, por tanto, cree de verdad en ella. La furia de vivir es su única pasión, pasión maldita: la vida es un don y simultáneamente un mal"[48].

Entre la certidumbre de que el mito se ha perdido, volviéndose "irrescatable, estéril", y la comprobación cotidiana de que toda exaltación "torna a su sitio usado y pobre", la poesía de Mutis edifica una topografía muy singular, que resulta el reverso irrisorio de cualquier hazaña noble. Pequeños pueblos a la orilla de la carretera, paradores y ventas, lanchones que se arrastran por ríos cenagosos; cascadas escondidas en lo más abrupto de la cordillera, desvencijadas chozas a la orilla del mar, covachas y mercados indígenas en lo profundo de la selva: allí es donde Maqroll recuerda y medita, afiebrado en su delirio y recomponiendo casi siempre las heridas que su propio deseo le infligió. Con admirable capacidad de síntesis mediúmnica resume en una fórmula escueta lo deleznable de todos sus oficios englobados en ese oficio aún más inútil: el de la poesía. Comienza por decir:

Si estas y tantas otras cosas suceden por encima de las palabras, por encima de la pobre piel que cubre al poema, si toda una vida puede sostenerse

---

[48]. Guillermo Sucre, "El poema: una fértil miseria", en *La máscara, la transparencia,* Caracas, Monte Ávila, 1975.

con tan vagos elementos, ¿qué afán nos empuja a decirlo, a gritarlo vanamente?, ¿en dónde está el secreto de esa lucha estéril que nos agota y lleva mansamente a la tumba?

para concluir, en otro texto, con lo siguiente:

Esperar el tiempo del poema es matar el deseo, aniquilar las ansias, entregarse a la estéril angustia..., y, además, las palabras nos cubren de tal modo que no podemos ver lo mejor de la batalla cuando la bandera florece en los sangrientos muñones del príncipe. ¡Eternizad ese instante!

Príncipes, reyes: eso sólo puede referirse a Europa. Aquí, en cambio, en América Latina, apenas si quedaba el lujo fúnebre de una derrota plenamente asumida en medio de la feracidad nociva de un continente que consumía toda energía, en su perpetuo recomienzo. Un libro de Enrique Molina, *Costumbres errantes o la redondez de la tierra*, aparecido en 1951, manejaba los mismos tópicos de Mutis, también a partir de una raíz afincada en el Neruda de *Residencia en la tierra*, Perse y el surrealismo, y llegaba a idéntica conclusión, en ambos casos tan personal como propia. Si el fragmento último de Mutis, que acabamos de citar, formaba parte de un poema denominado "Los trabajos perdidos", el de Molina, a su vez, se titulaba "Los trabajos de la poesía". ¿En qué concluyen éstos, según Molina? En "El cáliz de madera y ocio ofrecido a los monos por un pequeño vapor en un río del trópico". La misma inútil ofrenda que ya nos hemos acostumbrado a visualizar gracias a películas como las de Werner Herzog, *Aguirre, la ira de Dios* (1972) y *Fitzcarraldo* (1981). ¿Qué implica crear un imperio en el Amazonas como hace Lope de Aguirre? ¿Qué significa escuchar ópera no en Manaos sino en el corazón de las tinieblas? Pero la vocación con que ambos poetas, Molina y Mutis, asumen su mundo americano es muy distinta de la visión europea que Herzog propone. En definitiva, como Mutis lo aseguraba en una entrevista, sólo podría vivir aquí y escribir a partir de aquí[49]. Su arraigo en la realidad colombiana no por problemático dejaba de ser menos esencial. En 1981, en la Universidad de Puerto Rico, Mutis dio una charla sobre la tradición literaria colombiana que aclara el punto[50].

LA TRADICIÓN INMEDIATA

Decía Mutis: Colombia descansa sobre una sucesión de mentiras. Entre ellas se destacan: a) Una de las democracias más antiguas de América. Democracia formal que recubre apenas una salvaje vio-

---

[49]. Entrevista con J. G. Cobo Borda, incluida en el libro de J. G. Cobo Borda: Para leer a *Álvaro Mutis*. Bogotá, Espasa-Forum, 1998.

[50]. La conferencia de Álvaro Mutis, titulada "La generación de la revista *Mito* en Colombia", fue dictada en la Universidad de Puerto Rico, recinto de Río Piedras, el martes 31 de marzo de 1981 y permanece inédita.

lencia ininterrumpida. b) País de poetas: 'Si me lees te leo'. Eso pudo ser cierto; ya no lo es. c) El país donde se habla el mejor español. El más formal y el más rígido, quizá, pero, en realidad, el menos vital. El más hipócrita en su capacidad camaleónica de ocultamiento y disfraz.

Se trata, en verdad, añadía Mutis, de un país de gramáticos pedantes. De escribanos y leguleyos. Un país en el cual su conquistador español, Gonzalo Jiménez de Quesada, atravesaba, durante dos años, las selvas del Carare y el Opón para recordar a Virgilio y Horacio en las pausas, pero no como solaz sino como pretexto para refutar a Jovio, otro erudito desdeñable. Todo ello habría de ratificarse durante la Colonia, cuando los escribanos de los Austria, una monarquía burocrática, se duplicaban en las amodorradas capitales americanas convirtiendo a Santa Fe de Bogotá en una inmensa notaría. Los mismos que en sus horas libres se entregaban ya al estudio del gerundio y el que galicado.

El relámpago bolivariano duraría muy poco. Su eco se amortiguaría en los espadones emborrachados de gloria por el propio Bolívar, como Mosquera y Obando, y la independencia quedaría congelada gracias a gestiones como la de Santander, quien inicia una tradición ilustre: tener abogados en el gobierno y militares en la plaza pública para así mantener el orden. Abogados cositeros y legalistas, bien entendido. Todo ese mundo –el mundo de Caro, de Suárez y de Marroquín–, tan puntilloso con el idioma como nefasto en su gestión política, es el que habría de crear ese mito de una república humanista, regida por filólogos y versificadores de las reglas de ortografía para uso de los niños. La reacción brutal, a nivel literario, sería el suicidio de José Asunción Silva. La única manera de escaparse de Bogotá, de salir de su aburrimiento sempiterno, era pegarse un tiro. El intimista desgarrado no podía convivir con la mezquindad egoísta ni con el envidioso mal gusto del rencor callejero. Para él, Flaubert había escrito: "Llamo burgués a todo lo que es ruin".

Así, con la excepción de Barba Jacob, ese hombre que a través de la bisutería barata de un modernismo de segunda se asomó a visiones fragmentarias y conturbadoras del hombre y su caída, y quizá de las figuras de De Greiff, Aurelio Arturo y Eduardo Carranza, Mutis no reconocía en su pasado literario ningunos otros valores válidos. Una opinión, por cierto, que muy seguramente compartían sus otros compañeros de *Mito*. Pero incluso los poetas citados por Mutis, que en algunos casos habrían de incorporarse a la hagiografía nacional, al formar parte de sus ceremonias públicas, serían puestos en duda a partir del 9 de abril de 1948, cuando Mutis y sus otros compañeros de *Mito* amanecerían teniendo delante de ellos un país completamente distinto.

"Nos descubrimos", recordaba Mutis en su conferencia en Puerto Rico, a nosotros mismos con 6000 muertos en las calles de Bogotá y supimos que éramos otros. La ola proletaria, llena de llanto y de tristeza por la muerte de su líder: un caudillo de plaza pública. Las mujeres envueltas en pañolones, y los hombres de clase media y baja, los empleados públicos de tinto y lotería, iracundos y atontados bajo la lluvia. Ya nada sería igual a lo que había sido".

Con dichos incendios se quemaría según dice la leyenda, la primera *plaquette* de Mutis, *La balanza*, escrita en colaboración con Carlos Patiño, pero de allí, del 9 de abril, también, en alguna forma, surgiría *Mito*. El testimonio iconoclasta de Mutis, un testimonio cada día más ampliamente compartido, tiene la validez de ser formulado por un testigo activo. Alguien que con su obra ha motivado una reformulación de la tradición anterior a ella. Cada autor crea sus precursores, dice Borges. En el caso de Mutis, y dentro de los estrechos límites colombianos, era muy poco lo que había. Tendría que nutrirse en otras fuentes para nombrar el paisaje que llevaba allí dentro. Tenía que oír otras voces para que Maqroll encontrara la suya.

Si bien Mutis estuvo cerca de *Mito*, la cual publicó, en 1959, como suplemento de uno de sus números, su *Reseña de los hospitales de ultramar*, su posterior exilio en México habría de otorgarle a su escritura una entonación diferente: "un olor húmedo y cierto" que la sumergía en "las grandes noches del Tolima / en donde un vasto desorden de aguas /grita hasta el alba su vocerío vegetal". Lo cual equivalía a marcar una distancia, muy creativa, frente a su tierra y a su material poético, que depuraría al máximo, volviéndolo aún más denso y perturbador. *Outsider* dentro del convencionalismo poético colombiano, del cual no estuvieron exentos otros colaboradores de *Mito*, la poesía de Mutis, de una fijeza inquietante, elabora un mundo muy suyo. El mundo que de *La alabanza*, de 1948, a *Caravansary*, de 1981, mantiene un tono y una continuidad únicas.

Son siempre los mismos asuntos y personajes similares, reiterados una y otra vez en el intento, cada día más angustioso, de extraer de ellos una lección, una enseñanza, alguna figura. Sólo que esos signos, y esos incidentes, se borran a cada momento y cada vez más, tornando imposible su desciframiento. Carecen de una clave que los explique.

Acentúan la inutilidad de esa hipotética fe perdida. Como lo dice el propio Mutis en uno de sus poemas, titulado "La visita del Gaviero": "Lo que creemos recordar es por completo ajeno y diferente a lo que en verdad sucedió. Cuántos momentos de irritante y penoso hastío nos los devuelve la memoria, años después, como episodios de una espléndida felicidad. La nostalgia es la mentira gracias a la cual nos acercamos más pronto a la muerte. Vivir sin recordar sería, tal vez, el secreto de los dioses"[51].

Y sin embargo... todo el calor del trópico, toda una insaciada búsqueda de placer, felicidad y aventura, de dichas tan breves como intensas, todo un gozoso paladeo de los sentidos, suscita ahora, como en *Caravansary*, algunos textos ceñidos en la feliz resolución de las dos faces que conforman su poesía. Por una parte, a través de sus lecturas de Conrad, Balzac, Proust o los libros de historia –Bizancio, la

---

51. En *Golpe de Dados*, XI, LXII, Bogotá, marzo-abril 1983.

Edad Media, la Francia del siglo XVIII, Napoleón, los disidentes rusos–, una seca indiferencia ante "la necedad de gestiones, diligencias, viajes, días en blanco, itinerarios errantes" que constituyen nuestra vida. Y si bien todo resulta hoy, como el deseo, "un usado rito", hay allí, también, en esa decepción consciente, una intensidad fervorosa que continúa alimentando la buscada indeterminación de sus prosas. Estampas siempre a punto de desdibujarse y siempre muy precisas.

Una verdad –no manchada por el trajín cotidiano–, que resurge al contacto con el agridulce aroma de la tierra caliente, un aroma, como lo dice el propio Mutis, entre "frutal y felino". Es él, somnolencia y frescura, el que satura sus textos, con sus grandes olas de calor, de piel, de dicha, de río y mar nutricios, y es él, agua que cura y limpia, fiebre que expande el deseo, el que rige, finalmente, el vaivén de su escritura. Es en verdad, como lo dice el propio Mutis, "el olor de un mundo que se deslíe".

Maqroll el Gaviero, con esa voz tan suya, hecha de sobriedad y fatiga, recuenta su monótona letanía: los precarios momentos en que el esplendor fue posible. Y es este cansancio, esa distancia conmiserativa en torno a la ruina de todo propósito definido, lo que le permite dialogar con sus sueños más recurrentes: un mundo donde Pushkin convive con hombres de Bengala y Bohemia, lanceros polacos, un elector del Sacro Imperio, camioneros, soldados y prostitutas, al formar, todos ellos, una enrarecida y febril mitología, que resurge una vez más (¿hasta cuándo?) convocada por una escritura ancha, de ritmo litúrgico, en cuyo despliegue la vida, se pierde al ser puesta a su servicio:

¿Quién convocó aquí a estos personajes?
¿Con qué voz y palabra fueron citados?
¿Por qué se han permitido usar
el tiempo y la sustancia de mi vida?
¿De dónde son y hacia dónde los orienta
el anónimo destino que los trae a desfilar
ante nosotros?

La historia, una vez más, sólo alcanzará su sentido en la coherencia última que la poesía le imprime. Pero este sentido se escapará exangüe como se escapa la vida del macerado cuerpo de su protagonista. Cuerpo que ha ido cumpliendo su destino de cuerpo, amando e hiriendo, siendo amado y herido por otros cuerpos, y a la vez teniendo conciencia de ello. Pero sus miserias, que excluyen de antemano toda identificación patética, tienen un acento único dentro de nuestra menguada tradición lírica. Pasión y estoicismo, Mutis ha logrado lo imposible: que la miseria que es toda vida se vuelva mítica. Ha obtenido la objetividad de la más alta poesía. Al margen de la historia, lejos de todo poder, distante de sectas y facciones, reacia a la actualidad de las ideologías, este flagrante anacronismo que es la poesía de Mutis se convierte, paradoja última, en una de las más vivas presencias dentro del espectro abierto por *Mito*, no sólo en Colombia sino también a nivel latinoamericano. Aun cuando todos los datos que la configuran son ya visibles, su forma continúa abierta. Tiempo puro, latente, susceptible de ser recreado infinitas veces, cada lector, al leerlo, se convierte en Maqroll el Gaviero. Su viaje, en consecuencia, continúa. Es el viaje de la poesía moderna.

Rafael Gutiérrez Girardot, quien junto con Hernando Valencia Goelkel es uno de los ensayistas surgidos en torno a *Mito*, publicó en 1983 un libro, *Modernismo*, donde esclarece con el papel del arte en la sociedad burguesa moderna, los procesos de secularización y "trascendencia vacía" que caracterizan a la poesía en nuestro siglo y esa necesidad, formulada desde los románticos alemanes, de crear una nueva mitología, una mitología de la razón, ante la quiebra de las otras. Una cita que él trae a colación al respecto, de Friedrich Nietzsche, nos sirve para situar mejor la obra de Mutis[52].

[52.] Gutiérrez Girardot, quien vive en Alemania desde 1953, publicó, en 1959, uno de los primeros análisis de la obra de Borges. Posteriormente ha publicado libros sobre Nietzsche y Machado, 1966 y 1969 respectivamente, y ha reunido sus trabajos de crítica literaria y filosofía en *Horas de estudio*, Bogotá, Instituto Colombiano de Cultura, 1976. Valencia Goelkel, por su parte, más vinculado a la literatura anglosajona, publicó, en 1974, sus *Crónicas de cine*, un género, por cierto, que sólo *Mito* cultivó en forma regular, y sus *Crónicas de libros* en 1976. Pero sus trabajos más valiosos sobre narrativa —Malcolm Lowry, Pavese, Babel, Evelyn Waugh, y ensayistas como Conolly y Steiner— sólo han sido recogidos en libro, en Caracas, en 1982, con el título de *El arte viejo de hacer novelas*. A ellos habría que añadir los trabajos, dispersos en revistas y periódicos, de Jorge Eliécer Ruiz para tener una idea global de las propuestas formuladas por los diversos colaboradores de

Dice Nietzsche en *Así hablaba Zaratustra*: "los poetas mienten demasiado. Los poetas siempre creen que la naturaleza misma se ha enamorado de ellos... ¡Ah, cuán cansado estoy de todas las deficiencias que deberían ser acontecimientos! ¡Ah, cuán cansado estoy de los poetas! Me cansé de los poetas, de los antiguos y de los nuevos, todos me resultan superficiales y mares de poca profundidad. No pensaron lo suficiente hacia la profundidad: por eso su sentimiento no llegó hasta los fondos. Algo de lujuria y algo de aburrimiento: eso ha sido aún su mejor reflexión. Tampoco son para mí suficientemente puros, enturbian todas sus aguas para que parezcan profundas... ¡Ah, yo eché mis redes en sus mares y quería pescar buenos peces, pero siempre saqué la cabeza de un viejo dios!"[53]. Poetas contra su voluntad, como decía Broch, hechos de vanidad, simulación, egoísmo, esoterismo y pretensión de llegar a lo absoluto, todo ese trasfondo que caracteriza a los poetas de la modernidad es detectable en varios textos de Mutis, como "Los trabajos perdidos" o "Grandeza de la poesía", pero ese poeta, ese bufón que pretende la verdad, como decía Nietzsche, la halla, precisamente, al cumplir un destino marginal e irrisorio. Irrisorio en cuanto se ríe de todos los destinos previamente trazados, y marginal en cuanto muestra

Mito. Una parte de los ensayos de Ruiz ha sido reunida ahora en el libro *Sociedad y cultura*, Bogotá, Instituto Caro y Cuervo, 1987, p. 174.

[53.] Citado por Rafael Gutiérrez Girardot en *Modernismo*, Barcelona, Montesinos, 1983.

el reverso de cualquier utopía positiva. Solo en medio de la selva, Maqroll el Gaviero continúa oteando el horizonte que siempre está más allá, en ese "no hay tal lugar" que es su propio cuerpo, carcomido por el deseo y que, una vez más, se niega a morir.

MUTIS DE VUELTA

¿Qué escritor colombiano puede dialogar hoy en día, con tranquilo entusiasmo, con autores, tan diversos como el italiano Ungaretti, el francés Ponge, el polaco Milosz o el brasileño Joao Cabral de Melo Neto, además de quienes son o han sido sus amigos personales, como Octavio Paz y Gabriel García Márquez.

Sin lugar a dudas, el único que tiene la vasta cultura universal para transpasar lenguas y fronteras y unirse en torno a un estimulante coloquio, donde la poesía y el destino de la criatura humana sobre este planeta incierto, logra unir a todos ellos, es Álvaro Mutis, nacido en 1923.

Su obra se halla traducida a veinte lenguas (inglés, francés, alemán, italiano, portugués, japonés, griego, hebreo, turco, polaco, holandés, sueco, danés...) cumpliendo así la petición de Goethe sobre una literatura mundial. Pero además su poesía, cuentos, novelas y ensayos, trazan una vasta parábola de referencias desde la Biblia, pasando por las culturas islámicas y bizantinas, hasta llegar, por ejemplo, a la figura de Simón Bolívar, que esclarece en el espacio de sus páginas, las complejas relaciones entre Europa y América.

Un diálogo universal de cultura que como lo ejemplarizan sus ensayos y notas de lectura, revelan un preciso conocimiento de la literatura rusa, la historia francesa o la novelística norteamericana, sin soslayar por ello, en ningún momento, el papel conformador de España en la idiosincrasia americana.

Mutis, como le pedía Borges, es un buen cosmopolita y a la vez un latinoamericano capaz de entender, comprender y valorar, en sus creaciones, las variadas patrias que un mundo muy amplio nos brinda. Mundo visto desde una perspectiva propia y a la vez marginal. La que nos da un desplazado, errante por los mares del mundo, que asume sus aventuras tan peregrinas como irrisorias con una fatalidad lúcida. Su conciencia de la desesperanza es una firme toma de partido para abordar las complejas relaciones entre una naturaleza tropical y sus incontables criaturas. Ahí surge Maqroll el Gaviero. Clarividente y despojado de todo engaño, convive, además, con una sobria y elevada piedad por las ilusiones de la criatura humana, que hacen de Maqroll una de las más logradas creaciones de las letras hispanoamericanas en este siglo. Para lectores de todo el mundo, se ha vuelto un ser entrañable y necesario.

Quizás comparten con él lo que el narrador Amirbar dice sobre el personaje:

"un sentimiento a las leyes nunca escritas que rigen el destino de los hombres y una muda, fraterna solidaridad con quienes habían compartido un trecho de ese camino hecho de gozosa indiferencia ante el infortunio".

Todo ello además se halla situado en el sugerente marco de una tierra caliente donde el esplendor y el hastío, el consuelo de la carne y la violencia del poder, la fragilidad de la memoria y el arrasador ímpetu genésico de una naturaleza bravía, se conjugan para definir el terco afán del hombre en su afán de persistir. En su propósito siempre fallido y cuestionado, de hacer más consistente su tránsito en medio de las sociedades frágiles y conflictivas. De ahí que la selva, el burdel, el barco, a punto de ser desguazado o la quimérica busca del oro, se nos ofrezcan como escenarios privilegiados. Allí podemos ver mejor la eclosión de las pasiones y su inocultable agonía.

Una conciencia muy antigua se confronta con un mundo en perpetua crisis y reelaboración. De allí han surgido las vigorosas páginas de *La nieve del almirante, Ilona llega con la lluvia, La última escala del Tramp Steamer, Un bel morir, Amirbar, Abdul Bashur, soñador de navíos* y los relatos y testimonios incluidos en *La mansion de Araucaima* y *El diario de Lecumberri*. Con refinada sabiduría literaria Mutis termina por elaborar una saga, que si bien se inicia con la poesía, recopilada en la *summa* de Maqroll el Gaviero, con sus entrecruzados ecos de Saint-John Perse y Pablo Neruda, nunca ha perdido el contacto con ella. Sus novelas buscan ser poesía extendida.

Así, su ficción termina por ofrecer una postrera y sagaz imagen no sólo de Colombia y las tierras cafeteras de su infancia, que cada día pierden mayor peso específico en la economía de un país que llegó a caracterizarse por ese producto, sino que se proyecta a todo el continente americano, en reiteración de iniciativas truncas y quimeras fallidas.

Muestra así, indirectamente como corresponde a toda ficción válida, cuánto ha cambiado un país y cómo los valores sobre los cuales se asentaba han sido arrasados por las duras y afligentes circunstancias de desigualdad secular y unas nuevas y ambiciosas clases sociales, ávidas de satisfacer la demanda de drogas que Estados Unidos y Europa reclaman todos los días. Pero Mutis siempre va más allá de los aparentes determinismos políticos y económicos, es un claro propósito de plantear preguntas esenciales y confrontar a sus personajes con su propia verdad trascendente. La casta guerrera bien puede trocarse en ensimismada contemplación budista. A la plenitud no le es ajena la nada.

Desde su exilio en México, Álvaro Mutis, ha logrado certeras y conmovedoras recreaciones de su tierra y de la realidad americana en general, y a partir de ellas ha edificado un mundo propio que perdurará por su rigor interno y por su fidelidad a las obsesiones que lo acompañan, desde 1948, cuando publicó su primer cuaderno de poemas: *La balanza*. Sus personajes han madurado en el fuego fecundo de una larga convivencia.

Se entrecruzan en ellos los aportes de la herencia cultural europea y occidental con los mestizajes, adulteraciones y metamorfosis que ella experimenta al llegar al Nuevo Mundo, pero su obra no es un ensayo sobre la identidad. Es un logrado espejo para mirarnos a nosotros mismos.

La utopía que Mutis termina por proponer es precisamente la de una lectura infinita, semejante a la que Joseph Conrad esbozó refiriéndose a Marcel Proust: aquella donde el análisis se ha vuelto creador. Donde el libro no se agota en una única lectura; pero nos acompaña en los sucesivos cambios que jalonan nuestra vida. Por ello ya es hora de volverlo a leer, de vuelta.

II

Si bien la poesía de Mutis trae un tono desusado a la poesía hasta entonces escrita en Colombia, y esto se hace aún más singular al agruparla toda en torno a una imaginaria máscara poética –la de Maqroll el Gaviero y sus irrisorias aventuras– una porción considerable de su obra, sobre todo en sus últimos años se enfoca hacia lo que, utilizando la expresión de Valéry Larbaud, pudiéramos llamar "dominio hispánico". Desde la Córdoba del califato Omeya hasta el Escorial de Felipe II, pasando por la figura del Quijote. Ella se abre hacia una dimensión histórica muy concreta a pesar de que su vasta dimensión temporal, contrasta de modo notorio con los azares casi delictivos, con que Maqroll da bandazos, entre esguinces a la policía y sospechosos contrabandos de armas. Sólo que una corriente milenarista, de asumido fatalismo, termina por fundir hemisferios en apariencia tan disímiles.

"Tedio y ceniza", "Rutina y pesadumbre", "Nada ocurre": las letanías que el poeta había salmodiado una y otra vez, rechazando las posibilidades de la poesía, en este tiempo de los asesinos que mencionaba Rimbaud, se vuelcan hacia un pasado de dominio imperial e intolerancia religiosa. Todo ello dentro de la atmósfera fúnebre de un duelo y un entierro.

La palabra como último crespón de luto, el mismo que el arquero de los tercios de Flandes, relator de desastres, dibuja con sugestiva imprecisión.

Por ello Mutis, el admirador de Napoleón o del castillo que en Vaux le Vicomte construyó Fouquet, introduce así la amarga gota de escepticismo reaccionario en los fastos de una historia que parecía regir el mundo. Nunca deja de señalar la "desleída necedad" de un presente que no sólo le resulta abominable sino peor aún: anodino, y que pone en boca de su personaje femenino en *La última escala del Tramp Steamer* (1988) esta desencantada reflexión que ya creemos haber oído tantas veces y que semeja encerrar estos dos mundos, en apariencia tan distantes en un mismo círculo de eterno retorno: "pero si quiere que le cuente lo que voy sintiendo en Europa, le diría que es una lenta pero creciente decepción". "Es como si todo esto que ahora trato de ver y de absorber en Europa ya me fuera conocido y ya me hubiera aburrido antes".

Ese *Déjà vu* que une a Mutis con García Márquez en sus reflexiones sobre una historia europea que se erige como la historia por excelencia, y ante la cual los conatos de independencia de los países periféricos semejan ser siempre gestos truncos que no terminan por concretarse, depara dos resultados, la constatación de una violencia que no es propiedad exclusiva de ningún pueblo del mundo, sino que todos la ejercen en determinados momentos y con intensidades afines. Y esta sensación alucinante de estar siempre repitiendo los mismos impulsos para concluir siempre en idénticas acciones baldías. Todo ello justificado por una retórica cada vez más vacía y erosionada: la del progreso.

Sociedades marginales repitiendo fatalidades previas y condenas ancestrales intentan en vano exorcizar con la sangre viejas deudas inencancelables. A partir de allí la cadena de venganzas resultará inexhausta. Un tumultuoso río de sadismo, de degüellos y rabia que sólo la poesía de la ficción es capaz de exorcizar, dándonos a entender cómo la lección europea no consiste en conocer mejor el pasado para así no repetirlo sino en dejarlo de lado para construir nuestros propios olvidos. Ese inmenso olvido que sólo la escritura es capaz de preservar, guardar y rehacer en forma definitiva. La feliz amnesia que la imaginación engendra al cancelar lo que fue y proponer lo que todavía no existe, salvo como opción de la lectura. Por ello hay que volver a Mutis de vuelta.

III

Lo que era fasto y ceremonia en el entierro del duque de Valentinois, por ejemplo, termina por equipararse con la dilatada agonía con que Maqroll parece sucumbir, muerte en vida, en la succionante vorágine de la selva, y es astutamente preservado como hilo resurrecto de un relato inacabable. Todos, guerreros o parias, zarinas o apátridas, concluyen en la misma inerte materia. En el desdeñoso voltear de la espalda, con que las cosas nos dejan para siempre (Historia natural de las cosas).

Esa espera permanente de "la inefable señal, la siempre esperada y siempre postergada señal de su definitiva disolución de la nada bienhechora", como dice Mutis en su poema "Noticia del Hades", es la única que subsiste en medio de las trapacerías con que los listos se engañan pretendiendo engañarnos. Con que los reyes edifican sólidas celdas para aislarse mejor allí, en la soledad de sus rezos. Todos incapaces ya de eludir el más radical examen de conciencia y confiando apenas en la injusticia de Dios para recibir un perdón que aun así no aliviara la llaga siempre abierta: vivir y verse vivir, al mismo tiempo.

"La encontrada estrella de su errancia insaciable", dirá Mutis refiriéndose a su personaje, pero cuerpos y negocios, feracidad del entorno y miseria corporal, terminan por mirarse con el mismo "leve asombro" con el cual Felipe II contempla "el torpe desorden y la fugaz necedad de las pasiones". Pero esta negativa a comulgar con rueda de molino no se evade hacia fantasías sustitutorias ni hacia redenciones impensables. Todo está en su sitio.

Las princesas se hallan presas en el marco de sus cuadros y el pincel de Sánchez Coello sólo registra un admirable teatro de sombras. El único acuerdo posible entre la naturaleza americana y la historia europea radica en la aceptación de esta diferencia tajante. Ese desencuentro reconocido, que no aliviará la capacidad del libre mercado o las falacias de una globalización desigual sino el aceptar, a partir de la muerte ineludible, la simple, redentora fatalidad humana.

De allí que el poeta comience por reconocer, desde el inicio, su fracaso sin paliativos. Los ácidos del análisis han resultado implacables. Pero de ese mínimo extracto con que la poesía reduce los seres y los hechos a simple nada, surgen certezas irrefutables. A ellas debemos aferrarnos, por ejemplo:

"La nostalgia lancinante de un enigma
que ha de quedar sin respuesta para siempre"

El mismo que Gershom Scholem nos planteó al preguntar si acaso no era el propio paraíso quien más había perdido con la expulsión del hombre.

FERNANDO CHARRY LARA (1920)

Dos años antes de que Jorge Gaitán Durán publicase su primer libro, es decir, en 1944, Fernando Charry Lara editó, en el No. 5 de los *Cuadernos de Cántico*, sus primeros poemas. *Cántico*, una fugaz empresa editorial orientada por Jaime Ibáñez y afín al piedracielismo, y el grupo irónicamente denominado por Hernando Téllez como el de los "cuadernícolas", por su afán de publicar pequeños cuadernos de versos, dominan el panorama al finalizar la década de los cuarenta. En Cántico aparecieron poemas de Neruda y Rilke, García Lorca y Francisco Luis Bernardez, Andrés Holguín, Jorge Rojas, Paul Valery, Aurelio Arturo, Vicente Gerbasi y León de Greiff. Pero en realidad Fernando Charry Lara, como Gaitán, Cote y Mutis, se define en relación con *Mito*. En ella colaboró, a ella se siente ligado, y tanto sus poemas como sus ensayos se sitúan dentro de las compartidas preocupaciones del grupo. Los primeros se hallan agrupados en el ya citado cuadernillo y en tres volúmenes posteriores: *Nocturnos y otros sueños* (1949), *Los adioses* (1963) y *Pensamientos del amante* (1981). Y los segundos en el volumen *Lector de poesía* (1975), que exige una reedición con sus nuevos trabajos sobre León de Greiff, Rafael Maya, Gilberto Owen, Huidobro, Vallejo, Neruda y la generación española de 1927. Charry Lara, dentro del grupo de *Mito*, es el que con más constancia y regularidad ha informado sobre poesía, ya sea a través de ensayos y notas en revistas especializadas –*Eco*, *El Café Literario*– como a través de programas en la Radio Nacional. Admirador ferviente, y confeso, de poetas españoles como Aleixandre y Cernuda, no por ello ha omitido la tradición poética colombiana que considera más afín con sus gustos –el caso de Silva, Eduardo Castillo, Aurelio Arturo y Eduardo Carranza– ni tampoco la latinoamericana con la cual se siente identificado: Villaurrutia, Neruda,

Borges, Octavio Paz y poetas de estirpe surrealista como César Moro y Enrique Molina.

En relación con la poesía colombiana vale destacar las ediciones que ha hecho de poetas como Castillo y Carranza, sobre todo la antología de este último, seleccionada y prologada por él, que, aparecida en México en 1983 con el título de *Hablar soñando*, ha permitido revalorar al poeta amoroso y erótico que hay en Carranza, al margen del poeta patriótico y un tanto declamatorio al cual, lamentablemente, nos habíamos mal acostumbrado. Poeta, entonces, que también crea su propia tradición, Charry Lara la hace posible gracias, precisamente, al rigor melodioso que su propia palabra ha ido ganando.

Charry ama la poesía sonámbula y, si bien ha reconocido el visible influjo de Aleixandre en sus *Nocturnos y otros sueños*, fue en realidad al contacto con el nítido dibujo de Cernuda cuando su voz se esclareció, haciéndose más suya. Así, un poema como el titulado "A la poesía" muestra muy bien su estilo y su concepción del hecho poético:

Al soñar tu imagen
bajo la luna sombría, el adolescente
de entonces hallaba
el desierto y la sed de su pecho.
Remoto fuego de resplandor helado,
llama donde palidece la agonía,
entre glaciales nubes enemigas
te imaginaba y era

como se sueña a la muerte mientras se vive.
Todo siendo, sin embargo, tan íntimo.

Luego del eclipse intrascendente del piedracielismo, este relámpago soterrado era simultáneamente una luz y una vía. No era tan explícito, como Gaitán Durán, en su formulación erótica; y su escenario, al contrario de Mutis, era el de la ciudad, por la cual transcurre el apenumbrado poeta, siempre en busca del encuentro que esclarezca sus pasos. Quizá por ello ha escrito media docena de poemas en los cuales habita la claridad del misterio. Ensimismada en su peregrinación inútil, esta visión de los fantasmas de la ciudad y del deseo logra, a la vez, estructurar el poema de un modo libre y exacto. Una mezcla de helado desvelo y calidez compartida. Así Charry reflexiona con hondura y logra que una vasta resonancia acompañe esa meditación desolada sobre su propio oficio, sobre el acto de escribir, señal inequívoca de toda verdadera poesía.

Poemas como "Ciudad", por ejemplo, trazan con la nitidez de un cuadro de De Chirico sus ángulos y sus perfiles: "La noche, la plaza, la desolación/de la columna esbelta contra el tiempo", pero el treno con que concluye abre otra dimensión a su recorrido:

Un cuerpo muere, mas otro dulce y tibio
    [cuerpo apenas duerme
y la respiración ardiente de su piel
estremece en el lecho al solitario,
llegándole en aromas desde lejos,
    desde un bosque de jóvenes y nocturnas vegetaciones.

Es en ellas donde Charry busca hundirse, extrayendo, de su sueño, esos aromas; de su sombra, estas luces. El poema final –dedicado a Gaitán Durán a raíz de su muerte–, con su ausencia de puntuación, la originalidad de sus metáforas y una sintaxis cada vez más personal, muestra cómo los once poemas que constituyen *Los adioses*, con su varonil contención, con su resignada tristeza, concluían en esa ráfaga de vitalidad no enfrentándose a sino entrando con plena deliberación en la muerte: "Ya adviertes la tormenta los relámpagos/entresacas otro huracán de tus recuerdos/ronco de sombras y vientos y agonías".

La dolorida evidencia que formulan los versos de Charry Lara –"oh triste vagabundo entre nubes de piedra / el sonámbulo arrastra su delirio por las aceras"– no sólo apunta hacia un fracaso: "¡No soy aquel ni el otro, / y ayer ni ahora soy como soñaba!", o hacia un silencio: "Puñal siempre en el pecho es la memoria. / Callar consuelo ha sido. / Mejor será / morir secretamente a solas", sino que concluían en una certidumbre, la poesía como redención última:

> Tú sola, lunar y solar astro fugitivo,
> contemplas perder al hombre su batalla,
> más tú sola, secreta amante,
> puedes compensarle su derrota con tu delirio.

En Charry, se ha dicho, lirismo y erotismo conforman una unidad indistinguible. Pero si el segundo logra configurar una exaltación dinámica del mundo, como ya advertíamos en su libro *Los adioses*, en los ocho poemas que integran sus *Pensamientos del amante* las mismas dos palabras del título crean una instancia dual, que quizá ejemplaricen mejor estas palabras de Antonio Machado en su prólogo, fechado en 1917, a *Campos de Castilla* (1912): "Si miramos afuera y procuramos penetrar en las cosas, nuestro mundo externo pierde en solidez, y acaba por disipársenos cuando llegamos a creer que no existe por sí, sino por nosotros. Pero si, convencidos de la íntima realidad, miramos adentro, entonces todo nos parece venir de fuera, y es nuestro mundo interior, nosotros mismos, lo que se desvanece... Un hombre atento a sí mismo y procurando auscultarse ahoga la única voz que podría escucharse: la suya; pero le aturden los ruidos extraños. ¿Seremos pues meros espectadores del mundo? Pero nuestros ojos están cargados de razón y la razón analiza y disuelve. Pronto veremos el teatro en ruina, y, al cabo, nuestra sola sombra proyectada en la escena"[54].

Mucho de todo esto hay en la última poesía de Charry: el amante que piensa, que añora, desea o contempla, y a quien una voz ajena saca de ese ensimismamiento, haciéndole perder su paraíso. Luminosidad externa y penumbra interna, "tenaz de claridad desoladora / sobrevive la luz entre estas ruinas". Pero en medio de tales ruinas, la repentina "ráfaga de huracanadas olas de luz y viento y tempestad" lo vuel-

[54]. Antonio Machado, *Campos de Castilla*.

ve a sumergir en una oscuridad más profunda: el "femenino cráter insospechado ardiendo".

Si el primero –el lirismo introspectivo– parece confinarlo en una meditación desolada ("a no ser sino lo que recuerdas"), el segundo –un erotismo vertido hacia el mundo– es el que le concede estos textos estrictos y ardientes a la vez, como el así mismo llamado "Pensamientos del amante" o "El lago", en el cual la mujer, como la poesía, soñada en forma amorosa, "surge hostil / siempre vestida de impalpable / atardecer como la lejanía".

Pero el carácter de ensoñador desvarío melancólico que adquieren sus textos no le impide ser un poeta muy concreto. Por el contrario, refiriéndose a José Eustasio Rivera, dice en el último poema de este libro: "Los días tramposos van gastándole sueños y años / si bien en recompensa / le dejarán por fin libre de intrigas".

Y esta aceptación de la "morosa miseria" diaria es la que otorga a su creación, ahora, una vastedad muy amplia: la de la poda, la de la concentración a lo que es exclusivamente su propio asunto. Escritos en Bogotá, la "ciudad que amó bajo la dulce montaña indescifrable", estos poemas, como lo dijo George M. Hyde refiriéndose a Baudelaire en su ensayo "La poesía de la ciudad", confirman cómo "la libertad toda es ahora interior". "Convulso perfil del deseo volando / hacia nubes donde son verdes los ojos / donde implacables son verdes aún y sombríos": una imagen ascendente para caracterizar con sus propias palabras una poesía hecha de precisión e ímpetu, contenida pero a la vez desatada. "El otro que aún eres" continúa entonces deambulando por las calles de estos versos en una lograda mezcla de cárcel y fuga, ávido de otro fantasma que haga aún más real su nostalgia. Charry, Mutis, Gaitán y Cote son, entonces, los cuatro poetas mayores surgidos en torno a *Mito*. Pedro Gómez Valderrama, su cuentista y novelista; Hernando Valencia Goelkel y Rafael Gutiérrez Girardot, sus ensayistas. Se trata, en consecuencia, de un notable equipo intelectual que renovó las condiciones del trabajo creativo en Colombia, con su exigente calidad y sus aportes concretos, que estas páginas han querido resaltar.

ROGELIO ECHAVARRÍA, SIETE TRANSEÚNTES

Rogelio Echavarría nació en Santa Rosa de Osos, Antioquia, en 1926, y su obra poética se halla reunida en un solo libro de 110 páginas que con siete ediciones abarca la totalidad de sus poemas que él considera definitivos escritos entre 1948 y 1998. Cincuenta años para 70 poemas muchos de ellos brevísimos y algunos certeros[55].

Comenzó como era habitual en su generación con el tono elegiaco que fusionaba las azucenas, los jazmines y el azul translúcido de Piedra y Cielo, con "el agua desesperada de la sed y (...) la definitiva marea

---

[55] Rogelio Echavarría: El transeúnte (1948-1998). Bogota, Editorial Norma 1999.

que te invade", proveniente todo ello del alud geológico con que Pablo Neruda determinó la poesía de la época. Sin olvidar, en ningún momento, su primera lectura fervorosa: la de Porfirio Barba Jacob, el célebre poeta oriundo también de Santa Rosa de Osos.

Pero en "Las elegías prematuras", Echavarría, como Jorge Rojas, prefirió contemplar los momentos de la doncella y compartir la fragilidad ausente de su recuerdo. El estilizado dibujo de un amor que agoniza y una mujer que muere, lo cual se asoma fugazmente a la vida y a quien el poeta adolescente acompaña en la iniciación a su misterio.

Compone, así, un canto inmaterial donde el cuerpo es paisaje y lo evanescente de su tránsito sólo suscita la recogida intimidad de quien esboza esa música leve y no exenta de la asordinada melancolía que caracteriza a su grupo poético. El de los "Cuadernícolas", el de el "Cántico". Lo expresó muy bien Fernando Arbeláez cuando en 1948 escribió: "Su tono elegiaco, dueño de una leve violencia, tiene una penumbrosa sencillez que parece que no quisiera revelarse del todo".

La aparición de *El transeúnte* en 1964 podría sugerir un viraje radical de estos modos poéticos de 1947. Así lo ha considerado la crítica: Una poesía explícita, donde la voz individual del poeta se torna con frecuencia conciencia colectiva —"sé que todos luchan solos/por lo que buscan todos juntos", "nuestra identificación con todos/o con casi todos". Bien podríamos decir que Rogelio Echavarría, para usar un verso suyo, se ha subido al "carro colectivo y su destino".

Se percibe, entonces, una ciudad poblada de voceadores de periódico y de mendigos, de obreros y oficinistas, de vida corriente y rutinaria fatiga. "La agenda de mis afanes" y una derrota generalizada, entre la lluvia gris y la penumbra inhóspita, que abarca tanto las dudas del guerrero como la marginalidad última del jubilado, al devanar lo que pudo haber sido.

Pero curiosamente esta poesía que funde lo social con un entorno urbano donde la luna cambia su semáforo, termina por replegarse sobre sí misma. En un primer movimiento la pregunta por la libertad se convierte en una indagación sobre la soledad, como si a partir de ella fuese posible la conquista de la otra. Al igual que el célebre poema de Paul Eluard donde éste ya había escrito el nombre magnético de la libertad: "En la desnuda soledad", "En el pan blanco de todos los días", "En los peldaños de la muerte", en una secuencia que parece anunciar el ordenamiento de esta nueva edición de *El transeúnte*: muerte prematura, ciudad, amor, vida cotidiana, y muerte última.

No es de extrañar por ello que en un segundo movimiento esta poesía que desencadenaba sus imágenes, en el flujo surrealista de un viaje en autobús, se congelara de súbito, fija ante la inmóvil eternidad. Por ello los poemas con que termina esta secuencia, como "Eclipse", "Efímero", "Crepuscular" y "Final", se sustentan sobre esa seca eternidad, cuestionándola.

No ha roto del todo con su vieja imaginería romántica, y por allí sobrevuelan, de golpe, mariposas o se hacen quizás pensativas las rosas, al buscar que la infancia vivifique un tiempo final y apocalíptico donde la degradación personal de la vejez-prótesis, fatigase corresponde con ese sombrío panorama donde el país se reduce en su agonía: "Se oyen disparos en la noche / ¡oh¡, patria muda y temblorosa!".

Exilio dentro de sí mismo. Interrogación metafísica que deja atrás "la selva urbana" y "la trampa de la calle"; Rogelio Echavarría termina por volver a plantear las seculares preguntas existenciales sobre origen y destino, sobre permanencia y fuga. Partió de la ciudad y fue más allá de ella al retornar a la matriz. Por ello su cultivo del verso libre no excluye nunca las formas tradicionales en una tensión contradictoria, donde siempre termina por reiterar su acendrado pesimismo.

Remonta así el curso del tiempo hasta Adán e impregna sus páginas con el católico estoicismo fraterno de una caridad, que tiende puentes entre la soledad asumida del escritor y su compenetración sensible con lo que sus prójimos viven. Lo corrobora su logrado poema "Oscuro sueño":

> Me asaltan en la noche y me ofenden
> fantasmas transparentes y fríos;
> me toman por los cabellos, me hunden
> en un pozo oscuro y febril,
> y cuando me dispongo a gritar
> a abrir los brazos y a pedir palabras,
> el sol se aloja con su gota de hielo
> en mis ojos de negra y eterna lechuza.

Las palabras que piden no son únicamente las escuetas del noticiero o del telegrama. "Recuelo", "Alfos", "Deslardado" o "Almilla" resuenan con su ancestral impacto. Son esas joyas del idioma que engastadas en el aparente flujo neutral de nuestra incomunicación diaria amplían la misión del poeta: no sólo gritar, abrir los brazos y pedir palabras, sino también remozarlas, resucitarlas, jugar con ellas.

Si bien, en ocasiones, puede decaer en el intrascendente humorismo del apunte gratuito: los pájaros que no padecen guayabo a pesar de vivir en un guayabo o en un borrachero, en otras revitaliza el idioma y lo pone a pensar al abrir su entraña: la ambivalente danza entre el sonido y sentido que llamamos poesía.

Quizás por todo ello Fernando Charry Lara pudo resumir en 1965 las virtudes del primer transeúnte con esta precisa caracterización: "objetividad del lirismo, novedad, desnudez, temporalidad, hallazgo de lo maravilloso entre lo conocido circundante".

Al juicio de Charry Lara convendría añadir un cálido reconocimiento admirativo ante la veta amorosa de su poesía, que en textos como "Declaración de amor" logra una dúctil y, a la vez, opulenta enunciación expresiva. Allí el poder que otorga el canto exorciza los 40 años en que como periodista también Rogelio Echavarría asumió la triste condena de registrar "fechas violentas". Sólo ahora, con la maliciosa sabiduría que la presencia femenina otorga como don y como bálsamo, puede recobrar esa flor "de mi más alta confianza".

Surge así una concreta esperanza que en poemas como "Llegue tu carta" o "Única", unifica y da cohesión a sus sucesivas interlocutoras en una misma musa, la propia poesía, y logre combatir el insidioso susurro de la muerte, en colegas –Aurelio Arturo, Jorge Gaitán Durán, Eduardo Cote Lamus, como en las propias figuras de su entorno: los 90 años de su padre.

Hay así, como subyacente bajo el transeúnte urbano, una serie estructurada de poemas que bien pudiéramos llamar simplemente clásicos, en su hermosa capacidad reveladora. Al lado de éstos, otros poemas se constituyen en notas, escolios y variaciones, sobre esas sinfonías mayores. Algunos constituyen simples divertimentos que van del gracejo al abordaje del absurdo. Otros son trazos fugaces en su cuaderno de apuntes, donde brinda atisbos de luz sobre su tarea creativa y discreta y sorprendida, como la califica, huye la poesía, esa sombra.

Pero lo importante, en todo caso, es resaltar la fidelidad al canto, en medio de tantos altibajos de silencio que ocasionó el periodismo. Ese canto que con cuentagotas nos ha dado estricta cosecha, que al igual que el canto de los pájaros "no olvidan nunca su canción" y "a nadie humillan con su gentil indiferencia".

Estos versos terminan, también, por revertir sobre la calidad humana de quien escribió estos poemas y sobre la ilusa terquedad juvenil con que ha defendido su obra y ha ampliado el espacio democrático de la poesía en Colombia con trabajos como su *Antología de la poesía colombiana* (1998), donde indudablemente están todos los que son y varios que sobran. Regocijémonos entonces de volver a releer este hermoso libro que parece haber tenido más presentaciones y más justificadas reediciones que el propio número de excelentes poemas que acoge, ya que cada nuevo abordaje lo enriquece y gratifica a quien lo hace, revelándole perspectivas insospechadas.

En realidad Rogelio Echavarría forma parte del canon de la poesía colombiana en este siglo. Su poesía que se opuso al tiempo y cuestionó la historia que hemos sufrido ya es historia y tiempo que felizmente podemos redimir con su lectura. Lo dijo mejor que nadie al escribir: "Yo siempre duermo con mi única fiel compañera / que me acaricia el rostro con sus manos de hollín".

Insular, no vinculada a *Mito*, pero con voz propia, Meira del Mar, desarrolló una poesía auténtica en este mismo periodo.

MEIRA DEL MAR (1922)

Alba de olvido (1942) tiene un delicado encanto de remembranza melódica. Angustia e inquietudes se transforman en acompasada música, y si bien comprueba "un crujido sordo de cosas que se rompen", todo se halla transmutado por una fluidez enunciativa y un ferviente anhelo de paz y conciliación.

La ausencia amorosa y un verso como éste:

Viejo anhelo de irme lejos,
eres, más que anhelo, cruz.
(pág. 34)

plantean los conflictivos nudos de tensión. Pero esos dilemas, "dulzura y perversidad, el llanto de los humanos / y la inhumana crueldad", se van diluyendo en "¡todo lo que de suave tiene mi corazón!"

En realidad lo que se percibe en esta poesía, que tiene tanto de fuga y ensueño como de capacidad transmutadora de todo lo hiriente (celos, abandono, impotencia, fatalidad), es lograr que esta invitación al viaje no recurra al exotismo de Tahití y las Marquesas, lo intentó Paul Gauguin, o descienda a los infiernos como lo hizo Arthur Rimbaud. La dimensión espiritual no requiere forzosamente un viaje a la India, ni el secular combate entre Eros y Tánatos se resuelve en sesiones psicoanalíticas.

Por el contrario: aquí todo ello se funde, como buena romántica, en un paisaje muy nuestro, el del mar Caribe, de Cartagena y Barranquilla, donde la vista, compenetrándose con el horizonte y dilatándose en la conjunción de todos los elementos, termina por encontrar una perspectiva que es también un hogar. La morada del canto. Por ello Meira Delmar —y su mismo pseudónimo lo dice todo— canta así:

El mar tiene un don que nadie
tuvo ni tendrá jamás;
el incomparable y claro
don de saber consolar.

Puede ser honda mi pena,
puede ser largo mi afán,
puedo sentir un amargo
deseo de sollozar...
¡Y todo, todo lo olvido
cuando me llego hasta el mar!
Yo vivo enamorada del mar.
Por eso vengo
a estar sola con él,
bajo el encaje blanco
que tejen las gaviotas
y que el viento, travieso,
se empeña en destejer.
Yo vivo enamorada del mar,
porque él sí sabe
lo que debe decir
cuando hay llanto en mis ojos,
cuando hay risa en mis labios,
y hasta cuando no puedo
ni llorar ni reír.

("Confesión azul", págs. 42-43)

El agua de la palabra supera así contradicciones en el mar de un idioma que comienza por nutrirse del caudal fecundo de la infancia. Por ello, en un primer movimiento, esta poesía mira hacia atrás, en un "regreso" a sus fuentes. Allí donde las voces del recuerdo, sonoras, estremecedoras, traen a flote, como en el libro de Marcel Proust, esos momentos únicos que ascienden desde las profundidades y que, como en la película de Raúl Ruiz sobre *El tiempo recobrado*, dejan a Marcel, el narrador, como una estatua de ballet petrificada ante la milagrosa resurrección de los momentos esenciales de su vida.

Así, en el caso de Meira Delmar tenemos la vieja casa y su patio "soleado y pequeño", el rosal y el granado, la hierbabuena y el orégano, y, entre esos aromas que impregnan el aire, ese "anhelar ilímite / de horizontes sin término". Pero la proyección hacia la utopía, la fuga ensoñadora y sensorial, se equilibra con "la emoción que hay en todos los regresos". Desarraigo y retorno, palabra y silencio: el monólogo se trueca en diálogo dentro de la misma voz que crece y se mira a sí misma en el espejo del verso. Al lanzar sus miradas sobre el entorno de esa realidad que descubre extasiada, un segundo movimiento le otorga la llave mágica que reabrirá el perdido reino. Esa llave es el verso: sonetos, romances, alejandrinos y endecasílabos, y en los versos de arte menor, el octosílabo, el heptasílabo y el pentasílabo. Y acorde con su rescate de la infancia, nanas para el sueño de los niños y romancillos cariciosos en pos del príncipe lejano. Así, las golondrinas que vio terminarán por ser las golondrinas de Gustavo Adolfo Bécquer:

> Después, leyendo a Bécquer,
> las encontré de nuevo,
> con el amor clavado, dulcemente,
> como un dardo de luna sobre el pecho...
> Cuando pasaba su temblor soñado
> ¡qué azul quedaba el verso!

Música: ronda, rondeles. Y una paulatina asimilación de la tradición hispánica, de Garcilaso de la Vega a Antonio Machado, y acorde con sus orígenes, el conocimiento de la incomparable herencia poética árabe, raíz, a su vez, de nuestra lírica. En realidad, lo que primero admiramos es la intuitiva coherencia de esta obra que, frente al mar, descubre el canto apelando a la infancia, y allí se sumerge en el verso. Un verso tan emotivo como culto.

Por ello, en su segundo libro, *Sitio del amor* (1944), su poesía se hace más tensa e inquisitiva, preguntándose por el sentido de su búsqueda. Una búsqueda inclemente y sin término que refluye sobre las ausencias y recubre todo lo perdido con un aura de nostalgia añorante. Pero, antes de llegar a esa evaporación de lo material-sensible, el afán no cesa: "Por todo el haz de la tierra / te está buscando mi voz". Lo hace a partir de un nuevo génesis: ya no el mar o la música, ya no la infancia o el verso. La pregunta es distinta, la formula y así:

¿Dónde? ¿Dónde?
Allí. Detrás del viento. Donde pierde
sus trémulos cristales
el paso de la voz.
Más allá de la espina y de la rosa.
Más allá –mucho más– de la emoción...
Lejos ya del silencio y lo que rompe
la forma del silencio.
Allí el amor.
("Sitio del amor", pág. 49)

Quizá este verso, más premioso y exigente, más cortado en su urgencia, nos traslade, con mayor eficacia nominativa, a un nuevo espacio poético:

Y el amor nos rondaba y acechaba,
ojo vivo y tenaz, leopardo herido.
En torno, a toda hora, su saeta
buscándonos el pecho estremecido.
Escudos y corazas fueron vanos.
Y corazas y escudos desceñimos.
El corazón volvió transfigurado
de la terrible huida de sí mismo.

("Vencimiento", pág. 59)

Un espacio de lucha y agonía. De combate feroz, donde las almas usan los cuerpos y los cuerpos crecen hasta rozar con sus labios el alma única. Allí donde la subjetividad intimista de esta poesía tan personal, tan consustanciada con sus habituales y cíclicas referencias, se abre, por culpa del dolor, hacia una dimensión colectiva, de sombra y tragedia. Explicable, quizás, por el clima de violencia política del momento. El verso, como era habitual en ella, ya no se deslizó armónico sino que se detiene conturbado ante nuevas realidades no exentas de dramatismo:

En la noche de párpados abiertos
arcángeles rebeldes iniciaban
la sórdida teoría de la duda.

("Verdad de la sombra", pág. 63)

Ese duelo perplejo, en ocasiones lacerante, en otras tenso y desolado, pletórico de heridas, semeja naufragar en un golfo de miedo y dolor. De castigo y espinas. Para concluir con un seco epitafio: "Esto gris y sin nombre es la ausencia".

Esta poesía exuberante de azul y de mar, de verdes ilusiones y ensoñación desatada, se nos congela, de golpe, traspasada por su incapacidad para enumerar el mundo. "Tú ya no tienes rostro. / Ya no eres". Así se dice a sí misma, en alusión al amado y en pos de un asidero, pero este purgatorio de los sentidos, este tiempo muerto, "sin futuro ni pasado", donde el afán de lejanías se repliega en el soneto o la cancioncilla, cárcel verbal para un ánimo deprimido, experimentará en sus nuevos libros, *Verdad del sueño* (1946) y sobre todo, *Secreta isla* (1951), una sorprendente metamorfosis. Una auténtica resurrección.

Como si su arsenal poético, que se nutría de Juana de Ibarbourou como del reino vegetal de Ana de Noailles, y que sin excesivas matizaciones podíamos adscribir a la renovación que significó "Piedra y Cielo" como esbeltez emotiva y expresividad sugerente, apelando más a la fábula que al concepto, se afinará y estrechará en poemas que sólo pueden calificarse como una sobria unidad perfecta. La música se ha metido dentro y sostiene no la floral arborescencia sino el hilo conductor de la médula.

Un ejemplo cabal de esta nueva inclinación la da un poema como "El viaje", donde el tópico, tan cercano a su afecto, alcanza la sencillez elocuente de un mensaje que no por ser tan directo deja de abrir otros estratos y de revelar hondas vetas. Ya no hay melodía en la cual perdernos, ni naturaleza que nos acoja con sus disfraces, del verde al blanco, del rojo al ocre. Ahora todo resulta seco y diciente. Su temor es más hondo en el adiós que propone sin complacencias. Ahora la fuga es absoluta: desasida de sí misma, se mira partir, acorde con su convicción de que "Nadie sobrevivirá, excepto lo que dejamos en la poesía".

<pre>
Yo me iré una tarde
de lluvia gris.
Estarán, como ahora,
silenciosos los árboles
y apagados detrás de la niebla.
El agua, cayendo,
soñando apenas,
dibujará fantasmas desvaídos,
y un ángel triste cerrará las nubes
con manos de marfil.
Entonces yo me iré.
</pre>

("El viaje", pág. 98)

El mundo se ha interiorizado y la fuerza de la soledad desde la cual esta hablante crece en decisión y firmeza, le permite eludir la confusa algarabía de las otras voces y la cháchara inauténtica que prolifera por todos lados, devaluando el idioma, para exigir que su interlocutor la mire con ojos propios. Con toda razón exige para su diálogo seres tan concretos como complejos. Tan corpóreos como transparentes. Donde su impenetrabilidad sea también un incitante llamado hacia la luz. Que podamos abrazar pero que también nos brinde la dilatada patria de un conocimiento que nunca termina. Porque en definitiva también existe algo sagrado en cada ser humano, si lo entendemos en su dimensión mítica y en su proyección trascendente. En últimas también la muerte es interrogación.

Sus poemas, con razón, se titulan "Instante" "Distancia", "Raíz antigua", o este, tan logrado, que llama "Momento", como si en ellos buscase que la fugacidad de lo temporal y el misterio de lo cotidiano, con sus insondables ritos, fuesen contemplados desde una empatía creadora tan lúcida como sugerente. Que no se elude a sí misma, a sus penas, carencias y desfallecimientos, a sus fracasos y al ámbito de silencio y ceniza que los circunda, pero que también es capaz de sumergirnos, de lleno, en el ámbito de una poesía esencial, capaz de acceder a otra dimensión:

> Nadie. Nada. Apenas si, a veces
> tu corazón, mi corazón.
> Una tarde creemos
> alcanzarnos...
> ¡Nuestra
> la gloria del amor!
> Y te miras el alma.
> Y yo me miro el alma,
> melancólicamente.
> ¿Dónde

los cánticos y el sol?
Y sonreímos –¡era
más fácil el sollozo!–
y otra vez nos perdemos,
niebla y niebla, tú y yo.

("Momento", pág. 121)

Pero esta sobria forma de despojo es también la que da a su poesía un rigor enunciativo y una nitidez en el dibujo a las cuales no serían ajenas sus estudios de historia del arte y su estadía en Roma. Música y artes plásticas, entonces, como vías de acceso a una historia aún vigente en su carácter de norma clásica. De proporción dorada, tal como lo logra en su "Ciudad en el recuerdo", con su "teoría de melódicas columnas".

Pero donde su madurez creativa logra una de sus cimas es en su poema "La otra". Una sabia ductilidad y una afinada forma de juego y desdoblamiento, donde la perenne dualidad de atracción y rechazo, de entrega y autonomía, de sueño y, a la vez, de conciencia, logra esta ceñida joya:

No soy la que te ama.
Es otra,
que vive con su alma
dentro de mí.
A veces, tú lo sabes,
cierro los ojos para
no caer en los tuyos,
y te hablo del viento

que escribe la mañana
en su libro de viajes,
y digo sonriendo
que algún día me iré.
Ella, la enamorada,
cruza entonces las venas y me toca
de lumbre el corazón.
Y te mira en silencio.
A través de mis párpados, te mira
olvidándose en ti.
¡Y de pronto te besa con mi boca,
y crees que soy yo
la que te besa!

("La otra", pág. 124)

Como en el texto que Meira Delmar escribió en 1997 sobre la poesía, este poema logra restañar la herida, la perenne dualidad, y erguirse como una nítida indagación que no sólo se refracta sobre quien la escribió sino que también devela, en quien la lee, esas oscuras dualidades que nos constituyen. La poesía es siempre la otra voz sembrada en medio de nuestras perplejidades proverbiales.

Por ello su libro de 1981, *Reencuentro,* no sólo confiere un marco legendario a sus ancestros orientales y a ella misma como una figura imperial despojada de reino, corona y joyas, sino que instala, con ardida agudeza, un nuevo territorio para el canto. Un breve poema como "El misterio" es un relámpago de certeza propugnando, desde la vitalidad del recuerdo, su terca permanencia:

Pero todos notaron
su presencia.
Que eran ellos,
supieron.
Los antiguos
amantes desterrados,
ebrios de amor aún, como de vino,
buscando ciegamente su memoria.

("El misterio", pág. 43)

Es el estallido deslumbrante de ese sol al cual las palabras no alcanzan, lo que demuestra las alturas que roza esta poesía, tan cautelosa en su sigilo como osada en su asombro. Con razón tituló este poema "El resplandor", cegándonos con su luz:

Nunca supe su nombre.
Pudo ser el amor, un poco
de alegría, o simplemente
nada.
Pero encendió
de tal manera el día,
que todavía
dura su lumbre.
Dura.
Y quema.

("El resplandor", pág. 65)

Si bien, como todo auténtico poeta, mide "en silencio la final derrota", es su nostálgico ardor en pos del paraíso perdido el que demuestra su fidelidad, sin claudicaciones, a una vocación sostenida contra viento y marea. Nos hace ver lo nunca visto, por más que se encuentre a nuestro lado, pero también nos lleva a vivir en aquello que sólo su palabra ha hecho posible: esa secreta isla donde florece su poesía.

Quizás por ello su libro *Laúd memorioso* (1995) resume muy bien los aciertos sugerentes con que ha engalanado su lenguaje diáfano, y una composición ceñida y pertinente. Esas formas clásicas apenas si se perciben como tales: son cauces apenas para que fluya el reposado pero inextinguible caudal de sus emotivas certezas. Allí concentra mejor el pálpito de sus visiones: "... y pienso en el perfume / que de nuevo me hiere / aunque el jazmín no exista".

Rememorando la ausencia amorosa enriquece el secular tópico con un esguince original. Así lo demuestra esta "Muerte del olvido":

Se me murió el olvido
de repente.
Inesperada-
mente,
se le borraron las palabras
y fue desvaneciéndose
en el viento.
En busca suya el corazón tocaba
todas las puertas.
Nadie. Nada.
Y allí donde estuviera se instaló
de nuevo

el doloroso amor,
el implacable,
interminable-
mente.

Esos desencuentros poseen el reverso de una intensidad que sólo podría calificarse de sorpresiva. Al utilizar un repertorio de figuras clásicas, provenientes de una tradición ya milenaria –Dafne, Ofelia, Orfeo, Narciso, el Unicornio–, lo carga de una vívida empatía. Lo renueva. No son, como caso de otros poetas colombianos que también las trajinan, los nombres ilustres, engarzados unos con otros, para aprovechar su hoy en día un tanto añejo prestigio.

Por el contrario: en Meira Delmar resultan tan pertinentes e incisivos, precisamente porque "no se atreve a tocarlo la alabanza". Es la zona de mudo estupor que establece en torno a ellos la que los hace grandes, al restituirles el ardor conmovido de su irrupción deslumbrante. Dioses y diosas surgen en medio de una perspectiva ilimitada. Allí donde el mármol de las estatuas clásicas recobra vitalidad y ensueño. Se hace cálida tibieza bajo el sol mediterráneo.

Animar lo inerte, enriquecer con soterrados fulgores un crepúsculo vital, como sucede con su último libro, *Alguien pasa* (1998), nos la confirma sabia y elegante. Allí donde la distancia no es frialdad sino despejado ámbito para instalar sus palabras hondamente sopesadas. Meira Delmar mantiene vivas en su memoria todas las palabras que componen sus poemas. Por ello, cuando los recita, tiene la gravedad emocionante de la Sibila al formular sus profecías. Nos deja solos ante el espacio por donde irrumpe el milagro. Así, al hablar de Ofelia, recuerda:

Con paso de gacela vulnerada
cantando vienes por el bosque umbrío.

Y entreabre así el velo sobre un enigma tan cercano como indescifrable. Recrea la herencia de esa luz final que estremece tanto como acompaña.

Enajenada, sigues recogiendo
las últimas violetas. En tus manos
la postrera corona es la más bella.

Ya desceñida y preguntándose en qué momento se le fue la vida, su poesía mantiene la erguida entereza de quien hasta el final se repliega ante el dolor para superarlo e insiste en plantar, "contra las rojas fauces del delirio", como en su conmovedor epitafio para Raúl Gómez Jattin, el airoso y sin embargo fiero aliento de vida que sus poemas brindan con jubiloso desprendimiento.

Los libros de Meira Delmar (seudónimo de Olga Chams) son *Alba de olvido,* 1942; *Sitio del amor,* 1944; *Verdad del sueño,* 1946; *Secreta isla,* 1951; *Huésped sin sombra: antología,* 1970, con un prólogo de Javier Arango Ferrer, y por la cual cito hasta esa fecha. Posteriormente ha publicado *Reencuentro,* 1981; *Laúd memorioso,* 1995; y *Alguien pasa,* 1998.

María Mercedes Jaramillo, en "La poética amorosa de Meira Delmar", incluida en el volumen colectivo *Literatura y diferencia. Escritoras colombianas del siglo XX,* vol. I, Medellín, Ediciones Uniandes - Editorial Universidad de Antioquia, 1995, págs. 131-149, efectúa una lectura de toda su poesía y ofrece mayores referencias bibliográficas. No está incluida allí la nota que Gabriel García Márquez escribió sobre *Secreta isla* y de la cual cito este párrafo revelador:

> Deseo llamar la atención a los lectores de *Secreta isla* sobre la diafanidad verbal, la nobleza de las palabras con que la poeta entrega su estremecimiento interior. A quienes seguimos, desde la publicación de *Alba de olvido,* hace diez años, la trayectoria de esta exquisita y a un tiempo fuerte escritora, nos corresponde advertir la casi verticalidad con que progresa la gráfica de un dominio idiomático. Esta circunstancia le ha permitido a Meira profundizar en las secretas islas de su corazón y encontrar la palabra precisa, la cifra exacta que las lleve a flote y las ponga a navegar en el poema, sincera y sencillamente como los barquichuelos de papel. El dominio del instrumento que se ha venido purificando, progresiva y sistemáticamente, a través de tres libros anteriores (descuento la selección de *Sus mejores versos*) ha puesto a Meira Delmar en posesión de su claro universo interior y le ha permitido rescatar, de su estado de alma, la correspondencia íntima del mar exterior que ella tanto ama, de las golondrinas que

tanto persigue, del amor que tanto se alegra y le duele en un lugar que parece participar de una dimensión diferente de las conocidas, y sólo de ella.

(La nota, de junio de 1951, apareció en *El Heraldo,* de Barranquilla, y ahora se halla incluida en GABRIEL GARCÍA MÁRQUEZ, *Textos costeños, Obra periodística,* vol. I, Barcelona, Bruguera, 1981, págs. 675-676.)

EL ESCÁNDALO NADAÍSTA Y OTROS POETAS

En Medellín, una de las ciudades más tradicionales de Colombia, apareció en 1958, en la papelería y tipografía Amistad, un folleto de 42 páginas titulado Manifiesto nadaísta, firmado por gonzaloarango (sic). El diseño de los títulos era pueril y varias de las ideas perfectamente razonables. Pero a partir de allí un vasto movimiento de agitación intelectual iba a ocupar un papel preponderante en el panorama cultural colombiano.

"El nadaísmo, en un concepto muy limitado, es una revolución en la forma y en el contenido del orden espiritual imperante en Colombia. Para la juventud es un estado esquizofrénico consciente entre los estados pasivos del espíritu y la cultura", anunciaba la primera página del texto, el cual procedía luego, aduciendo en su respaldo citas o menciones de Mallarmé y Sartre, Breton, Kierkegaard, Kafka, Gide y Spencer, a formular un vasto programa de subversión cultural (estético, social y religioso) que, apoyándose en la duda y en los elementos no racionales, y teniendo como armas principales la negación y la irreverencia, el desvertebramiento de la prosa y el inconformismo continuo, buscaba el cuestionamiento de una sociedad, la colombiana, en la cual "la mentira está convertida en orden"[1].

Había, ciertamente, elementos de gran validez en esa formulación y una conciencia muy aguda de sus limitaciones: "La lucha será desigual considerando el poder concentrado de que disponen nuestros enemigos: la economía del país, las universidades, la religión, la prensa y demás vehículos de expresión del pensamiento. Y además, la deprimente ignorancia del pueblo colombiano y su reverente credulidad a los mitos que lo sumen en un lastimoso oscurantismo (...). Ante empresa de tan grandes proporciones, renunciamos a destruir el orden establecido. Somos impotentes. La aspiración fundamental del nadaísmo es desacreditar ese orden".

Esta generación "frustrada, indiferente y solitaria", como se autocalificaba, que coqueteaba con el suicidio y encontraba en *La náusea* de Sartre su Biblia, se proponía en consecuencia "no dejar una fe intacta, ni un ídolo en su sitio", mediante una actitud iconoclasta que se expresaría simultáneamente en dos campos: el literario y el vital. El primero gracias a la revista *Nada,* anunciado órgano del movimiento que sólo habría de volverse realidad doce años después con la aparición de *Nadaísmo 70* (8 núme-

---

[1] En la edición original, de muy difícil consecución hoy en día, la cita figura en la pág. 12. En el libro *Manifiestos nadaístas,* Bogotá, Arango Editores, 1992, prologado por Eduardo Escobar, se reúnen 12 manifiestos nadaístas, sin mayores precisiones de fechas. De cualquier modo, es sabido que el origen del movimiento data de 1958.

ros entre 1970 y 1971), y lo segundo a través de un comportamiento humano abierto y en ocasiones desenfrenado que ya desde el primer momento buscaba, mediante su vinculación con los jóvenes, los coca-colos de entonces, una vasta irradiación.

Este combate, que tomaba en cuenta tanto las precarias condiciones de la educación colombiana como las limitaciones de una literatura oscilante entre lo folclórico y lo regional (combate condenado de antemano tanto por los defensores de "lo autóctono" como por los partidarios de "la realidad histórica y social"), tenía el atractivo de presentarse como algo exento de dogmas. Apertura que hallaba su punto de partida no en una idea abstracta sino en una realidad exacerbadamente personal. Así las páginas finales estaban dedicadas a un bastante narcisista "Esquema para una definición de mi existencia", en el cual gonzaloarango a los 26 años (tenía, en verdad, dos más) repasaba, a todos sus niveles, su vida, para concluir en una esperanza de superación mediante una nueva fe y una nueva belleza ("–El nadaísmo–. Mi última oportunidad"), como no dejaba de proclamar, en tono algo melodramático.

Más valiosas en realidad resultaban las líneas finales del citado *Manifiesto,* en las cuales, preguntándose hasta dónde llegarían, respondía en forma premonitoria: "El fin no importa desde el punto de vista de la lucha. Porque no llegar es también el cumplimiento de un destino". Esta permanente indefinición es la que a lo largo de los años les ha permitido continuar en la brega. Las 12 líneas que monsieur Larousse (según dicen ellos) les pidió para su diccionario nunca fueron escritas y en dicho humor, exasperante para los hombres de una sola pieza, reside quizá una de las mayores virtudes de este movimiento, en ocasiones singularmente creativo y en otras completamente errático y, lo que es más grave, filosofante y trascendental, como lo atestiguan varias disquisiciones "humanísticas" y "metafísicas" de su fundador.

GONZALO ARANGO (1931-1976)

¿Quién era entonces el autor de estas páginas, en las cuales la agudeza convivía con la retórica y la exaltación tendía a convertirse en *slogan*? ¿Quién había redactado esas frases felices en las cuales el razonamiento subyacente dejaba, en realidad, bastante que desear –que contagiarían de entusiasmo a un buen número de adolescentes allí en Medellín y más tarde suscitarían, a todo lo largo y ancho del país, el fervor y el rechazo, infundiéndole a nuestro anémico horizonte vital indudables fulgores y osadías?

Había nacido en Andes, Antioquia, el 18 de enero de 1931, en medio de una familia puritana de provincia. Clase media burguesa, anota él mismo. Su padre, telegrafista primero y más tarde burócrata conservador, ganaba a su muerte, en 1953, 300 pesos mensuales para sostener trece hijos. Estudiante de primaria con los Hermanos Cristianos y más tarde estudiante de bachillerato en el Liceo Antioqueño de la Universidad de Antioquia, donde tuvo como compañero al pintor Fernando Botero, Gonzalo Arango alcanzó hasta tercer año de derecho en la citada universidad, abandonando su carrera, según diría más tarde, debido a cierta inclinación suya a torcerlo todo.

Profesor de literatura y bibliotecario en la ya mencionada universidad, sus primeras colaboraciones aparecen en el suplemento literario de *El Colombiano,* periódico conservador cuyo suplemento dirigía Eddy Torres. Allí escribe reseñas convencionales, como la que el 6 de octubre de 1955 dedica a analizar la influencia de *Mientras agonizo* de William Faulkner en *La hojarasca* de Gabriel García Márquez, a la cual sin embargo elogia de modo caluroso.

Se había unido antes, en 1953, al MAN, la tercera fuerza que el entonces presidente de la república por golpe militar, el general Gustavo Rojas Pinilla, promovió en contra de los dos partidos tradicionales, liberal y conservador. Corresponsal del periódico *La Paz,* órgano de dicho movimiento, y miembro suplente de la Asamblea Nacional Constituyente, el 10 de mayo de 1957, al caer la dictadura de Rojas Pinilla, quien mediante dicha asamblea quería legalizar su permanencia en el poder, se pide, entre otras cosas, que la cabeza de Gonzalo Arango cuelgue de las rejas de la Avenida Junín, en Medellín. Opta, entonces, por un discreto exilio en el Valle del Cauca, en Cali, donde redacta el *Primer manifiesto,* el cual conlleva también un viraje suyo en el campo político. Alaba allí la juventud que el 10 de mayo "aportó su sangre y el sentido heroico del sacrificio para derrumbar una tiranía castrense que al fin de cuentas fue una vergüenza que defraudó la fe de los colombianos y cubrió de ignominia la libertad y la cultura"[2]. Primera de sus varias autocríticas.

Sólo que sus vaivenes ideológicos iban a desaparecer muy pronto tras el estruendo de sus primeros escándalos: convoca a sus amigos al parque Berrío de Medellín y luego de leer un discurso escrito en papel *toilette,* discurso en que elogiaba a Pablo Alquinta, jinete del popular concurso hípico del 5 y 6, en detrimento de Miguel de Cervantes, procede a quemar los libros de su biblioteca. Acto semejante, o el mismo acto –la crónica, infortunadamente, no es muy exacta–, se repite en el atrio de la Universidad de Antioquia, como parricidio simbólico enfrente de su propia casa de estudios, y en uno de ellos arroja al fuego el manuscrito de su primera novela, *Después del hombre,* escrita en un interregno campesino de dos años durante su trunca carrera de derecho. El influjo erostrático de Sartre, a través de *El muro,* había llegado hasta la capital de esa lejana provincia colombiana. Pero era en realidad Camus, a nivel de sensibilidad y escritura, la presencia más detectable en la prosa de Arango a todo lo largo de su trayectoria. Así, esta mezcla de surrealismo y existencialismo

---

[2] Gonzalo Arango, *Primer manifiesto nadaísta*, Medellín, Tipografía Amistad, 1958, p. 33.

un tanto primitivos puede situarse en los orígenes de su proyecto desmitificador. Tales actos, la difusión del Manifiesto, reproducido por el periódico *El Tiempo*, y la convocatoria a colaborar con la hipotética revista *Nada* –locura, viscosidad, revolución, desorden, belleza nueva, verdad desvestida, como proclamaba el aviso– fueron agrupando en torno suyo, en la errancia de calles y al amparo de bares y cafés (el Metropol, la Bastilla, la Clínica Soma), a un grupo de jóvenes que habría de incidir en el campo de las letras nacionales.

Jóvenes que desertarían de empleos y seminarios para solicitar su ingreso en la nueva religión. Jóvenes que en muchos casos habrían de conocer reformatorios y clínicas psiquiátricas en aras de su nueva fe. Pero también algunos esporádicos hampones y derelictos se acercaron a ellos, con gran complacencia del grupo, buscando, más que cambiar el tono de las letras nacionales, un clima permisivo para sus hazañas: las drogas y los tímidos intentos de amor libre figuraban en el decálogo de estos rebeldes ahora con causa.

Un detonante manifiesto, seguido de un pestilente saboteo en contra de un congreso de "escribanos católicos", tal el apelativo, congreso inaugurado con toda la pompa hispanizante que distinguía a Eduardo Carranza[3], motivó que Gonzalo Arango fuese

---

[3] El discurso de Eduardo Carranza, Medellín, 1959, se halla recogido en el libro de Gloria Serpa de Francisco, *Gran reportaje a Eduardo Carranza*, Bogotá, Instituto Caro y Cuervo, 1978, pp. 343-350.

detenido y encarcelado en el tercer patio, el más peligroso, de la cárcel de La Ladera, en Medellín. Un acto sacrílego, más tarde, en la basílica de esta misma ciudad, al clausurarse la Gran Misión Católica que por aquellos años había recorrido el país –comulgaron y guardaron las hostias en un libro–, suscitó el furor de los fieles, quienes estuvieron a punto de lincharlos. Estos dos actos consolidaron su fama a nivel nacional y dieron pie a una serie de giras por todo el país: Manizales, Pereira, Cali (1960), Bogotá (1961). En Cali, donde pidieron la sustitución del busto de Jorge Isaacs por el de Brigitte Bardot, se unieron al grupo antioqueño los caleños J. Mario y Elmo Valencia, y así la nómina del nadaísmo agrupó en un primer momento a Gonzalo Arango, los poetas Jaime Jaramillo Escobar, Darío Lemos, el novelista Humberto Navarro, los cuentistas Amílcar Osorio (alias Amílcar U.) y Jaime Espinel, el futuro cineasta Diego León Giraldo y los hermanos Jorge Orlando y Moisés Melo. Posteriormente otros escritores se aglutinarían alrededor de él: en 1963 *13 poemas nadaístas,* antología del grupo, acogía a todos los poetas y cuentistas mencionados, junto a Mario Rivero. Tres años después, al aparecer *De la nada al nadaísmo,* una suerte de fichero del grupo, la nómina anterior se ampliaba con los nombres de Fanny Buitrago, Elkin Restrepo, David Bonells y Armando Romero.

Pero muchos otros artistas –Álvaro Barrios, por ejemplo, quien se proclamó pintor nadaísta y cuyos excelentes dibujos acompañaron varias muestras de poesía del grupo (*El Corno Emplumado,* México, enero 1966, Nº 17); Pedro Alcántara, quien habría de ilustrar el Nº 2, y último, de *La viga en el ojo,* la revista nadaísta que Eduardo Escobar editó en Pereira en 1966; Fernando Jaramillo; Malgrem Restrepo; o escritores como Álvaro Medina (alias José Javier Jorge); Alberto Sierra; William Agudelo; Pablus Gallinazus; Jan Arb, hermano de Jotamario– mantuvieron inicial adhesión a los postulados o coquetearon con los mismos, utilizando la beligerante plataforma de divulgación que el nadaísmo ponía a su servicio. Era la atmósfera de la época.

En 1970, al aparecer *Nadaísmo 70,* una bibliografía del movimiento[4] incluye a los siguientes autores: Gonzalo Arango, Eduardo Escobar, Jaime Jaramillo Escobar, J. Mario, Humberto Navarro, Pablus Gallinazus, Germán Pinzón –no nadaísta, sino primer premio en el concurso nadaísta de novelas realizado en 1966–, Dukardo Hinestroza, Fanny Buitrago –quien en julio de 1968 pidió su exclusión del grupo– Mario Rivero, David Bonells y Raquel Jodorowsky, la poetisa chilena residenciada en Lima, Perú. Se relacionaron allí también 16 manifiestos y se anuncian varios libros, entre ellos la novela de Elmo Valencia, *Islanada.* Es fácil, al repasar esta lista, ver quiénes permanecieron fieles, desde sus comienzos, y retornar a ellos para precisar las características del grupo orientado por Gonzalo Arango.

[4.] Se incluye al final, como anexo ilustrativo.

En 1959, en la primera de las innumerables polémicas que el nadaísmo sostuvo consigo mismo y que en cierto modo coadyuvaron a su flexible vitalidad, el grupo de Medellín reprochaba al de Cali sus desviaciones provincianas y terminaba declarando:

"Hemos elegido por encima de toda fe, la ética de la derrota y la ignominia. Le cantamos a los bajos instintos y exaltamos a la categoría de virtud todo lo despreciado por la moral burguesa. Sean crueles y sádicos. Insulten a la belleza. Vomítense en lo sagrado. Ríanse de todo y de todos. Ríanse de ustedes mismos. Vivan hasta el agotamiento. La muerte no existe"[5].

La intensidad de estas propuestas se transluciría, de seguro, en las conferencias que Gonzalo Arango dictó en Bogotá, en el Café Automático, el café de León de Greiff y la vetusta bohemia, y en las escaleras de la Biblioteca Nacional (le prohibieron dar la conferencia en sus salas), cuando en 1961 llegó dispuesto a tomarse la capital, a juzgar por el testimonio de un cronista de la época, quien ya advirtió en ellas la recurrencia de los temas sexuales y religiosos. Esto unido al lenguaje procaz, las brillantes paradojas y el rechazo de cualquier actividad burguesa productiva, despertaron la curiosidad primero e inmediatamente después la difusión de sus ideas a nivel no sólo nacional sino también internacional.

En periódicos colombianos o en revistas extranjeras, como *O´Cruzeiro* y *Venezuela Gráfica,* se ha-

---

[5.] Ver Eduardo Escobar, ob. cit.

bló al referirse a ellos del influjo, en tierras colombianas, del existencialismo sartreano, los *beatniks* de San Francisco o los *angry young men* ingleses. Esos mismos cronistas descubrieron asombrados cómo bajo sus suéteres las nadaístas de minifalda y pelo largo no llevaban nada e ignorando ilustres antecedentes, en nuestra historia literaria, revelaron a los cuatro vientos cómo los nadaístas colombianos fumaban marihuana.

Pero no sólo los suplementos literarios de los dos principales periódicos capitalinos, *El Tiempo* y *El Espectador,* se abrieron para ellos, reproduciendo sus respuestas fulgurantes o sus artículos incendiarios, sino que desde su aparición a la luz pública se los tomó en cuenta, burlándose, caricaturizándolos o expulsándolos de sus empleos, y también intentando rastrear los motivos de su insólito comportamiento.

Germán Arciniegas, por ejemplo, escribía en julio de 1958, en su columna de *El Tiempo,* luego de asistir a una reunión nadaísta en Medellín: "El nadaísmo es un producto natural dirigido por analfabetas. Entre nosotros, es la consecuencia inmediata de las dictaduras. Por el momento me atrevería a definir el nadaísmo –y que los nadaístas me lo perdonen– como un movimiento de los que van en busca de algo".

Por su parte, Estanislao Zuleta, en *La Calle,* y también en julio de 1958, pronosticaba algunos de los riesgos que podrían correr: "Para creer ser el mal de la sociedad burguesa es necesario creer que ésta es el bien, de la misma manera que el sacrílego reconoce la religión cuando le da puñaladas a la hostia, porque nadie profana una galleta de soda. En resumen: uno cree descalificar al juez cuando en realidad le concede todo. El nadaísmo pretende oponerse a la sociedad burguesa con los valores de la soledad, la intuición irracional, la arbitrariedad, la calavera y el 'motilao' (cortarse el pelo al rape). La sociedad burguesa no lo considera su antinomia. Ella tiene razón: su antinomia no es ese hijo descarriado".

Otros en cambio, como Héctor Rojas Herazo, manifestaron una cálida solidaridad: "Lo importante de esta juventud es su 'asumimiento', su virilidad para padecer en carne propia un pecado que pertenece a las anteriores generaciones. Es la nuestra una sociedad 'ancianizada' en la hipocresía, en el esguince, en la penumbra de las formas. Pero si estos jóvenes no le han dado a este andamiaje el empeño que merece, empiezan en cambio a construir una vasta acusación, un poderoso reproche con sus sílabas amargas. La labor del nadaísmo es por eso una labor política. Ellos tienen –con el desplante, con la brusquedad verbal, con el impulso de la inteligencia– que despertar esta sociedad empeñada en sus conformismos y su onirismo bursátil. Y eso –transformar al hombre– es la labor que están cumpliendo en Colombia los nadaístas. Por eso encarnan el peligro, el frenesí, el desorden, la claridad y la esperanza"[6].

[6.] La conferencia de Héctor Rojas Herazo, dictada en Medellín, dirigida por Germán Arciniegas y titulada "El nadaísmo frente a la desesperanza burguesa", apareció en la revista *Cuadernos,* 80, París, enero 1964, pp. 57-61.

"En un principio nos tomamos como un chiste, en un principio nos tomaron como un chiste" recuerda Amílcar Osorio, al efectuar un balance de los primeros veinte años del movimiento, y agrega: "Lo que en realidad sucede es que el país es pequeño, no hay espectáculos. Una de las cosas que siempre digo, dándomelas de sociopolítico, es que yo hago el nadaísmo para divertir a la clase media que no tiene recursos para hacerlo. Nunca me he dado cuenta de la importancia de este postulado"[7].

Poetas geniales de un solo poema, adolescentes histriónicos asolando ciudades rutinarias: se trataba, en apariencia, de un país hondamente provinciano dispuesto a escandalizarse por cualquier cosa. Un país que buscaba, mediante la amnesia del Frente Nacional, borrar el horror que había dejado detrás. Pero era precisamente en dicho horror donde el nadaísmo hallaba sus raíces y encontraba su razón de ser.

"Alguna vez, en Cali, el poeta X-504 me dijo que el nadaísmo era el segundo movimiento importante del país. Yo le pregunté que cuál era el primero y él me contestó que LA VIOLENCIA, con 400 000 afiliados"[8].

"El nadaísmo nació en medio de una sociedad que, si no había muerto, apestaba. Apestaba a cachuchas sudadas de regimiento, apestaba a sota-

---

[7] Amílcar Osorio, "Otra manera de partir en dos la historia de Colombia", Magazín Dominical de *El Espectador*, septiembre 17 de 1978, pp. 6-8.

[8] Iáder Giraldo, "Reportaje a Gonzalo Arango", Magazín Dominical de *El Espectador*, enero 20 de 1963, p. 4F.

nas sacrílegas de sacristía, apestaba a factorías que lanzaban por sus chimeneas el alma de sus obreros, apestaba al pésimo aliento de sus discursos, apestaba al incienso de sus alabanzas pagadas, apestaba a las más sucias maquinaciones políticas, apestaba a cultura de universidad, apestaba a literatura rosa, apestaba a jardín infantil, apestaba a genocidios, apestaba a miserias, apestaba a torturas, apestaba a explosiones, a pactos, apestaba a plebiscitos, apestaba a mierda. Entonces un grupo de jóvenes dejó su Coca-Cola a medio tomar para gritar: basta"[9].

"No señor Padilla, no somos un producto inglés ni francés: somos el producto típico de un cambio de 'ritmo' histórico y violento que desquició las estructuras de la sociedad y los valores espirituales del hombre colombiano. Converse usted –si no teme perder media hora de su preciosa inmortalidad– con jóvenes nadaístas de mi generación que oscilan entre los 20 y 30 años, como Pablus Gallinazus, J. Mario o William Agudelo, y ellos le dirán horrores de lo que vivieron y padecieron en sus aldeas de Santander, Antioquia y el Valle del Cauca. Le contarán, señor, cómo eran de siniestros los tiroteos de la chusma, y cómo sonaba de insensible y terrorífica la sirena del verdugo. Usted no se imagina cómo porque en sus tiempos prenatales todo era muy idílico y no había peligro de que el futuro ciudadano fuera arrojado del 'nido' con los traumas que hoy arrastra mi generación; cómo

---

[9]. J. Mario, "El nadaísmo a la luz de las explosiones", Magazín Dominical de *El Espectador,* abril 16 de 1967, pp. 11-15,

cayó sobre ella la sombra de un crimen que nunca cometió, pero cuyos 'autores históricos' se lo quieren adjudicar por 'el todo tiempo pasado fue mejor'. ¡Pura estafa! Lo que sucede es que ustedes se quieren lavar las manos como… Judas!"[10]

Carlos Lleras Restrepo dijo: "Hoy día nuestras gentes hablan con escándalo real o fingido del 'paredón' de Fidel Castro y comentan con repugnancia de hombres delicados los salvajes desórdenes del Congo Belga; pero podemos decir, sin exageración alguna, y hay centenares de compatriotas responsables que podrían confirmar mis palabras, que aquí se hicieron cosas más salvajes que las del Congo, más imperdonables, que aquí se perpetraron ejecuciones más arbitrarias, más implacables que las del paredón cubano y en mayor número"[11].

Quizá en estos diversos testimonios sea factible hallar las bases del desajuste que los nadaístas encontraron en la sociedad colombiana y que Gonzalo Arango resumió en una frase: "Si Gaitán no hubiera muerto, yo no sería hoy Gonzalo Arango"[12]. Es de-

[10.] Gonzalo Arango, "Un señor anti-gogo", *Cromos,* Bogotá, junio 26 de 1967, p. 76.

[11.] Palabras de Carlos Lleras Restrepo en una conferencia radial del 26 de febrero de 1962, reproducida por *La Nueva Prensa,* 7 al 13 de marzo de 1962, p. 13.

[12.] La nota sobre Jorge Eliécer Gaitán se halla incluida en *Obra negra,* Buenos Aires, Ediciones Carlos Lohle, pp. 59-62. *Obra negra* es una muy útil antología de los libros y escritos dispersos de Gonzalo Arango, realizada por J. Mario. Allí se seleccionan *Sexo y saxofón* (1963), *Prosas para leer en la silla eléctrica* (1966), *El oso y el colibrí* (1968), además de manifiestos y artículos de revistas y periódicos difícilmente accesibles de otro modo.

cir: si el 9 de abril de 1948 no se hubiese dado, el nadaísmo hubiese retrasado aún por más tiempo su aparición, al demorar ese nihilismo imprudente y airado para exorcizar todos los cadáveres que se iban acumulando.

De ahí que su ademán anarquista, en un primer momento, resulte válido, en un clima de "grandes prudentes" y tolerancia impuesta "a sangre y fuego". El nadaísmo fue entonces, como ellos mismos lo definieron, "el pistolero que no dejaban entrar a los cafés". Además, como todo movimiento de vanguardia, miraron hacia atrás, buscando predecesores que los respaldaran para así acrecentar su impulso demoledor. Allí estaba, en su finca de "Otraparte", en Envigado, aguardándolos, el escritor antioqueño Fernando González.

Este apologista de la energía y la fuerza vital había querido describirles a los jóvenes en su libro *Viaje a pie,* aparecido en 1929 (libro que habría de reeditarse con prólogo de Gonzalo Arango), lo que había sido la Colombia de la segunda mitad del siglo pasado: la Colombia conservadora de Rafael Núñez. Obsedido por la presencia del clero y más concretamente de los jesuitas, con quienes realizó sus estudios, veía a Colombia como el país del diablo, del confesionario y los ejercicios espirituales, oponiendo a tan lívido panorama una obra "agradable y efímera. ¡Odiamos la seriedad!"[13] Una existen-

---

[13.] Fernando González, *Viaje a pie,* Medellín, Editorial Bedout, 1976, p. 218.

cia aventurera y nietzscheana que, con su exaltación del deseo carnal y un pensamiento más vital, removiera la paz de los sepulcros. Deseo, sin embargo, que para acrecentarse debía recurrir a la prohibición. La censura como aliciente para crear grandes obras prohibidas. Tosca en ocasiones, su prédica podía pasar del elogio para los jóvenes alemanes de aquella época –la época del nazismo– a reclamar la necesidad de un ritmo corporal más ágil, ritmo de andarín y de viajero, a pie. Sus certeros sarcasmos, en contra de visibles figuras políticas, convivían al lado de nebulosas disquisiciones en las cuales lo ramplón parecía dar paso a lo sublime, haciendo del conjunto, en definitiva, algo bastante deleznable.

Fue esta contradicción, alianza de misticismo y diatriba, la que asimiló Gonzalo Arango, y fue este hombre, Fernando González, con su rechazo a un país de "espermatozoides de español o de indio en óvulos de negra"[14] y al cual el fervor religioso lo llevaba, en sus últimos años, a pergeñar una prosa esotérica y desquiciada, quien actuó como mentor y guía espiritual de la insurrección nadaísta.

En su ya mencionado *Viaje a pie* había dicho: "¿Podrían existir el cura y el partido conservador si el Diablo no estuviera aquí, si no fuera con ellos condómino del país?"[15]. A dicho reinado opone entonces una rebelión insólita para el tiempo y el lugar en que la propuso: "Necesitamos cuerpos, sobre todo

---

[14.] Ibíd., p. 236.
[15.] Ibíd., p. 145.

cuerpos. Que no se tenga miedo al desnudo. A los colombianos, a este pobre pueblo sacerdotal lo enloquece y lo mata el desnudo, pues nada que se quiera tanto como aquello que se teme. El clero ha pastoreado estos almácigos de zambos y patizambos y ha creado cuerpos horribles, hipócritas"[16].

Tal pedagogía sexual debería sonar sacrílega en un medio poblado de beatas y comerciantes. Por ello, treinta años después, saludaría alborozado a Gonzalo Arango como "el primer desnudado en esta pobrísima tierra colombiana", como lo llama en las oscuras páginas de su penúltima obra, el *Libro de los viajes o de las presencias*[17].

Pero fue con sus primeras y más radicales enseñanzas –lo laico como espacio necesario para una cultura crítica– como el nadaísmo se fortaleció, y en su singular religiosidad donde reconfirmó una de sus constantes: ese misticismo, vacuo y deletéreo, que no sabía bien dónde fijarse, hasta tal punto que en 1968 Jaime Jaramillo Escobar (X-504) bien podía preguntarse si el nadaísmo no fue, en realidad, una escuela de místicos. De místicos degradados, bien entendido.

[16.] Ibíd. Sobre Fernando González son de interés los artículos de Ramiro Montoya publicados en *Gaceta Tercer Mundo*, 42-43, octubre-noviembre 1967, y el de Jaime Mejía Duque incluido en su libro *Literatura y realidad,* Medellín, Editorial La Oveja Negra, 1976, donde también se encuentra un ensayo sobre el nadaísmo. Ver también el libro de Armando Romero *El nadaísmo colombiano,* Bogotá, Tercer Mundo, 1988.

[17.] Fernando González, *Libro de los viajes o de las presencias,* Medellín, Editorial Bedout, 1959, p. 130.

Ciertamente el nadaísmo, en el caso concreto de Gonzalo Arango, diluyó toda su pugnacidad en una amorfa religiosidad, y a él son aplicables las palabras que en 1980 escribió J. Mario, mostrando el cambio experimentado por algunos miembros del grupo: "Del existencialismo de los sesenta, de la podredumbre interior, del suicidio en potencia, de la vida no vale nada, pasé por obra y gracia de la gracia y no de la obra al misticismo psicodélico de los setenta, al esplendor interior, a la exaltación generosa de la potencia de la vida y a la promesa extraterrestre de la salvación". Como quien dice, del asco a un cosmos parecido al de Teilhard de Chardin.

Pero esta "revolución al servicio de la barbarie", como la llamaba Gonzalo Arango en una de sus primeras obras de teatro, HK 111 (1960), se planteó inicialmente más como una poesía de la acción que como propuesta de renovación literaria. Sólo que, sin excluir, en ningún momento, la agresión como medio de sacudir las conciencias, comenzaron también a asumir su condición de escritores, publicando sus primeras obras. Al saludar la aparición de las dos piezas iniciales de Gonzalo Arango, *Nada bajo el cielo raso* y *HK 111* –dos obras esquemáticas en las cuales se instalaba profesionalmente en el absurdo, sin por ello amortiguar su bucólico lirismo– Hernando Valencia Goelkel, recapitulando lo que habían sido estos primeros años, decía: "Para los nadaístas, ese grupo de jóvenes antioqueños decididos a tomarse la fama por asalto, la primera etapa de su operación literaria ha resultado fructífera. La policía, la prensa, las autoridades eclesiásticas y las ligas de padres de familia les han prestado una invaluable cooperación, como se dice: ésta sería la hora en que los valores consagrados de las letras colombianas deberían sentirse trémulos ante la insurgencia nadaísta si en el país hubiera valores consagrados, y si en el prestigio reducido que el público acuerda a nuestros letrados hubiera mayores diferencias entre el señor Caballero Calderón y el señor Amílcar U., por ejemplo. La candidez de los nadaístas reside así, ante todo, en sus pretensiones de buscar para su escándalo un ámbito de resonancia dentro de la literatura; en haber ignorado, con explicable candidez, que al país no se le da nada de sus literatos, que la gran parroquia 'intelectual' colombiana viene a ser, en realidad, mucho más pequeña que la más pequeña de las parroquias de Medellín"[18].

En esa esfera subalterna, la de la literatura, ejercerían su actividad. El resultado, en relación con Gonzalo Arango, no fue precisamente alentador. Sus cuentos, releídos hoy, resultan incómodos por su sentimentalismo e ingenuidad;[19] muchas de sus prosas, cursis e hiperbólicas, anulan el furor de va-

---

[18]. *Cromos*, Bogotá, 1960.

[19]. Véanse por ejemplo cuentos de Gonzalo Arango incluidos en las antologías de Fernando Arbeláez (1968) y Eduardo Pachón Padilla (1980). Es necesario reconocer que el propio Gonzalo Arango en su artículo "La belleza insumisa", Lecturas Dominicales de *El Tiempo*, junio 16 de 1963, realizó una severa autocrítica de *Sexo y saxofón* al hablar del subjetivismo y su tendencia a la abstracción.

rios apartes, cargados de rabia. Y su teatro –*Los ratones van al infierno, La consagración de la nada* (1964)– mereció ya en el momento de su aparición críticas como la de Helena Araújo, quien decía: "De angustia existencial, el nadaísmo ha pasado a ser doctrina fraterna (...). La angustia no llega a ser más que balbuceo contra el irrisorio pero implacable destino. Y la obsesión por los desvalidos un convencional idealismo que no realiza ni integra el talento incipiente de Gonzalo Arango"[20]. Talento que sin lugar a dudas es mucho más visible en el volumen de su correspondencia editado por Eduardo Escobar, en 1980. En esta *Correspondencia violada,* como se titula, es factible reconstruir, desde dentro, los avatares del nadaísmo, hechos de fraternal camaradería y candoroso ímpetu cuestionador. De lirismo trasnochado y despiste intelectual. De perspicacia innegable y de precariedad en la información; repetían, como novedosos, gestos que ya eran viejos a comienzos de siglo. Talento real el de Gonzalo Arango que lamentablemente habría de verse erosionado por su labor periodística, para ganarse la vida (*La Nueva Prensa,* 1963-1964; *Cromos,* donde firmaba con el pseudónimo de Aliocha, 1966-1967; *El Tiempo,* 1968-1969). Un trabajo notable, no sólo a nivel de reportería, como lo demuestra su entrevista a Martín Emilio "Cochise" Rodríguez,

---

[20]. "Moralistas de hoy", incluido en el libro de Helena Araújo, *Signos y mensajes,* Bogotá, Instituto Colombiano de Cultura, 1976, pp. 229-232.

campeón de la vuelta ciclística a Colombia, incluido por Daniel Samper en su *Antología de grandes reportajes colombianos* (1976), sino en la beligerancia de varias de sus columnas de opinión.

Otras formas donde su talento habría de manifestarse con garra y aunque ya al final estuviera aquejado de cierta reiteración monótona, son la polémica y el panfleto, tanto en los manifiestos del grupo como en sus ataques directos contra Calibán, Manuel Mejía Vallejo, Eduardo Caballero Calderón, Jorge Padilla, Jaime Mejía Duque, Óscar Collazos, Marta Traba, Eduardo Gómez, Jorge Zalamea, Gabriel García Márquez. Son también legibles algunas diatribas contra ya fallecidos escritores colombianos –Julio Flórez, el Indio Uribe–, lo mismo que su informe sobre las matanzas de indígenas en Planas. Y la defensa constante de los valores de vanguardia, entendiendo dicha denominación en un sentido muy amplio: Henry Miller o Bertold Brecht, Genet o una película como *Los tramposos,* el nacimiento de los hippies, Carly Chesmann, Charles Manson y un bandolero como "Desquite". Esto, que en un primer momento era una reivindicación de la marginalidad, terminó por convertirse en una apología del sensacionalismo. La lucha emprendida justificaba utilizar cualquier elemento, sin distinguir mucho su especificidad. Al final, tal batiburrillo no sólo acentuaba la incoherencia, lo cual, dentro de sus propósitos, parecía razonable. Lo malo es que también debilitaba su prosa: era el mismo esquema aplicado a cualquier circunstancia. Raptos idénticos y exabruptos similares.

Los nadaístas, como ya insinuábamos, hicieron tabla rasa de la literatura colombiana, buscando otras fuentes en qué nutrirse, y tenían razón. En el suplemento "Esquirla", del periódico *El Crisol,* de Cali, al cual estuvo vinculado J. Mario entre 1959 y 1962, publicaron tanto "Aullido" de Allen Ginsberg como apartes de la *Antología de la poesía surrealista* de Aldo Pellegrini –aparecida en 1961–, tanto a Vicente Huidobro como a Ernesto Cardenal, y establecieron intercambio con grupos similares de América Latina: los mufados de Argentina, los tzanticos de Ecuador, "El techo de la ballena" en Caracas y los redactores de *El Corno Emplumado* en México. Lo que Stefan Baciú en 1966 llamaría "la generación beat latinoamericana"[21].

La vinculación a dicha vertiente implicaba también el rescate de algunas de las figuras malditas que el surrealismo había puesto en circulación. El *Ojo Pop,* revista cuyo único número apareció en Cali en 1966, al cuidado de J. Mario, reproducía, por ejemplo, textos de Sade, Lautréamont y Arrabal. Se trataba, en definitiva, de recuperar los "50 años de atraso en poesía", como había titulado X-504 un ensayo suyo aparecido en 1960, en el cual mostraba cómo la poesía en Colombia se hallaba amordazada por los prejuicios morales y retóricos, junto a la coacción religiosa y política. "Tierra de copleros y serenateros, Colombia es un país cerrado para la poesía moderna".

[21.] Stefan Baciú, "Beatitude south of the border: Latin American Beat Generation", en *Hispania,* XLIX, 4, diciembre 1966, pp. 733-739.

Abrir esa puerta en forma parcial, estrepitosa y confusa –su espontaneísmo fue equivalente a su incultura–, es uno de los méritos reales del nadaísmo. Y el hecho de acompañar dicha acción con un propósito que al menos teóricamente trataron de mantener parece positivo. Como dijo J. Mario: "Nos pudre la sociedad en que vivimos, pero si esta sociedad se transforma nosotros también nos transformamos para seguir podridos. Nosotros no transigimos", con todo el eco que allí pervive del poeta maldito. Del paria que disfruta siendo el perpetuo perseguido.

Otro punto que conviene tomar en cuenta fue la forma como el nadaísmo permitió el acceso de la "pequeña burguesía inferior" al campo de las letras, como lo ha explicado un sociólogo, en su cómica jerga, estableciendo una ruptura que a pesar de todos los compromisos adquiridos mantuvo su carácter iconoclasta, aunque la pureza inicial pronto se trocó en cinismo. Concretándonos, por ahora, a Gonzalo Arango, vemos que, si bien él publicó en 1968 un libro, *El oso y el colibrí,* que es una eufórica semblanza de ese turista ruso de la poesía, Eugenio Evtuschenko, de gira entonces por Colombia, es conveniente constatar cómo a todo lo largo de estos años que coinciden, en Colombia, con el nacimiento del Frente Nacional, el desarrollo de la disidencia liberal conocida como MRL y la actividad guerrillera, en sus diversas líneas, incluyendo la muerte del sacerdote Camilo Torres; en América Latina, con el inicio de la revolución cubana; y en el mundo, con las tensiones de la guerra fría y el espectro de la bomba de hidrógeno amenazando resolver el conflicto entre Rusia y Estados Unidos, como lo formulan varios textos nadaístas, ellos delimitaron para su actividad verbal un ámbito específico: el de la creación artística. Siempre proclamaban que su asunto era la vida, pero lo hacían escribiéndolo.

"No se puede criticar a los nadaístas porque no hacen tal o cual cosa. Ellos son sólo artistas y pedirles otra cosa distinta de su arte sería como criticar al carpintero porque no hace el pan. Pero en Colombia es así. A cada uno lo quieren poner a desempeñar un oficio que no es el suyo. Así vemos a los escritores tratados como sirvientes, y a las amas de casa laureadas como escritoras. Y vemos a algún pesado crítico literario descalificando al nadaísmo porque no hace la revolución comunista. ¿Por qué no la hace él si es tan guapo?", como aclaró X-504 en el "Manifiesto amotinado" de 1967.

Pero esta opción por la disidencia continua –dentro de la cual es justo destacar el ingenio publicitario del grupo y la gran capacidad divulgadora de Gonzalo Arango, quien a través de ágiles reportajes, utilizando los medios de comunicación de masas a los cuales se hallaba vinculado, presentó a la opinión pública toda su generación, haciendo de la literatura, en sus aspectos más *epatantes* y llamativos, otro producto de consumo– contrastaba con muy convencionales intervenciones en el campo de la política, como su discurso de septiembre de 1968 en el buque "Gloria" –buque escuela de la marina colombiana, en el cual, en septiembre de 1976, fueron decomisados 28 kilos de cocaína–, elogiando al entonces presidente de la república, Carlos Lleras Restrepo, a quien calificó de "poeta de la acción", o su adhesión, en 1970, a la candidatura presidencial de Belisario Betancur respaldada por el partido conservador.

Octavio Paz, en *Los hijos del limo* (1974), ha escrito que "la historia de la poesía moderna es la historia de las oscilaciones entre dos extremos: la tentación revolucionaria y la tentación religiosa". En ambas cayó Gonzalo Arango y ambas torcieron su impulso.

Quien firmaba el "Terrible 13 manifiesto nadaísta" –escrito, según sus propias palabras, luego de una noche de mezcalina– como Gonzalo Arango, "el enviado de Dios", era el mismo que en sus dos últimos libros, *Providencia* (1972) y *Fuego en el altar* (1974), había reducido su lenguaje a una flácida copia del Saint-Exupéry de *El principito,* en versión subdesarrollada y ya ineficaz del todo en el plano literario. Sermón y apólogo, su anterior virulencia había desaparecido, convertida en trillada fórmula de redención. Un sermón atómico, sí, pero perfectamente banal. "Retorno a Cristo" y "Retorno a Bolívar" son los títulos de sus dos últimas conferencias, que no alcanzó a pronunciar –murió en un accidente automovilístico el 25 de septiembre de 1976–, y que cierran su periplo como escritor, fijando en las mismas sentencias hueras que había denigrado su obsesión: quería ser en realidad un profeta, un mesías propagando su verdad.

Sólo que Gonzalo Arango había muerto simbólicamente varios años antes, en 1963, cuando los miembros del grupo quemaron en el puente Ortiz de Cali su efigie e incineraron sus escritos a raíz de una "Tarjeta de Navidad para GOG" (Gonzalo González, en ese entonces director del Magazín Dominical de *El Espectador*, quien había editado profusamente sus escritos), tarjeta en la cual Gonzalo Arango cancelaba, a nombre del nadaísmo, su "etapa de desesperación nihilista y el derrotismo que lo caracterizó en sus primeras contiendas", es decir, de 1958 a 1963: "Daré testimonio de mi actitud nadaísta a través de la creación y no de la alucinación"; "no más el *Navío ebrio* de Rimbaud para justificar nuestro falso genio poético, naufragando en mares de nicotina".

Este cambio de rumbo exasperó a los otros nadaístas, reunidos en Cali, y la respuesta, además de la hoguera, no se hizo esperar. Quizá la más pertinente sea la de Jaime Jaramillo Escobar: "He leído que ahora te preocupas de que no le pase nada malo a nadie, y que andas muy enredado con la dignidad del hombre. Ahora te tomas en serio. Lo siento por el humorismo que desperdicias. Estás irreconocible. De un momento a otro te has puesto a adorar la sociedad. Seguramente esperas que te den algo. Pero te equivocas. Si eres un verdadero artista, la sociedad no tiene nada que darte. Y el poeta se dejará revolcar, pero no pactará. Los que pactan son todos aquellos a quienes combatimos y despreciamos. Cuando todos nosotros estemos muertos, los jóvenes serán nadaístas"[22]. Un tenso razonamiento que recuerda aquel célebre aforismo de Lichtenberg: "Me ha resultado convincente muchas veces que ser aceptado por la posteridad exige haber sido odiado por la sociedad, de manera que me siento inclinado a atacar a todo el mundo". Jaime Jaramillo Escobar concluía su "Tarjeta de luto a Gonzalo Arango" con este golpe de gracia: "Gonzalo Arango ha muerto. ¡Viva el nadaísmo!". Se había librado de su progenitor. Podían emprender su obra personal.

Gonzalo Arango aceptó con humor este parricidio. Y respondió al mismo con lo que denominó "Manifiesto capital: las promesas de Prometeo", en el que exponía, ampliadas, sus tesis humanistas y el compromiso "afectuoso" con el peatón cotidiano:

"El mito que sólo se alimenta de sí mismo termina por devorarse. Y la triste realidad es que el nadaísmo ha quemado sus exiguas energías y sus promesas en el exhibicionismo y el escándalo por el escándalo. ¿Dónde están sus obras de cuatro años de lucha, de rebelión y negatividad?"[23]. La pregunta era retórica; los nadaístas se respondían a sí mismos: no había nada. A ella iban a seguir, durante varios años, actividades que parecían mucho más "positivas": publicación de antologías y libros individuales; conferencias ya aceptadas y no defendidas a puños;

[22.] Jaime Jaramillo Escobar, "Tarjeta de luto a Gonzalo Arango", Magazín Dominical de *El Espectador*, enero 13 de 1963.
[23.] Gonzalo Arango, "Manifiesto capital: las promesas de Prometeo", Magazín Dominical de *El Espectador*, febrero 17 y marzo 10 de 1963.

festivales de vanguardia que incorporaban teatro, plástica y música; exposiciones del libro inútil, donde además de quemar, en el parque Jorge Isaacs de Cali, ejemplares de los principales periódicos colombianos, fueron colgados de los árboles *María* y *La vorágine,* el catecismo del padre Astete y la Constitución Nacional, *Un año de gobierno* de Alberto Lleras y los ensayos de Silvio Villegas; difusión a nivel internacional de sus escritos gracias a revistas como la ya mencionada *El Corno Emplumado* de México, o *Zona Franca* de Caracas; concursos nadaístas de poesía, ganados por Álvaro Mutis y Jaime Jaramillo Escobar, y de novela, oponiendo una literatura de alcantarilla al premio ESSO, organizado por la compañía norteamericana en asocio con la Academia Colombiana de la Lengua. A propósito de los ganadores del premio nadaísta, Pablus Gallinazus y Humberto Navarro, dijo Hernando Valencia en la revista *Eco,* en 1966: "Uno de los problemas del nadaísmo, y no peculiar a estos autores sino común a casi toda la literatura colombiana, es esa apariencia de cobardía –apariencia, pues es en verdad escasez de información– con que nos ensañamos contra adversarios derrotados. Las imprecaciones son tardías; las cóleras, epigonales; las osadías –acaso subjetivamente espléndidas– son en realidad sólo pequeños gestos impertinentes. Así parece, por ejemplo, que ya ha concluido (triunfalmente para ellos) el combate entre los nadaístas y la burguesía, mas sólo ahora empieza a verse que confundían a la burguesía con la clase media"[24]. Éste fue su problema: a la clase media no le interesaba la lectura. Prefería la televisión.

Quizá por ello, más tarde, el nadaísmo buscó vincularse con los grupos de música go-go, la onda, el movimiento *hippie*. Composición de canciones de protesta; viajes por todo el país y por la estratosfera, gracias al ácido lisérgico; retorno a un primitivismo ecológico, de comunas y utopía, de artesanía y turismo; preparación de nuevos manifiestos y de la revista *Nadaísmo 70;* solidaridad con Fidel Castro –en el caso Padilla–, con Ernesto Cardenal y la revolución sandinista. El nadaísmo, como se ve, siempre quiso estar en primera fila. Pero en nuestra época ninguna estrella aguanta más de dos o tres temporadas. Es inexorablemente devorada por el apetito del público. Ni los Beatles soportaron tal zarandeo.

De todos modos, luego de los incidentes de fines de 1962 y comienzos de 1963, algo se había roto dentro del nadaísmo: era distinto. Quien efectuó un buen análisis de estos primeros años –los años de Gonzalo Arango y el clima nadaísta– fue el narrador venezolano Adriano González León, miembro fundador de "El techo de la ballena", grupo afín al nadaísmo, quien de 1961 a 1967 realizó en Venezuela intensa labor de agitación, orientada más tarde –bajo el influjo cubano y la guerrilla urbana

[24.] Publicado en *Eco,* 80, Bogotá, diciembre 1966, e incluido luego en Hernando Valencia Goelkel: *Crónicas de libros,* Bogotá, Instituto Colombiano de Cultura, 1976, pp. 125-131.

en su país– hacia la militancia política, y quien luego de vivir algunos meses en Bogotá publicó en la revista *Cal* de Caracas un extenso informe titulado "Una peste llamada el nadaísmo". Decía González León: "Un acontecimiento singular, que conmovió al mundo, volvió nuestro punto de mira sobre la vieja tierra de los chibchas. 'El Bogotazo' tiraba por el suelo años de 'ejercicio cívico y respeto ciudadano'. El orden ateniense constituido sobre los valles del Magdalena se volvía trizas, cuando viejas estructuras se vieron amenazadas por una ciega y desenfrenada furia popular, que aún sin objetivos bien claros comenzaba a arremeter contra pesadas oligarquías que disfrazan la podredumbre con paños finos, caridad cristiana y cuantiosas citas de la ley y los recursos del orden"[25].

Después de reconocer la importancia del grupo de la revista *Mito*, cuyo último número estuvo dedicado al nadaísmo, González León señala la necesidad de un "nihilismo al rojo vivo" para llevar hasta sus últimas consecuencias el combate emprendido: "Contra una sociedad pacata que blandía el pecado como fórmula para apaciguar toda relación humana, los nadaístas se abrieron hacia formas más desnudas de vitalidad"[26]. Este mérito, y el peligro que los acecha de hacer concesiones, en aras de la figuración (allí donde la pose va secando la creativi-

---

[25]. Adriano González León, "Una peste llamada el nadaísmo", en *Cal*, 36, Caracas, noviembre 1964.
[26]. Ibíd.

dad), son anotados, al igual que lo significativo de una actitud semejante en un país como Colombia: "Su impacto, su fiebre, su turbulenta existencia", concluye González León, "abrieron una fosa profunda en la literatura tradicional de Colombia. Sus actos descarnados y su agresividad han contribuido como ningún otro movimiento al despliegue polémico y a la turbación de un sentido a menudo provinciano en el mundo de las letras y del arte"[27].

Y aunque con innegable exageración el nadaísmo ha reclamado como suyo un radical cambio en las costumbres colombianas, olvidando las modas sucesivas que imponen los imperialismos –llámense Estados Unidos o Francia–, desde la minifalda al consumo masivo de marihuana, desde la corrupción oficial hasta el hedonismo de las nuevas generaciones, desde el interés por el Oriente hasta la militancia tercermundista, sí es cierto que él popularizó consignas renovadoras contra las buenas costumbres y la moral tradicional de un país católico a ultranza, desacreditando, de paso, varias instituciones culturales caducas de la vida nacional. Y esto gracias a su desbordante afán de comunicación en todos los órdenes, desde la befa hasta la bufonería, y desde la bobería hasta la nueva belleza de varios de sus textos poéticos, de innegable valor[28]. A ellos prestaremos atención individual ahora, teniendo en cuenta

---

[27]. Ibíd.
[28]. Las tres novelas publicadas por Humberto Navarro y los volúmenes de cuentos de Jaime Espinel y Armando Romero no invalidan

la renovación atmosférica que el nadaísmo, a través de Gonzalo Arango, propició. Y teniendo en cuenta, ante todo, las justas palabras de Jaime Jaramillo Escobar: "A nosotros no tienen que reprocharnos nada, porque no hemos ofrecido cosa alguna distinta a la desesperación y la poesía. Desde el principio avisamos que éramos inútiles, pero que haríamos malabarismos para sobrevivir".

LA POESÍA Y LOS POETAS NADAÍSTAS

En Colombia la poesía ocupa un lugar sui géneris dentro de la mitología literaria. No es extraño por ello que el coronel Aureliano Buendía entretuviera sus ocios de guerrero terminando el poema del hombre que se extravió en la lluvia. Al igual que la violencia, la poesía ha estado íntimamente ligada al

el hecho de que la expresión literaria básica del nadaísmo, fuera de sus artículos de periódico, estuviese centrada en la poesía. Los cuentos breves de Jaime Jaramillo Escobar (X-504), que él aún vacila en publicar en un volumen titulado *Entrepierna,* dispersos en periódicos y revistas de la época, aunque en su gran mayoría inéditos, son valiosos porque en ellos la visión sobre la violencia colombiana es sometida a un tratamiento de humor negro y ferocidad helada nada común. Cito tres: "El entierro", aparecido en "Esquirla", suplemento de *Crisol,* Cali, 3 de julio de 1960; "Narices por orejas", aparecido en la revista *Esquemas,* 2, Bogotá, agosto de 1961, y "Cantando frente al almuerzo", en *La Viga en el Ojo,* 2, abril de 1966. El influjo del nadaísmo en ulteriores promociones lo atestiguan revistas como *Clave de Sol,* dirigida por los poetas Juan Manuel Roca y Raúl Henao, cuyo único número apareció en octubre de 1972 en Medellín, y en posteriores manifestaciones de los mismos.

destino de esta nación –demasiado joven– en sus pocos años de vida independiente (1810), pero consciente de algún modo de su tradición literaria.

Críticos acérrimos de ella fueron precisamente los poetas que a comienzos de los años sesenta fundaron el último de los ismos, el nadaísmo, mezclando, como ya se ha dicho, elementos del surrealismo, el existencialismo francés y la *beat generation* norteamericana, de Henry Miller a Kerouac, con su reacción muy natural ante el estado de cosas de un país injusto socialmente, inestable políticamente y purgado de su anacronismo a través de un afán de modernización tan radical que dejó como saldo más de 200 000 muertos. Ante este panorama, que era a la vez tan convulsivo como estático, los nadaístas intentaron sacudir la modorra de ciudades provincianas, y no sólo a nivel intelectual, a pesar del vertiginoso crecimiento urbano que las alteraba por aquellos años. Pidieron por boca de uno de ellos, Eduardo Escobar, un "Regreso al rugido": "No podemos aceptar que la sociedad modele nuestra personalidad y queremos manifestar la deformidad del alma. Y no con palabras. La palabra está desgastada y vieja y podrida. ¡Abajo el pensamiento, todos estamos locos! Las palabras están perdidas en los cuadernos del poeta. Hay que bramar ahora, y que terminen los engaños"[29].

Pero la sinceridad del desprecio no podía mantenerse con tal intensidad por mucho tiempo. Era necesario reflexionar sobre él, profundizando en sus

---

[29.] Aparecido en el Nº 2 de *Nadaísmo 70*.

causas y rescatando de paso lo poco válido de una historia literaria inflada al máximo para recompensar quizá con su falso brillo la pobreza de los por entonces 16 millones de habitantes. La parca herencia salvada del naufragio se reducía a los nombres de José Asunción Silva[30], León de Greiff, Jorge Gaitán Durán y Álvaro Mutis. Por su parte, dos de los poetas nadaístas, Mario Rivero y Jaime Jaramillo Escobar, fueron los que más lejos llevaron la búsqueda de una palabra que lograse expresar las nuevas realidades, otorgándole un aliento renovador a lo que hasta entonces se había realizado. Gracias a dichos trabajos el nadaísmo justificó su actitud nihilista.

MARIO RIVERO (1935)

Quien luego ha precisado sus distancias en relación con el grupo, vio surgir sus primeros poemas dentro de la renovación propiciada por el nadaísmo. Allí nos ofrecía las visiones iniciales del aturdidor bullicio de la vida urbana, dentro del cual los inmigrantes campesinos y las nuevas clases sociales desplazaban a las antiguas jerarquías. En un clima afín al de la poesía norteamericana, él comenzó a nombrar, con limpidez elástica, los seres de hoy y sus odiseas banales. Un

---

[30.] Una de las pocas lecturas críticas que el nadaísmo efectuó de la tradición poética colombiana anterior es la que Jaime Jaramillo Escobar publicó, en 1965, en las Lecturas Dominicales de *El Tiempo*, agosto 29 de 1965, con el título de "¿Qué valores tiene Silva para las nuevas generaciones?".

mundo de fábricas y suburbios, de burócratas y avisos
de neón, de barrio bajo y estrellas de cine.

Un habitante

Este hombre no tiene nada que hacer,
sabe decir pocas palabras,
lleva en sus ojos colinas
y siestas en la hierba.
Va hacia algún lugar
con un paquete bajo el brazo
en busca de alguien que le diga
"Entre usted",
después de haber bebido el polvo
y el pito largo de los trenes,
después de haber mirado en los periódicos
la lista de empleos.
No desea más que dónde descansar
uno por uno sus poros.
Hay tanta soledad a bordo de un hombre
cuando palpa sus bolsillos
o cuenta los pollos asados en los escaparates
o en la calle los caballitos
que fabrica la lluvia feliz.
Y dentro, en la tibieza,
las bocas sonríen a la medianoche,
algunos se besan y atesoran deseos,
otros mastican chicles
y juegan con sus llaves;
crecen los bosques de ídolos
y el cazador cobra su mejor pieza.

Con razón su primer libro se titulaba *Poemas urbanos* (1966). Al publicar su segundo, *Noticiario 67*, un volumen secundario dentro de su producción, Rivero insertó en mitad de él un texto, "El poeta habla de sí mismo", en el cual esboza su poética. Dice allí: "Mi participación en el quehacer poético tiene el carácter de irregular. Se deduce de la forma de mi poesía amétrica y prosaica y de su tono contenido y directo, que anuncia una voluntad poética nueva... Son versos antideclamatorios. Duros, sin ritmo. Que afrentan la poesía convencional". Y agrega: "Se trata de escribir con claridad. De preferir la palabra común a la palabra ampulosa y ornamental. Se trata ante todo de ser directo... Es como si no hubiera tiempo para ser inteligente".

Incorporó también al verso la letra de las canciones populares –tangos y boleros– y algo de la luminosidad estática del cine –no la película, sino el afiche que lo anuncia; no la actriz actuando, sino fija en la carátula de una revista– para contrastar así lo gris de esas existencias con sus sueños también prefabricados: esos romances anodinos y esas muertes anónimas. Logró, más tarde, una poesía conversacional y fluida, nunca quisquillosa ante el desorden de un país improvisado, sino aprovechándose, por el contrario, de su hervor y colorido. Del mal gusto de su desgaste diario.

Poesía hecha con la vista, impregnada de ruidos, golpeada por los gritos de los vendedores callejeros, sudorosa y cursi; el sentimentalismo que la distingue muestra a nivel humano las dimensiones de una historia toda hecha de propósitos irrealizados.

Esa coexistencia de niveles tanto populares como cultos –los de un obrero que comienza a leer libros y se siente fascinado por los medios de comunicación masiva– y su final unificación mediante un lenguaje en el cual la nostalgia se adelgaza, vuelta ya poesía narrativa, hacen de Rivero el "cuenta-cosas" de este período: fotos y postales callejeras que narran lo que pasó, lo que está pasando, lo que ya dejó de existir, efímeras como un periódico. Gracias a su voluntad de apresar lo que sucede, él logró, desde sus comienzos con el nadaísmo, atrapar las calles de este bazar maloliente, hecho de *smog* y perfumes baratos.

JAIME JARAMILLO ESCOBAR (1932)

Por su parte, Jaramillo Escobar colocaba la impersonalidad como un valor superior a la conmiseración o al patetismo. "Jamás huir", afirma decidido. "Si el lobo os alcanza y os devora, saboread al lobo pero no huyáis. / Que vuestro placer de ser comidos sea más grande que el del lobo". Así, afirmando la muerte con "mis doce pares de costillas", él dilataba sus largos versículos bíblicos, en los cuales la vivencia del fin como un asunto cotidiano explotaba en ráfagas de humor negro o se tornaba apocalíptica. Cristalizaba en perfectos silogismos:

Proverbios de los charlatanes
Cuando un desconocido se encuentra con otro desconocido

o lo mata o le pregunta algo,
los charlatanes pueden alargar indeterminadamente
[la conversación
a fin de alargar con ella la vida,
pues la defensa se permite... a quien puede
[defenderse.
Contra la Muerte no cabe nada, ni siquiera
[disfrazarse:
no por estar pintado el faraón, la Muerte no se lo
[va a comer.
De modo que no queda más que prolongar
la conversación ininterrumpidamente[31].

Los fragmentos citados de un poema más extenso muestran cómo toda retórica –incluida la retórica bíblica– puede terminar en lo absurdo. En otros poemas, como en este "Ruego a Nzame", se percibe un eco lejano de Rimbaud, errante por Abisinia, traficante de armas purgándose de la vieja lepra europea.

Ruego a Nzame

Dame una palabra antigua para ir a Angbala,
con mi atado de ideas sobre la cabeza.
Quiero echarlas a ahogar al agua.
Una palabra que me sirva para volverme negro,
quedarme el día entero debajo de una palma,

[31.] Todas las citas de poemas corresponden a X-504: *Los poemas de la ofensa*, Bogotá, Tercer Mundo, 1968, p. 135.

y olvidarme de todo a la orilla del agua.
Dame una palabra antigua para volver a Angbala,
la más vieja de todas, la palabra más sabia.
Una que sea tan honda como el pez en el agua.
¡Quiero volver a Angbala!

Recobrando de este modo un vocablo limpio de toda culpa, Jaime Jaramillo Escobar podía hacer detonar sus cargas explosivas. El erotismo, proclamado por Jorge Gaitán Durán –a través de las páginas de la revista *Mito*– como un valor subversivo, recobraba ahora sus poderes en una perspectiva homosexual. Todo ello en medio del mustio clericalismo conservador que empequeñecía cualquier manifestación vital de los colombianos con su rutina formalista y su sempiterno legalismo. Ese signo ascendente que era el cuerpo no sólo había sido reprimido, sino que en aquellos años de la violencia, de 1948 a 1962, había resultado acuchillado y castrado en el sangriento festín sádico en el cual los campesinos, con sus vientres abiertos a machete y sus sexos cortados y metidos dentro de la boca, expiaban tantos años de prédica religiosa y pugnas partidistas.

En otro plano, a nivel institucional, las aparentemente irreconciliables diferencias entre liberales y conservadores, que permitirían, en 1953, por lo acentuado de su enfrentamiento, un golpe de estado, seguido por cuatro años de gobierno militar con participación civil, desembocarían, a partir de 1958 y hasta 1974, en el Frente Nacional, por medio del cual los dos partidos tradicionales compartían el poder y toda la fronda burocrática, alternándose en él cada cuatro años. Luego, a partir de 1978, cuando la paridad sólo se ejercía a nivel ministerial, acordaron también "dar participación equitativa y justa al partido mayoritario distinto al del presidente de la república", para así frenar, a lo largo de estos años de neutralización política, el río de sangre y civilizar un tanto la barbarie desatada por terratenientes y caciques, los cuales buscaban, en realidad, apoderarse de las tierras abandonadas por los campesinos aterrorizados en su atropellada fuga hacia las ciudades. Tal fenómeno cambiaría de modo radical la fisonomía del país: éste dejaba de ser rural para trocarse en dos docenas de ciudades llenas de inmigrantes en busca de oficio.

Tales datos pueden ayudar a comprender mejor una poesía como la de Jaime Jaramillo Escobar en sus primeros tiempos o lo que se llamó "la novela de la violencia en Colombia", más válida testimonial y sociológica que artísticamente y sólo resuelta a este último nivel por libros como *El coronel no tiene quien le escriba* (1958) y *La mala hora* (1961), de Gabriel García Márquez, sobre los cuales el propio autor ha dicho: "No me arrepiento de haberlos escrito, pero constituyen un tipo de literatura premeditada, que ofrece una visión un tanto estática y excluyente de la realidad. Por buenos o malos que parezcan, son libros que acaban en la última página".

Una poesía como la de Jaime Jaramillo Escobar, si bien se nutre de circunstancias igualmente afligentes y hunde sus raíces en semejante horror, las trasciende, haciendo de la implacable realidad del poema una realidad más acerada que la de los determinismos históricos. Ellos están allí, pero ella supera tales restricciones. Obtiene el ritmo de una celebración histórica, exultante en el ennoblecimiento verbal de la futura carroña:

> Rebelión de la materia, el cuerpo se avolcana,
> [se incendia,
> impone hermosura,
> y no queremos ser un solo cuerpo;
> pero yo aconsejo: hazte amigo del sepulturero.

"En cualquier parte donde nos encontramos ya hemos llegado", afirmaba Jaramillo Escobar, y por ello los escenarios en los cuales trascurre su primera poesía son en el fondo afines. Ya se trate del suburbio, de oficinas públicas, de países imaginarios o selvas chocoanas, en todos ellos resulta palpable el deseo de recuperar, a través de una instancia imaginaria, lo que los apresurados y roñosos días nos otorgan y nos quitan. La poesía, entonces, se presenta como cumplimiento de todo cuanto hay de precario en nuestros desabridos oficios, afirmando su irónica interrogación creativa: "La pregunta es siempre igual, pero todas las respuestas son distintas", y manifestando, finalmente, cómo ese diálogo tenso con el único interlocutor posible, la muerte, se resuelve gracias a la vitalidad de su sarcástica certeza descreída:

"La tierra es nuestro único cielo". Sus últimos libros, *Sombrero de ahogado* o *Poemas de tierra caliente,* escritos en la década de los ochenta, dejan atrás el fenómeno del nadaísmo como agrupación colectiva. Son, en su calidez y en su humor, en su forma tan acertada para recrear un espacio verbal muy colombiano, muestras de buena poesía sin adjetivos. Hablando en una entrevista reciente de su participación en el nadaísmo y de sus preocupaciones a nivel poético, decía Jaramillo Escobar: "El nadaísmo impuso un cambio en la mentalidad colombiana. Se obtuvieron mayores libertades, entre ellas la de utilizar las palabras que uno quiere y necesita. Hubo un cambio en la mentalidad anticuada y esto ha sido reconocido en lo social y en lo político. En cuanto a mí se refiere, actualmente escribo para toda la gente, y me preocupa que la poesía sea útil, lo que significa que se refiera a los problemas de la gente. La poesía debe volver a ganar el respeto y esto se logra preocupándose por los demás. Cuando algo no se entiende es porque su autor no sabe lo que quiere decir o nos quiere engañar. Desde hace mucho conozco la poesía brasileña, que es maravillosa. Desde hace cincuenta años este país tiene la mejor poesía de América Latina"[32]. Este hombre ordenado y tímido, surgido en medio del apocalipsis nadaísta, se ha converti-

---

[32.] "Del misterioso X-504 al solitario Jaime Jaramillo Escobar", entrevista con Ramiro Madrid Benítez aparecida en *Contrastes,* revista dominical del periódico *El Pueblo,* Cali, julio 17 de 1983, pp. 8-10.

do así, paradoja última, en el autor de una obra que sin renegar del nadaísmo lo prosigue en un nivel más alto y a la vez más profundo: el de la auténtica poesía.

EL CLIMA NADAÍSTA

Al nombre de Gonzalo Arango, líder del movimiento y ante todo prosista, y a los dos poetas comentados –Mario Rivero y Jaime Jaramillo Escobar– habría que añadir los nombres de J. Mario y Eduardo Escobar como figuras claves del grupo, que, hecho curioso dentro de las letras colombianas, sí se presentó como un movimiento y mantuvo tal propósito: redactó sucesivas proclamas definiendo sus posturas, publicó revistas, estableció contactos con grupos afines de América Latina y propició con sus escritos, en la década del sesenta, una renovación dentro del marco convencional colombiano que hoy en día, en un balance final, podemos considerar fructífera en cuanto trajo a la casa cerrada de la poesía colombiana, con cuarenta años de retraso, varios aromas nocivos y algunas semillas de rebeldía, tan pueril como sugestiva.

Consiguió así que una literatura más próxima a los torbellinos del inconsciente, más fresca en su aproximación al erotismo, más desvergonzada en su vocabulario, más cruda en su aproximación a un mundo grotesco o estúpido, abriera, con su ruptura de la lógica, con su incoherente fraseo, con la brusquedad o la ligereza de su humor, una brecha en el hegemónico espíritu de seriedad de la literatura colombiana, urbanizándola y llegando con sus gritos de combate a nuevos núcleos de lectores. Logró también hacer de la poesía otro producto más del consumo, promocionándola a través de *slogans* publicitarios en el reciclaje constante de muertes y resurrecciones que pautaban las diversas crisis internas por las cuales el grupo atravesó. Pero, en realidad, ¡qué lejos su ética del rigor con que el surrealismo concibió la revolución como poesía práctica y a la práctica de la poesía como actividad revolucionaria!

Recapitulando, vemos cómo, en su mayoría, los miembros del grupo tenían origen campesino y habían iniciado sus estudios en colegios y seminarios orientados por sacerdotes católicos; luego, con su ingreso fugaz por la universidad y por los primeros trabajos, habrían de incorporarse al desarrollo de ciudades como Cali, Medellín y Barranquilla, para luego sí establecerse en Bogotá o retornar a ellas asumiendo como punto de partida de su trayectoria el asesinato del líder populista Jorge Eliécer Gaitán, el 9 de abril de 1948, y como factor determinante de su evolución esa guerra civil no declarada que fue conocida como el período de "la violencia en Colombia", entre 1948 y 1962.

La peculiar estabilidad de un régimen político sustentado en el manejo compartido del poder por parte de los dos partidos tradicionales –liberal y conservador– limitó las formas de participación ciudadana, además de propiciar las ya conocidas discriminaciones sociales y de clases. La actividad nadaísta, en cierto modo, puede verse como un sustituto de ellas. Mientras muchos jóvenes se incorporaban a la guerrilla, los nadaístas eligieron el escándalo y la literatura, pero tanto unos como otros recibieron el impacto de la revolución cubana y, mucho más atenuados, los efluvios malolientes del *hippismo* y del mayo francés. Todas estas referencias sirven apenas para fechar una época de múltiples cambios en la sensibilidad juvenil. Los nadaístas, en un país que ha sido denominado por uno de sus ex presidentes como "el Tíbet de Sudamérica", los hicieron suyos, agitándolos como banderas en contra de lo establecido.

Los escritores nadaístas vieron también cómo su propósito de oxigenar el ámbito cultural se contradecía en el papel ciertamente vetusto que el poeta continuaba desempeñando en un país que se expandía en forma desordenada y crecía, desquiciando de paso todas sus estructuras, a una velocidad mucho mayor que aquélla en la cual el ingenio del grupo, en tantos casos convertido en simples payasadas, intentaba encarnarla. Así Camilo Torres, sacerdote católico, ingresó y fue muerto en la guerrilla. Ésta, ya en nuestros días, y a través del M-19, actualizó sus métodos de lucha secuestrando durante varias semanas a buena parte del cuerpo diplomático acreditado en el país o bombardeando con morteros el palacio presidencial, durante el gobierno de Turbay Ayala. Ningún nadaísta, ni siquiera bajo los efectos de las drogas alucinógenas –que convirtieron en parte de su arsenal subversivo–, podría haber previsto semejante delirio. Además la moral se relajó liberalizándose; cuatro o cinco grupos económicos concentraron, mediante su red de empresas, el capital disponible, y la marihuana dejó de ser un fruto prohibido para convertirse en fuente de divisas. Después de su caída, la cocaína continuaría manteniendo una economía subterránea paralela a la oficial y en muchos casos mucho más rica que ésta.

Todo lo anterior, que bien parece un recuento periodístico, se transcribe pensando precisamente en que los nadaístas prestaron una atención casi exclusiva a la actualidad más inmediata, lo cual contribuyó a rebajar su afán creativo. Prefirieron en muchos casos la atracción de la noticia a la ascesis distanciada que implica escribir poesía. Disfrutaron más llamando la atención que elaborando una obra de largo alcance, sustraída al impacto final. No tanto por poner en duda la capacidad de la escritura para reflejar la vida como por acentuar, al máximo, una dudosa bohemia y un énfasis vitalista. Aún así prosiguieron en su indagación. Un poema de Eduardo Escobar lo corrobora, mostrando, de paso, ese misticismo laico que en tantos casos tiñó sus poemas, en ningún momento ajenos a la lectura de textos orientales y budismo-zen:

Busqué a Dios

Busqué a Dios con sinceridad y paciencia
en el directorio telefónico,

en aguas mansas y turbias
y en las precipitaciones de agua.
Lo busqué en la ausencia de lo que amamos
y en los desperfectos de nuestra mansedumbre.
Me fui tras él por ciudades pequeñas,
busqué su fotografía cada mañana en los periódicos.
Amé en la risa de las muchachas su risa
y en la mirada de mi prójimo,
encontré muerte en todas partes,
pero buscar es lo que importa.

Ellos, en conclusión, mantuvieron como premisa el carácter insumiso y crítico de la actividad artística, no sometiéndola en teoría a ningún alinderamiento ideológico o político. Recalcaron la inutilidad desmitificadora de la palabra poética –indispensable no se sabe para qué, como dijo Jean Cocteau– y reclamaron para ella una especificidad propia, lo cual es perceptible más en el ademán general del grupo que en su propia labor creativa, lastrada en tantos casos por remanentes desuetos –el poeta, ser maldito que dice no a la cultura, sí al irracionalismo, con todo lo que hay de moda cultural tardía en tales planteamientos– o agobiada todavía por los tortuosos fantasmas del pasado, que les vedaba la posibilidad de conseguir un lenguaje estrictamente contemporáneo, el lenguaje que sólo tres o cuatro de ellos, alejados, en alguna forma, de ese caldo de cultivo que fue el nadaísmo, han obtenido a veinte años de su fundación. Éste, en muchos casos, arrastraba los detritus de voces engoladas y acentos declamatorios, mezclándolos con estridencias de niños mal educados.

Creían aún en la poesía como un medio de redención colectiva y por ello sus textos, al contrario de lo que Pound pedía, no semejaban, en sus comienzos, "una conversación entre gente inteligente". Eran más bien las intervenciones públicas de un ser pintoresco y llamativo dirigiéndose a un auditorio analfabeta o semi-culto, de universidad o de sindicato, que si bien no dejaba de aplaudir o reírse no por ello realimentaba esta poesía que en tantos casos concluyó en el tedioso objetivo de ser ingeniosa a toda costa. Ese retorcimiento final, en pos de la broma última, anulaba todo sentido. La convertía en chiste.

Pero algunos de estos "chistes" se sitúan, con pleno derecho, entre lo relevante que ha producido la poesía colombiana durante estas décadas. Me refiero a los libros *Baladas* (1980), de Mario Rivero, con prólogo de J. G. Cobo Borda; *Mi reino por este mundo* (1980), de J. Mario (nacido en 1940 y quien de forma más desenfadada y constante ha mantenido vivos los ideales del grupo, gracias, entre otras cosas, a la pirueta eufórica que varios de sus poemas proponen), y *Extracto de poesía* (1982), de Jaime Jaramillo Escobar. Éstos, junto con varios poemas de Eduardo Escobar, dispersos a lo largo de sus seis libros publicados entre 1966 y 1977, constituyen el aporte concreto del nadaísmo a nuestra literatura. Aporte que no ha logrado sobrepasar aún la órbita local para insertarse en un contexto quizá más problemático pero por ello mismo aún más exigente: el contexto de la actual poesía latinoamericana, en el cual el nadaísmo es sólo reconocido como un apéndice, en tierras colombianas, de la gran aventura surrealista[33].

Pero acaso eso se deba al comportamiento infantil con que el nadaísmo quiso congelar una adolescencia que a ellos debía parecer mítica sólo por ser la suya. No lo era. La crueldad que proclamaban era apenas la del país sometido a un largo baño de sangre. La violencia de los textos nadaístas llega a ser irrisoria no sólo comparada con la violencia que asolaba calles y plazas de pueblos y ciudades colombianas, sino medida en relación con los desórdenes psíquicos y las perturbaciones mentales que sacudían a sus habitantes. Los nadaístas, por su parte, tampoco previnieron lo que vendría: las formas novedosas o inusuales mediante las cuales ese nuevo país también se expresaría, dejándolos atrás. Algunos de sus últimos textos –pienso sobre todo en los de Jaime Jaramillo Escobar– aseguran un renacer ya no del grupo sino de voces individuales aisladas, las voces de poetas específicos. Intentar mantener vivo el nadaísmo no es más que una nostalgia enfermiza. La última perversión

---

[33]. Las mejores aproximaciones a la poesía latinoamericana de este período se hallan en los diversos libros de ensayos de Octavio Paz y en el volumen de Guillermo Sucre, *La máscara, la transparencia,* Caracas, 1975. Es de interés también, por sus afinidades con el nadaísmo, la *Antología de la poesía surrealista latinoamericana* de Stefan Baciú, México, 1974, y la *Antología de la poesía viva latinoamericana,* Barcelona, 1966, de Aldo Pellegrini, que incluye a Jaramillo Escobar y J. Mario.

de adolescentes que se creían malignos. Por ello quizá estas palabras de George Bernanos, en su *Crepúsculo de los viejos,* resulten adecuadas para cerrar este repaso del nadaísmo, un movimiento literario colombiano que tuvo su período de auge en la década de los sesenta y cuyos integrantes llegan hoy al medio siglo. Dice Bernanos: "Todo hombre acaba por descubrir un día una verdad cuyo fruto amargo sería poco prudente, por otra parte, dejar compartir a la juventud: que la vejez es frívola. De una frivolidad mitigada por la calvicie, el reumatismo, la gota y el catarro, para no hablar de otras servidumbres y, por ejemplo, de esas pasiones espectros, sin movimiento, sin color y sin calor, aunque de una voracidad terrible, imágenes petrificadas de la adolescencia"[34].

JAIME JARAMILLO ESCOBAR:
"EL BUEN POEMA SE COME FRÍO"[35]

Dentro de esas voces, ya netamente definidas, la de mayor resonancia, incluso con relentes populistas, en sus apariciones públicas, ha sido la de Jaime Jaramillo Escobar. Ha perdido su disfraz nadaísta pero no su fidelidad a la poesía.

---

[34] Georges Bernanos, *Crepúsculo de los viejos,* Buenos Aires, Ediciones Troquel, 1960, p. 122. El artículo original es de 1932.
[35] Jaime Jaramillo Escobar, *Sombrero de ahogado,* Medellín, Colección Autores Antioqueños, 1984, p. 105.

"Decir todo lo que le dé la gana, que para eso es poeta", afirma Jaime Jaramillo Escobar al concluir el primer poema, "Perorata", de su libro *Sombrero de ahogado* y ese dictamen revierte sobre el cuerpo poroso y zigzagueante de todo el volumen, dotando de un sentido último a su caudaloso flujo. Éste no es otro que el goce de crear a partir de la nada y amparándose en la voz de un culebrero, de un pregonero de milagros, de un Blacamán lírico, un objeto bello, válido en sí mismo y no dependiente de ninguna realidad externa: "esta cajita roja vacía en la que, como podéis verlo, no hay nada, absolutamente nada, sino ella misma sola por dentro".

Pero este mago de feria de pueblo, que ofrece poemas como serpientes ante un auditorio lelo, ha logrado con tal despliegue de sus artes de prestidigitador ofrecernos una reflexión no sólo sobre los trabajos del poeta, sino sobre la índole misma del producto que moldea ante nuestros ojos:

> Sí, señores, caballeros, no temáis. Este verso es un endecasílabo, bueno para el insomnio; y éstos son tercetos, contra las quemaduras. Y una décima para el dolor de cabeza. Dije una décima; no una pócima.

Así, de este modo, el poema se elabora allí enfrente, dilatando sus espirales en expansión jubilosa o concentrando su mirada mediante un reverso irónico. El poeta, con algo de Zaratustra que danza, nos revela sus secretos:

Mientras muevo mi mano en su interior para amansar el poema, os voy diciendo, oh señores: no leáis poemas pesados ni ásperos. El poema tiene que ser flexible, escurridizo, ondulante, con un cuerpo frío que os estremezca y en la cabeza una boca capaz de haceros cualquier cosa,

concluyendo con una pirueta, por burlona no menos renovadora: "el buen poema se come frío". Algo de esa voluntad de volver práctica su tarea es la que le da a este libro un carácter singular. El nihilismo nadaísta con su esterilizante prédica, visible, cómo no, en muchos de los helados silogismos de su anterior compilación poética, *Extracto de poesía* (1982); (véase, por ejemplo, "Acta de los testigos", "Proverbios de los charlatanes" o "Diálogo de los intérpretes"), se ha trocado, en este caso, en una palabra mucho más cálida y menos intelectual. No tan distanciada. Ya no se trata de hacer compatibles diversas versiones de la Torá. Ahora se busca hablar de esa caja que "ha viajado conmigo medio mundo. No siempre he puesto en ella ágiles y rebeldes poemas. A veces también mi muda de ropa".

Lo personal y lo genérico, lo individual y lo colectivo, el refrán y la estadística, todo convive en estas líneas, pero la voluntad de impactar, mediante el exhibicionismo escandaloso, ha madurado y se ha vuelto mucho más maleable debido a que la autobiografía de quien habla se halla expuesta con inquietante honestidad y demoledora belleza.

En tal sentido, "Sarta del río Cauca" es ejemplar: el niño y su caballo, el diálogo que los dos establecen y los viajes que emprenden. Ese viaje hasta el río Cauca –"el río más bello del mundo es el primer río donde nos bañamos desnudos"– y el juego, hecho de cariñosa burla, con que el poeta se ve a sí mismo, recuperando una infancia no mágica, como siempre se dice, sino real. Una infancia en la cual los caballos comen "dulce caña picada, aguamiel con salvado, bananos partidos" y conducen a los adolescentes de trece años por los caminos de las montañas, oyéndoles recitar poemas de Porfirio Barba Jacob:

No recuerdo ningún comentario de mi caballo acerca de los poemas, pero si yo dejaba de recitar, él se detenía.

Poemas para comer, poemas para curar, poemas para hacer menos largo un viaje y animar un caballo: los temas de este libro son la niñez y la infancia campesina; la violencia rural y urbana; los amigos y el mundo indígena; el arte de escribir y hablar, en poesía, de ese más allá de los fantasmas, "que es también el más acá, porque está alrededor nuestro y nos aprieta", de los viajes y los amores: "Arcesio, Arnulfo, Otoniel, Juvenal", de la droga y los otros poetas: Barba Jacob, Ciro Mendía, Jotamario. También, no sobra decirlo, de la política, en la mejor acepción de la palabra, y de una comprensión, dúctil y socarrona, de su país y de sus simples realidades vitales.

La vocación de Jaramillo Escobar por expresar un yo colectivo, devolviéndole el canto al pueblo, rescatando las raíces negras e indígenas de Colombia y reafirmando el origen campesino de nuestras ciudades, podría ser el equivalente poético de un populismo político.

No es así. Son los detritus líricos los que utilizan los políticos, del mismo modo que todos los boleros de Agustín Lara no logran enturbiar la fuente de la cual provienen: la vigorosa y melodiosa música de Rubén Darío.

Pero dejémosle, mejor, la palabra a Jaramillo Escobar, quien en carta fechada el 18 de octubre de 1983 razona sus propósitos:

> Cada poema mío es ahora una arenga para levantar el espíritu, el ánimo, la voluntad. Bien mirado, Colombia no es todavía una unidad y puede desintegrarse. Aglomeración amorfa de razas, de castas, de intereses, de egoísmos, montonera primitiva y errante, sin destino. Venezuela puede coger su pedazo, el que quiera puede coger su pedazo, y los gringos el resto. Pero hay que hacer un intento, vale la pena hacer un intento, no importa si fracasa. Y es la poesía la que puede establecer leyes en el corazón de los hombres. No es el gobierno. Es la poesía. Te parecerá primitivo pero así es[36].

---

[36]. Ver Jaime Jaramillo Escobar, *Selecta,* Bogotá, Tercer Mundo Editores, p. 87.

Aunque el eco de Fernando González resulta obvio, lo que sí no resulta nada primitivo es la habilidad con que Jaime Jaramillo Escobar compone sus poemas. Poemas, como ya he dicho, sobre la infancia campesina ("San Lorenzo"), sobre el servicio militar, sobre la violencia (como el impactante "Las hijas del muerto"), sobre sus amores homosexuales (como "Inscripción" o "Licantropía") o sobre el mundo indígena (como "Mi vida con el chamán": "es bondadoso a la manera de la selva, o sea con una dureza que asusta"): él logra en ellos que las anécdotas más trascendentales, los chistes obvios, los incidentes que no parecen venir a cuento, nos vayan envolviendo, poco a poco, en un sortilegio muy férreo.

Hipnotizados por su aparente incoherencia y por los sucesivos cambios en el punto de vista, apenas si alcanzamos a darnos cuenta de que el poema ha terminado, desvaneciéndose como un guiño travieso. Así sucede con "La muerte del novio" o "El mundo de las maravillas". Pero nada es inocente. Todo se halla calculado para producir un efecto. Para permitirnos apreciar, velándolo, el discurso subyacente, que se oculta y aparece, dejándose percibir en sus irrupciones fugaces. Ésta no es otra que su búsqueda, muy personal, de una inocencia armada, de una tenacidad cabeciduda, como lo dice refiriéndose a Jotamario en el poema que le dedica.

No es un pueblo que narra una masacre, ni una generación que trata de exorcizar una amplia y difundida crueldad colectiva. Es el niño, apenas, que ha vivido toda la vida en el infierno –ese infierno se llama Colombia– y trata ahora de recobrar la salud y la energía. En contra de la costumbre del vicio y de la palidez, busca inmortalizar, con la fugacidad verbal de todo lo terreno, esos momentos de dicha imponderable: "¡Oh día de gloria, dadme un sobregiro!". Por ello no vacila en emprender una demoledora crítica de su propia raza: "Todo el orgullo de los antioqueños –ese falso orgullo– reducido a sus borracheras de aguardiente", y de las ciudades que le son próximas: "Ese Medellín pedestre que frente al mundo tiene una sola pregunta: ¿Cuánto vale? (como los gringos). / Y una sola respuesta: ¿Cuánto me rebaja?", contra la sociedad de consumo, contra la degradación de la naturaleza, contra el deterioro en la calidad de vida, contra la abyecta marginalidad a la cual el capitalismo reduce al indio, al negro y al poeta. Contra "la payasada norteamericana".

"...época de violencia, de ladrones y asesinos", dice en "Las hijas del muerto", y luego comprende cómo "el poema no admite más ejemplos. Acudid a las actas". Sobrepasado por el horror, por esa "vida innoble, única conocida", él solo puede repetir, petrificado, esos momentos que lo marcaron a sangre y fuego.

Quizá, al traerlos así, en su desnudez inmediata, a nuestro conocimiento, podamos asimilarlos y superarlos. Por ello su poesía, como él dice de la de Jotamario, "nos es necesaria para el esclarecimiento y el goce".

En este libro, el trauma social de la violencia colombiana se halla situado como trasfondo de sus textos, pero su capacidad poética, la más valiosa dentro del grupo que le dio origen, remite a una dimensión mucho más amplia y acuciante. Ninguna poesía más actual que ésta.

A partir de sus inteligentes lecturas de poetas brasileños y de sus traducciones y recreaciones de Geraldino Brasil, Jaime Jaramillo Escobar vuelve a situarse menos en una vanguardia parroquial, que dentro del ámbito crítico de la poesía que se escribe en América Latina. Así él nos reinserta en "una temporalidad original, anterior a la historia, que desconfía de esa historia y que inaugura un mundo: el de la imaginación poética". Su actualidad es la actualidad perdurable de toda buena poesía: "Sólo lo que se entierra vivo vivirá".

DAVID MEJÍA VELILLA (1935-2002), *CANTO CONTINUO*

El nadaísmo, gárrulo y tremendista, dependiente más de la sorpresa que de la elaboración del poema, imperaba durante aquellos años: los ambiguos sesenta.

La continuidad precaria pero efectiva entre la generación de *Mito* y un pasado no por polvoriento menos influyente, se había roto. Recuérdese, por ejemplo, el agudo ensayo de Hernando Valencia Goelkel sobre Barba Jacob; repásense los índices de la revista y allí será posible discernir la existencia de una corriente esporádica pero decisiva: la poesía como asunto de cultura.

No una retórica aceptada mecánicamente, el surrealismo en el caso nadaísta, sino algo crítico, en todos los órdenes. Irrisión: León de Greiff lee a Tristán Corbiere o a Jules Lafforgue; elación: Jorge Zalamea traduciendo a Saint-John Perse. Aurelio Arturo y los ingleses; Carranza y los españoles; Charry Lara y Cernuda; diálogo vivo, a varias voces.

Sobre Álvaro Mutis debería remitirme, indecorosamente, a un prólogo mío: ver *Summa de Maqroll el Gaviero* (Barral Editores, Barcelona 1973), pero conviene agregar algo más: no solo Max Jacob o Pierre Reverdy sino García Lorca, en su *Poeta en Nueva York*. Allí, en "Paisaje de la multitud que vomita", dos versos: "Camareros incansables / que sirven platos de sal bajo las arpas de la saliva" y "no es el vómito de los húsares sobre los pechos de las prostitutas". También Neruda, el primero, el mejor: *Residencia en la tierra*. Este era el entronque necesario con Latinoamérica. Luego vendrían Gaitán y Cote; solo que con este último ya estamos en nuestros días: Vallejo y el prosaísmo; la vida cotidiana.

Pero en ese entonces (1962), clausurada la revista *Mito* con un número dedicado a otorgar partida de nacimiento al nadaísmo y a registrar, simultáneamente, la trágica desaparición de Gaitán Durán, era posible pensar que una nueva generación —estrepitosa, adolescente, confusa— intentaba desbancar a la anterior. ¿Viejos extranjerizantes? No sé las armas que esgrimieron durante el parricidio. Solo que hoy en día es lícito afirmar que fue *Mito* uno de lo pocos intentos coherentes por situar el trabajo intelectual en una órbita de referencias válidas; novedosa, tan solo, en el sentido de que el país era, y sigue siendo, anacrónico.

Al nadaísmo, en cambio, le preocupaban otras cosas: la publicidad, el escándalo, un misticismo degradado, el poder: todo aquello que hoy resulta anécdota deletérea. Hubo, en consecuencia, una ruptura, un quiebre. Y si bien una parte, la más valiosa: X-504, Eduardo Escobar, J. Mario, parecían pensar que la literatura tenía en cierto sentido, una indudable capacidad explosiva, tal virtud fue desapareciendo a medida que se aferraban a su desaforado nihilismo. Querían vivir, sí, pero el país con avaricia, se los impedía.

Fue perceptible, con el tiempo, cómo otras gentes, cercanas a ellos pero no identificadas, finalmente a la hora del balance (¿pues qué otra cosa, fuera de un clima, una moda, fue el nadaísmo?) o clandestinamente trabajando a sus espaldas; o abiertamente enfrentadas desde posiciones políticas, asistían a un penoso espectáculo: confiar en que aquellos iconoclastas acabaran por derrumbar lo que todos, de algun modo, reprobaban y advertir, igualmente, cómo la diatriba se iba tornando inocua: los niños terribles —y sus musas existencialistas— envejecían, y su labor, exceptuando ciertas vigorosas blasfemias, algún manifiesto y varios poemas, no cuajó en nada efectivo.

Se tomaron el país (los suplementos literarios; los concursos; frecuentaron la crónica social: alimentaron la chismografía; dialogaron con el presidente; polemizaron): no hicieron nada: nadaístas.

Otros grupos, posteriores, intentarían ver claro, poniendo algo de orden en una secta melancólicamente sacudida por los postreros efluvios: el *hippismo;* la canción protesta. Pero de tal confusión —quizá necesaria para sacudirse de encima algo tan mohoso y apolillado— muy pocos alcanzaron a sobrevivir. El primero podría ser Mario Rivero. Pero hoy quiero referirme a David Mejía Velilla; también antioqueño, también nacido en 1935.

No se trata de compararlos sino de mostrar cómo, en los mismos tiempos difíciles lograron llevar a cabo una obra. Se podría sospechar que en la atracción o en el rechazo el nadaísmo los hubiera deformado: era el aire que se respiraba. Al contrario: ambos resultaron ser marginales a él: otra cosa. No agitadores, no redentores: poetas. Y es esta la postrera justificación de un preámbulo tan errático. ¿Por qué?

UNA VISIÓN PERSONAL

Porque un poeta, descontando sus amigos, sus lecturas, sus enemigos, su ciudad, los idiomas que domina (o no), sus debilidades o extravíos, propone, ante todo, una visión única. Un poeta, si es un verdadero poeta, aspira a la totalidad; máxime cuando sabe de antemano —de aquí nace la poesía moderna— que tal sueño, o tal demencia, se halla garantizada por la certidumbre del fracaso. Para qué hablar de Baudelaire, Rimbaud, Mallarmé, Lautremont... Como si tan pecaminosa desmesura no solo justificase la iracundia del destino sino que se apropiara de éste confiriéndole la plena integridad de su derrota. Pero es mejor pasar a otro tema, nuestro tema.

Lo cierto es que David Mejía Velilla eligió otro camino: sencillez, modestia; canto y no crítica de aquello que lo acompaña: "Fraternidad con los paisajes que como yo han de morir"; desde su primer libro, Paisajes claroscuros (1964), esta humildad es la de su poética. No quiere recargar el texto: busca, en cambio, aligerarlo al máximo: "Un luminoso despoblado para que habiten las palabras". Y lo que nos narra, con insistencia; lo que nos dice con parquedad admirable, mediante estos vocablos casi transparentes en su concentración, es su amistad con las cosas; su intento de rescatar íntegra la rosa habitual, ya que la eternidad fluye por estas horas humildes.

Se trata de un reconocimiento, de una aceptación: "no te envanezcas que al fin nada importante te ocurre". Diálogo cotidiano, y apacible, entre un ser y el mundo. Apuntes, canciones, detalles: hay en todo ello una paulatina purificación: "Junto al río cadáveres de mis ideas de ayer terminan de morir". Primer paso hacia la reconciliación que busca; su identidad final con lo que ama: "Cuando la tarde se hizo piedra y el sol agua".

Es lo natural que fluye y encarna, por momentos, en algo también natural: el poema. Y es precisamente uno de los poemas finales de estos *Paisajes* que difiere sensiblemente de todo el conjunto, el encargado de situarnos en el centro de este debate que anima su poesía. Al despojarse, al renegar de sí mismo, de su tarea, propone, mediante la paradoja que es a la vez la única forma de realización posible, lo decisivo: "Prisioneros de las palabras / encadenados a los pensamientos / ciegos por las calles / sordos en los rincones / y otras veces huérfanos / líbranos Señor a los poetas / de nosotros mismos / y de los demás / y también de la música /, no nos condenes a oídos ajenos ni a los propios oídos / no haya más abismos entre tu presencia y nuestra presencia". Este el punto de partida de su poesía. El *Responso* por el propio poeta apunta, igualmente, hacia una manera, ya vieja, de ver las cosas. A la truculencia colectiva opone el seco patetismo de un lenguaje solitario "en mi tarea literaria en el único destinatario que pienso es en mí mismo": tales son sus palabras en la *Epístola familiar* con que se abre la recopilación de su trabajo (ediciones de la *Revista Ximénez de Quesada,* Instituto de Cultura Hispánica, Bogotá, 1973).

El poeta, el más generoso pero también el más egoísta, quiere hacer partícipe a todos de sus dudas, y sus alegrías, pero antes necesita planteárselas a sí mismo; verlas, con nitidez, en el espacio del poema. El autor es siempre el primer lector: aquel a quien inmediatamente va dirigido lo que escribe.

LOS SÍMBOLOS DEL POETA

Meditaciones líricas: días de la semana; lugares cotidianos: la magia del lenguaje nos ofrece, antes que nada, una suerte de tranquilidad sobre lo que pueda haber de intolerable en el mundo; una conformidad, no resignada sino jubilosa, enfrente de sus oscuros designios. Se habla allí de Milozs, de Ungaretti; se podría hablar, también, de Montale o Quasimodo: la poesía italiana le enseñó a contemplar aquello que lo rodeaba: la naturaleza italiana.

Instantes que fluyen: conversaciones que se reanudan: un monólogo que transcurre sin mayores altibajos. Y en torno al eje de su experiencia, algunos símbolos, muy pocos, el mar, la montaña, el color, el pájaro amarillo de la infancia, la vieja sombra, el viejo lobo, los silencios. De ahí que los libros publicados entre 1965 y 1967: *Regreso a la montaña, Los silencios y Nocturno de las criaturas* constituyan la parte más decisiva de su viaje. Geografía espiritual pero también territorio de las aflicciones y los goces. Veámoslo: "Como la savia a la antigua corteza, de vuelta estoy sin mi niñez. He venido por si quieres escrutarme, he venido solo, sin ángel". O sea: todo poeta es dueño de una patria concreta: su pasado. Los sitios que se han constituido en su paraíso y a los cuales vuelve con frecuencia obsesiva, le permiten reconocerse en su semejanza más íntima; aferrarse a sus raíces, nutrirse de nuevo. Poda que es enriquecimiento, este peregrinaje no solo muestra la distancia transcurrida: los desastres y la usura, sino que también revive lo que parecía perdido: una forma, un aroma; el aliento de la vida. "Ingresa en el paisaje de una vez, como cadáver que cobra vida": así se habla el poeta a sí mismo; así restablece la comunicación perdida: "Yo te hablaré del color según lo he experimentado, del que se trasluce en mi semblante, del que impregna este paisaje que te pido habitar".

Súplica y exigencia, para adquirir debe perder: "No más el mar. No más el mar. Ese mar que debió quedarse en mí, / aquel mar que llevo / debió quedarse en mí, / no sé ya cuando, / ni si después de tanto haberlo mirado, / ni si después de haberlo eludido tanto". Mar-lago, mar-alma: allí donde el reposo es profundidad, lo abandona a lo largo de esa jornada intensa y a la vez mansa; lo recobra en ese final donde ya todo corre libremente. Es ya parte de sí. Música apacible, días pacíficos, ha llegado a su centro, como diría Borges, a su "álgebra y su fuego". Pero el rito no se interrumpe: Ya sea en "Los silencios": "aire móvil, / agua quieta / cristal, / hoja o en el "Nocturno de las criaturas": "y yo escojo esta noche para escribirte / que el viejo lobo ha muerto, / sin muerte ha muerto el viejo compañero, / sin herida", en ambos libros se da la misma estructura; el intento de dar comienzo, por fin, a la "conversación definitiva". Esa que está hecha con otro lenguaje y otras palabras: las del silencio.

Pero el silencio no puede decirse; tenemos que contentarnos, entonces, con la experiencia adquirida: "lo dicho por angustia pierde su angustia", y medir hasta qué punto ha sido áspero el combate: Alumbra una luz abominable. "Canta intermitentemente un grillo tuberculoso". Y en versos así, repentinos y desconcertantes, está toda la secreta dialéctica de esta poesía que se plantea a sí misma, como una vía de acceso hacia algo que está más allá y es superior a ella, y no como un ente autónomo que en sí mismo halla su razón de ser. Como una trascendencia que no por ello deja de contaminarse con los sucesos diarios.

Subjetiva; desplegándose en un escenario mental, el tinte abstracto que la caracteriza, no logra impedir que en ocasiones la vida le infunda su fuerza mental. "También con extrañeza miré, pasadas las seis de la tarde, esas criaturas que se lanzan a la novedad, con su cuota de amor no muy exactamente nominadas". Pero esa distancia que establece el "definitivamente ausente", hace que al mirar el espectáculo, siempre variado, siempre monótono del mundo, escuche ante todo, el sonido de su propia preocupación. De ahí que ese ejercicio de flagelación a que somete su verso —donde los ecos de Rilke y Claudel hacen apenas más eficaz su instrumento estilístico— da la impresión, en ocasiones, de una deliberada pobreza temática que se anega y reduce en medio de ecos e interpolaciones cada vez más secretas; a cada momento más inaccesibles. Como si su superficie, tan evidente, estuviera en todo momento indicándonos la complejidad de un segundo nivel, o simplemente enmarcando un vacío: oquedad, ausencia, a veces sobreviene el temor de que tantas variaciones sobre lo mismo terminen por agotar los pocos e insustituibles símbolos del poeta. Pero la poesía se hace con la vida; con lo que queda de la vida, y su próximo libro es aquel donde ella encarna en forma más tangible.

ÍCONOS (1968)

Debido, sobre todo, a que descansa en la circunstancia; la anécdota; en la memoria que hace de las presencias ya legendarias algo a la vez plural y único; concretas y genéricas; de él y de todos. Tienen nombres propios; "Serafina", por ejemplo, pero la historia que nos narra es ya una fábula mítica. "Me siento en la escalinata de piedras preciosas a tus pies / y oigo extasiado las historias de tu errante vida celeste. / ¡Oh señora mía!, no en vano llevamos sangre real y tú / corona de tres mares cetro de junio y esas manos de sueño. / Te oigo extasiado porque he venido desde siempre para oírte. / Cierro los ojos y me hundo en la luz". Mendiga o emperatriz, la visión del verdadero poeta es aquella que logra traspasar lo inmediato, sin perderlo, para descubrir, y hacernos ver, la figura arquetípica que subyace debajo del ropaje más humilde. Inventar; transfigurar: él es un demiurgo: hace el mundo a su semejanza; lo puebla con su imaginación desbordante; le otorga la magia de una metamorfosis que no altera, sino ahonda. Y quizás la madurez de un poeta se basa en esa capacidad de convertir todo cuanto toca en algo inconfundiblemente suyo. Un poema como "Hábito de la ternura", con el cual se cierra *Historia del poeta* (1970), lo prueba de manera rotunda.

Ese "rojo territorio", en donde lo más personal: los antiguos libros en rústica, el olor de los heliotropos, la dulzura de una canción muy antigua, integran una plegaria extasiada que los sobrepasa. Donde la máxima desnudez es a la vez la máxima elocuencia, agrupándose en el centro de todo su universo: "la diamela encantada". Dios y la tierra conviven, por fin, al lado de las "menudas alegrías", porque esta poesía religiosa, de un concentrado ascetismo, halló la frescura de lo más nimio. Una oración que no solo dignifica, ennobleciendo el mundo, sino que nos restituye a una dimensión hoy perdida, no solo en la poesía colombiana, y que es además la base de toda verdadera poesía: la palabra es sagrada y su ejercicio un canto continuo. El poeta no solo se libró de los demás (incorporándolos a su canto); no solo cambió esa música disonante por la suya propia, sino que también sobrepasó ese abismo, uniéndose con el mundo.

La década del setenta

I

Entre 1965 y 1980 se publicaron unos 120 libros de poetas nacidos después de 1945, nos informaba Isaías Peña Gutiérrez[1]. Lo que ni él, ni nadie, puede decirnos todavía es qué quedará de todo esto. Sin embargo, es lícito señalar algunas líneas generales.
1. La no existencia de un movimiento poético uniforme sino de individualidades aisladas. Algunas, como es obvio, comparten afinidades, referencias, órganos de expresión, pero ninguna, en verdad, se ha afiliado a su programa o se ha aglutinado en torno a un manifiesto o a una revista. Samuel Jaramillo, en "Cinco tendencias en la poesía post-nadaísta en Colombia"[2], habla de la "generación sin nombre", la anti-poesía, la poesía política, la poesía de la imagen y la poesía narrativa. La utilidad descriptiva de su clasificación alude más a influjos que al carácter específico de cada escritor. Se rivaliza, podría decirse, dentro de un más o menos gentil eclecticismo. Solitarios-solidarios escribió Octavio Paz hablando de su generación en

[1] *El Espectador,* Magazín Dominical, septiembre 5 de 1982, p. 8.
[2] *Eco,* 224-226, Bogotá, junio-agosto 1980.

Latinoamérica. Una fórmula semejante parece todavía válida para el caso colombiano.

2. De esta poesía ya es posible comenzar a efectuar análisis (y por consiguiente balances) más o menos sistemáticos. Al contrario de lo que señalábamos del nadaísmo, existe un corpus establecido. Obras como las de Giovanni Quessep (*Poesía,* Carlos Valencia Editores, 1980), Jaime García Maffla (*En el solar de las gracias,* Universidad Nacional, 1981) y Elkin Restrepo (*La palabra sin reino,* Colcultura, 1982), poetas cuyos primeros libros pueden datarse hacia fines de la década del sesenta, se pueden considerar, para el efecto, como las primeras ediciones de sus "Obras completas". Recogen el trabajo de una década.

Si a ellos añadimos otros, cuya trayectoria es visible, por lo menos a través de dos o más libros, comenzaremos a sentar las bases para la futura antología. Pienso en Darío Ruiz Gómez, José Manuel Arango, Nicolás Suescún, Nelson Osorio, Miguel Méndez Camacho, Manuel Hernández, Armando Romero, Henry Luque Muñoz, Raúl Henao, Álvaro Miranda, Edmundo Perry, Harold Alvarado, Hernando Socarrás, José Luis Díaz Granados, Juan Manuel Roca, Darío Jaramillo, Helí Ramírez, Samuel Jaramillo, Aníbal Manuel Vanegas, Santiago Mutis, Rubén Vélez, Víctor Manuel Gaviria. Y en Jaime Manrique Ardila y Álvaro Rodríguez, por vía de ejemplo.

3. Otro punto, ligado al anterior, y que me parece importante resaltar, es la existencia de una producción poética femenina, particularmente valiosa no sólo como actitud sino que ya se concreta en reali-

zaciones apreciables: María Mercedes Carranza, los tres libros publicados por Anabel Torres, Amparo Villamizar, Mónica Gontovnik, Renata Durán, Patricia Aguirre, Orietta Lozano, Margarita Cardona y Eugenia Sánchez, seleccionadas estas dos últimas por Juan Manuel Roca en su antología de nuevos poetas colombianos *Disidencia del limbo* (1981).

4. Existen, por lo menos, cuatro panoramas generales: el ya citado de Samuel Jaramillo, los de Darío Jaramillo[3] y María Mercedes Carranza[4] y el prólogo al *Álbum de la nueva poesía colombiana,* preparado por J. G. Cobo Borda[5], que reunidos editorialmente y acompañados de otras notas críticas –las de Jaime Ferrán, Fernando Charry Lara, Helena Araújo, Jaime Mejía Duque– pueden servir para precisar mejor el horizonte de esta poesía. Pero al igual que sucede con la historia colombiana, aquí también es urgente el trabajo sectorial, regional, la monografía individual sobre los poetas de valía. Es ya necesario, a nivel crítico, pasar de una labor cuantitativa –de promoción y divulgación colectiva– a una cualitativa –de exigencias y valoración–, a nivel específico.

5. Debe señalarse también el hecho de que esta nueva promoción literaria posterior al nadaísmo realiza una lectura crítica –o sea, una apropiación creativa– de la tradición poética colombiana. Es obvio que obras como las de Aurelio Arturo y Álvaro

---

[3] *Eco,* 238, Bogotá, agosto de 1981.
[4] *Eco,* 250, Bogotá, agosto de 1982.
[5] Caracas, Fundarte, 1981, 37 poetas, 225 páginas, reproducido en *Eco,* 221, Bogotá, marzo 1980.

Mutis han recibido la vitalidad inherente a ser leídas (revaluadas) con una óptica distinta. Igual podría decirse de las de Luis Carlos López, Luis Vidales, Eduardo Cote Lamus o Jorge Gaitán Durán o el propio nadaísmo, sobre los cuales varios poetas de los que estamos hablando se han desdoblado en críticos, aproximándose a ellos desde una perspectiva enriquecedora. Se trataba de crear, literalmente, una nueva tradición. Quedaría por explorar –como lo ha hecho Darío Jaramillo en diversas notas y artículos; como lo he intentado en el *Álbum de poesía colombiana* (1980)– otras tierras, más lejanas en el tiempo y aún bastante incógnitas. Pienso sobre todo en dos –Valencia y Barba Jacob–, cada uno de los cuales constituye un caso arquetípico dentro de la literatura colombiana: el poeta oficial, el poeta maldito. El exiliado, que se quemó en su huida, y cuyo retorno fueron apenas cenizas; y el hombre público, que nunca abandonó, ni física ni mentalmente, su pequeña ciudad de provincia, encarnándola en sus limitaciones y su todavía equívoca y no totalmente dilucidada grandeza.

6. La perdurabilidad de dos revistas de poesía – *Golpe de Dados*, que ha sobrepasado, en 1995, los cien números; *Acuarimántima*, que alcanzó los 32 números– a través de las cuales es factible rastrear, a partir de 1973, la evolución de esta poesía por lo menos durante una década. Si a esto añadimos otras como *Puesto de Combate*, o la gaceta de la Universidad de Antioquia, desgraciadamente fallecida al llegar a su novena entrega, *Eco*, la *Gaceta de Colcultura*,

algunas revistas de más efímera vida y suplementos literarios de Bogotá, Cali, Medellín, la Costa y Bucaramanga, tendríamos una visión casi exhaustiva de los avatares por los cuales ha transcurrido la poesía colombiana en este período.

7. Mediante tal lectura podríamos, también, detectar el influjo de poetas tales como Cavafy, los surrealistas, incluidos en tal denominación desde Jarry hasta Bataille; la más reciente poesía norteamericana; el rescate de la vertiente latinoamericana del surrealismo, y un desdén inexplicable por la tradición poética española. Además, nombres como Borges y Octavio Paz, Lezama Lima y Cardenal, Alejandra Pizarnik, aparecen citados allí con regular insistencia.

En 1956 Fernando Arbeláez publicó un pequeño libro de ensayos, *Testigos de nuestro tiempo,* que incluía aproximaciones a Perse, Rilke, Neruda, García Lorca, Eliot. Si hoy se escribiera un libro semejante –es decir: el libro de ensayos de un poeta, que leyendo la tradición occidental (la suya) desde una óptica colombiana se nutre de la misma y en cierto modo la renueva– ¿qué nombres incluiría? No lo sé. Lo que sí sospecho es que habría allí, además, algunas referencias al cine, a la música popular, a la pintura; a la vida de la ciudad como entidad que en cierto modo determina (ausente o presente) la índole del poema, y a la incidencia del poder –no de la política– en él.

8. De ahí para terminar, la inclinación crítica en todos los sentidos que ostenta la nueva poesía colombiana. Ya sea asumida como ficción integral, ya sea transcribiendo, literal y prosaicamente, el dis-

curso de la realidad, ella atiende no sólo a la desmitificación de nuestro pasado histórico sino a la exaltación, abiertamente erótica, del cuerpo como presente mágico. De igual modo, ella subvierte, a través del pastiche deliberado, el fraudulento peso de una retórica ancestral, o busca, mediante una palabra en que sonido y sentido sean tan precisos como sugerentes, tan inmodificables como equívocos, la restitución de un lenguaje que nos sea propio.

Darío Ruiz Gómez, poeta también, comentaba nuestra actual situación poética en estos términos: "En tiempos difíciles a la poesía, sobre todo, suele pedírsele una labor redentora: que nos saque del caos y de la ignominia, que resuelva las dudas y nos enseñe a salir adelante. Y ya en esta actitud se plantea el filisteísmo de hacer que la poesía hable entonces un único lenguaje:

"Aquel de los inevitables profetas, de los inevitables funcionarios disfrazados de clarividentes, lo que Milan Kundera llama con justicia la poesía del totalitarismo. Hay entonces poetas de éxito que recurren a una vibrante fórmula: un poco de surrealismo, la inevitable profecía social y ya está, no la poesía, sino lo que ese filisteísmo quiere hacer pasar como la poesía, es decir, Saint John-Perse despojado de su esencia poética y convertido en vendedor de admoniciones políticas aderezadas de tonos amorosos de gente *in*"[6]. Si esta descripción es muy justa para de-

---

[6.] "Charry Lara; una poesía mayor", en *El Café Literario,* 26, Bogotá, marzo-abril 1982, p. 45.

signar ese tipo de poesía que en nuestros días satisface la demanda que en su momento atendía alguien como Julio Flórez, la verdadera nueva poesía colombiana, en su soledad clandestina o en su delirante frenesí apocalíptico –disidencia exacerbada por su cada vez más aguda conciencia de inutilidad–, establece las pautas de una nueva exploración verbal, que trasciende el melancólico *ghetto* que le ha sido impuesto –me refiero, con ello, al establecimiento universitario, según lo precisó Darío Jaramillo en el trabajo antes citado– para establecer un diálogo sigiloso y casi secreto con sus pocos y contados lectores. Ella ha aceptado también que para ser auténtica es preferible ser clandestina.

II

Los poetas que vienen después del auge nadaísta y que comienzan a publicar sus primeros libros a fines de la década del setenta adoptan, como hemos visto, una actitud distinta. No grupo sino individualidades, en muchos casos aisladas. No volcados hacia el exterior sino recogidos en su intimidad, en ocasiones nociva. La poesía, para ellos, es fidelidad y conciencia. Asunto de cultura.

Desilusionados por el ineficaz tremendismo nadaísta prefirieron internarse en la exploración de su mundo interior, en la adquisición de una palabra precisa, en la elaboración de una poética, como formas de superar el olvido mediante la fabulación creativa. El arte, a través de la irrealidad, propone una verdad más vital: la de lo imaginario. Tal podría ser uno de sus *leitmotiv*. Otro, el que había formulado el poeta venezolano José Antonio Ramos Sucre: "Lo único decente que se puede hacer con la historia es falsificarla"[7], máxime en el caso de la historia colombiana, fabricada a punta de mentiras. De las lecciones de esa historia proviene su escepticismo en materia política. La única fe posible, cada día puesta en duda, era la fe en la poesía. Este gesto, que encontraba en autores como Borges, Octavio Paz y José Lezama Lima su más alta expresión, les permitía inaugurar un ciclo distinto dentro de la producción poética colombiana, teniendo presente lo que el propio Octavio Paz ha dicho: "En perpetuo cambio, la poesía no avanza". Profundiza o se expande. Alcanza la transparencia o se disuelve en el silencio.

Reivindicaron en consecuencia la obra breve, melodiosa y mágica de Aurelio Arturo, *Morada al sur;* un hermano, en el espíritu, de poetas argentinos como Ricardo Molinari y Juan L. Ortiz: el paisaje vuelto música, palabra densa y apacible. Manifestaban así su nostalgia por un vocablo esencial, ajeno tanto a las falacias del progreso como a las crueldades de una historia, cada día más demente, injusta y maniquea. Trataron con ello de eludir las dos

---

[7.] Los aforismos de José Antonio Ramos Sucre, con el título de "Granizada", se hallan recopilados en el volumen *Los aires del presagio,* Caracas, Monte Ávila Editores, 1976, pp. 53-60.

más nefastas tentaciones en que ha incurrido la poesía latinoamericana: la de presentarse como una posesión o como un desamparo; la de querer ser los primeros Adanes que ocupan la naturaleza como una potencia genésica o planetaria o la de ofrecerse como unas víctimas de la historia, con todo el patetismo del padecimiento, como lo ha señalado el crítico Guillermo Sucre, inherente a tal postura.

Abominaban del énfasis y buscaban un lenguaje más sobrio, una percepción más aguda de su propio oficio. Intentaban hallar el poema en las palabras que lo ocultan, no en las ideas. Pero el resultado podía ser impredecible. Como lo expresó uno de ellos, José Manuel Arango, refiriéndose a Hölderlin: "quizá la locura / es el castigo / para el que viola un recinto secreto / y mira los ojos de un animal / terrible".

La poesía, entonces, como una doble lectura: la de la realidad y la de los textos ya escritos. La inspiración de un artista se llama también memoria. Acordarse con aquello que, reescribiéndolo, se ha leído. Al concluir surge un texto distinto que si bien pudo partir de Trakl o de Kafka, de Pessoa o Cavafy, de Wallace Stevens o Dylan Thomas, de Saint John-Perse o Enrique Molina, de Kleist o Sylvia Plath, de los caballos de Paolo Ucello o de las parejas flotantes de Marc Chagall, de la música o el cine, para utilizar algunas de las mismas referencias que estos poetas colombianos han utilizado, este texto está hablando a través del impulso ajeno de lo más suyo. La imperiosa necesidad de adquirir un lenguaje. Un idioma, ya que un idioma es siempre el universo traducido a ese idioma. Poetas que no podían darse el lujo de ser inocentes, los riesgos del "culturalismo" podían reducirlos a ser esotéricos eruditos. Pero ¿cómo no compartir su euforia ante ese derroche indiscriminado de obras, tendencias y países si su único legado era, en el plano nacional, cuatro o cinco intentos válidos, y en el internacional, un deficiente conocimiento de la tradición española y unas pobretonas versiones de autores franceses?

Idioma de la ciudad, sin lugar a dudas, las preguntas que se hacían eran del siguiente tenor: ¿Cómo decir la vida, extraer su sentido, tornando inolvidable lo que ya no existe? ¿Cómo convocarla de nuevo logrando en un texto esa mezcla de azar y destino que sigue a todo encuentro verdadero? ¿Cómo hacer que el pensamiento se vuelva claro y diga no sólo lo que en realidad se quería decir sino también aquello que sólo al escribirlo se descubre que se quería decir? ¿Y cómo darle al cuerpo la palabra para que ésta exprese toda la oscura luminosidad del deseo al hacer de los sentidos de la piel una frase a la vez intensa y precisa? ¿Cómo infundir al poema la radiante energía de aquello que nos marca para siempre y, a la vez, alojar en su interior la tontería reiterada de los tics sin los cuales tampoco se entiende ese desgarrón emotivo que confirma la autenticidad de la experiencia, la risita que se ha vuelto mecánica y la sorpresa que deslumbra y para la cual, en tantos casos, el lenguaje no sirve?

Experiencia trascendida, sí, pero que debe mantener intacta la frescura de lo que las palabras, tan usadas, marchitan. Tensión que nos sobrapasa, en pos de una libertad reconciliada con el mundo y esos límites, en apariencia insalvables, que nos recuerdan todo cuanto hay de contingente en ella: la fugacidad de las cosas y su deterioro inexorable. Riesgo irónico, humor jubiloso que, mirando con lucidez las dimensiones de la caída, celebra, en el fondo, el puente que ha quedado establecido. Flotamos, entonces, en la luz, perdidos en el asombro de la dicha, incrédulos de que la felicidad sea por fin esa palabra que podemos palpar como quien acaricia un cuerpo, tan resistente como vulnerable, tan fragmentario como único. Cuerpo que nos brinda todo el placer pero en cuyo interior late el cáncer del tiempo, a la vez aliado y enemigo. Un lenguaje, finalmente, que revelando preserva. El cuerpo del poema.

Pero este poema, personal, único, intransferible, forma parte de un tejido más amplio: el de la tradición. Tradición del idioma español y de los poemas escritos en español, a lo largo de su historia. Además, y por primera vez, una generación que consideraba a la tradición poética latinoamericana como su tradición. Unas páginas de Octavio Paz dibujan el horizonte dentro del cual surge esta poesía:

> Hacia 1945 la poesía de nuestra lengua se repartía en dos academias: la del "realismo socialista" y la de los vanguardistas arrepentidos. Unos cuantos libros de unos cuantos poetas dispersos iniciaron el cambio. Todo comienza –recomienza– con un libro de José Lezama Lima: *La fijeza* (1944). Un poco

después: *Libertad bajo palabra* (1949) y *¿Águila o sol?* (1950). En Buenos Aires, Enrique Molina: *Costumbres errantes o la redondez de la tierra*. Casi en los mismos años los primeros libros de Nicanor Parra, Alberto Girri, Jaime Sabines, Cintio Vitier, Roberto Juarroz, Álvaro Mutis... Estos nombres y estos libros no son toda la poesía hispanoamericana: son su comienzo[8].

A la enumeración de Paz, complementándola y prolongándola, en cierto modo, hasta nuestros días, añadiría otros nombres, para mostrar así esa continuidad creativa que los jóvenes poetas colombianos van a considerar, con pleno derecho, como la suya. Estarían entre ellos los chilenos Rosamel del Valle, Humberto Díaz Casanueva, Gonzalo Rojas y Enrique Lihn; los peruanos César Moro, Emilio Adolfo Westphalen, Carlos Oquendo de Amat, Javier Sologuren, Carlos Germán Belli, Blanca Varela y Antonio Cisneros; los venezolanos Vicente Gerbasi, Juan Liscano, Juan Sánchez Peláez, Rafael Cadenas, Guillermo Sucre y Eugenio Montejo; los argentinos Olga Orozco, Francisco Madariaga, Juan Gelman y Alejandra Pizarnik; los nicaragüenses Carlos Martínez Rivas, Ernesto Mejía Sánchez y Ernesto Cardenal; los cubanos Eliseo Diego, Gastón Baquero, Heberto Padilla; el boliviano Jaime Sáenz; las uruguayas Ida Vitale e Idea Vilariño; el ecuatoriano César Dávila Andrade; los mexicanos Tomás Segovia, Homero Aridjis, Mar-

---

[8]. Ver *In/mediaciones,* Barcelona, Seix Barral, 1979.

co Antonio Montes de Oca, Gabriel Zaid y José Emilio Pacheco. A partir de esa fecha, 1945, hacia adelante y hacia atrás, el mapa de la actual poesía latinoamericana se poblaba de nombres y obras que era factible distinguir. No estábamos solos. Paz, por su parte, agrega:

> El lenguaje es el hombre pero también es el mundo. Es historia y es biografía; los otros y yo. Estos poetas habían aprendido a reflexionar y a burlarse de sí mismos: sabían que el poeta es el instrumento del lenguaje. Sabían asimismo que con ellos no comenzaba el mundo, pero no sabían si no acabaría con ellos: habían atravesado el nazismo, el estalinismo y las explosiones atómicas en el Japón. Búsqueda de una erótica más que de una poética. Casi todos se reconocían en una frase del Camus de aquellos años: "solitario-solidario". Fue una generación que aceptó la marginalidad y que hizo de ella su verdadera patria. La poesía de la postguerra nació como una rebelión silenciosa de hombres aislados. Empezó como un cambio insensible que, diez años después, se reveló irreversible. Entre el cosmopolitismo y el americanismo, esta generación cortó por lo sano: estamos condenados a ser americanos como nuestros padres y abuelos estaban condenados a buscar América o huir de ella. Nuestro salto ha sido hacia dentro de nosotros mismos[9].

[9]. Ibíd.

Para el joven poeta colombiano de estos años, 1970-1980, nacidos casi todos después de 1940, esa herencia estaba allí, como un banquete apetecible; también, cómo no, como un territorio poblado de peligros. Las causas nobles obnubilan, permitiendo, por ejemplo, el facilismo de una escritura pretendidamente comprometida. De otra parte, al publicar sus primeros libros, coincidiendo con el auge de la novela latinoamericana, una cierta tolerancia benévola hacia quien cultiva un género tan inactual como es el de la poesía, les fue concedida.

Si los lectores, para mencionar un ejemplo próximo, podían juzgar la distancia existente como trabajo con el idioma entre *Cien años de soledad* (1967) y *El otoño del patriarca* (1975), un libro escrito como un poema sinfónico, no para leer sino para cantar, en voz alta, no sucedía así con el joven poeta. Nadie acompañaba, precisándola, su trayectoria. Ante la carencia de crítica y la indiscriminada simpatía con que eran mal leídos sus primeros escritos, no era extraño que muchos perdiesen el rumbo, convencidos de sus méritos. Los llamaban poetas; luego, eran poetas.

Para proseguir era necesario replantearse continuamente el camino, teniendo en cuenta que vivían en Bogotá, Medellín, Cali o Barranquilla, y no en París, Londres, Nueva York, Berlín o Milán, lo cual, si se piensa bien, constituye una ventaja: podían ser más irresponsables; tenían derecho a ser más libres. El parroquialismo colombiano resultaba letal ¡y en qué forma!, y era necesario combatirlo sin tregua, ¿pero a qué engañarse creyéndose de otra parte? Todos somos provincianos de algún modo. Estos poetas, entonces, no tenían más remedio que ser colombianos, en una resignada aceptación de sus insuficiencias; en una fructífera delimitación de su parcela.

. Pero también estaban las circunstancias muy específicas dentro de las cuales debían consolidar su vocación, aprendiendo a escribir, y a la vez buscando los medios de subsistencia, tanto física como mental. En relación con la primera, el camino obvio era la universidad. También el periodismo, la burocracia, tareas editoriales y, cómo no, la sempiterna abogacía. Muchos de estos poetas ingresaron a la universidad y, una vez graduados, permanecieron en ella como profesores de literatura. Se creaba así un circuito un tanto esterilizante: aquel del que enseña poesía y a la vez intenta escribir poesía. Poesía de profesores de literatura.

La poesía, en algunos casos, estalló llena de fuego e ímpetu. En otros se secó para siempre entre bibliografías, tesis, exámenes y listas. Hombres que escriben libros e investigadores que ascienden en el escalafón académico haciendo constantes monografías acerca de los hombres que en ocasiones escriben libros. Pero si bien el tema es conocido y monótono, sus consecuencias no dejaban de ser curiosas: en esta década Colombia entraba a formar parte de la industria cultural. *Best-sellers* pornográficos, barato sociologismo tercermundista, revisión del marxismo, auge de la novela latinoamericana y a la vez toda la tradición occidental, todo el repertorio latinoamericano. Las modas se seguían unas a otras, de Marcuse a Deleuze, pero aquello que era detectable en Venezuela –poetas venezolanos traduciendo poetas franceses o norteamericanos– o en el Perú –poetas peruanos vertiendo al español poetas brasileños– en Colombia no existía, lo cual no dejaba de incidir en lo endeble y desnutrido de tantas aproximaciones frustradas a la poesía. Marta Traba ha calificado a la cultura colombiana de endogámica. Esta es, en muchos casos, simplemente mediocre. Compuesta por deslumbrantes figuras aisladas, el nivel general continúa siendo precario. La cultura se volvió negocio para vivir, incluidos los recitales poéticos al aire libre.

Así esta poesía, tímida en su carácter reflexivo y muy controlada en su apertura. Una poesía, la verdad sea dicha, muy colombiana en su simulación consentida –la amabilidad como disfraz de la hipocresía, los buenos modales como sustituto de la sinceridad–, aun cuando ese rechazo implique una innata cobardía y produzca, por ello mismo, unos resultados francamente deletéreos. Como lo dice Álvaro Rodríguez: "aun el más hondo entusiasmo / es alcanzado por la lenta erosión de la fatiga". Poetas precozmente cansados para los cuales la Historia, con mayúsculas, ya no existe. Sus historias eran otras: recuerdos de infancia; el peso, tan opresivo como sugerente, del pasado familiar; esas voces ya fantasmales que apenas si alcanzaban a percibirse en medio del caótico amasijo de calles deshechas y la agresión generalizada que afectaba todos los sentidos; penas de amor y lugares comunes. En realidad sus temas eran los mismos que Carlos Drummond de Andrade, en su conocido poema "Búsqueda de la poesía", enumera como no válidos para obtener un poema perdurable: "Lo que piensas y sientes, eso aún no es poesía". Era una poesía demasiado empalagosa en su sentimentalismo y demasiado truculenta en su objetividad pretendida. Aún así, en sus carencias, ella nos enseña a ver y a sentir una realidad también confusa. Los ojos, irritados por el *smog,* la proliferación de avisos y el polvo de las viejas edificaciones derrumbadas, unas tras otras, para dar comienzo a urbanizaciones *standard* y a rascacielos de bancos y compañías de seguros. Cada diez años nuestro contexto urbano cambiaba totalmente, haciendo irrisoria cualquier nostalgia al respecto. El oído, golpeado por los hits de música popular que inundaban las calles desde los altoparlantes de los almacenes de discos, y la entrecruzada incoherencia de pitos, vendedores de lotería, gamines pidiendo limosna u ofreciendo Marlboro, Marlboro, con un zumbido imposible de eludir. Robos y atracos a la orden del día.

El olfato, inhalando un aceite refrito con el cual, desde las mismas aceras atiborradas como un bazar turco, se cocinan arepas o pinchos; se exhiben manzanas y chucherías, "Made in HongKong", al lado de los collares que los últimos *hippies,* remotos y sucios, se limitan a desplegar sobre el piso. Contraste entre el esplendor visual de las frutas del trópico –amarillo de las tajadas de piña, rojo de la sandía, verde de los racimos de mamoncillo– y el nauseabundo humo de las parrillas, asando mazorcas o fritando chicharrones.

El tacto, sudoroso por el metal de las pegajosas varillas de los buses; y la piel, grasosa por el hollín que implica todo recorrido hecho a pie, por calles desbaratadas y sucias, en las imbéciles diligencias en las cuales se nos va la vida. Papeleo y servilismo.

El gusto, finalmente, tratando de extraer de toda esa masa enorme de sabores, colores y ruido, una orientación, un signo, capaz de guiar al poeta en su descubrimiento, siempre esperado, siempre imprevisto, del otro.

De allí, de una imagen, de una frase, de un ritmo; de la percepción de iluminaciones o anomalías; de una aceptación o un rechazo, surge el poema que solidifica, en su entusiasmo creativo, toda la congoja que padecía el ansia del poeta, inexpresada aún, estrellándose contra realidades tan duras como evasivas:

La mujer, los amigos, la misma poesía; la noción, incluso, de ese país en que se malvivía y en el cual todo parecía posible precisamente por lo secular de su amargura. La figura, incluso, de ese continente, balcanizado y saqueado sin tregua, con regímenes represivos a derecha e izquierda, y sin embargo, de algún modo nuestro en su inconcebible belleza; de algún modo propio en el sombrío destino de arrebato y negligencia que lo distingue.

De allí iba surgiendo una poesía indefensa, llena de piedad consigo misma, engañada en cuanto creía decir mucho más de lo muy poco que alcanzaba a intuir, y que en tantas ocasiones naufragaba en el desamparo total de su inexperiencia, pero que en otras, muy contadas, alcanzaba a levantar hasta el lenguaje todas esas frescas heridas, inmemoriales y ardientes.

Pero quizá sea un poema de Darío Jaramillo el que mejor nos permita introducirnos dentro del tono general de la nueva poesía colombiana, en ciertos casos, como el suyo, ya inconfundible.

De la nostalgia

Diluir la memoria en una especie de estupor
[anhelante,
picaflor sin urgencias que enumera los lugares más
[tibios,
alelada memoria,
la muy fría espejo del calor de otro entonces,
memoria que pregunta cuánta materia de mi cuerpo
[queda,
de aquellos cuerpos míos que vivieron cada
[alucinación
y cada asombro, cada cosa que hoy es nada,
y aún menos que nada
si es palabra.

Cierto, pero si no fuera palabra no quedaría nada de ella. De esa memoria de los cuerpos; de ese alfabeto de iniciaciones eróticas; de esa cálida intimidad o de ese deliberado alejamiento de toda connotación sentimental lograda, en unos casos, gracias a una exageración de la misma, que fabrica una respuesta muy latinoamericana, donde el animal herido de amor se mira sufrir, dramático e inerme, y en ese juego mortal halla el desapego necesario para distanciar cuanto lo oprime.

O que bien en otros casos, como el de Giovanni Quessep, intenta a través de la sola musicalidad, y la repetición de unos pocos elementos ya clásicos –de la Biblia a *Las mil y una noches,* de Keats a *Alicia en el país de las maravillas–* hacer de su irracionalidad un símbolo.

Alguien me nombra

Solo en el alba escucho un canto,
un ala de los bosques
que podrían ser la dicha,
la redención acaso.
Solo en esa penumbra
que hace la palma bajo el aire celeste
alguien me nombra, y pienso entonces
que no todo he perdido en la vida.
Siquiera hay una música que me ama,
y existo para alguien, para un azul o reino
                                          [solitario,
pero es fiel mi demonio y torna el sufrimiento,
mi pasión en los valles de la nieve.

Esta ensoñadora melancolía, tan frágil en ocasiones, en otras sencillamente impalpable, habría de encontrar en poetas como Jaime García Maffla un complemento de signo contrario. Mientras Quessep se internaba en un territorio de fábulas y quimeras, García Maffla edificaba su marginalidad a partir de un idioma clásico –el mismo, por ejemplo, que usa Carlos Germán Belli en el Perú– leyendo, la tradición española, para a partir de ella formular su disidencia, en un cerrado contrapunto de piedad y burla, de participación y desprecio.

Yo, el bufón, digo

Dejarlos para siempre,
mis semejantes,
de mi ilusión, de mi flaqueza creados
para mi engaño y alegría.
¿Qué les debo?
Nada y menos que nada,
la tolerancia de un instante,
la cortesía fingida.
Porque cortés he sido en demasía,
aun generoso,
lleno de modales,
que por lo mismo he sido fatuo y ruin.
Me he mostrado dispuesto
a la veleidad hermosa de sus vidas,
que en nada, a la verdad,
me han importado.
A la mentira que es sonrisa,
calor de conveniencia,
mano extendida para estrechar

una distancia.
Dejarlos, ¿digo? Déjenme,
pues al gesto primero de no importa
qué mano, correría
otra vez tras su halago miserable.

Generalizando, en exceso, podemos decir que el grupo nadaísta hizo suyos los fuegos del surrealismo a través de la *Antología de la poesía surrealista* que Aldo Pellegrini editó en la Argentina en 1961. El grupo posterior, al cual nos estamos refiriendo, descubrió su pertenencia a América Latina mediante la *Antología de la poesía viva latinoamericana* que el mismo Pellegrini habría de publicar en 1966 en Barcelona, España. Si añadimos a ello el influjo de los románticos alemanes, la novela latinoamericana y los más recientes poetas norteamericanos, estaremos mencionando sus polos de atracción más fuertes.

Así Elkin Restrepo consagra sus elegías a Greta Garbo, Elvis Presley o Boris Karloff, al hacer cotidianas sus figuras, sin olvidar, en ningún momento, que "el diario vivir" siempre dice "una frase tonta".

Boris Karloff

Era difícil pensar en usted
como en un Karloff que tiene que cumplir
sus cosas en la tierra,
si tenía que regresar a casa en el metro
o el barniz blanco de sus uñas
le producía alergias en el cuello.

Usted era siempre una misma versión
de diferentes guiones, su rostro
donde el miedo no encajaba,
su manera de surgir entre la niebla
cada noche cuando el misterio
aullaba en el campo de golf.
La gente hablaba de usted
en el cine parroquial,
casi a diario, apasionadamente.

O Anabel Torres, quien decanta sus lecturas de poetas norteamericanos –de Anne Sexton a Adrienne Reich– al traer a la poesía colombiana una intensidad más viril, si se quiere, que la de tanta poesía supuestamente erótica escrita por hombres. Hay en ella, como en otras mujeres de su misma edad, una sinceridad perturbadora, distinta a aquella a la cual nos habíamos resignado. Una verdad más intensa y despojada, radical en su propósito de rasgar las apariencias y disolver ese yo conformista que cada cual erige como refugio. Ella nos ofrecía, en lugar de la complacencia, la lucha.

La emboscada

Las heridas del amor,
heridas gozosas que abren una ampolla en el
[paladar
o en la lengua:
heridas cubriendo el cuerpo
tumbado junto a la ventana

de una indolora lluvia de astillas...
aquellas otras heridas
del absurdo del amor,
aspas del amor planeando sobre el alma,
rebanando las manos
y las bocas
ávidas de la vida.
Tropiezos de amor
donde la lucha cesa
y el amor se convierte
en la emboscada:
altas piedras del amor
donde el cuerpo quedó atado, amordazado,
embestido, sobrevolado de buitres, sediento.

Si bien, en un primer momento, esta poesía podía resultar estrecha en su denuncia de la hipocresía, de la injusticia vista como algo impuesto e inamovible, de la violencia explícita o latente, o de la mediocridad de existencias condenadas de antemano, con toda su carga de resentimiento, luego ella se enriquecería, volviéndose más madura en cuanto se sabía de algún modo cómplice y partícipe de algo con lo cual no podía condescender y que sin embargo la nutría. Cómplice y partícipe en cuanto el solo hecho de escribir y publicar la llevaba a religarse con un lector, con un público, con una cultura insuficiente pero que sólo podía contribuir a modificarla en cuanto sus poemas, y el trabajo paralelo a ellos, ya sea crítico, ya sea pedagógico, sería la única forma lícita de permitirles ser leídos como debían ser leídos: como una interrogación, formulada en Colombia, pero con validez universal. Como un intento de diálogo, en los mismos años que muere el Che, en Bolivia, es asesinado Allende, en Chile, tupamaros y montoneros combaten en Uruguay y Argentina, y las formas de intolerancia, de parte y parte, ensombrecen todo el continente, sometido a desmanes y tropelías; desapariciones y genocidio; devaluaciones y mediocrización generalizada, gracias a los medios de comunicación masiva.

Tal tarea se llevaba a cabo en un momento en el cual la sociedad colombiana, por su parte, se lumpenizaba, y el lenguaje, vuelto *slogans* y consignas, reducía todo propósito nacional a un mero consumismo. Del transistor al betamax, todos los intentos por reafirmar la identidad cultural fueron arrasados. Esta poesía, que no pretendía ser popular, buscaba, sí, perfilar el nombre y la noción de las cosas, la conciencia del propio ser, la identidad de las personas, el carácter de un país, la peste del olvido para disolverlos, a todos ellos, en el oleaje crítico de su escritura.

Ciudades aleatorias, continentes expoliados por las trasnacionales, pueblos víctimas del etnocentrismo, si bien era imposible expresar nuestro yo, esta poesía tenía a su alcance la posibilidad de inventarlo y de tomar conciencia de la vanidad de esa invención. Irrisión del ser, puesta en duda de la historia, la poesía era un presente, también impuro, que regeneraba una actualidad banal.

Recuerdo o súplica, la poesía no sólo podía pedir o añorar. En sus mejores momentos ella dejaba de ser un sustituto de la acción para convertirse en una acción por sí misma; una presencia, tan sólida y vigorosa, que irrumpiendo en la "realidad" –palabra que según el sabio consejo de Nabokov nunca se debe usar sin comillas– la modifica. Por ello esta poesía ya no tenía miedo a la sensiblería, el melodramatismo, lo cursi, la mistificación moral, que son verdad en nuestra vida y no se atreven a serlo en nuestra literatura. Por ello mismo, esta poesía no desdeñaba ni la música, ni la ficción, ni el acento ensayístico. Todo tenía cabida. Todo debía estar allí: mitos y bajezas, presagios y mugre, sueños y depresiones, brutalidad y dulzura. Poetas que viven el fin de una idea del arte –el fin de las vanguardias– y para los cuales tanto la naturaleza como la historia no parecen más que ofrecerles motivos para la lamentación, intentan, sin embargo, edificar algo más duradero que la simple pesadumbre.

Tratan de dar las gracias al hecho de estar vivos, rechazando, furiosos, todo cuanto lo frustra e impide. La poesía no propone la esperanza. Se limita a probar, con su existencia, que la realidad está ahí, recordándonos, en forma indirecta, que su peso sólo se vuelve inteligible gracias a la luz con que la poesía, siendo parte de ella, y yendo más allá de ella, la esclarece. A la vez piedad y escándalo, la poesía reconciliándonos nos separa: nos exige estar solos para así hablar con los otros. Ella puede sacarnos de quicio, abriéndonos al mundo, o permitirnos escuchar, una vez más, esa otra voz, la voz secreta con la cual hablamos despojados de toda egolatría. La voz que pasa a través nuestro haciendo que la inteligencia se ría y la sensibilidad se piense a sí misma. Llamado que encuentra en sí mismo su respuesta, como lo dice uno de estos jóvenes poetas colombianos, Álvaro Rodríguez, en su "Canción desde el invierno":

en días así improbables para tantas cosas
también pienso que es tiempo de llamar a
alguien, de ser él inevitablemente
mientras la noche se apoya en las ventanas.

EN UN PAÍS DE POETAS, LA TRADICIÓN EN CRISIS

REPASO E INCERTIDUMBRE

En los últimos tiempos Colombia ha cambiado mucho. Primero que todo, ha crecido su población. Entre 1950 y 1990 ha pasado de 12 a 32 millones de habitantes. Para el año 2000 será de 40 millones de habitantes y ocupará entonces el tercer lugar entre los países más poblados de América Latina, luego de Brasil y México. En el 2003 ya llega a 44 millones.

Al mismo tiempo se ha invertido su carácter. En 1938, Colombia era un país con un 71 por ciento de población rural. En 1985, el 67 por ciento de la población era urbana, y tal proporción ascenderá al 75 por ciento a fin de siglo. El 44 por ciento de la población se concentraba en las cuatro grandes ciudades: Bogotá, Medellín, Cali y Barranquilla, pero un 26 por ciento se distribuía entre 22 ciudades intermedias muy dinámicas. Colombia, país de ciudades.

Se expandió la educación. En 1960 eran 40 000 los estudiantes inscritos en centros de enseñanza superior. En 1990 esta cifra ascendió al medio millón. Por desgracia, se ha convertido también Colombia en uno de los países más violentos del mundo. Según datos de la Policía Nacional, el número total de homicidios fue en 1988 de 21 100 y en 1989 llegó a 23315. Guerrilla (de 8000 a 20 000 hombres), narcotráfico y grupos paramilitares han contribuido a incrementar tal cifra. A esta sensación de zozobra física se añade la persistencia de hondas desigualdades sociales. El historiador Álvaro Tirado resume así el problema: "el 40 por ciento de la población colombiana sólo recibe el 9% del ingreso, a la par que el 10% más rico recibe el 20 por ciento". En 1992 el PIB por habitante llegó apenas a US$ 1380[1].

País de contrastes, entonces, donde convive un dinámico desarrollo económico con una diversificación de sus exportaciones, que pasan del tradicional café a los minerales, y a la cocaina como productos básicos, y una urbanización acelerada con una honda crisis, donde la legalidad carece de legitimidad y el monopolio de la fuerza no es propiedad exclusiva del Estado.

Todo ello en momentos en que su apertura al mundo vuelve más evidentes los cambios en pos de la modernización, visibles, ante todo, en la nueva Constitución de 1991.

[1] Las proyecciones para junio de 1993, dadas por el DANE (Departamento Administrativo Nacional de Estadística), daban para los 1043 municipios que componen Colombia una población de 33 951 171 habitantes y para la capital, Santafé de Bogotá, una cifra de 5 025 989 habitantes. Un panorama de la cultura colombiana actual puede encontrarse en el volumen editado y coordinado por J. G. Cobo Borda, *Colombia: Guía cultural,* Bogotá, Ministerio de Relaciones Exteriores, 1992, 371 p.

Dicho proceso se hace también notorio en la cultura, donde las tensiones entre una ética religiosa y una laica no se dan sin traumatismos y donde los remanentes arcaicos perduran con la singular vigencia nostálgica y opresiva con que los han encarnado novelas como las de Gabriel García Márquez, el premio Nobel de 1982.

Tales datos no son del todo superfluos para enmarcar, de algún modo, la situación de la poesía colombiana hoy día. También ella padece los desajustes y procura, en vano muchas veces, dar razón de ser a procesos vertiginosos que la sobrepasan y anulan. Quizá también ella, como tantos otros elementos de la vida nacional, ha perdido su rumbo y busca con angustia los nuevos horizontes, sin olvidar, por cierto, la forma como en el pasado han sido modelados. A dicho pasado vale la pena volver un momento: explica muchas cosas. Nos insinúa el origen de la actual situación.

"No hay paz, aunque abunden los escritos y los libros" (Camilo Torres, 1786-1816).

Colonia atrasada y empobrecida durante el período virreinal, la educación formal en la Nueva Granada parecía ignorar la realidad circundante, como lo atestigua la certera observación del arzobispo virrey Caballero y Góngora en su plan de estudios de 1787, donde decía:

Todo el objeto del plan se dirige a subsistir las útiles ciencias exactas en lugar de las meramente especulativas en que hasta ahora lastimosamente se ha perdido el tiempo; porque un reino lleno de preciosísimas producciones que utilizar, de montes que allanar, de caminos que abrir, de pantanos y minas que desecar, de aguas que dirigir, de metales que depurar, ciertamente necesita más que sujetos que sepan conocer y observar la naturaleza y manejar el cálculo, el compás y la regla, que de quienes entiendan y discutan el ente de razón, la primera materia y la forma sustancial[2].

Ciencia versus escolástica. Distancia entre las palabras y los hechos que iba a subsistir durante siglos, para mantener esa escisión entre un lenguaje que se substraía a la realidad y conservaba allí, en su coto independiente, una apariencia formal; una república de las letras y un explosivo país que se sacudía cada tanto, entre sangre y violencia, de ese manto distorsionador. Refiriéndose a tal legado colonial, Rafael Gómez lo resumía así en su libro *La independencia de Colombia:*

> Se formó una sociedad interesada por las nobles especulaciones mentales, caracterizada por el amor a las letras, el espíritu legalista y la afición a la discusión y a la polémica –así sea en ocasiones meramente bizantina. Cualidades que han perseverado con sus defectos hasta nosotros[3].

[2.] Rafael Gómez Hoyos, *La independencia de Colombia,* Madrid, Editorial Mapfre, 1992, p. 22.
[3.] Ibíd.

Esto fue lo que los hombres de la independencia, trátese de un precursor como Nariño o de un realizador como Bolívar, intentaron subsanar, mostrando la falla que se abría entre los discursos y los hechos. Con gran lucidez se refirió Antonio Nariño, en *La Bagatela,* al proceso independentista:

> Más parece nuestra revolución un pleito sobre tierras que una transformación política para recuperar la libertad[4].

Y Bolívar, por su parte, en 1812, en su Memoria dirigida a los ciudadanos de la Nueva Granada, comienza a descascarar el artificio verbal que se había superpuesto sobre las cosas, volatilizándolas, haciendo de la estrategia verbal un arma de defensa de los privilegios o, por lo menos, un instrumento clave de la lucha ideológica:

> Los códigos que consultaban nuestros magistrados no eran los que podían enseñarles la ciencia política del gobierno, sino los que han formado ciertos buenos visionarios que, imaginándose repúblicas aéreas, han procurado alcanzar la perfección política, presuponiendo la perfectibilidad del linaje humano. Por manera que tuvimos filósofos por jefes, filantropía por legislación, dialéctica por táctica y sofistas por soldados.
> Con semejante subversión de principios y cosas, el orden social se resintió extremadamente con-

[4.] Ibíd.

movido, y desde luego corrió el Estado, a pasos agigantados, a una disolución universal, que bien pronto se vio realizada[5].

La identificación de república aérea con república verbal (Atenas sudamericana) bien puede concluir, por ahora, con la carta de Bolívar a Santander fechada el 13 de junio de 1821, en que la polifacética diversidad del país se asoma a la pluma del Libertador mientras los letrados son repudiados en aras del militar, auténtica encarnación, en ese momento, del pueblo. El texto es elocuente por sí mismo y resume el gran debate del siglo XIX entre civilización y barbarie. Eran los militares, al volver concretos los anhelos inexpresados, los que desplazaban a los letrados, esos seres irreales. Dice Bolívar:

> Por fin, por fin, han de hacer los letrados que se proscriban de la República de Colombia, como hizo Platón con los poetas. Esos señores piensan que la voluntad del pueblo es la opinión de ellos, sin saber que en Colombia el pueblo está en el ejército, porque realmente está y porque ha conquistado este pueblo de manos de los tiranos; porque además es el pueblo que quiere, el pueblo que obra y el pueblo que puede; todo lo demás es gente que vegeta con más o menos malignidad, o con más o menos patriotismo, pero todos sin ningún derecho a ser otra cosa que ciudadanos pasivos.

[5.] Ibíd.

Piensan esos caballeros que Colombia está cubierta de lanudos, arropados en las chimeneas de Bogotá, Tunja y Pamplona. No han echado sus miradas sobre los caribes del Orinoco, sobre los pastores del Apure, sobre los marineros de Maracaibo, sobre los bogas del Magdalena, sobre los bandidos del Patía, sobre los indómitos pastusos... ¿No le parece a usted, mi querido Santander, que esos legisladores, más ignorantes que malos, y más presuntuosos que ambiciosos, nos van a conducir a la anarquía, y después a la tiranía y siempre a la ruina? Yo lo creo así, y estoy cierto de ello[6].

Sólo que Bolívar en su última proclama delimitaría el papel del ejército: "Los militares empleando su espada para defender las garantías sociales".

Contrapunto entre las armas y las letras, de la Colonia a la Independencia un mundo había sido puesto en duda, tanto por la acción como por la palabra que la promueve. La palabra a la vez romántica y neoclásica de las proclamas de Bolívar. Ahora, al constituirse en república, el país parecía agruparse de nuevo en torno a la palabra. La palabra doctrinaria de tantos presidentes gramáticos, traductores o poetas, que, si bien reconocían, como Rufino Cuervo en *El eco del Tequendama,* la crítica de algunos censores extranjeros acerca de los colombianos, "que leemos mucho y pensamos poco", buscarían, a través del combate en la prensa, la redacción de cons-

[6.] Ibíd.

tituciones o la reglamentación ortográfica, rearmar de nuevo un país que se les escapaba de las manos, en su creciente variedad.

UN MODERNISMO CONSERVADOR

Un caso paradigmático de dichas tensiones es el del modernismo, ejemplarizado en la figura de José Asunción Silva, el poeta que leyó mucho. El mismo que le enviaba una orquídea a Mallarmé y le escribía a Gustav Moreau a París pidiéndole que le eligiera las mejores reproducciones de sus cuadros para así dilatar las fronteras de su museo imaginario, como lo haría también Julián del Casal desde La Habana y Julio Herrera y Reissig desde Montevideo. Silva, ese afrancesado que en sus sarcásticas "Gotas amargas" había caricaturizado la obesidad mental de la burguesía, en su novela *De sobremesa* propone como utopía para redimir el estado de postración de Colombia, a partir del desorden de las guerras civiles posteriores a la Independencia, el mismo régimen conservador que en la realidad del país buscaba aclimatar un hispanista, traductor de Virgilio y amigo de Menéndez y Pelayo: Miguel Antonio Caro.

Caro, redactor de la Constitución de 1886 y protector de Silva, a quien dio destino diplomático en Caracas, volvía a mirar a España luego del turbión sangriento de la Independencia. Quería religar el hilo roto.

Silva, *dandy* atormentado, miraba a Francia y a los prerrafaelistas ingleses. Al girar en busca de nuevos influjos, el tradicionalista-iconoclasta que era Silva volvía música, música incomparable, la anterior cárcel métrica de un idioma que se había vuelto flácido. Como lo reconoció Unamuno, la lengua venida de España era devuelta más pura, con mayores musicalidad y brío. La apertura al mundo, si se tiene un núcleo de partida, amplía la concentración enriqueciéndola. Si se carece de base sobreviene la dispersión mimética. Aferrado a la lengua, Silva le insufló nueva vida. Sólo que para arribar a ese logro indudable Silva ha tenido que dividirse, desdoblarse y desgarrarse, como ha señalado Ricardo Cano Gaviria en su biografía del poeta[7].

Doble vida del poeta, que oscila entre el esteta y el satírico, entre el simbolista y el prosaísmo de su papel como vendedor de telas. El innovador en poesía era un conservador en política, partidario de regímenes fuertes. Pero ello no debe alarmarnos en exceso: la revolución literaria, para destruir, debe tener un sustento del cual nutrirse. Una tierra firme capaz de dar pie para volar más lejos y más hondo. Al silenciarse el propio Silva, con un disparo en el corazón, no calló su "Nocturno", que sobrevive, trascendente en su melodía, pero sí reveló, en forma brutal, la esquizofrenia propia de la realidad colombiana, más acentuada aún en el caso de sus escritores, protegidos del horror por ese biombo verbal.

[7.] Ricardo Cano Gaviria, *José Asunción Silva, una vida en clave de sombra*, Caracas, Monte Ávila Editores, 1992, 534 p.

LA VANGUARDIA QUE NO FUE Y LA RESTAURACIÓN NEOCLÁSICA

Quizá Silva, en el fin del siglo, presagiaba lo que veinte años más tarde, al referirse a las vanguardias, un estudioso ha escrito:

> En Colombia, país tradicionalista y cauto, aferrado a un modernismo epigonal, las proyecciones del vanguardismo han alcanzado escaso desarrollo: no hubo actividad de verdadera vanguardia, sólo figuras aisladas que acogen tendencias innovadoras y antirretóricas[8].

Y añade:

> Sólo parcialmente los miembros de esta generación lograron dominar esquemas dominantes, finiseculares. León de Greiff, poeta de transición y simbolista, insinúa una libre inventiva de vanguardia, pero conserva formas tradicionalistas, fáciles y decorativas consonancias[9].

Pero si el vanguardismo no perduró, salvo en este sentido y en el aislado ejemplo de *Suenan timbres* (1926), de Luis Vidales, tan próximo en sus

---

[8]. Hugo Verani, *Las vanguardias literarias en Hispanoamérica,* Roma, Bulzorii Editore, 1986, p. 23-24.
[9]. Ibíd.

poemas en prosa a la velocidad imaginativa de Ramón Gómez de la Serna, la restauración neoclásica, típica de las décadas del treinta y del cuarenta, sí parecía reflejar una continuidad más acorde con la idiosincrasia conservadora, a nivel poético[10].

La muerte de Eduardo Carranza, por ejemplo, cerraba medio siglo de poesía colombiana, el cual comenzó en 1936, cuando publicó *Canciones para iniciar una fiesta*. Poesía esbelta y emotiva, de aireado lirismo, que había cambiado el clima verbal con sus metáforas de jóvenes muchachas y paisaje tropical dentro de la exaltación nacionalista de los valores hispánicos. Nutrido con las ideas propias de la falange española de José Antonio Primo de Rivera, su romanticismo, que también reconocía en Simón Bolívar y en Rubén Darío motivos impulsores, lo llevó a proyectar al poeta como figura pública. Escribió así, por ejemplo, el himno de la agrupación política que fundó el general Gustavo Rojas Pinilla, la Anapo.

Sin embargo, más desencantado en sus últimos años, produjo libros como *Epístola mortal y otras alucinaciones* (1975), en que la meditación temporal busca conciliar la elación erótica con el afán de sobrevivir, fiel a algunos de sus poetas preferidos: Ronsard, Manrique, Quevedo, Machado.

[10.] Juan Gustavo Cobo Borda, "Latinoamérica en su poesía: 1930-1980", *Revista Cancillería de San Carlos*, 8, Bogotá, julio 1991, pp. 34-53. Incluido ahora en *El coloquio americano,* Medellín, Universidad de Antioquia, 1994, pp. 327-360.

Y se enfrentó al desgaste vital con una poesía estremecida tanto por la conciencia de su fugacidad como por el esplendor carnal de sus deseos.

Por su parte, la generación siguiente a Piedra y Cielo, se agrupó en torno a la revista *Mito*, dirigida por Jorge Gaitán Durán. Ella ha encontrado en la obra de Álvaro Mutis una de sus expresiones más logradas.

Sus últimos libros –*Caravansary* (1981), *Los emisarios* (1984), *Crónica regia y alabanza del reino* (1985) y *Un homenaje y siete nocturnos* (1986)– muestran una entonación amplia, dentro de la cual, como es ya constante en su obra, prosa y verso conviven en torno a la figura de Maqroll el Gaviero.

Incrementada ahora por una reflexión en torno al papel de la monarquía, la figura de Felipe II, el legado árabe, mediante La Alhambra, y una subjetividad evidente, explícita en sus *Lieder amorosos* y en los motivos hispánicos, Compostela, Valdemosa, como desencadenantes de una reconciliación consigo mismo, que más allá de la nada inexorable unen la historia y al hombre que la revive en una resignada aceptación de su destino. Como Carranza, también Mutis vuelve a España, y ambos se fijan en sus símbolos arquetípicos –la arquitectura árabe, la monarquía– para acceder a una intimidad que mide el paso del tiempo y trata de convertirlo en música. Escribe Mutis:

en esta calle de Córdoba, donde el milagro ocurre,
así, de pronto como una cosa de todos los días, /
como un trueque del azar que le pagó gozoso con

las más negras horas de miedo y mentira, / de servil aceptación y resignada desesperanza, que han ido jalonando hasta hoy la apagada noticia de mi vida.

El hombre que se proclama reaccionario y hace pública su fe en la monarquía busca, al igual que Carranza, restaurar valores. La poesía, más sabia, comprueba lo irrisorio de su empeño, enseñándoles cómo ella se hace con palabras y no con ideas, y cómo las convicciones políticas son lo más deleznable de cualquier poeta. Quizá, en algún momento, actúen como suscitación en pos del flujo verbal, pero éste las sobrepasa y queda sólo el poema: invención de una forma, crítica del mundo. Tanto Carranza como Mutis criticaban, desde la tradición hispánica, una Colombia que no se ajustaba a sus sueños, al haber cortado con el puente que, a través de España, le permitía sentirse parte de la civilización occidental, pero lo curioso es que la misma España, al expulsar moros y judíos, y precisar sus distancias frente a la Europa de la Ilustración, defendía un aislamiento asumido: "¡Que inventen otros!". Su poesía, desde el dolor de la pérdida, se convertía en ese hilo restaurador.

DEL NADAÍSMO A LA DISOLUCIÓN DE TODOS LOS ISMOS

La poesía de Mario Rivero, adscrita en un comienzo a la propuesta nadaísta, se ha quedado, en la década del ochenta, sola ante sí misma. Reunida en el volumen *Mis asuntos* (1995), vuelve a contarnos las pequeñas historias de gentes que vinieron del campo a la ciudad y allí comprobaron cómo su energía desfallece, escabulléndoseles el triunfo, o cómo los jóvenes se vuelven más dulces cuando se exasperan y hacen "girar el cuchillo en el vientre del adversario". Con referencias a su nativa Medellín, Rivero continuaría su obra en Bogotá, en el restaurado barrio de La Candelaria, cuyas amplias casas de patios coloniales surgen en sus versos como un remanso anacrónico ante la bulliciosa pestilencia de la nueva ciudad.

En otra serie, *Los poemas del invierno,* la voz se ha hecho plateada e íntima, de regreso de todos los arrebatos, oyéndose en el coloquio de una soledad amiga. De un dolor compartido: las casas en ruinas, los recuerdos lacerantes, manos que se separan y se unen en un piadoso final.

En la poesía, Rivero ha encontrado la luz necesaria "para no amedrentarse ante sus propios pozos de sombra". Para convertir el duelo en sobria alegría. Pero su obra ya no respondía a las consignas contestatarias que propugnó Gonzalo Arango. Por el contrario, se hundía en una sobria soledad cada día mayor.

José Manuel Arango, por su parte, partió de dicha soledad en poemas muy sintéticos que buscaban el relámpago de lo cotidiano, (1937-2002) al rendir homenaje a figuras del romanticismo alemán o, en logradas traducciones, de la poesía norteamericana contemporánea. Pero en 1987 publicó *Cantiga,* un libro donde la calamitosa barbarie que aqueja a Colombia es afrontada con inusual entereza poética.

Habla allí, por ejemplo, de quien se halla en una lista de posibles víctimas y de un simulacro de fusilamiento, por parte de algunos soldados, pero lo hace desde la poesía, desde el miedo que la poesía percibe. Sin énfasis, con liviana aprensión y muy consciente de eso terrible que allí se respira: "Una apariencia mansa / y un fondo de desasosiego / las cosas / su fantasmagoría" Incluso las cosas mismas se han vuelto inquietantes, cargadas de oscuros presagios, capaces de herir en la desnudez equívoca de su uso.

Su texto, por ello mismo, nos despeja la vista para medir árboles, peces y aves, en ejercicios de contemplación que recuerdan a Wallace Stevens y su mirlo, y gracias a dicha apertura, anegándose en quien está fuera de nuestra estéril tautología, intenta comprender a quienes limpian, de madrugada, la sangre de las calles, "no sea que los primeros transeúntes la pisoteen".

Sí, "matar es fatigoso" y por ello lo inmediato de un cuerpo animado por el deseo o estremecido por el frío debe preservarse en pocas líneas. La poesía como refutación silenciosa de la ignominia. Sin embargo, la pareja que avanza entre cuerpos caídos, no se sabe si muertos o borrachos, continúa "cantando una canción entre dientes". Tal la mejor definición de la poesía colombiana en estos últimos años. Detengámonos, un momento, en el espacio dentro del cual ella surge.

LA INSTITUCIONALIZACIÓN DE LA POESÍA

Un primer dato significativo, con el fin de intentar comprenderla, es lo que podría denominarse institucionalización de la poesía. Tal paradoja consiste en la asignación de una zona de influencia legalizada y específica para ejercer su dominio, que contrasta con la anterior errancia, contestataria y bohemia, ejemplarizada en los años sesenta por un grupo como el nadaísta, aparentemente anti-ejemplar por excelencia.

La poesía se concentra en espacios prefijados, como la Casa de Poesía Silva en Bogotá, fundada en mayo de 1986, a la cual se añade ahora la Casa de Poesía Fernando Mejía de Manizales, inaugurada en julio de 1990, auditorios universitarios, revistas especializadas como *Golpe de Dados, Puesto de combate, Ulrika* o *Común presencia* o premios como el que otorga la Universidad de Antioquia en forma ininterrumpida a partir de 1979, el cual ofrece un buen balance[11]. A éstos conviene añadir la página de poesía publicada por el Magazín Dominical del diario *El Espectador* y el panorama anual que ofrece Lecturas Dominicales de *El Tiempo*.

Pero esa delimitación de fronteras entre sociedad y poeta suscita, en el interior de la propia poesía, un debate que el poeta y crítico Samuel Jaramillo, en un trabajo titulado "El eclipse de la atención por la poesía en Colombia", ha planteado así:

---

[11] *Diez años Premio Nacional de Poesía Universidad de Antioquia*, Medellín, Universidad de Antioquia, 1990, 395 p.

En Colombia durante mucho tiempo ser poeta fue un elemento de exaltación social y de prestigio intelectual. (...) Más o menos hasta la generación de los piedracielistas existe una presencia muy extendida de la poesía en el conjunto de la sociedad y un lugar social muy destacado de los poetas en cuanto tales[12].

Para concluir, refiriéndose a su generación, la de los postnadaístas, "a quienes prácticamente no se nos lee, y quienes enfrentamos una representación social del papel del poeta bien transparente y bastante ambigua", en estos términos:

> Ser reconocido como poeta es ya una proeza, y no muchos se deciden a reclamar abiertamente esta calidad cuyo carácter positivo es bien dudoso. En efecto, el sentido de este oficio ha sido despojado de todos sus componentes constructivos, y sólo pervive un estereotipo caricaturesco que asimila esta actividad a algo desconectado con la realidad, anacrónico, superfluo socialmente hablando. En política, por ejemplo, es un estigma que utilizan los contendientes para descalificarse mutuamente, y una actitud como la de Núñez y de Valencia, de reivindicar su doble condición de poetas y de políticos, sería tomada hoy como algo descabellado y estrambótico, equivalente además a un suicidio político instantáneo[13].

[12.] Manuscrito inédito, 53 p.
[13.] Ibíd.

Pero lo curioso, hoy día, es que la valoración negativa, por parte de las nuevas generaciones, de una poesía como la de Núñez o la de Valencia, se basa en la contaminación que su trayectoria como políticos arroja sobre su labor como poetas, disminuyéndola en el caso de Valencia[14], negándola, casi, en el de Núñez. El elemento positivo de todo el debate es, en definitiva, el trazado de límites entre poesía y política, junto al interés de estos nuevos poetas por revisar, en primer lugar, su tradición poética inmediata. Así lo señaló uno de ellos, Ramón Cote, al escribir:

> Para los escritores jóvenes, para aquellos que nacieron entre los cincuenta y los sesenta y han comenzado a publicar a finales de los setenta o en los ochenta, la situación con respecto al pasado literario se torna esclarecedora: se ha confirmado la figura de Aurelio Arturo; se ha producido una evaluación del nadaísmo tanto a nivel general como particular; se observa la mayoría de edad de la generación del Frente Nacional, cuyos poetas han visto publicadas en esta década antologías de sus libros –María Mercedes Carranza, Darío Jaramillo, J. G. Cobo Borda, Juan Manuel Roca, José Manuel Arango. En Colombia nunca ha existido una tradición rupturista y esto se comprueba nuevamente con los autores más jóvenes[15].

---

[14]. Juan Gustavo Cobo Borda, *"Ritos*, de Guillermo Valencia", incluido en el libro *La narrativa colombiana después de García Márquez*, 2ª edición, Bogotá, Tercer Mundo Editores, 1990, pp. 20-40.

[15]. Ramón Cote Baraibar, "Los últimos veinte años en la poesía colombiana", *Ínsula*, 512-513, Madrid, agosto-septiembre 1989, pp. 4344.

Las líneas centrales de la poesía colombiana escrita en los últimos diez años se ubican dentro de tal marco: el de una tradición, también institucionalizada, que a partir de José Asunción Silva[16] abarca nombres como los de Guillermo Valencia, Porfirio Barba Jacob, Luis Carlos López, León de Greiff, Luis Vidales, Aurelio Arturo, Eduardo Carranza, Fernando Charry Lara, Álvaro Mutis, Jorge Gaitán Durán, Eduardo Cote Lamus, Jaime Jaramillo Escobar o Mario Rivero.

Lo comprueban los homenajes-profanaciones, pero homenajes al fin, que un iconoclasta como Jaime Jaramillo Escobar le ha rendido a Guillermo Valencia y Porfirio Barba Jacob. Sus lecturas, por más irreverentes que parezcan, terminan por formar parte de una tradición establecida. De una historia ya oficial, desde la disidencia renovadora, como es el caso de la *Historia de la poesía colombiana* (1991) patrocinada por la Casa de Poesía Silva.

Un consenso más o menos democrático al respecto certifica entonces cómo estos nombres integran el canon de la poesía colombiana en este siglo. Son los poetas que los jóvenes leen. Que las universidades estudian. Que los críticos revisan. Son los poetas que quizá los jóvenes deberían asesinar[17].

[16.] Juan Gustavo Cobo Borda, *José Asunción Silva, bogotano universal,* Bogotá, Villegas Editores, 1988, 382 p.

[17.] Entre los trabajos críticos: William Ospina, Luis Darío Bernal Pinilla y otros: *Cuatro ensayos sobre la poesía de Aurelio Arturo,* Bogotá, Fondo Cultural Cafetero, 1989. Armando Romero, *Las palabras están en situación,* un estudio de la poesía colombiana de 1940 a 1960, Bogotá, Procultura, 1985. Armando Romero, *El nadaísmo o*

Institucionalizada la poesía, como dijimos, a través, por ejemplo, de casetes como los que produce la emisora cultural HJCK, con 40 años de actividad, o ampliada en su radio de acción con eventos como "La poesía tiene la palabra", que logró reunir a 5000 y 8000 personas en Bogotá (1987) y Medellín (1989), cada cual asume ahora los riesgos de su escritura a través de las minoritarias ediciones que son su sino: las de la Fundación Guberek o las del Museo Rayo. Son ellas las que mejor reflejan su curso, beneficiado, tangencialmente, por el auge editorial colombiano que en 1989 exportó libros por 61 millones de dólares, y que a través de antologías didácticas, conmemorativas o patrocinadas por la empresa privada, diversifican aún más sus posibles lectores.

NACIDOS DESPUÉS DEL CUARENTA

En primer lugar, y como respuesta inmediata a la época, podemos señalar una poesía que hace explícita su denuncia. Uno de sus más divulgados representantes, Juan Manuel Roca, por ejemplo, ha buscado compaginar su devoción por un romanticismo surrealista, de imágenes nocturnas, con el propósito de dibujar el perfil de un país dual y secreto. Un país de sangre y muertos, de crímenes y desaparecidos, que sus textos

la búsqueda de una vanguardia perdida, Bogotá, Tercer Mundo, 1988. Fernando Charry Lara, *Poesía y poetas colombianos,* Bogotá, Procultura, 1985.

reiteran una y otra vez: "Los cuerpos otra vez bajando por el río. / La subienda de muertos a orillas / del nuevo y rojo día" (*Señal de cuervos,* 1979).

Su fascinación por la noche no es ajena al clima opresivo en que tantos colombianos se sienten inmersos. A ello se añade su interés por lo diabólico como valor en sí, por la capacidad del poema para señalar el infierno en que vivimos en un pacto con el diablo que sólo ofrece a cambio el poema mismo, como lo ha señalado Samuel Jaramillo.

Atrapada en el ritmo de una sola voz, su poesía no alcanza a incorporar la multitud de hablantes que integran la realidad colombiana de hoy día. Continúa en todo caso manifestando su repudio a la violencia una década después (*Ciudadano de la noche,* 1989), al buscar, en vano, exorcizar un mal cada día menos definible y nítido. Esto, como es obvio, no excluye algunas punzantes intuiciones dentro de la fascinación por la imagen que le es propia:

Arenga de uno que no fue a la guerra

Nunca fui a la guerra, ni falta que me hace,
porque de niño siempre pregunté cómo ir a la guerra
y una enfermera bella como un albatros,
una enfermera que corría por largos pasillos
gritó como graznido de ave sin mirarme:
Ya estás en ella, muchacho, ya estás en ella.

Otros poetas, por su parte, tienen una fe menos clamorosa en las virtudes de la palabra con intención explícita. Por el contrario, en su caso la poesía no sólo se halla corroída por la duda, sino que tal interrogación acerca de su objetivo les depara felices aleaciones críticas: las de la ironía. Las del cuestionamiento del poema y de quien lo escribe. La mirada oblicua sobre el mundo.

Nos brindan así su humor cómplice, en que se rearticulan nuestras certezas, rumbo al absurdo, si bien terminan por rearmarse en la red abierta de un juego azaroso y personal. Quizá demasiado personal. Si el poeta se halla implicado en la carencia de certezas rotundas, también el lector quedará atrapado por sus resbalones, caídas y traspiés. Un buen ejemplo de ello nos lo da Edmundo Perry, quien también, como Roca, ha leído a César Vallejo, pero desde un ángulo distinto. A partir del título mismo advertimos su intención;

Hombre al agua

Soy un mentiroso de poca monta
y por eso me he acostumbrado a fingir accesos
[de tos...
abro un hueco pequeño
lleno de agua y me meto en él
sin la flauta mágica.

Si Juan Manuel Roca inunda la página con el estruendo de sus caballos al galope, Perry la desnuda, hundiéndose en ella. Uno intenta poblarla. Al otro la página lo devora. Sólo resta la mirada desconcertada de quien pudo haber sido engañado por el mundo, pero debe asumir por sí mismo la respuesta. Roca afirma convencido. Perry se coloca entre paréntesis. De la fe política a la duda burlesca o metafísica, el terreno se amplía.

En todo caso esa página en blanco, despojada por el absurdo, se puebla de nuevo con lacónicas escrituras. El caso, por ejemplo, de Jaime Alberto Vélez, quien en sus tres libros: *Reflejos* (1981), *Biografías* (1982) y *Breviario* (1991), ha redescubierto, en su raíz griega, la síntesis del epigrama y la aplica tanto al propio ejercicio poético como a la convivencia diaria: "Duermen juntos / cada noche / a insalvable distancia". Este ejercicio de concentración, a partir de la duda, aprovechará también el encanto cinematográfico de la juventud ida para elaborar su lento monólogo de imágenes. Así lo ha encarnado Víctor Manuel Gaviria, también destacado cineasta. Comenzó diciéndolo en su primer libro, *La luna y la ducha fría* (1979), así:

> Un hombre antes de ser mayor se desilusiona de sí mismo,
> pero continúa pronunciando lo suyo
> y en las pausas entre celos y envidias
> aprovecha para cantar suavemente.

Esa melodía se fija tanto en el mundo con quien la emite y continúa involucrando en su nostalgia la pérdida de la inocencia, como la frescura renovada del barrio y los campos aledaños. En el mundo criminal de los sicarios de Medellín, al cual dedicó su película *Rodrigo D* (1986), la poesía de Gaviria actúa como el más estremecedor revulsivo: el de una dulce remembranza. Igual sucede con Darío Jaramillo, también antioqueño, quien ya desde antes, en su primer libro, *Historias* (1974), formulaba su proyecto en estos términos:

Aquella noche
todos habíamos estado deseando regresar a la
[infancia;
en el fondo era cuestión de volver el corazón más
[pequeño
y echarse a llorar de contento.

El que luego, entre sarcasmo y sentimentalismo, como en su *Tratado de retórica* (1977), se depuró para llegar a ese logro indudable que fueron sus *Poemas de amor* (1986). En ellos, la recuperación de lo que fue, a través de una limpia mirada, le permite reasumirse de este modo, ya consustanciado en una escritura propia:

Alelado bajo el sol, sobre la tapia,
soy un niño de cinco años narcotizado por la luz.

Da paso entonces al exultante erotismo de quien encuentra por fin su cuerpo en la voz del otro. Entra a formar parte así de una corriente, cada día más poderosa, que halla su centro magnético en el deseo explícito. En esa atracción que también es abismo.

En tal línea se destaca Raúl Gómez Jattin con su libro *Retratos* (1988). Exuberante en su vitalismo whitmaniano, su amor desmesurado y promiscuo, recubre hombres y animales, mujeres y paisajes, con una sinceridad brutal y conmovedora. Tal sensualidad polimorfa se recrea en la naturaleza, trátese de un cuerpo adolescente, una gallina o una orilla del río Magdalena, e ignora cualquier culpa, salvo la del tiempo. Aquí la perspectiva se invierte y el resultado puede resultar demoledor:

De lo que soy

En este cuerpo
en el cual la vida ya anochece vivo yo.
Vientre blando y cabeza calva,
pocos dientes y yo adentro
como un condenado.
Estoy adentro y estoy enamorado
y estoy viejo.
Descifro mi dolor con la poesía
y el resultado es especialmente doloroso;
voces que anuncian: ahí vienen tus angustias,
voces quebradas: pasaron ya tus días.
La poesía es la única compañera,
acostúmbrate a sus cuchillos
que es la única.

Resulta necesario señalar, en este rápido recuento de tendencias –lo social, la duda irónica, la nostalgia, el erotismo–, cómo, en muchos casos, esta última inclinación, que, al igual que las anteriores, no se da en estado puro sino en íntima convivencia con las otras líneas, puede dar lugar a un alborozado rescate de la naturaleza. El cuerpo como ecología.

Gracias a ella, por ejemplo, Samuel Jaramillo, en *Selva que regresa* (1988), logra extraer del Chocó la humedad intacta de su infancia, y Jaime Jaramillo Escobar, en sus *Poemas de tierra caliente* (1985), elabora su más apetecible canto con textos como "Alheña & azúmbar", donde la jugosa síntesis entre fruta y mujer no recorta el humor ni tampoco la reflexión. Por el contrario: los potencia hasta el delirio de una música verbal que recuerda los tambores de la poesía negra sin omitir los tajantes coletazos propios de su estilo: "Cuando mi negra se desnuda queda completamente desnuda / no como las blancas que aunque se desnuden siempre tienen algo que las cubre, aunque sea un concepto".

De este modo la apología eufórica del cuerpo retorna sobre sí misma, sea en el espejo crítico de la edad asumida o en su prolongación disolvente en una tierra feraz y tibia. Y la cascada del juego verbal, con sus asociaciones sonido-sentido, no excluye el pensamiento. Sólo que otros abordajes del cuerpo sugieren diferentes infinitos. Las mujeres lo saben y no temen decirlo.

HABLAN LAS MUJERES

Tal el caso, por ejemplo, de María Mercedes Carranza: "Oídme bien, lo digo a gritos: Tengo miedo". Soledad, desunión, amargura autista. Su rostro, en el espejo, le brindará el plano irresoluto de una ciudad, Bogotá, que, como la Buenos Aires de Borges o la Alejandría de Cavafy, apenas si otorga "el cansancio y el tedio de la convivencia". La agresividad sarcástica contra una historia coagulada, que manifestó en su primer libro, *Vainas y otros poemas* (1972), parece ahora un arma para herirse a sí misma, como si el fracaso de una historia oficial desembocara, finalmente, en la soledad claustrofóbica de estas historias particulares.

Una modulación afín del fracaso nos la da Piedad Bonnett con *Círculo y ceniza* (1989), donde las calles rotas de Bogotá vuelven a corroborar una pasión convertida en vacío. Sólo el rapto de la sensualidad mitiga esa catástrofe urbana.

En otras, como Liana Mejía, el canto se abre con un golpe de feroces revelaciones: "Espoleada por el odio/mi rabia/yegua de rojas crines/abriéndose paso/a través de la noche", como en su libro *Extraña en mi memoria* (1983), donde se comprueba el interés suscitado por la figura de Alejandra Pizarnik, una referencia habitual de esta escritura.

Pero hay también aquí otra paradoja: la poesía escrita por mujeres, oscilante entre la soledad y la solidaridad, entre la disolución del ego y la adquisición feminista que supere lo local, de la cual existen notables precursoras, como vimos al hablar de Meira Delmar, también parece institucionalizarse en eventos como los "Encuentros de poetas colombianas", realizados hasta ahora en número de seis en el Museo Rayo, de Roldanillo, Valle, población de 50 000 habitantes, o en sus presentaciones conjuntas en la Feria del Libro de Bogotá, evento anual de carácter internacional.

Sin embargo, la recopilación, en varios volúmenes, de los poemas leídos en el Museo Rayo no resulta demasiado atractiva. Voces débiles y previsibles, en su rutina apenas enumerativa de arrebato y olvido, pagan una cuota muy alta a los remanentes desuetos de una poesía entendida como profesionalmente femenina. Las formulaciones teóricas llegan a ser más válidas que la praxis misma. Así habla Águeda Pizarro, principal animadora de dichos encuentros:

> La poesía de la mujer latinoamericana del siglo xx es testimonial contra la injusticia a todo nivel, en todo país. Es ecológica –busca la relación antigua con la tierra. Es solidaria con las víctimas de toda guerra, de toda tragedia. Está plenamente consciente de que la tierra se viola y de que todos sus hijos se trituran y contrarían los ritmos vitales de todos los días. Más que nada es consciente de que la voz poética es una voz heredada, una voz que contiene las palabras de siglos de hablantes de un idioma. La mujer es consciente de que esa voz colectiva vive en la conciencia de las madres. De que toda música del pueblo es origen de poesía[18].

[18]. Cuarto encuentro de poetas colombianos, Roldanillo, Museo Rayo, 1989, p. 4.

Busca, en consecuencia, una resacralización de lo humano. Como dice una de ellas: "La mujer de hoy hace conciencia de realidades que califican la vida. Y combatirían nuestra desidia mortal, haciendo plena y gozosa la existencia"[19].

Sagrado, entonces, de la vida, del cuerpo, de lo cotidiano, y sagrado, ¿por qué no?, del texto mismo, corroído por la tradición racional y científica. Lo arduo de la comunicación, la obsolescencia de los vocabularios, lo unívoco de ciertos códigos, la falta de espíritu, en definitiva, ante la mecanización inexorable, es la que hace de sus textos, tan balbuceantes a veces como poco "formales", un asomo hacia verdades más íntimas. "Un espacio para lo auténtico", como definió la poesía Marianne Moore.

Ello le ha dado a lo que escriben las mujeres un tono valiente y urgido. Una sinceridad expuesta y exenta de conformismos, salvo, quizá, los propios de una poesía que en general ignora la ruptura. El panorama, sin embargo, de María Mercedes Carranza a Anabel Torres, de Mónica Gontovnick a Eugenia Sánchez Nieto, resulta sugestivo. Va más allá del saludable combate contra el machismo, tan letal, por cierto, a todo lo largo de la historia colombiana.

Se cuestiona así el centro tradicional de poder desde una periferia disidente. Ellas hacen del útero, matriz donde se halla contenido todo el proce-

---

[19] Lilian Bernal Rozo, "Caudal reprimido", al presentar una muestra de poesía erótica femenina colombiana. *El Tiempo*, Bogotá, Lecturas Dominicales, enero 3 de 1993, pp. 8-10.

so de reproducción biológico, la base de una escritura que abarca –tamizados– muchos de los elementos que el feminismo ha expuesto a la luz y que les permite revaluar su propia tradición latinoamericana, tal como lo han intentado críticas como Helena Araújo. Menciona ella escritoras como María Luisa Bombal, Marta Traba, Cristina Peri Rossi y Marvel Moreno, quienes han contribuido a reconocer el núcleo poético de toda escritura. Sin olvidar a la brasileña Clarice Lispector, tan fundamental en este sentido. Ocluida durante tanto tiempo en el mutismo, cuando no en la alusión inadvertida, la voz femenina comienza a expresarse. Así lo intenta Renata Durán en su *Oculta ceremonia* (1985), al partir de esa base que todo poeta sabe suya: "No pueden las palabras / con el peso del mundo". Así lo busca Eugenia Sánchez Nieto en su libro *Con la venia de los heliotropos* (1990), donde lo importante no es la ironía del título sino "perdurar en el lugar del combate / Amanecer cada uno con el corazón del otro". Darle, en definitiva, posibilidad de diálogo al desconocido que en tantas ocasiones nos agrede con su silencio imposible.

FIN DE LA POESÍA: ELLA MISMA

Otro tipo de poesía, más intelectual, más reflexiva, puede partir de la imaginería tradicionalmente entendida como poética y retomar el aporte de la poesía española, desde el siglo de oro hasta la generación poética del veintisiete: es el caso de Jaime

García Maffla y su libro *Las voces del vigía* (1986). Donceles, saudades y fuentes le permiten expresar definitivas advertencias sobre la pérdida de una interioridad en la cual el canto, como lo quería Rilke, reconstruya la morada humana. Pero esa aleación no excluye la irrisión: ya en libros anteriores García Maffla había sabido desdoblarse a través de la voz del bufón que no teme correr detrás de un "halago miserable". El poeta trascendente también busca el reconocimiento de sus pares.

En cambio, un poeta más joven, Horacio Benavides busca afiliarse a aquella milenaria tradición fabulista según la cual no hay nada mejor que las bestias para comprender a los hombres. Así lo expresa en:

Deseo de viejo

Levantando la cabeza
y estirando el belfo,
aspira profundo,
ha percibido ese olor
que le renueva la sangre.
Envalentonado,
rengueante un poco,
se acerca a la yegua
que lo recibe
con una patada amorosa.
El caballo viejo
pronto se olvida
y vuelve en paz
a su hierba.

Demasiado abstracta en ocasiones –el caso de Gonzalo Márquez Cristo y su *Apocalipsis de la rosa* (1990)–, excesivamente realista en otras –el *Libro de las crónicas,* de Jorge García Usta–, la poesía colombiana de la última década puede mostrar sugerentes libros de autores jóvenes.

Como ejemplo: *Hilo de arena* (1986) de William Ospina, también destacado ensayista; *Poemas para una fosa común* (1984) de Ramón Cote; *El desorden del viento* (1989) de Jorge Bustamante; *El viento en el puente* (1990) de Álvaro Rodríguez; *Glimpses* (1990), de Mario Jursich Durán; *Poemas para leer en el bus* (1991) de Rubén Darío Lotero, y los libros de Rafael del Castillo, *Canción desnuda* (1985), *El ojo del silencio* (1985) y *Entre la oscuridad y la palabra* (1992).

Manejan con solvencia variadas lecturas, y la insistencia militante en una épica heroica ha dado paso, en la sobriedad, en el desencanto, a un nuevo paisaje, tanto formal como temático. Quizá han recobrado la sabia observación de Baudelaire expresada en 1859: "La poesía no tiene a la Verdad por objeto, su fin es ella misma".

Una subjetividad universal revalúa los temas de amor y muerte con una mayor carga simbólica y un lenguaje terso y afectivo, que parece dejar atrás la aventura surrealista en aras de una prosodia más afín con referencias inglesas o norteamericanas. Sin embargo, el surrealismo sigue teniendo incondicionales seguidores, como Raúl Henao, quien mantiene viva la consigna de Blake acerca del poeta como miembro del partido del diablo en la divulgación de los aportes del grupo chileno Mandrágora.

En todo caso, y dentro de la variedad fecunda de diversas líneas, se busca una contemplación que supere lo aparente e impregne al mundo con la mirada escrita de quien lo recorre lúcido y fervoroso a la vez. Lo vio bien Álvaro Rodríguez en "Mi oración":

En la noche
la memoria arremolina las imágenes,
y en lo profundo de la sangre
alterna desdén y agradecimiento;
y yo ruego
–puesto que el hombre es más que pensamiento,
pasión es, y es negación apasionada–
porque aun en el quebranto
sepa agradecer;
porque la arrogancia
no me empobrezca hasta el hueso

La poesía parece añorar fatigada un esplendor que antes, al ser imposible, la enriquecía. Ella se nutría con el júbilo apasionado de un canto inaudible. Es obvio que esto el país ya no lo permite, pero también es sabido que en tiempos difíciles la poesía crece con mayor ímpetu. Sólo que su vitalidad, su diversidad y su entusiasmo, la proliferación de revistas y festivales internacionales de poesía, en Medellín y Bogotá, la pluralidad democrática de sus voces múltiples, bien pueden lograr que una cultura sana en un país enfermo (esa paradoja última) incida, de modo imperceptible, en la modificación de conciencias y sensibilidades retraídas por el miedo y replegadas ante los excesivos crímenes. En un panorama de bombas y asesinos en moto, de guardaespaldas, secuestros y voladuras de oleoductos, donde el idealismo guerrillero se ha trocado en negocio turbio, el delgado hilo de agua de la poesía sigue su camino[20]. Por más que el poeta se invista aún de todos los atributos románticos del rechazado o del maldito, sus palabras continúan buscando, con desesperación o indiferencia, con alegría sí, el camino para llegar a un oído receptivo. Con compartible coraje lo pide Orlando Gallo en un poema de un libro cuyo título resulta revelador sobre estas mismas páginas: *Los paisajes fragmentarios* (1985). Fragmentos que no llegan a la plenitud y que, sin embargo, desde la zozobra la intuyen y en alguna forma colaboran a percibirla con mayor nitidez. Ya no hay distancia entre la realidad y las palabras, porque lo que cuenta es la realidad autónoma de la propia poesía. Así estos poetas. Así este poema:

Sobre todo
aspiro a equivocarme una y otra vez

---

[20] James Alstrum: Generación de "Golpe de Dados", aspectos principales del movimiento postnadaísta, en *Historia de la poesía colombiana*, Bogotá, Ediciones Casa Silva, 1991, pp. 513-527, que incluye bibliografía.

con la misma vehemencia,
con la misma ciega fiebre;
a no hacerme hábil y oficioso
porque no me basta el furor del victimario.

MARÍA MERCEDES CARRANZA (1945-2003)

Era entusiasta y temperamental. Fervorosa y malgeniada. A veces parecía una niña consentida que reclamaba la atención, en otras una mujer fría que desdeñaba todo aquello que no se ajustase a sus designios. Conservaba el ademán olímpico de su padre, el gran poeta Eduardo Carranza, a cuya poesía dedicó su tesis de grado en Filosofía y Letras de la Universidad de los Andes en Bogotá (1985). Y, sobre todo, su fe indeclinable en la poesía como único espacio propicio para que todos nos sintiéramos aludidos.

Gran batalladora, nació en 1945, y se había formado bajo los mejores maestros, cuando su padre bebía en España cerca de Vicente Aleixandre y Salvador Dalí, Dámaso Alonso y Antonio Tovar. Pedro Laín Entralgo y los jóvenes poetas colombianos que admiraban el arrogante magisterio lírico de Carranza: Jorge Gaitán Durán, Eduardo Cote Lamus. Todo ello lo ha recreado muy bien José Manuel Caballero Bonald en sus dos temas de memorias: *Tiempo de guerras perdidas* (Anagrama, 1995) y *La costumbre de vivir* (Alfaguara, 2001). Amó a dos poetas españoles: Félix Grande y Juan Luis Panero, el hijo de Leopoldo Panero, quien con Luis Rosales formaba el dúo de amigos españoles más cercanos a Eduardo Carranza, todos los tres franquistas militantes. Las memorias de Juan Luis Panero Sin rumbo cierto (Tusquets), la dibujan con exacta mirada.

Era una buena lectora y tenía como su padre, una indudable vocación política que la llevó a estar cerca del poder por la vía de la poesía. Trabajó junto al ex presidente Carlos Lleras Restrepo y a Luis Carlos Galán, el candidato asesinado, en el semanario *Nueva frontera* y fue constituyente en 1991. Pero donde mejor encauzó la vehemencia de su carácter y su capacidad de convocatoria fue en torno a la Casa de Poesía Silva que fundó en 1986, donde mantuvo una eléctrica energía en torno a la palabra viva y la necesaria tertulia literaria.

Vuelto todo ello algo mucho más perdurable en la revista que ha llegado a sus quince números y en el útil volumen que coordinó en 1991: *Historia de la poesía colombiana*.

Reaccionaba así, con furia constructiva, en contra del muladar de muertes en que se había convertido el país y peleaba con denuedo contra los burócratas de la administración distrital que le recordaban el presupuesto.

Llevaba consigo el drama de ser hija de un poeta célebre y a la vez intentar escribir poesía. Quizá por ello su propia creación era como un antídoto en contra de la exaltación lírica de su padre. Se burlaba y compadecía a la vez de Bolívar y los héroes patrios y la cantidad de paja inútil en que los colombianos gastan sus días. Pero más al fondo había una dolorosa asunción de su condición femenina en una ciudad cruel como Bogotá, donde prisionera de su destino, como en un poema de su amado Cavafis, se sabía sola e incapacitada para salir del espejo delante del cual envejecía: "soy extranjera por estas calles íntimas".

Con las palabras en crisis, no sólo daba vueltas en torno a esa torva sino que mantenía secuestrado a su hermano Ramiro, por parte de las FARC, sin saber a ciencia cierta si continuaba vivo. Demasiado dolor para resistirlo.

Al escribirle a su hija Melibea, en el intento imposible de explicar su suicidio hacia conmovedora confidente a quien llevaba el nombre de la más dulce y apasionada heroína de las letras españolas. Aquella que murió de amor, al arrojarse desde la torre más alta.

Los títulos de sus libros son harto elocuentes: *Vainas* (1972), *Tengo miedo* (1983), *Hola, soledad* (1987), *Maneras de desamor* (1993) y *El canto de las moscas* (1998), también publicado en España. El epígrafe de Manuel Machado que había puesto a uno de sus textos corroboraba el tono de su angustia: "se ve que voy a morir / porque no amo ya nada". Además de la intimidad indescifrable que la llevó a esta decisión última, había también una circunstancia concreta que precisó de modo terrible.

En un poema titulado "La Patria" había dicho: "En esta casa todos estamos enterrados vivos".

ÁLVARO MIRANDA (1945)

Álvaro Miranda nació en Santa Marta en 1945. Luego de diversas publicaciones en volúmenes colectivos editó en 1971 su primer libro: *Indiada*. Fundador de la revista *El papagayo de cristal,* con *Los escritos de don Sancho Jimeno* obtuvo el Premio Nacional del Poesía de la Universidad de Antioquia[21]. Libro singular este, en el que a través de la ficción literaria del descubrimiento de unos viejos papeles de quien fuera gobernador de Cartagena, en la época de los piratas, Miranda apela a la riqueza del español arcaico y a su muy fino oído para percibir la fuerza de lo coloquial, y arma una serie de textos sorprendentes, en los cuales el lenguaje se hace gozo y paladeo:

¡Ayy corazón de melón!,
bájate el pantalón
que comenzó el carnaval.
Allá viene el congo golero:
báilate marimonda
la danza del garabato,
pucha arriba, pucha abajo,
si no me gozas ¡te mato!

De este modo, Miranda desarrolla una historia que no vacila en remontarse a España, recabar las presencias de José Asunción Silva y Julio Flórez, hacer su-

---

[21.] Álvaro Miranda, *Los escritos de Don Sancho Jimeno,* Medellín, Universidad de Antioquia, 1983, 98 p.

yos momentos en la vida del general Herrera, Jorge Eliécer Gaitán y Jorge Zalamea, e insistir en el descubrimiento de la naturaleza colombiana —de la costa a los llanos, del Amazonas a los Andes—, a través de una de las aventuras verbales de mayor originalidad con que cuenta la nueva poesía colombiana:

> No quiero ajises que piquen
> ni pilón que los rebuya,
> sólo quiero en la tierra
> el ocio del señorío,
> la pereza y los chinchorros.

Así Miranda elabora un contrapunto en el cual "el reír desprevenido, el reír ingenuo, el reír que arrastra la certeza y el fervor de que ahora, sólo ahora, se vive todo el absoluto", se ahonda en una mirada muy perspicaz que recrea, e inventa, el verdadero tono de nuestra gente, no en su transcripción trivialmente realista sino siguiendo el ritmo que le marca su imaginación, fieramente apegada a la tierra, al anís con casabe, pero capaz igualmente de trascenderlo en su vuelo creador. Otorgándole voz, por fin, a los seguidores de Jorge Eliécer Gaitán, dice, por ejemplo:

> Porque nosotros, siendo buenos, seguíamos al sol,
> lo seguimos, siendo tartamudos,
> y luego hablábamos y luego lo
> seguíamos,
> rastrojo tras rastrojo, siendo cojos,
> lo seguíamos por ahí, por las mazmorras,

lo seguíamos siendo mancos, lo
seguíamos
y luego hablábamos, siendo sordos,
y luego por ahí, bien cotudos,
lo seguíamos, por ahí, bien herniados,
lo seguíamos, seguíamos al sol.

Se abre así, con este delgado volumen, una perspectiva más enriquecedora para hacer de nuestro idioma –el español– un preciso instrumento de captación de aquellos sueños, traumas y silencios, que en muchos casos nuestra historia había decidido acallar y que la poesía, por fin, como en el caso de este libro de Miranda, vuelve incontrovertible realidad. Una realidad sonora, pujante, donde el arcaísmo resulta innovador y la retórica se carga de una fuerza erótica insospechada, al hacer del arquetipo femenino una potencia avasalladora en su telurismo verbal de buena ley. Allí donde el cuerpo y la historia se vuelven una única realidad incontrovertible: la historia vuelta lenguaje poético, sólo lenguaje rítmico y perdurable.

DARÍO JARAMILLO (1947)[22]

Al publicarse, en 1985, el volumen colectivo *Una generación desencantada* (Bogotá, Universidad Nacional de Colombia, 214 páginas), un volumen en el

---

[22.] Darío Jaramillo Agudelo, *Poemas de amor,* Bogotá, Fundación Literaria Simón y Lola Guberek, Colección Literaria, Nº 17, 1986, 90 p.

que se reúnen obras de siete poetas colombianos –José Manuel Arango, Giovanni Quessep, Harold Alvarado Tenorio, María Mercedes Carranza, Juan Manuel Roca, Darío Jaramillo y J. G. Cobo Borda–, todos nacidos entre 1935 y 1950 y cuyo primer libro apareció en la década de 1970, se suscitó un amago de polémica acerca de los límites de su desaliento. Respondiendo a una encuesta sobre el tema, Darío Jaramillo aclaró el asunto: ningún poeta colombiano, ningún colombiano, por mínima que fuese su inteligencia, podía no reconocer la crisis por la que atravesaba el país. Pero esa obvia lucidez no podía impedirles tampoco advertir cómo en el campo específico de la poesía esa disolución y ese cuestionamiento de todos los mitos no habían producido, por lo menos, algunos frutos.

Uno de ellos, por ejemplo, la posibilidad de reivindicar o exaltar el cuerpo. No sólo en contra de hipocresías morales o reprobaciones eclesiásticas, sino, en sí mismo, como una forma de afirmación vital frente a la violencia y la muerte. Gracias a esos textos comenzábamos a conocerlo y palparlo. A disfrutarlo. A mantenerlo vivo.

"Tu lengua, látigo sagrado, brasa dulce", dice el poema Nº 8 de este nuevo libro de Jaramillo, y la connotación erótico-sacralizada, que bien puede provenir del "Cantar de los cantares" o del "Cántico espiritual", de san Juan de la Cruz, se trueca, renglones después, en un más sobrio: "tu lengua que me explora y me descubre". Pareja que se reconoce y se goza, "por encima de la alharaca del mundo" y "en lenguaje cifrado", estos poemas entonan el ya eterno canto de la dicha. De la distancia en que se recobra lo perdido: "Y cuando, ausente, mi vacío te convoca", dice Jaramillo con buen verso castellano, haciéndolo subsistir, fuego que no se extingue, en las quemantes líneas de esos 14 poemas de amor que integran la primera parte de su libro.

Poemas, entonces, para proteger el amor y preservarlo intacto. Poemas eufóricos en medio de un tiempo gris. Poemas catárticos que expulsan del corazón "todo el asco acumulado", convirtiéndolo, borgianamente, en música, rumor y símbolo: "Algún día te escribiré un poema que se limite a pasar los dedos por tu piel y que convierta en palabras tu mirada. / Sin comparaciones, sin metáforas, algún día escribiré un poema que huela a ti".

Limpios y precisos, despojados del innecesario énfasis de la adjetivación, los nuevos poemas de Darío Jaramillo, escritos entre 1976 y 1983, entregan su luz propia y un fulgor resistente. Su dureza es grata: son cuerpos que han encarnado, para nosotros, en un lenguaje exacto.

Un lenguaje, cómo no, que retoma instancias de su anterior libro, *Tratado de retórica* (1978), autocuestionándose con saña –"la literatura es una lepra"–, pero que en esta ocasión, con mayor sabiduría y desamparo más inerme, concluye su debate aceptando la piadosa ironía de toda existencia humana:

Acaso el silencio sea la única cordura del amor y
decirlo su locura más tonta.

Oscilando, entonces, entre la "fugaz ebriedad del mundo" y "el hábito del desencanto", ellos logran mantener su calor humano más allá de la nada que erosiona –ver "Álbum de fotos"–, más allá de las presencias invasoras que se inmiscuyen en su "tibio ámbito" y más allá, incluso, de la certeza original que les da razón de ser y que Jaramillo ha expresado en una forma totalmente clásica:

no olvides, especialmente entonces,
cuando llegue el amor y te calcine,
que primero y siempre está tu soledad
y luego nada
y después, si ha de llegar, está el amor.

Sólo que la insensatez clarividente del enamorado, al igual que la clara demencia de la poesía, subsisten intactas. "Sé que el amor no existe y sé también que te amo". Así concluye la primera parte de este libro. Esta moraleja no refuta la conseguida belleza. Antes, por el contrario, reafirma su propósito de cantar todo con nada, de lograr que él y aquel otro que lo habita y que envejece, siendo a la vez invasor y exiliado, siendo, al mismo tiempo, "furiosamente libre" e "intolerante como yo", no se reconcilien, o anulen, sino que mantengan su tensión.

Ésta le permite elaborar poemas como "Testimonio acerca del hermano" o "Felisberto: tiempo oscuro", de desarrollo más complejo y ambigüedades muy eficaces.

En unas "Notas sobre la poesía hispanoamericana actual"[23], decía Pedro Lastra que los cuatro rasgos distintivos de la poesía actual, en Hispanoamérica, serían: 1. "la aparición del personaje, de la máscara o del doble en el espacio poético". Transformación del sujeto poético, despersonalizando al hablante. 2. "Recurso a la narrativa". 3. "Recurso a la intertextualidad". 4. "Reflexión sobre la literatura dentro de la literatura". Con palabras de Vicente Huidobro: "una poesía escéptica de sí misma".

Algo de todo ello hay en este tercer libro de poemas de Darío Jaramillo. Su apelación a una máscara, a un doble, a ese hermano imaginario, ya presente desde su primer libro, *Historias* (1974), y que aquí alcanza su culminación expresiva. Su capacidad, explícita en su novela *La muerte de Alec* (1983), para manejar los recursos de la ficción. También en ella un texto de Felisberto Hernández sirve como desencadenante textual de la muerte que menciona el título. Este recurso a la intertextualidad se confirma y acentúa ahora al titular la última parte de este libro "Colección de máscaras".

Allí donde Scott Fitzgerald y Salinger, Barba Jacob, Platón y Heráclito le permiten hablar de sí mismo a través de palabras no del todo ajenas. Y, claro está, el mantener una aguda conciencia de esa "letanía incolora", de ese "claroscuro del éxtasis y la cavi-

---

[23] Publicado en *Inti*, 18-19, Rhode Island, otoño de 1983-primavera 1984.

lación", al cual su poesía se enfrenta con renovado vigor. De allí se nutre. Gracias a esa duda de sí misma crece y se mantiene. Quizá, por ello, en la segunda parte de su libro, "Escenas de la vida diaria", "la amarga poción de tu cautela", esas zonas anestesiadas de sí mismo –"convirtió su ternura en una especie de indolencia"–, las cuales son trascendidas por la civilidad de la convivencia familiar –"sonriéndonos con afecto y respeto y lejanía"– o resultan superadas, como en el caso del poema dedicado a Felisberto Hernández, gracias a "un coraje ciego que actuaba con él" o como en el poema referido a su hermano imaginario, reconociendo en él al "desatado de toda obligación que no sea su instinto".

Coraje ciego, instinto: son ellos los que combaten la inercia al hacer de su curiosidad por saber cómo se pudre, una forma válida de conocimiento. "Importaba solamente saber con claridad su horror". Por ello, "seguro de mi tiniebla y del resplandor ajeno", sus textos llegan a convertirse en emisores de sentido, convincentes y diáfanos. Los 10 poemas de la tercera parte de su libro, "De la nostalgia", lo atestiguan sin ninguna reticencia. En ese ámbito "de pétalo y cristal, de mineral y teca", se reafirma una palabra seca y no por ello menos cálida. Una palabra escueta pero dotada de una luminosidad infatigable, que perdura y mantiene su resonancia, sin ningún altibajo. Son ya ámbitos encantados. En ellos sus mecanismos de composición son visibles, sus ideas también, pero el resultado asume todo ello, al dejarnos en suspenso, voluntariamente ajenos a cualquier incredulidad. Esa poesía habla así y ante ella cualquier glosa resulta superflua:

Como lo dijo Rodó en su ensayo sobre Darío (1899): "Trascribir es una manera de juzgar"[24].

De la nostalgia

Vana memoria que no puede traerte desde lejos,
que no te vuelve carne, risa gentil o canto.
Vana memoria mía incapaz de abrazar lo más mío,
incapaz de acariciar tu piel distante,
vana y obsesiva memoria que solamente alcanza a repetirme
por quien vivo,
que respiro por este amor invulnerable y sin rutinas.
También ausentes eres mi presencia más cálida, mi más pura nostalgia.

[24]. En los *Ensayos de literatura colombiana*, Bogotá, Plaza y Janés, 1985, compilados por Raymond Williams, se encuentra el trabajo de Isaías Peña "La literatura del Frente Nacional", pp. 223-227, donde se caracteriza de este modo a Jaramillo y a otros miembros de su generación. Dice allí: "Un grupo se enfrentó al caos y al desgaste del país nacional. Lo hizo asumiendo distintos derroteros. Unos optaron por la ironía, como María Mercedes Carranza, Nelson Osorio Marín, Cobo Borda, Darío Jaramillo". Y luego añade: "La ironía de la 'generación sin nombre' dio paso al escepticismo y a la nostalgia" (p. 230). Ver, también en el mismo volumen, el trabajo de James J. Alstrum: "La escritura alusiva y reflexiva de Darío Jaramillo Agudelo", pp. 197-204. Para considerar la poesía de Jaramillo en un marco más amplio que el simplemente colombiano, ver J. G. Cobo Borda: "More personal paths: Spanish American Poetry, 1960-1980", en *Review*, Nº 334, Nueva York, enero-junio 1985, pp. 21-75, incluido ahora en J. G. Cobo Borda, *Letras de esta América*, Bogotá, Universidad Nacional, 1986.

LA POESÍA DE UN PAÍS EN LIQUIDACIÓN[1]

Un panorama de la poesía colombiana en la década 1988-1998 debería comenzar por reconocer su imposibilidad. Tantos libros no pueden reseñarse juntos; y agruparlos cómoda, perezosamente, en tendencias y escuelas es negar su razón de ser: el poema único, las líneas que quedan.

---

[1]. En el volumen xxv, núm. 15, 1988, de este mismo Boletín Cultural y Bibliográfico, se publicó un trabajo mio: "Poesía colombiana: el decenio del 80", 85-99 pp. A partir de allí estas notas buscan destacar algunos otros aportes valiosos, hasta 1998, y algunas tendencias, rescates y virajes en nuestra poesía. He revisado, en consecuencia, los números del Boletín desde la parición del mencionado trabajo hasta el volumen xxxiv, núm. 46, 1997, advirtiendo cómo allíse han reseñado, incluso por tres críticos diferentes en ocasiones, con pormenorizada atención, varias de las contribuciones poéticas de importancia de este período. Libros de Luis Alberto Ángel Montoya, Jorge Rojas, Carlos Martín, Carlos Castro Saavedra, Meira del Mar, Héctor Rojas Herazo, Mario Rivero, Fernando Garavito, Juan Manuel Roca, Henry Luque Muñoz, Augusto Pinilla, Anabel Torres, Ramon Cote, William Ospina, entre otros, y un balance panorámico del nadaísmo, son algunas de las referencias claves ya estudiadas. He preferido, en consecuencia, hacer resaltar otras propuestas y, en el caso de algunos de los arriba mencionados, sugerir interpretaciones distintas. De todos modos, mi *Historia portátil de la poesía colombiana*, aparecida en agosto de 1995, complementa las referencias, hasta ese momento, y en ella se contemplan nombres y obras que aquí no hemos considerado.

Ante tales dilemas sólo es posible remitir al benemérito trabajo de Rogelio Echavarría: *Quién es quién en la poesía colombiana* (1998), donde están todos los que son y varios que sobran, e internarnos, escépticos, esperanzados, entre los árboles del bosque. En la selva voraz. Debemos, entonces, comenzar por un registro de ausencias: aquellas muertes que silencian trayectorias destacadas. En primer lugar, la desaparición del fundador de Piedra y Cielo, Jorge Rojas (1914-1995), y la de Fernando Arbeláez (1924-1995), un "cuadernícola" cuya obra, aparecida luego en la revista *Mito*, no ha sido en verdad leída.

Tampoco la poesía de Julio José Fajardo (1926-1997), salvo el inicial saludo entusiasta de Jorge Zalamea, parece haber encontrado lectores críticos. Una breve antología, que va de 1984-1994, titulada *Amo Rosa Mente* (1995), nos lo muestra como un discípulo aventajado de Piedra y Cielo, con su simbiosis entre mujer y naturaleza (jacinto, anturio, urapán, jazmín) y su propósito de interrogarse en torno al proverbial símbolo del grupo: "¿A qué la poesía / si aun en ella / la rosa se marchita?". Esa "misteriosa rosa / que muere en el aroma de sí misma", se abre a otros mundos (Nueva York, Egipto) y a otras figuras (Pound, Borges), sin perder por ello la gracia cierta de su gesto gentil y enamorado. En ese espacio de voces que crecen, cada día, en comprensión, vale la pena mencionar a una mujer: Emilia Ayarza (1919-1966) cuya antología de 1947 a 1962: *Sólo el canto* (1996) incitó a mirarla más de cerca. La primera parte paga también una crecida deuda con el lenguaje de Piedra y Cielo. Un vocabulario al parecer omnipresente en la poesía de la época. Allí están el trigo y la rosa, la mariposa y el vergel. Allí asoman también el cántico y "el oscuro surtidor del sueño". Incluso el lenguaje se dobla y contorsiona para romper ese corsé, fallando en muchos casos en su propósito de una palabra que lo diga cabalmente: "eres la soprano de los árboles".

Pero es luego, en el contrapunto de poemas como "Muerte y potencia", donde la mujer reconocía al amante como poseedor mas no como dueño. Es la misma que enumera sus propios ojos de perro y sus brazos "de papel a la deriva", en una conquistada libertad totalmente impotente ante la muerte que por todos lados la ronda.

Ni siquiera el erotismo —"salobre toda, yo te adoro"—, detendrá el alud desbordado que fluye de su "Testamento" y que inunda sus páginas con esa exaltación que, proveniente de Whitman y Neruda, adquiere la vigorosa fuerza de un panfleto, una denuncia, un legado, una súplica, todo ello junto.

Has de saber que el hambre —hijo mío—
es la primera letra de Colombia.

A partir de allí la enumeración se hace tan puntual en ocasiones como alucinante y caótica en otras. Fechado en 1957, su invectiva apenas si se sostiene en el incierto límite entre la indignación y el sarcasmo. La rabia y la menesterosa herencia que debe dejar a su hijo, destinatario de ese balance. Donde su anterior concepción del lenguaje se ve cuestionada, casi inconscientemente, por su insuficiencia para expresar tal duelo.

Presa en la cárcel de un vocabulario desueto, intenta cuestionar una historia oprobiosa.

> Porque los hombres de talento,
> los que tuvieron al país entre las manos
> —como un pañuelo de percal inglés—
> jugaron en masa a la gallina ciega
> y cruzaron altivos la frontera
> mientras una hemorragia de muertes se escapaba
> por las rotas arterias de la patria.

Ese ataque contra mentiras, sigilos, tergiversaciones y estafas termina por configurar una poética de desgarrado dramatismo. Donde dolor y canto trazan un autorretrato trágico: "No sé nada. / No sé nada. Pero estoy cómica y ajada / clavada como un espantapájaros / con los brazos abiertos y vacíos / infinitamente sola entre su compañía".

TRIO COSTEÑO: Gustavo Ibarra, Héctor Rojas y Raúl Gómez Jattin.

También Raúl Gómez Jattin (1945-1997) compartía esa soledad en compañía, como se desprende del patético testimonio mitificador que le dedica Vladímir Marinovich Posso con el título de *Los últi-*

mos pasos del poeta Raúl Gómez Jattin (1998). El libro termina citando este poema:

> Los poetas, amor mío..., son unos hombres
> [horribles
> unos monstruos de soledad –evítalos siempre
> comenzando por mí.
> Los poetas, amor mío..., son para leerlos.
> Léelos –mas no hagas caso a lo que hagan
> en sus vidas.

La poesía de Raúl Gómez Jattin se halla reunida en dos volúmenes: *Poesía, 1980-1989* (1995) y *Esplendor de la mariposa* (1995). Gómez Jattin logró, en la poesía colombiana de hoy, tocar el sol. Era un panteísta exuberante, vital y dionisiaco, que cantó y bailó, en las riberas del río Sinú, en Cereté, en Cartagena, en la costa atlántica, al transformar a todos los seres, del hombre a la gallina, en dioses.

Logró darle tal calor y tal vitalidad a nuestra esmirriada poesía, que leerlo era palmotear de júbilo, reír y solazarnos en el calor dichoso de su música, surcada toda ella con los rasgos de la cultura y el folclor del Caribe. Pero no sólo era eso. Su lucidez crítica también la aplicó, como un escalpelo, sobre sí mismo, y así su escritura se hizo también clarividente y reflexiva. Drogas, esquizofrenia, mendicidad, homosexualismo: todo se halla allí resumido y acendrado, en una fiesta de dolor, en la conciencia agónica que concluyó con su autodestrucción suicida.

Hombre de teatro, también, nadie tuvo tanta amplitud de espíritu como para albergar en sus versos a tantos seres como los que hoy arden en sus páginas, deseados, enaltecidos y profanados. En el escenario de su cuerpo convirtió el drama en himno para ser finalmente poseído por la propia poesía a la cual entregó su vida. Parece un caso límite, como Van Gogh o Artaud, pero fue en realidad un poeta único. Su calor vital ennoblece la materia fugaz, logrando un verbo sabroso y vivo.

También hijo del mar, Gustavo Ibarra Merlano (1919-2001) ha adquirido, así mismo, dimensiones míticas como el interlocutor privilegiado que en Cartagena de Indias, durante los años 1948 y 1949, transmitió sus lecturas griegas y su conocimiento de Paul Claudel a sus amigos Héctor Rojas Herazo (1921) y Gabriel García Márquez (1927).

Pero su verdadera razón de ser como poeta sólo se advierte ahora con un libro como *Ordalías* (1995), donde su ya vieja devoción por la Acrópolis y su sabia costumbre de consultar al oráculo de Delfos no soslayan sino acrecientan su condición de cristiano viejo.

Y de poeta auto-consciente de sus dilemas en el mundo de hoy:

No es necesario –ni siquiera conveniente–
que todos los poetas
que lo merezcan
pasen a la historia.

Lo importante
es que la historia
pase a través de ellos.

Su poesía, en apariencia tan desactualizada, plantea cuestiones esenciales. Por ejemplo, la relación con Dios en esa intensa serie denominada "Oficio de tinieblas", de la cual es cabal ejemplo esta obertura:

Doy gracias a Dios
por haber permitido que yo
permanezca en sus rebaños,
por haber tolerado mis orejas de cerdo
y el sufrimiento de mis riñones,
por haberme consentido erigir hasta el exceso
el lado opuesto de la santidad
y ejercer el oficio imprevisto y tenebroso de vivir.

Esa contemplación, a la vez compasiva y sarcástica, de su propia figura, ante ese silencio de Dios "callado en tu hornacina", se decanta finalmente en esa convicción tan dura como reconfortante: "No hay sino una tristeza, / no ser santo". Es, cómo no, un agudo lector del T. S. Eliot agonista.

El conturbado despojo que esta búsqueda lacerante suscita cambia de tono al mirarse "en la lámina enigmática del mar".

Se respira mejor y el tono reflexivo, de indagación existencial, se abre hacia ese júbilo salutífero que infunde la cercanía del océano. El goce renovado de su repetido milagro.

El desplazamiento de la ola
como un rey que avanza con su manto de armiño
lastrado de esmeraldas
con cetro y corona.

Pero esta movilidad perpetua, el maravilloso parpadeo de sus irisaciones, sigue buscando un ancla: "una sostenida consistencia".

Algo que haga de la apariencia ese diamante verbal donde podamos negar, por fin "con nuestra vida fugitiva / la invencible precariedad".

Pero en todo caso este poeta singular lo es, ante todo, por sus dotes para captar la luz de lo efímero revelada en un gesto, como en la atinente comprensión de Cristóbal Colón y su voraz sueño de "arenas de oro", o en este autorretrato que nos reconcilia con la batalla que Ibarra ha sostenido desde siempre:

Soy un chamán
vestido de tendero
que viaja en la noche
dejando iluminado su negocio.

Por la mañana los parroquianos
miran en mis ojos
lumbres extraviadas.

Así la poesía de Gustavo Ibarra bien puede leerse, como epígrafe, a partir de esta cita que Bertrand Russell trae en su *Historia de la filosofía occidental*:

"Según los místicos, todos los textos del Corán tenían siete, setenta o setecientas maneras de interpretación; la significación literal sólo era para el hombre ignorante o vulgar".

Héctor Rojas Herazo (1921-2002) siempre ha conservado su fe en la poesía y, como él mismo lo escribió refiriéndose a Gustavo Ibarra, "su riqueza perceptiva ante el misterio de lo cotidiano". De ahí proviene una poesía densa y ceremonial, de míticas resonancias, la cual produjo, paradójicamente, uno de los poemas antológicos de la cotidianidad urbana: "Responso por la muerte de un burócrata".

Ahora, con su quinto libro de poemas, *Las úlceras de Adán* (1995), el pintor y novelista Rojas Herazo retorna a su querencia inicial y nos sorprende con vigorosas y a la vez apesadumbradas viñetas de parientes y amigos, que tienen tanto de prójimos como de elusivos fantasmas. Donde la perplejidad y la zozobra de todo ser humano, en tránsito y congoja, se liberan por la incongruente gracia de un humor que nos refresca y alivia. Así sucede al hablarnos de "Cómo hicimos la historia", en un poema que revela su impronta.

La luz llegaba todos los días.
Y las moscas.
Los sueños llegaban puntualmente
a veces, por fortuna, con catarro.
Se nos iban los dedos y los ojos
abrochando camisas y zapatos,
buscando direcciones
o subiendo escaleras. Había olores.

Unos altos señores con bigotes,
asomados al cielo,
hablaban del deporte o la patria,
del alza de los rábanos
o el calor en las islas.
Había libros.
Nos pintaban consignas y muñecos en la frente
y luego nos sentaban en parejas
a mirar el crepúsculo.
Y llegaba la luz todos los días
con sus sueños y moscas puntualmente.

Una lograda viñeta para amasar con lo deleznable lo único trascendente: el propio poema.

De ahí también sus vastos homenajes a dos de sus dioses tutelares: Federico García Lorca y César Vallejo, con certeras aprehensiones de la desnudez inocente que late en cada uno de ellos, tras de tantas máscaras impuestas. Pero es en la lograda originalidad de su texto abierto sobre Agustín Lara donde Rojas Herazo alcanza la dichosa fruición de quien se revuelca en el lodo fecundo del mal gusto y la dichosa cursilería sentimental.

Incendia así un lenguaje que debe tanto al propio músico y compositor, "de ojos de anestesiado faraón", y heredero de toda la bisutería modernista, como de su incursión en las germanías del hampa. Alcanza entonces toda la suntuosidad de una plegaria pagana, de bares, burdeles y amores sangrientos, que le permite acceder al goce "de un nuevo y esplendoroso sufrimiento".

Pero es en la serie "Los artesanos de la luz" donde Rojas Herazo mejor resume con ojos de pintor su garra como poeta. Siluetas de Rufino Tamayo, Van Gogh, Ucello y Piero della Francesca, son abocetadas con el pulso intuitivo de quien en el claroscuro de la composición extrae formas válidas, estética y humanamente.

Así, por ejemplo, esta honda y certera comprensión de ese cortesano impasible que supo revelarnos el gozo inagotable de una luz que aún no concluye. Nos referimos a don Diego Velázquez:

Un terror disfrazado de sosiego
(la opulenta ruina que lastima los oros
y fulge en la negrura del ropaje)
nos habla del enigma y la desgracia del poder.

EN LA MONTAÑA ANTIOQUEÑA

Después de este trio costeño, bien podemos mirar a la montaña antioqueña. Allí, entre los negocios y la ruptura del tejido social que implicó el narcotráfico, con la figura de Pablo Escobar, y la sed de ascenso económico de toda una generación ávida y marginada, se mantienen espacios activos para la poesía. La dureza no está exenta de sentimentalismo, e innumerables contradicciones tratan de retomar la aguda música que un León de Greiff, por ejemplo, compuso sobre esa partitura.

En tal sentido, Carlos Castro Saavedra (1924-1989) fue un hombre fiel a la poesía, a la cual sirvió con devoción inalterable toda su vida. Fue ella su razón de ser, pero también su modo de subsistencia: el periodismo, los cuentos para niños. Tenía unas divinidades a las cuales rindió culto: Whitman, Neruda, Paul Eluard, César Vallejo, Miguel Hernández, León Felipe, Rafael Alberti, Porfirio Barba Jacob. Así lo recalcan las elegías incluidas en esta antología de sus *Poemas* (1996).

Seleccionados por Belisario Betancur, reflejan 50 años de actividad pública: 25 libros de poesía, 9 de prosa, 1 novela. Publicó algo más de 800 poemas y 547 quedan aún inéditos. Si tal contabilidad poética resulta abrumadora, una primera mirada sobre la misma nos muestra cómo ella paga un crecido tributo a esa militancia poética humanista que buscaba sustituir los fusiles por las espigas de trigo y que exaltaba una idílica tierra campesina, mientras los campos arden. Una elevada patria por encima de la violencia partidista. También el amor, con ropaje sencillo, endulza sus versos y les confiere un regusto demasiado complaciente.

Pero leyendo más despacio esta selección, es factible intuir un Castro Saavedra distinto del que yacía agobiado por la retórica emotiva de sus dioses, Neruda en primer lugar. Como en el caso de Emilia Ayarza, también era consciente de la necesidad de arrojar un lastre verbal que los sofocaba, pero ante el cual carecían de una nueva arma creativa para afrontar el horror que se filtraba, por todas partes. Sólo que Castro Saavedra preveía los riesgos y los señaló con precisión:

No importa que a nuestra canción
unos cuantos la llamen demagógica.
No importa que no la bendigan los arzobispos
si la bendice Dios.
Nuestra canción es un anuncio, es un pregón.

Y lo que ella anuncia y pregona es una sangría incesante. Se pregunta: "¿Pero es ésta la patria, colombianos?", y se responde: "No puede ser la patria esta amargura":
"Yo me niego a creerlo. Estoy llorando / y me duele hasta el lápiz / con que escribo estas lágrimas". ¿La razón?

Madres taladas como encinas,
las esposas barridas por el fuego,
los manteles sin pan, un niño ciego,
y una rosa de plomo sepultada
en la carne amarilla de un abuelo.

La esperanzada ilusión juvenil que dio alas a su verso se ha trocado en este aquelarre goyesco. El propio Pablo Neruda había respaldado con entusiasmo sus inicios 1953: "Pienso que la poesía colombiana despierta de un letargo adorable pero mortal; este despertar es como un escalofrío y se llama Carlos Castro Saavedra". Ese avasallador ritmo enumerativo, tan memorable en ocasiones como fatigoso y reiterativo en otras, se mantuvo, en todo caso. El célebre comienzo de su "Plegaria desde América" es diciente sobre sus virtudes:

> Me llamo Carlos, soy nuevo, soy de América
> vivo en el sur de América con un hijo reciente,
> mis pies son claros y anchos como la madrugada,
> mi rostro es matinal, todo mi cuerpo es verde,
> sobre mi pecho pastan búfalos y caballos
> y el sol abre amapolas con su mano caliente.

Todo ello se reduce luego en el desamparo de su exilio chileno, a causa de la violencia política que padeció, y a la constatación de una congoja insondable que en ocasiones sólo halla alivio por su escape desquiciado a través de imágenes surrealistas.

> Mi patria come cárcel, come plomo,
> le dan de almuerzo golpes de sotana.

Así, desde esta actitud depresiva, de cierre de horizontes, logra algunos de sus momentos más hermosos y perturbadores. Como aquel referido a César Vallejo: "calavera gastada de pensar cementerios", o cuando inmerso entre los asesinados, intenta lo imposible: "quisiera milagrear entre la ceniza". Por todo ello se llama a silencio y constata resignado "Los funerales de la épica": "no se oyen sino truenos puntuales y científicos" por donde deambulan "cojos de cuerpo y alma, / esclavos de la doble moral de las muletas".

Hay algo de Quevedo, de danza de la muerte, en esos ataúdes que se besan y cuerpos sin pellejo que ensombrecen la tierra. Un verdadero esperpento. Esa vida prestada y frágil, la sempiterna injusticia social y política que torturó a José Antonio Galán y asesinó a Antonio José de Sucre, mariscal de Ayacucho, hace que toda esta poesía exultante y pródiga permita adivinar a trasluz su indudable y demasiada larga agonía. Aquella que lo llevó a publicar en 1953 un libro con el nombre de *Escrito en el infierno* y a confiarnos, en definitiva, su perplejidad más honda: "Nadie es de nadie".

Nada sabemos, nada,
y aquel que dice saber algo
es porque nunca ha visto
caer la noche sobre el mundo.

La poesía siempre se halla presente en los relatos e incluso en los ensayos críticos con que Darío Ruiz Gómez (1935) ha contribuido a enriquecer la vida cultural colombiana en los tres últimos decenios desde la aparición de su primer libro de cuentos: *Para que no se olvide su nombre* (1966).

Proclive el autor, en ocasiones, al esnobismo de la actualidad informativa, su libro de poemas *A la sombra del ángel* (1990) nos retrae, por el contrario, al espacio natal: "el esperado hontanar".

Se establece así una fluida secuencia verbal de imágenes campesinas, de aromas y percepciones, en la cual tierra, plantas, animales, enmarcan la transformación de los seres en figuras míticas, en blancas deidades fugitivas que eluden toda transcripción realista:

El rostro que
la almohada dibuja, sereno

¿quién es? ¿Debo acaso castigarlo
con la vulgaridad de la vigilia, con la
cárcel de un apellido? ¿ O concederle
sólo en la ingravidez de la penumbra
el derecho a seguir habitando el
luminoso espacio que le concede la leyenda?

Logra darnos así una sugerente fusión donde muerte y desdichas, ángeles y guerreros, ancianos y niños se enfrentan a los retos que el propio poema les impone, en la libertad infinita de sus transformaciones: son ya otra cosa. Palabras arraigadas en la memoria humana. Seres verbales de carne y hueso.

Es ésta, entonces, una exploración, en la manera de percibir y recrear el mundo, donde los sueños y el alcohol, la literatura y la inconstancia femenina contribuyen al despliegue envolvente de esta captura que no se ahínca en lo conseguido, "este murmullo sin silueta", sino que, por el contrario, se altera y se trueca y quiere siempre "dejar de ser. Y ser en el / tendón, en el cascajo, en el súbito resplandor de un pez que / cruza el mediodía".

Este despojo, este buscado vacío, esta carencia, por fin, de la cárcel del nombre lo lleva a perderse en la propia naturaleza, interna y externa, que lo circunda y a establecer allí su auténtica medida. Aquella que abarca desde un ánfora griega hasta la savia vital que deparan "viejos personajes de provincia. / Filósofos de esquina".

Ha quedado así, por fin, capturado en las palabras que se fugan, y más allá de la "árida secuencia cotidiana", "aquel dios", que "fue dejando en los rincones de casa", "la letra invisible de su despedida".

Pero en su segundo libro de poemas de la década de los noventa, *Lugares: la soledad de la madre* (1996), esta búsqueda se establece en torno a la figura entrañable de la madre, en una topografía de la infancia y de su primera ruptura con la Antioquia natal, a partir de su estancia en España, donde residió de 1958 a 1965. Apela así a una sensibilidad popular. A la consustanciación emotiva con la tristeza andina y la música ecuatoriana o cuyana, donde el alma tiembla en la congoja melancólica, próxima al suicidio, o se sacude al repasar esas calles donde transcurrió ese "amor que no fue. Y es por eso / el amor verdadero".

Establecido en el incierto límite entre la reflexión y el llanto, entre la cursilería y la cultura, el patio de la infancia, "la armonía del grillo, / la canción de la vieja madera", son la vía de acceso mediante la cual la remembranza se purifica. Deja atrás esa ciudad de horror y crimen para aposentarse en la madre. En "su voz de leche tibia" lejos de la confusión de los lenguajes y la extinción del sentimiento.

Allí donde el miedo infantil, inoculado en cuartos fríos, revive toda su pavura y apenas si se retrae ante la calidez protectora de esa mano que depara confianza.

Si en su anterior libro Ruiz Gómez intentaba despojarse de los nombres, para que el mundo impregnase su mirada, en éste vemos cómo el recuerdo se desvanece en los mil rostros de la realidad, matizados todos ellos con el efluvio de los ademanes maternales.

De ahí también que la "injuriosa pobreza" una a Colombia con España en esos recorridos por tren, cerca de la costa cantábrica, o en ese barojiano paraíso madrileño de lentejas y tiznadas damiselas. Orfandad, desamparo, melancolía: la globalización no ha curado la herida. La reducción del tamaño del mundo ha acrecentado, por el contrario, la desamparada soledad de cada uno.

En consecuencia, estos dos libros, francos en la exploración inteligente y sensible de sí mismo, constituyen una autobiografía hermosamente compartida.

Expuesto y a la intemperie, la desolación reiterada con sombría complacencia y el contrapunto entre progreso mecánico y romanticismo ya insuficiente, terminan por darnos el reparador consuelo de quien, apoyado en la pared, contempla el distante bullicio del baile, consciente de cómo el dolor del rechazo se transformará en la afectuosa simpatía con que el poema revive sus luces y torna perdurables tantos muertos, ya anónimos. Sin nombre, sin rostro, pero vueltos parte nuestra, por el siempre incomprensible milagro de un verbo que en nosotros se dicta a sí mismo. Luego de Carlos Castro Saavedra y de Darío Ruiz Gómez, Elkin Restrepo (1942) también participa activamente, desde Medellín, en la divulgación de la poesía, como catedrático universitario, primero, y luego como editor de revistas de poesía. Además de hacerlo con la elaboración de su propia obra. Pero el irónico lector de Cortazar de sus primeros libros ha visto cambiar su mundo.

Asume ahora un entorno donde la muerte sustituye a la vida y la ronda de amigos se recorta por lo maligno de una violencia criminal. Elkin Restrepo intenta honrar el canto. Darles un sentido a las palabras para que ellas nos restituyan el abolido fulgor de la revelación. Como en el caso de Darío Ruiz y de poetas posteriores a ellos los encantos de la cotidianidad urbana, y las nostalgias cinematográficas, se ciñen ahora a un ámbito familiar donde espacios y objetos se abren, al convocar una luz que los exalte. En dicho espacio sus heroínas se saben solas y lo reconocen sin subterfugios, y sus héroes asumen el millón de negativas que hay en toda elección: "Por una mujer que amas pierdes las demás".

Pero en realidad lo que su libro *La dádiva* (1991) ofrece, como en forma tan diáfana lo recalca su título, es restituir al poeta, "rey del camuflaje", la conciencia de su oficio y en definitiva el poder imposible de su aspiración:

dadnos a merecer el paraíso.

Ese propósito se hace aún más arduo debido a la difícil aleación de humor y lirismo en medio de un conflictivo panorama social que él también registra, en su impactante laconismo de fúnebres noticias.

Tal figura poética, sobreviviente a fracasos y desencuentros, obtiene, sin embargo, la epifanía de ciertos momentos –una escultura de Cruz Díez, un atardecer en el campo– que nos limpian los sentidos y que nos llevan a reconocer, con humildad, cómo siempre estaremos excedidos por los dones gratuitos que dispensa la vida. Esa deuda es aquella que estos poemas buscan pagar. Esa dorada alegría sin razón y sin porqué

>   lo acompañó el día entero
>   un sentimiento tal
>   que no hizo más
>   que preguntarse
>   qué cosa había hecho para merecerlo,
>   a qué
>   áurea legión de ángeles
>   había dado alcance
>   mientras dormía.

LA ESCUELA DEL HAIKU

En 1996, el antioqueño Jesús Gaviria (1949) reunió sus poemas escritos entre 1970 y 1996 con el título de *Cuarta de libre disposición*, una figura del derecho de sucesiones según la cual el testador dispone de una cuarta parte de sus bienes para legársela a quien él libremente desee, distinto de esposa e hijos. El don, la gratuidad: la poesía reivindica así su entrega, como en el ya visto caso de Elkin Restrepo con *La dádiva*.

Como lo señala su prologuista, Orlando Gallo, fue Gaviria, entre 1970 y 1975, un precursor afortunado de la hoy asaz proliferante y más bien estéril escuela del haiku.

Pero Gaviria sostiene su mirada en un andamiaje cultural que de Pessoa a Thomas Mann, de una película de Herzog a los versos de Yeats, sin por ello negligir a Sócrates y Alcibiades, utiliza esa forma estrófica oriental, tan milenaria en su estructura tripartita como variable en su esquema métrico, para convertirla en la nota, la cita, desgarrón, que a veces queda vibrando en la libreta de apuntes. (Para el estudio haiku y sus transformaciones en lengua española sigue siendo invaluable el prólogo de Octavio Paz a Matsuo Basho, *Sendas de Oku* (1970).

Tal el caso de este fulgurante *Estudio de la historia*, donde demasiados siglos de pasiones y de guerras arden y se pulverizan en un solo instante verbal:

> Tiembla bajo la corta túnica
> el deseo.
> Qué pocos años
> entre Salamina y Verdún.
> ¡Qué pocos años!

Gustavo Adolfo Garcés (1957) antologó también los poemas de un decenio en *Pequeño reino* (1998). Él también forma parte de quienes han buscado en el poema breve, y en el magisterio de Li Po, una vía de acceso a la realidad poética. Si bien mantiene como su colega Jesús Gaviria una urdimbre de referencias culturales —Goya, Pound, Heine, Hölderlin—, varios de sus textos tienen el frescor juvenil de quien vive a plenitud su adolescencia y goza con el desenfreno de esa exultación dichosa. Así, por ejemplo, en esta referencia a sus amigos:

> Tuve un insomnio feliz,
> pasé la noche en vela
> pensando en mis amigos.
> Increíble tanta risa
> en la memoria.

GLORIA POSADA (1967)

Gloria Posada nació en Medellín en 1967 y combina el trabajo de artista plástica con la escritura de poesía. Su primer libro *Vosotras* (Medellín, Autores Antioqueños, vol. 81, 1993, 88 páginas) partía de epígrafes canónicos, Safo y Robert Graves: doncella, mujer y bruja, para iniciarse en el rito poético con una larga secuencia de breves retratos de mujeres.

Desde las heroínas del teatro griego hasta las divas del santoral contemporáneo: Frida Kahlo, Alejandra Pizarnik. Era un libro adolescente donde primaba más la intención que el logro y donde, sin embargo, la voluntad de construir un espacio a la vez colectivo y propio mostraba coherencia y despojo. Intentaba compenetrarse con ellas, aun cuando muchas veces incurriese en los previsibles tópicos: Santa Teresa como cáliz de carne o Salomé como peticionaria de la última joya: la cabeza del profeta.

Hablaba de sí misma, obvio, pero lo hacía tomando en cuenta las sucesivas máscaras. Eran, por supuesto, desafíos demasiado grandes y ya connotados por tradiciones milenarias, y al restituir sangre, odio y beligerancia, a los, en muchos casos, ya congelados retratos, no alcanzaba a infundirles esa suerte de revaluación feminista a una tradición silenciada, de pecadora a santa. Pero era conmovedor su anhelo de añadir algo nuevo a Medea o a Ofelia. Obtenía, sin embargo, por brevísimos instantes, atisbos luminosos de humor y gracia como cuando en su risueño homenaje a la musa florentina, decía:

Beatriz

Ella
podrá conducirte
hasta el infierno,
mostrarte
el purgatorio
y llevarte al cielo
¡a ti poeta
aunque
no seas
Dante!

En todo caso las tensiones de la búsqueda "Soy Ovillo / Furor / Ofrenda", mostraba el sentido sacrificial que su poesía iba a explorar en su segundo libro: *Oficio divino* (Bogotá, Colcultura, 1992, 69 páginas) premiado por un jurado que integraban

Giovanni Quessep, Jaime García Maffla y Juan Manuel Roca.

Se trata de un libro menos orgánico, abierto en varias direcciones, y que carece de estricto control. Apuntes, pinceladas, la experiencia mancha la pureza de esta aparente vestal dirigiéndose al altar de la ceremonia poética.

La ofrenda era su cuerpo pero como ella misma lo dice: "El templo ha sido profanado, / jamás podré levitar / sobre mi lecho" (p. 19).

La inmolada constata cómo ya no la ven, y se mira a sí misma, en la distancia del fracaso: "A esa edad, / en la que aún no hay límites, / por el amor conocemos la derrota" (p. 59).

El juego recurrente con la sed y el agua no alcanza a dibujar esa acezante cacería en pos del fantasma de la palabra. Algo se pierde y se evade, antes de concretar el texto. La derrota no es del amor: es, tan solo, la de la palabra que no alcanza a circundar esa nada.

Varios de los temas de los dos anteriores libros vuelven a modularse ahora, en su tercer volumen, ocho años después. Están la entrega visceral y la desconfianza instalándose en el centro del encuentro. Está la imposibilidad de transmutar en alquimia perdurable el delicado velo de la ensoñación. Y sabe, por cierto, que:

Solo es leal a su enemigo
–único e irrepetible–
con quien enlazada
se destruirá (p. 52).

Pero ese otro que lo habita, amado rival, resulta un tanto abstracto ante el punzante realismo con que deja atrás sus talares vestiduras de poeta y se enfrenta, concreta, precisa, desgarrada, a quien lejano, solo le ofrece una porción mínima de sus días, vividos con otra:

> Ella comparte los días
> y las noches
> de la mitad de su vida.
> Lo tiene a él
> en sus cartas,
> Yo tengo sus palabras (p. 57).

El remoto cielo de una poesía sacralizada, de un ritual inmodificable, ha caído, con dolor, a tierra. Por ello en este nuevo libro *La cicatriz del nacimiento* su texto nos ha enriquecido en forma sensible. Al revelarse no se ha tornado autobiográfica. Simplemente ha encontrado las metáforas que nos enlazan a su canto.

Está mucho más cerca de lo que Harold Bloom en *La cábala y la crítica* (1978) ha dicho:

> Los poemas no pueden restituir y, sin embargo, pueden hacer los gestos de la restitución. No pueden revertir el tiempo y, sin embargo, pueden mentir contra el tiempo (p. 77).

JULIO DANIEL CHAPARRO (1962-1991)

Publicado en mayo de 1991, *Árbol ávido* es un libro dispuesto en su integridad por el autor, poco antes de morir asesinado en zona de violencia, al cumplir tareas periodísticas.

El libro tiene un encanto sofocado a veces por excesivas palabras, pero lo que en verdad sorprende no es sólo la fuerza de su anhelo al chocar con imposibles:

Triste otear las calles,
imaginar cómo retoza el horizonte
y no ser brisa,

o el mimetizarse en otros cuerpos, con sincera empatía, y compartir similares miserias:

mientras húmedas mujeres
aguardan deseosas en el patio de la casa
llorando ropa sucia,

sino el impulso genésico que de él brota, al proyectarse en los hijos, y hacerse todos uno, en amalgama indestructible ante la sombría fatalidad:

mis dos hijos serán mañana sus dos padres
como yo soy mi padre y soy mis hijos.

Somos ahora así el mismo que ahora gime y nada
[puede
insomne, animal, negro homicida.

La dulzura se cierra en furia, y esta solidaria defensa vital ante lo inexorable se comunica a toda esa piel agrietada por el deseo. Esa piel que busca ir más allá del cerco que lo agobia y remontar el vuelo en esa imagen ascendente que parece consustancial a su visión:

te deseo con todo tu orín,
con tu fragilidad de ala,
con tu turbia podredumbre

amor: me está naciendo una hoja.

Por ello este poeta, que ya presagiaba: "un día moriré en amigo", será quien redacte su más justo y honrado "Epitafio":

Si el sol sigue dorando las estrellas,
si el viento aúlla y restaña otro rostro en el espejo,
si baila el aire en tu cabello y te retiene,
da el paso que debieras
ese instante de la muerte que aún no tienes:
vuela.

David Jiménez (1945), en su libro *Día a día* (1997), trabaja una poesía afín, en cierto modo, a la de uno de los jurados que le otorgaron el Premio Nacional de Cultura en la modalidad de poesía: el peruano Antonio Cisneros.

La figura de la madre y los recuerdos de familia, la cotidianidad del amor y ciertas figuras míticas –

Eurídice, Calipso– le sirven para elaborar una crónica coloquial, donde el uso de expresiones proverbiales –"juego de manos, juegos de villanos"–, engastan un discurso sobre las figuras del entorno –madre, hermana, abuelos–, que arrojan un saldo de vida no vivida, de modesta ausencia.

En todo caso, este escueto balance se carga de mayor humor y gracia al afrontar, en la voz de la esposa, un fracaso matrimonial. Esas desuniones que también Cisneros ha mostrado con singular lucidez compasiva. Dice Jiménez a través de su protagonista:

Apenas en estos días comenzaba a lograr
que el arroz quedara en su punto, seco y floreado.

Reafirmando así, en definitiva, una poesía que busca asumir la vivencia de lo inmediato, al superar el compromiso político y entregarse a esa nueva moda:

Vivir. Simplemente, inmediatamente.

Pero esa petición de una nueva intensidad más directa, y de mayor sencillez, sí otorga "un vacío mediano y gris / aquí dentro". El rutinario vacío del conformismo sacudido apenas por el miedo que acecha en la ciudad y la violencia que expele la televisión, como una peste cotidiana.

Ante ello sólo resta el refugio en la soledad y el intento por descifrar una naturaleza muda y una condición humana que semeja carecer de cualquier otra dimensión sea ésta espiritual o creativa.

Por ello el poeta se pone en duda, el poema no llega del todo, los fragmentos apenas si alcanzan a componer un libro, y otra moda, la ecológica, intenta dar sentido a este repaso melancólico que asume con parsimoniosa sobriedad existencias planas y fracasos superfluos. Sólo la música, al final; esa "creación del que te sueña", homenaje a los viejos maestros, trae el necesario toque de luz para iluminar un poco tan gris retablo. La degradación de la épica busca recobrar el heroísmo de los gestos nimios, pero aún hace falta recobrar la dimensión trascendente con que nos desgastamos cada día. Jiménez ha reflexionado también sobre el tema al hacer un balance de la narrativa y la poesía en ese período[2].

PIEDAD BONNETT (1951)

Piedad Bonnett (1951) ha sido, sin lugar a dudas, una de las figuras más prolíficas e interesantes de este decenio, por la variada solidez de su propuesta, que abarca no sólo la poesía sino el teatro, la traducción (Shakespeare, Poe), el cuento y el ensayo. Así puede verse en la antología de Luz Mary Giraldo: *Ellas cuentan* (1998). Pero es notable sobre todo la secuencia que abarcan sus libros de poemas *Nadie en casa* (1994), *El hilo de los días* (1995), *Ese animal triste* (1996) y *Todos los amantes son guerre-*

---

[2] Véase *Gaceta Colcultura*, nueva época, Nº 5, enero-febrero de 1990, pp. 25-27.

ros (1998). Poesía que también ha sido antologada en *No es más que la vida* (1998).

Sus temas van desde la duda sobre la eficacia de la misma poesía hasta una visión no por justa menos descarnada de las relaciones humanas, que pasa de la euforia inmotivada a la crudeza sin atenuantes:

Caminamos sombríos
sabiendo que el mesero escupe en nuestro plato,
que el profesor calumnia a su colega
y la enfermera
maldice al desahuciado y le sonríe.

Esta exposición lacerante del odio como reverso ineludible del amor alcanza inquietante temblor metafísico ante la injusticia divina. Un rostro desfigurado, un niño ciego, un idiota y un labio leporino contradicen, con su mera existencia al Dios, "perfecto como un círculo", sabio y justo.

Pero su poesía se aferra a lo concreto y es capaz de medir "las pequeñas catástrofes del alma": olvidos, negligencias, abandonos, al incorporar todo ello al devenir de una palabra donde el carácter instrumental del poeta es visto desde lo alto por la propia poesía, por el flujo incesante de la lengua que usa al poeta, con su envidia amarilla, y lo deja de lado, en aras de ese cuerpo poético que sigue su curso, en el firmamento de la palabra escrita: "ciega de luz y ajena como una estrella antigua".

Por su parte, un libro como *El hilo de los días* muestra la limpidez de su trazo y la ajustada concisión con que esas blancas casas y esos reposados ámbitos cotidianos se sostienen sobre un entramado de miedos y frustraciones. Así el caso del padre. Así también la irrupción brutal del deseo en la vida de una niña de familia, con "el latir atolondrado de su pecho".

Pero también allí el cataclismo con que el tiempo desarrolla su tarea sistemática de destrucción y la dejará de nuevo "a la intemperie sufriendo viento y lluvia".

Pero las tormentas del corazón, la desaparición de las coordenadas familiares o el descubrimiento azorado de la sensualidad, quedan sobrepasados por la anónima contabilidad de esa estadística fúnebre a que se ve reducida la poesía en Colombia. Con el helado desamparo de este poema que ya ha congelado todo sentimiento en la crueldad reveladora que distingue a la mejor poesía.

Cuestión de estadísticas

Fueron veintidós, dice la crónica.
Diecisiete varones, tres mujeres,
dos niños de mirada alelada,
setenta y tres disparos, cuatro credos,
tres maldiciones hondas, apagadas,
cuarenta y cuatro pies con sus zapatos,
cuarenta y cuatro manos desarmadas,
un solo miedo, un odio que crepita,
y un millar de silencios extendiendo
sus vendas sobre el alma mutilada.

Sus temas se reiterarán luego: la presencia obsesiva del padre, el crecimiento del hijo, el impulso febril del deseo y la culpable negligencia del olvido. La inalterable respiración de la muerte, agazapada en el terror de cada día. Por ello en su último libro, *Todos los amantes son guerreros*, la saga amorosa con sus deslumbramientos, éxtasis y jubilosas alegrías; con sus celos, mezquindades e intermitencias, en el despecho o en la entrega, terminan por unificar ciudad y cuerpo en el desesperado intento de retrasar esa cita que parece ineludible. Puede ser la muerte. Puede ser el olvido. O la constatación irrecusable de cómo la realidad impone una separación, él en su lecho conyugal, ella en el acerado filo de su poesía. "Reciente y húmeda", la mujer ofrece un cuerpo renovado y un lenguaje donde la palabra, "torpe mercenaria", termina por resultar superflua. Sólo servirá si acaso para constatar cómo el cielo tampoco fue posible y para intentar asesinar ese recuerdo que lacera y humilla. Sin embargo, la palabra, constatación final de la nada, nos ha permitido ver el mundo –calles, cuartos, parques– y también nos ha concedido un espacio para vivir en nosotros mismos e iluminarnos interiormente con la severa luz de una poesía certera y cómplice de la absurda e ineludible aventura humana.

LOS NUEVOS Y HORRIBLES TRABAJADORES, COMO DECÍA RIMBAUD

Philip Potdevin (1958) publicó, en 1994, los *Cantos de Saxo* y, en 1997, *25 haikus*. No sobra recordar que este abogado caleño se destaca como novelista: *Metatrón* (1995) y cuentista: *Magister ludi* (1994). *Cantos de Saxo* intenta una veta esotérica, de resonancias míticas, donde la alquimia y la música, los ángeles y la sabiduría oriental entretejen "los arcanos folios" en que Saxo canta a su dama, la dueña de la luz, la señora de la aurora.

Esa estructura que persigue por diversas vías lograr la armonía de la pareja, su paulatina compenetración, el vencer a la muerte y alcanzar el relámpago erótico que anula lo circundante, se prolonga en los 25 haikus.

Allí donde la percepción que traspasa el instante y lo congela en tres líneas vibrátiles busca conjugar asombro con permanencia: "Lienzo en blanco / las montañas aguardan / un retrato fiel". Pero en realidad el propósito artístico carece de una deliberación intelectual. Es más un propósito reflexivo que un abandono a las suscitaciones que la realidad provoca. Un intento de fijar y no una disposición a escuchar.

Si bien de uno a otro libro se percibe un despojo y una mayor apertura hacia la sensibilidad, quizá la acción de su espíritu creativo requiera más el ancho campo de la narración, con sus tiempos muertos y sus enlaces rutinarios, que el oscuro fulgor impenetrable de la revelación: esa luz negra que ciega y desconcierta. Ese "encontrar en el fondo de tu mirada / a la niña que aguarda / agazapada en la oscuridad".

Gonzalo Mallarino Flórez (1958), de la misma edad de Potdevin, publicó en 1995 *La ventana profunda*, una selección de sus poemas escritos entre 1984 y 1994, a los cuales añade dos relatos.

El libro es hermoso y está dotado de una ferviente comprensión humana. Aquella con que comparte el dolor insondable de quienes habitan en una Bogotá mediocre, donde nunca ha dejado de llover, como en el titulado "Pablo sexto":

Tú, a quien quiero llamar, nombrar
ahora, Adelaida por ejemplo,
bebiendo agua en la cocina oscurecida.

Y la dosificada emoción contemplativa con que mira la sabana de Bogotá y el piadoso consuelo de una naturaleza también afrentada y erosionada, sin remedio. Una naturaleza que se vuelve exultante al admirar en Palmira o Caicedonia a las mujeres del Valle del Cauca y reconocerlas con sensual regocijo:

Tienen los ojos pardos
y las bocas grandes. Sus muslos son gruesos
y tiernos y sus caderas anchas y móviles.
[...]
Las he visto, sentado en una mesa del andén
o desde un bus que se detiene. Sonríen
y se tocan con la gente.

Esta límpida apropiación revela un indagar melódico y pausado en un mundo tan sobrio como entrañable. Allí donde la reticencia y la ternura acrecientan la medida sabiduría de su verso, tan clásico como actual. El libro ostenta el sello de quien ya delineó su mundo y lo hizo suyo. Pudiéndose aplicar en su caso la definición de poeta que dio Carlos Vossler refiriéndose a Lope de Vega: "Un poeta, es decir, un hombre cuya representación del mundo lleva en sí el color de la añoranza y está poblada de ensueño, de esperanzas y nostalgias".

Una observación también aplicable a Fernando Denis (seudónimo de José Luis González Sanjuán), quien, nacido en Ciénaga (Magdalena) en 1968, publicó en 1997 su primer y sorprendente libro: *La criatura invisible en los crepúsculos de William Turner*. Con mucho de cuento de duendes y hadas, y con borgianas reminiscencias de balada anglosajona, da por sentado que "escribir no es más / que una reflexión sobre la muerte", y opta por instalarse en pleno siglo XIX, acompañado por una cohorte de poetas prerrafaelitas, cercanía de Shakespeare y pintores que enloquecen por el color azul. El conjunto tiene la dorada imprecisión con que precisamente William Turner veía naufragar todos los objetos en la bahía de sus cuadros y sentía arder las pupilas en el incendio de un ojo devorado por sus propias visiones.

Por ello este libro tiene la desaforada valentía de quien se instala en su fuero imaginativo, consciente de cómo "debo enseguida crear mi propio mito / o me veré perdido en el mito de alguien que no conozco". Es, no hay duda, una de las elecciones más arriesgadas. Por ello Denis se instala en el sueño, en los versos de Dante o en el ambiguo reinado de la reina Victoria, que, como bien nos lo recordó Cortázar, produjo a Jack el destripador, para repudiar así, a costa de un dolor y un drama trascendidos en áurea y luminosa poesía, la degradada situación de una Colombia conturbada al máximo.

Curiosamente, un poeta mayor, Guillermo Martínez González (1952), excelente traductor de poesía china y australiana, a través de su Trilce Editores, publica en 1994 un libro, *El árbol puro del río*, donde enanos, locos y ángeles iluminan escuetos poemas sobre el hambre, la violencia y una infancia que es "como la luna de un circo pobre". Un texto como El loco nos muestra su capacidad para levitar ante un paisaje afrentoso:

> Amaba las bicicletas y los cigarros, y su público eran los vendedores de naranjas. Decía haber sido un rey y hablaba de sus aventuras con la reina en aposentos de seda. En cada esquina se detenía con su parla de orate devorado por el viento. Despojado de antiguos poderes, iba por la calle como si sus harapos fueran de oro.

Muertos, hombres con el rostro quemado, escoberos que bajaban del monte con su matorral aromático para barrer la casa, la brevedad del libro no disminuye la virulencia de su impacto. Así, al referirse a los hambrientos, dirá:

Con su bostezo llegaban ante la mesa rota. Querían ver más panes sobre el mantel blanco. Lloraban, lloraban los hambrientos ante los pequeños huevos de sangre. Ante el caldo que olía a nada, a silencio de gallina remota.

Si bien opta por la poesía, no soslaya la realidad. Antes bien, la intensifica hasta lo intolerable. Hasta el punto de que la demencia es un látigo que no deja de golpear en el cerebro. Si la salud psíquica de los colombianos se halla resquebrajada, como un pelele atónito al cual cada golpe insensibiliza un poco más, como revelan impersonales las encuestas, compete a la poesía volver a reabrir las llagas originarias para cantar y recobrar la música, aun cuando ésta sólo fuera el concierto mudo que intentan unas manos dementes, intentando romper el aire contaminado y buscando, con angustia, la rota comunicación con sus semejantes.

John Junieles (1970), en *Temeré por mí al final de estas líneas* (1995), mezcla con habilidad cortas viñetas narrativas con ajustadas visiones cinematográficas de una Cartagena nocturna de travestidos y prostitutas, jóvenes vendedores de drogas, parejas que no tienen el dinero suficiente para el motel. Pero lo que unifica este sombrío recuento –no exento, por cierto, de la escueta dureza de una visión minimalista del mundo– es la conmovedora figura del poeta adolescente que:

apenas pongo los ojos en algo,

apenas simpatizo con algo,
ese algo se esfuma.

Hacerse rico y obtener el reconocimiento de la crítica, mientras suena la música de Nirvana y Jim Morrison, tiene algo de simpática y candorosa definición juvenil. De intento de conciliar el entorno consumista con la secular tarea del vate desvelándose por mujeres que no eran de su tipo y que soportaban, con descuidada negligencia sus efusiones líricas.

Pero poemas como "Muchacha de ojos de cebolla" –"ella se entrega a ti como raíz a la humedad"– demuestran cómo ha sabido impregnar sus versos con la emotiva delicadeza de un auténtico encuentro, tanto humano como poético:

mi vida ha transcurrido como las tres primeras
líneas de un poema,
justo donde el lector decide no seguir leyendo.

Pero, en realidad, la variedad de propuestas del libro –parábolas fantásticas, inmersiones en la familia y la infancia, auto-ironía y un leve, humorístico, reconfortante soplo de ligero lirismo– hace de estas "prosas poéticas", como las denomina el autor, una incitación hacia razonables expectativas sobre su futuro trabajo. En todo caso, el narrador que asoma en la composición y estructura de sus textos ha demostrado el eje poético de su visión.

MAESTROS Y DISCÍPULOS, O AL REVÉS

En 1990, Juan Manuel Roca (1946) publica *Pavana con el diablo*, libro corto y desigual donde el poema en prosa desfallece con excesiva frecuencia debido a esos gracejos periodísticos en que el diablo se funde con el Papa, los políticos con las bestias y Freud es conminado a interpretar el sueño eterno.

Pero esta manía del final gracioso e irreverente, y profesionalmente sorpresivo, se atempera en *Monólogos* (1994), un libro mucho más orgánico, donde el afán por redondear el texto, ciñéndolo a una figura –el que fabrica espejos, el viejo bardo, la mujer que lava el agua– abren zonas sugestivas e indeterminadas, como si el texto terminara por respirar en una zona situada mucho más allá de su escritura.

Un lenguaje que siempre ha preferido explicar, imponiendo su opción, antes que dejar al lector su posibilidad de interpretación creativa, se mantiene, y así un poema como "Monólogo del inútil" se arruina en su verso final, al igual que sucede con "Monólogo del relojero", mientras que otros textos, como el ya mencionado de la mujer que lava el agua, conservan su cono de sombra, al igual que el monólogo dedicado a la bailarina.

Poesía, en todo caso, que poco a poco cambia de signo, como lo atestigua *La farmacia del ángel* (1995), donde Roca agrupa algunos de los iconos más recurrentes de su trayectoria –Trakl, Van Gogh, Rimbaud– en logrados homenajes, como aquel que dedica al poeta francés, donde lo valioso es el fuego que ha incendiado toda la casa, y no su construcción paulatina. Opera en estos casos con un mecanismo similar al que Roberto Juarroz, el poeta argentino, empleó con fecundos resultados, al tejer una red de ausencias, un mapa de sucesivos vacíos o el paralelo contrapuntístico de movimientos que se responden como un reflejo sistemático: "Una mano traza la palabra pájaro, / la otra escribe su jaula".

Su dudoso humor vuelve a jugarle malas pasadas: "¿Por qué Lázaro y Jesús / se aparecieron antes que a nadie / a las mujeres? / Porque de tal manera / las noticias corren más deprisa". Y su intento de recurrir a la mitología bíblica fracasa estruendosamente si se le compara con Carlos Martínez Rivas, el gran poeta nicaragüense, al leer los respectivos poemas que cada uno de ellos dedicó a la mujer de Lot. En el "Beso para la mujer de Lot", Martínez Rivas adivinó, como un rayo inmisericorde, a quién se volvió a mirar la ahora convertida en estatua de sal. El texto de Martínez Rivas es una joya ardiente y certera que borra, con su poder, cualquier otra interpretación. Se halla incluido en *La insurrección solitaria*, segunda edición, 1973.

Pero el cambio de signo en Roca se evidencia en la paulatina invasión de muertos "que viven y sueñan en mi adentro", en ese tiempo que llora desde la niñez, con su cortejo de recuerdos, y en las voces que pueblan su silencio nocturno con noticias inquietantes del más allá. Dicha poesía se enfrenta, ahora sí, con la terrible desolación de sus fantasmas más personales.

Jorge Bustamante (1951) ha realizado, junto con su creación personal, una admirable obra como traductor y difusor de la literatura rusa, y en especial de poetas como Ana Ajmátova.

En 1989 publicó en México *El desorden del viento*, un libro donde las errancias del exilio y los espejismos del deseo terminan por arraigar en la patria del idioma. Geólogo de profesión, asume el camino como morada y en todos los territorios se mira como "ausente". De todos modos Blok, Maiakovski y Mandelstam detienen ese caer diario en el olvido. Y terminan por dar consistencia a los extravíos fantasmales de su memoria en otros cuerpos que ya viven nuevos vértigos y renovados júbilos. Por ello esa proliferación de voces casi inaudibles –su familia, los amigos, aquel país "cojo y violento"– termina por alcanzar un feliz despojamiento, como en estos cuatro renglones:

Desde hace tiempo he querido abandonarme,
salirme de mí mismo. Reconocerme sin asombros.
No leer ni un solo libro. No ir al cine.
No escribir, ni soñar. Apenas ver los árboles.

Por ello cuando en 1996 publica, también en México, *El caos de las cosas perfectas*, esa estructura de cuatro versos se preserva inalterable en todo el libro y son las hojas de los árboles las que cierran, armoniosamente, esa reveladora galería de autores predilectos –Pío Baroja, Serguéi Esenin, Stefan Zweig, Joseph Conrad y Eliseo Diego: todos aquellos seres dedicados al "noble oficio de nombrar las cosas". De hacer del tiempo "este ser mirado por tus ojos / este lacónico misterio", con lo cual termina por darnos una lección válida de modestia y quietud contemplativa. "La poesía como un sacar a la luz el ser oculto de las cosas", como dice el filósofo Danilo Cruz en el valioso libro de diálogos con Rubén Sierra Mejía, *La época de la crisis* (1996), que bien puede enmarcar, con sus agudas reflexiones, todo este período.

William Ospina (1954) publicó, en 1992, *El país del viento*, un libro sistemático donde la documentación y la retórica que marcaron la celebración del quinto centenario del descubrimiento de América buscan componer un breve mosaico, de 66 páginas, de todo el continente americano y sus pobladores, desde los indios sioux hasta la llegada del hombre a la Luna.

El amplio versículo le permite componer retratos logrados de algunas figuras como Lope de Aguirre. Pero si se lee con más atención es factible recordar cómo, y en qué excelsa, proteica y deslumbrante forma, ya Pablo Neruda en el *Canto general* (1950), había trazado el más completo mural épico de esa gesta de fundación verbal, como de conciencia de soledades y fracasos. De hazaña colectiva como de participación individual, el propio Neruda autobiográficamente incluido. Es ilustrativo comparar los respectivos poemas sobre los escultores de la isla de Pascua: "Los constructores de estatuas (Rapa Nui)", de Neruda, con "En la isla de Pascua", de Ospina.

Este penetra en el misterio de esos escrutadores del viento con dos certeros atisbos: "Esos ojos de piedra cuyo horario es lo eterno / y que cada mil años parpadean".

Pero si bien el libro de Ospina tiene ambición, vuelo y coherencia, hay una imprecisión final que parece diluir el conjunto, debido a ese énfasis grandilocuente y apocalíptico donde "los huracanes ladran en los cielos agónicos" y donde demasiados, "Dioses", con mayúscula, no terminan de morir. Uno de sus personajes, mucho más sobrio, había redactado el escueto epitafio para esta saga. Se trata de Manuela Sáenz, también cantada por Neruda y por Gastón Baquero: "Yo, que lo tuve todo, sé que es de humo el mundo".

En 1995 publica *¿Con quién habla Virginia caminando hacia el agua?*, donde repite el esquema del libro anterior, centrándolo en el siglo XX. O sea: de Nietzsche a Peter Endless, autor de ciencia ficción.

El proyecto es aún más desmesurado: una galería de figuras emblemáticas donde su percepción se identifica mejor con los escritores –Tolstói, Virginia Woolf, Ezra Pound– que con los pintores. Las visiones de Picasso y, sobre todo, de Francis Bacon, fallan, al incurrir en el inevitable estereotipo y no en las jugosas contradicciones que nutrieron esas otras existencias verbales tan fértiles como desdichadas.

Aun cuando el tono intenta cierta asepsia autobiográfica, es evidente, y las borgianas notas incluidas al final lo develan del todo, que su interés por el nazismo, la figura tan cursi como reveladora de

Porfirio Rubirosa o la empatía del asesino de John Lennon con la figura del cantante revelan soterradas imágenes del museo mental de Ospina. Al igual que su interés, ya explícito en el libro anterior, por los periféricos mundos indígenas o africanos, donde cree encontrar el aliento de esas energías míticas que recargan la exangüe razón occidental. Así cuando dice:

> Al norte está la razón estudiando la lluvia,
> descifrando los truenos.
> Al sur están los danzantes engendrando la lluvia,
> al sur están los tambores inventando los truenos.

Pero quizá las perplejidades siniestras de este siglo que agoniza haya que buscarlas más atrás, como lo hizo Hans Magnus Enzensberger remontándose, en su certero *Mausoleo* (1975), a Maquiavelo y Malthus y no a las desteñidas portadas de los viejos números de *Life*.

Francisco José González ríe y llora con igual propiedad. En *Amor y frascos* (1998), la auténtica poesía urbana, desquiciada, grotesca, incongruente, ramplona, se da desde la palidez vital de los oficinistas y la sordidez picassiana de los trapecistas-mendigos. Ellos van creando escuetos poemas que son las instantáneas fotográficas de una ciudad donde los anticuarios subastan los pocos restos del pasado y los centros comerciales son el presente insoslayable. Con mucho de soltura juvenil y gotas de cuestionamiento universitario, el burócrata-transeúnte habita una ciudad donde el símbolo por excelencia es la botella de Coca-Cola y un país donde los campos apenas si han quedado poblados por las cruces de tantas matanzas: Segovia, La Chinita, Apartadó.

Pero el libro es astringente. Su disidencia no es sentimental ni patética. Por el contrario: su sarcasmo tiene la frialdad escueta de la cuenta de la luz. No pagar el costo que esta poesía padece, en la pirueta de su doloroso humorismo liberador, es permanecer a oscuras.

Yirama Castaño (1964) publicó, en 1997, *El sueño de la otra:* un ejercicio de desdoblamiento. Un mirarse desde fuera. El saber cómo "Ésta que habla / tiene el control / yo he sido reemplazada". Pero ese prestar nuestro cuerpo a quien se aleja, fugarse en la distancia de quien nos habita pero es también huésped desconocido, tiene sus riesgos.

"Camina despacio, / cargándose ella misma y se enredó entre sus huesos". Termina por pagar "con la carne / el atrevimiento de mis palabras".

Esos juegos con la identidad reflejan la pregunta de la mujer por sí misma; por su país, donde "los pinos crecen en fila / porque al fin y al cabo / son una trinchera", y donde perder un brazo, su imagen, o una mano es señalar la fractura y la carencia. Donde el amor se recorta en nuestro interior para estar acorde con esa mutilación colectiva que ha cercenado la vida colombiana, entre inseguridad y violencia. Entre cierre de horizontes y perplejidad sobre cualquier proyecto vital.

FIN DEL SIGLO XX: OTRA POESÍA

Mario Rivero (1935) recopiló, en 1995, su obra poética con el título de *Mis asuntos* (1960-1994). Y añadió dos nuevos títulos a su bibliografía: *Del amor y su huella* (1992) y *Los poemas del invierno* (1996). La ambición y el ímpetu han sido sustituidos por una cautelosa distancia. Ya no se desea caer en la tormentosa vorágine de la pasión. Se establece un margen con esos altibajos perturbadores, de fascinación y rechazo. De sumisión y desprecio: "Querida y desquerida, / ahora como entonces, / ¡me he hincado tanto, que deberías haber venido!" Tal como Dostoievski lo expresó en 1864 en sus demoledoras *Memorias del subsuelo:* "Hasta he llegado a pensar alguna vez que el amor consiste en el derecho libremente reconocido por el objeto amado a que lo tiranicen".

Si bien *Los poemas del invierno* propugnan aparentemente la plateada calma del despojo: "Pasó el tiempo de la ebriedad, la furia, / cuando el sol batía sobre su pelo y encendía su miel", el combate con la hermana-enemiga no ha concluido. La muerte es también una denodada vigilia. El arduo combate con el monstruo que convive a nuestro lado. La resignación no resulta serena sino crispada. El último soplo, el último aliento, antes de yacer protegidos por la ancha señora que todo lo envuelve. O como lo dice el propio Rivero:

Como uno de esos grandes pájaros de los mares,
    que regresan de donde acaba el mundo,

cojeando y dando graznidos, para morir
sobre su roca amiga, cuando el ala se rompe...

El poeta de los colages urbanos y de los heroísmos contestatarios, de Bolívar al Che, se ha convertido en un romántico baudeleriano que ve agonizar el universo. Si bien intenta pintar su tránsito con la paleta clásica hay en realidad la imprecación del ángel caído. Su pozo negro es el olvido. El trabajo por extraer de memoria figuras fragmentarias que den a sus versos el calor juvenil que estos aún añoran, al saberlo perdido.

La máscara de la sabiduría, de que hablaba Valencia Goelkel al referirse a su anterior libro, es apenas la soledad de quien lucha por no perder las fugaces, frías y fantasmales presencias que aún lo habitan.

Darío Jaramillo Agudelo (1947). En esta década que revisamos Darío Jaramillo ha estado singularmente prolífico. Además de su trabajo como novelista, su poesía registra dos nuevos libros: *Del ojo a la lengua* (1995) y *Bogotá mía* (1998) y por lo menos dos antologías que incorporan nuevos poemas, hasta ahora no incluidos en ningún libro: *127 poemas* (1999) y *Aunque es de noche* aparecida en España en 1999. El primero de los mencionados son textos para acompañar los grabados de Juan Antonio Roda (1928-2003), y en ese tránsito de la visión a la palabra la función ancilar de la escritura cobra una repentina autonomía. Se erige en una suerte de ritual laico donde la materia, en su expresión más rotunda –la piedra– le permite edificar todo un sistema interpretativo del mundo, en su discreto silencio, en su tautología, en lo que en definitiva la piedra perdurable hace con el hombre efímero: "Edificar el templo sobre piedras, / para que perdure / construirlo con piedras / y colocar una piedra sobre el altar".

En el segundo libro 13 poemas acompañan, como epílogo, las fotografías que Hernán Díaz ha dedicado a la capital del país. Podría pensarse que las habituales referencias literarias o filosóficas a partir de las cuales Jaramillo arma algunos de sus poemas se han visto desplazadas por la imagen o la música.

Pero si en realidad los poemas miran a través de la ventana revierten, al momento, sobre el silencioso delirio con que un solitario, desde la habitación de su hotel, mira un mundo que es espejo del suyo. No la "ciudad de burócratas salvada por los urapanes" sino la ciudad de la noche absoluta: "Arriba el cielo negro / y todos encerrados en sus casas".

Pero desde ese monacal aislamiento, hecho de lucidez y desdén, de manía y repudio, sigue fluyendo el canto: "Cantar por cantar", tal como lo denomina en la secuencia final de sus *127 poemas*. Como lo señala Claudio Magris en "Utopía y desencanto": "El desencanto es un oxímoron, una contradicción que el intelecto no puede resolver y que solo la poesía puede expresar y custodiar, porque dice que el encanto no existe, pero sugiere, con el tono y en el modo como lo dice, que, a pesar de todo, lo hay y puede aparecer cuando menos se lo espera", para concluir: "solamente la poesía puede representar las contradicciones sin resolverlas conceptualmente, sino componiendo una unidad superior, elusiva y musical". Ese vacío feliz, ese centro inaccesible y sin deseos, que busca quizá reflexiva y conceptualmente, pero al cual la marejada de la vida siempre está posponiendo con sus sucesivas oleadas de arrebato y caída, de suplicio y dicha.

Contra la muerte tengo el dolor en el pie que no
[tengo,
un dolor tan real como la muerte misma
y unas ganas enormes de caricias, de besos,
de saber el nombre propio de un árbol que me
[obsede,
de aspirar un perdido perfume que persigo,
de oír ciertas canciones que recuerdo a fragmentos,
de acariciar mi perro,
de que timbre el teléfono a las seis de la mañana,
de seguir este juego.

Cuatro poetas: cuatro visiones, y el juego de la poesía colombiana se inicia de nuevo, en una ronda infinita, donde nombres como Orlando Gallo (1959) o Miguel Iriarte (1957) deben aludirse. Sin embargo, cuando las eminencias reverendísimas son ya incapaces de malgastar más César Vallejo, vienen estos cuatro nombres: cuatro calles; a llevarnos al país Antonio Machado, al país León de Greiff, al país Lezama Lima, al país ellos mismos: Juan Carlos Bayona (1959), Miguel Serrano (1965), Juan Torres Mantilla (1965) y Juan Felipe Robledo (1968), unidos en su libro *La isla era el tesoro* (1999). Con ellos bien puede abrirse un nuevo ciclo. Cierre de década: apertura de siglo.

Con cauteloso escepticismo nos incitan al desafuero. Con sobria parsimonia nos abren abismos. "Porque creo que el aire / no nos lo ha dicho todo", sugiere Juan Carlos Bayona. O propone Juan Felipe Robledo: "No seas tan miserable como para creer en las palabras y tan inmenso como para no usarlas".

Las usan con habilidad y conocimiento, pero lo que sorprende es la apacible naturalidad con que asumen un destino, dentro del cual la intensidad no es tragedia sino obra concreta: poema.

Tenemos una tradición de José Asunción Silva a Raúl Gómez Jattin, ambos suicidas, y ningún otro país suramericano parece prestar una atención tan generosa e indiscriminada a la poesía como válido pretexto para vivir y compartir: casas de poesía, encuentros de poesía, revistas de poesía, talleres de poesía, editoriales de poesía. Pero entre las poetas feministas y los chamanes indígenas que exhalan conjuros sigue faltando lo esencial: el poema simple y llano. El que construye Álvaro Rodríguez (1948) o Ramón Cote (1963). Los que filman Rubén Darío Lotero (1955) o Víctor Gaviria (1955) con *Poemas para leer en el bus* (1991) o *Los días del olvidadizo* (1998), respectivamente.

Las palabras concretas. El trabajo diario. Como lo dice Miguel Serrano al hablar de la fecunda tarea de las hormigas:

Ah, hormigas, seres confabulados
con la recia inercia de la vida,

seres ensimismados que se pasan el tiempo
rozándose los días,
conociendo y pasando,
indiferentes a sus mismos pasos.

Qué reconfortante ese mirar desde el reverso, esa distancia sin pretensiones. Ese saber al cual arriba Juan Torres Mantilla considerando ya a la muerte amiga, asumiéndola como el todo al cual la inexistente vida recubre de fantasías.

Desde la desaforada metaforización militante de los hijos espurios del surrealismo hasta la boba vacuidad humanista de quienes leyeron tarde y mal a Walt Whitman, la actual poesía colombiana se debate entre el estreñimiento del haiku y el previsible culturalismo donde ya hay demasiadas universidades y excesivos libros, internet incluido.

Por ello resultan fascinantes las búsquedas de estos cuatro jóvenes poetas, publicando juntos su primer libro: la empresa colectiva no son voces indiferenciadas que se confunden. Es apenas timbres individuales que aspiran a una sinfonía. De ahí su lento despliegue para llegar a las cosas mismas. Su penetración envolvente en un interior compartible. La certeza irrefutable de lo obvio, abriéndonos de nuevo los ojos al mundo:

En la noche, la lluvia
tendrá, tan solo, agua
en las gotas
y la luna una ciega
redondez de luna.

Como repite, una vez más, con asombro milenario, Juan Torres Mantilla. Cada uno de ellos intenta configurar una voz, pero el conjunto apunta hacia la sobria impersonalidad de quienes aspiran a ser servidores de la poesía y no usufructuarios de la misma. La peste del *yo* se cura al volverse "amor comentado". Al leer con clarividencia desaparece el prurito de la originalidad. Y sin embargo, aquí se intenta de nuevo volver a decir lo mismo que hace siglos desde "una lastimosa ciudad de nadie / que en los Andes humea".

Recientemente la profesora y crítica literaria Luz Mery Giraldo se planteaba:

> Un país que ha asumido la lírica como la forma oficial de su expresión, muy a pesar del reducido número de verdaderos representantes del género cuyo aporte sea realmente significativo a la poesía nacional y latinoamericana –como en su momento lo fueron Rubén Darío, Vicente Huidobro, César Vallejo, Pablo Neruda o Jorge Luis Borges– y que ha alimentado el desdén por la narrativa, fomentando inseguridad ante la misma, es decir, en una tierra de poemas sin grandes poetas,

Para continuar en estos términos:

José Asunción Silva, Aurelio Arturo, Fernando Charry Lara, León de Greiff, Álvaro Mutis, Jorge Gaitán Durán, Eduardo Cote Lamus, Eduardo Carranza, Mario Rivero, Giovanni Quessep, José Ma-

nuel Arango, Raúl Gómez Jattin, Jaime García Maffla, Juan Manuel Roca, Henry Luque Muñoz, María Mercedes Carranza y William Ospina, son apenas un puñado de poetas destacados en los últimos cien años de nuestra historia poética.
¿Fuera de León de Greiff cuál de los poetas mencionados ha transformado la poesía colombiana, definiendo lenguaje o sensibilidad de época, o anticipando nuevos valores?
Sin duda a algunos los reivindicará la historia, a otros apenas les reconocerá su paso por el tiempo, otros, si existe justicia literaria, serán rescatados del olvido y otros serán olvidados y sepultados por la escarcha de los años[3].

Preguntas como ésta son las que debemos hacernos cada cierto tiempo. Porque en momentos donde en demasiadas ventanas de casas y edificios de Colombia sólo se ven letreros que dicen "Se arrienda",

---

3. Luz Mery Giraldo, "De las utopías a las escrituras del vacío en la narrativa colombiana: 1970-1996", en *Univérsitas Humanística*, Bogotá, Nº. 43-44, enero-diciembre de 1996, p. 74. Este trabajo se complementa con dos enfoques sobre la poesía colombiana, durante el periodo que contemplamos. Son el de Patricia Rey Romero. "Siguiendo la estación del desencanto", y el de Henry Luque Muñoz, "Tendencias de la nueva poesía colombiana: una carta de navegación", incluidos en la misma revista. Por su parte, dos trabajos teóricos de destacados poetas de esta misma época deben mencionarse. Son el de Jaime Alberto Vélez. "La nueva crisis del verso en Colombia", en Revista *Universidad de Antioquia*, Nº. 240, abril-junio de 1995, pp. 89-92; y el de Piedad Bonnett: "Los espacios de la poesía" en *Espacio Literario y espacio pedagógico*. Bogotá. Magisterio, 1999, pp. 134-138. Sus planteamientos, que

"Se vende", y donde un buen número de los avisos del periódico sólo hablan, en abstruso lenguaje, de compañías "en liquidación", también la poesía debe efectuar sus saldos y balances, sus perspectivas. Aferrarse a las pocas cosas ciertas que perduran. Así que sólo leyéndola, en la silenciosa intimidad de su debate interno, podremos asumir las derrotas y dichas de estos años fugaces, donde demasiado se ha perdido, en vida y sentidos, como para no preguntarnos si todavía la poesía esclarece nuestros días, acompañándonos dentro del ámbito de su soledad compartida.

en buena medida comparto, deben considerarse como el sustrato teórico que respalda estas notas. Al igual que La antología de Álvaro Salvador. *Muestra de poesía hispanoamericana actual, 1943-1997*. Diputación de Granada (España), 1998, donde en 425 páginas y en el esclarecedor prólogo se caracteriza, cabalmente, "el espacio descreído" en que vive actualmente la poesía del continente, la colombiana incluida a través de textos de Orlando Gallo, William Ospina y J.G. Cobo Borda. Por su parte, Miguel Ángel Zapata en *Nueva poesía hispanoamericana*. México, Universidad Nacional Autónoma de México, 1999, 732 págs., concluye su introducción con estas palabras: "No cabe duda que dentro de la complejidad poética hispanoamericana predomina el desarrollo de una productividad individual, la cual se orienta hacia una práctica múltiple que deviene de las poéticas del modernismo y la vanguardia, pero con una nueva tónica transformadora: la utilización intertextual es más desenfadada y la visión del mundo se sistematiza a través de una nueva red de relaciones que nos presenta el mundo como obstáculo y como júbilo", pág. 31. Entre los colombianos allí incluidos se encuentran Giovanni Quessep. María Mercedes Carranza. Armando Romero, Juan Manuel Roca, Santiago Mutis y J. G. Cobo Borda.

UN ÚNICO ESPACIO DE CONVIVENCIA

Germán Arciniegas escribió que el verso más memorable de la poesía colombiana era uno de José Asunción Silva (1865-1896) que simplemente decía: "Una noche". Arciniegas sabía muy bien cómo detrás de esas pocas sílabas asomaba, por el dilatado corredor del recuerdo, el acompasado ritmo del "Nocturno" de José Asunción Silva con toda la imaginería de un hondo romanticismo depurado hasta trocarse en la música envolvente del mejor modernismo. Un poema evasivo y sugerente donde el espíritu había logrado simbolizar la materia hasta trocarla en "murmullos", "perfumes" y sombras nupciales y húmedas.

Con razón el éxito del mismo y su instauración como punto de partida de la poesía colombiana del siglo xx. Mentes únicas volvieron a modular sus estrofas, para esclarecerlas, trátese de Miguel de Unamuno en España, como de Alfonso Reyes en México, pero él preservó su misterio. Se convirtió en el punto de partida de nuestra modernidad lírica en el siglo que ya termina y Colombia pudo mostrar, en la figura del poeta suicida, su mejor carta de presentación. El inicio de una tradición coherente y la realidad irrefutable de una poesía. Con él se abrió entonces una amplia brecha por la cual la poesía desfilaba, sofisticada o popular, poniendo a sus servicios los elementos más dispares de una realidad múltiple. Bien podrían ser estos la aristocratizante nostalgia pasatista de Guillermo Valencia (1873-1943) o el ululante fervor dionisiaco del errabundo Porfirio Barba Jacob (1883-1942).

Si la ciudad ideal de Barba se llamó "Acuarimántima" ante la escuálida realidad que lo cercaba, Valencia, en su hacienda de Belalcázar, traducía a Stefan George, Hugo von Hofmannsthal, Gabriel D'Annunzio, Óscar Wilde y Rilke, pero a la vez congelaba al modernismo con la mirada hacia el pasado del Ángel de la historia. Grecia, Roma, un clasicismo católico de quien pretendia identificarse con el Apolineo mármol de Goethe.

Todo ello daría pie a la reacción, por el prosaísmo, por el humorismo o por la complicidad sentimental, de esas otras figuras que compondrían el cuadro inicial de nuestra lírica del siglo xx. Julio Flórez (1867-1923), Luis Carlos López (1879-1950), León de Greiff (1895-1976).

El país de las guerras civiles y el tímido afán de ruptura en contra de una visión clerical del mundo comenzaba a dejar atrás los sangrientos debates del siglo pasado: Iglesia–Estado, centralismo–federalismo, proteccionismo–libre-cambio. Pero no lo lograba secularizar del todo al vate sacerdotal que hacía de la traicionera política o la deletérea bohemia el último disfraz de su silencio.

Cuando la obra se trocaba en perfunctoria imagen pública.

Es curioso comprobar cómo el país, ajeno a la emigración, si se compara con Argentina, Uruguay o Chile, encontró en el hijo de un sueco y una alemana, arribados para trabajar en minas, ferrocarriles o comercio, como algunos de sus compatriotas, el mejor intérprete de una sociedad mercantil que acumulaba el oro, se lucraba en la usura y emprendía, a través de la colonización antioqueña, basada en el café, su primera integración geográfica y social.

León de Greiff había logrado, mediante la música y la agudeza en el trazo verbal, dibujarnos las contradicciones entre las incipientes chimeneas de las fábricas y la contemplación desinteresada de quien solo aspira a ver fugarse los crepúsculos. El ocio de un lento mestizaje verbal transmutaba la catástrofe indígena y el mercado esclavista en una tímida democratización, en la cual la bohemia periodística cuestionaba y terminaba por situarse al margen de la discriminación social. Se creaban así mundos alternativos de evasiva fantasía, que podían ir desde los vagabundeos de Ulises hasta el acontista medieval: "Yo, señor, soy acontista. / Mi profesion es hacer disparos al aire".

Coronados, en anacrónicos rituales, o secundados por un cortejo de pintorescas anécdotas, los poetas colombianos mantenian la continuidad en críticas de una tarea que, como caracteriza al país el historiador Jaime Jaramillo Uribe, también parecía corresponder a esa *áurea mediócritas*, a ese término medio que constituía su signo distintivo.

Si como decía Borges a una persona sólo le es dado el don de la poesía apenas una docena de veces en la vida, son esos logros únicos, el "Nocturno" de Silva, "Leyendo a Silva", de Guillermo Valencia o "Balada del mar no visto" de León de Greiff, los que constituyen la verdadera espina dorsal de un país.

Aquí, sí resulta válido constatar que la excepción es la única regla a la cual debemos ceñirnos.

Son entonces figuras como Aurelio Arturo (1906-1974) o Eduardo Carranza (1913-1985) los que, con mayor acierto, en las décadas del treinta y el cuarenta, quienes propusieron una visión personal del mundo.

Aurelio Arturo, con una obra de admirable parquedad, logró comunicar el transparente asombro de una poesía tan depurada como enigmática:

En las noches mestizas que subían de la hierba,
jóvenes caballos, sombras curvas, brillantes,
estremecían la tierra con su casco de bronce.
Negras estrellas sonreían en la sombra con dientes
de oro.
Después, de entre grandes hojas, salía lento el
mundo.

Si Guillermo Valencia parecía en ocasiones revestirse con la toga del procónsul romano o con la capa del hidalgo español, y León de Greiff se mimetizaba detrás de innúmeras máscaras, tan suspirante de sus altas damas como villonesco y apasionada de las muy concretas Rosas del Cauca que su tierra le brindaba, Aurelio Arturo era capaz de mantener vivo al niño que se internaba en la noche y la alumbraba con las luciérnagas de sus sueños.

La casa del bosque, los perfumes de los árboles, el caballo de su padre, la nodriza que hilaba los cuentos inagotables, la música de los vastos salones.

Hombres legendarios y hermanos evanescentes conformaban un cosmos único, compacto y a la vez sugerente de revelaciones nunca dichas.

Como en el caso de José Asunción Silva, con Aurelio Arturo también se abría un ámbito único: el de esa punzante certeza llamada poesía, donde fondo y forma eran indisociables en la elación de la música verbal que las fundía. Un mundo regido por el desvelo lunar como por la cálida tibieza de un sol cordial.

Reconociera Silva la importancia capital de la infancia en la vida del hombre o lograra Aurelio mitificar el mundo rural al hacerlo a la vez legendario y sensible, lo importante era apreciar cómo sucesivos lectores, a lo largo de los años, enriquecian tales comarcas con la pátina de sucesivas lecturas. Se iba así configurando una tierra firme. Territorios verbales en los cuales los colombianos podían vivir.

Igual sucedió con Eduardo Carranza quien a partir de los llanos orientales, la tradición hispánica y la figura de Pablo Neruda, iba perfilando los nuevos horizontes, de juvenil ensoñación.

Si bien Eduardo Carranza reconocía en Simón Bolívar y Rubén Darío la potencia genitora de los libertadores, su poesía, melodiosa y aérea, terminó por dejar atrás el más retórico que real anhelo integracionista de una patria azul que trascendiera las fronteras, y se concretó, al final, en una dolorosa meditación sobre el arrasador impacto del tiempo y la desesperada fuerza con que el amor se opone a esa caída inexorable.

Profesor de literatura española en el Colegio Mayor de Nuestra Señora del Rosario, Eduardo Carranza infundió en Álvaro Mutis (1923) su devoción por la poesía y conocimiento de *Los grandes poetas españoles*, como tituló su breviario comentado de 1944 en el cual incluía a Antonio Machado, Manuel Machado, Juan Ramón Jiménez, Francisco Villaespesa y Federico García Lorca.

También poeta en el tiempo, Álvaro Mutis ancló su palabra en las tierras medias del Tolima e hizo de la hacienda de café y caña de azúcar de su infancia, Coello, el paraíso en la tierra, tal como Aurelio Arturo lo había hecho con el verde, que es de todos los colores, de su natal La Unión, allí en ese lejano sur del departamento de Nariño.

Con la figura de Maqroll el Gaviero como eje, Mutis captó la degradación de toda fe y la necesidad ritual de otorgar una dimensión religiosa a esas existencias al margen de la ley.

Como esos países americanos que al separarse de España habían perdido, según Mutis, el canal de comunicación con la cultura occidental, también sus criaturas, sin Dios, centro ni futuro, deberían enfrentarse a la solitaria introspección acerca de sus actos. Intenté mostrar en mi libro *Para leer a Álvaro Mutis* (Bogotá, Espasa Calpe, 1998) como poesía y poder se conjugan en sus páginas, el tener como trasfondo el contrapunto Europa-América. Pero lo decisivo en sus poemas y en la media docena de novelas que ha publicado, es la agónica lucidez con que Maqroll nos cuestiona ofreciéndonos el espejo amargo de su radial desesperanza. Allí donde todo esplendor concluye en agonía, trátese de seres o imperios.

Por más que el deseo pueble nuestra imaginación con la belleza salvaje del trópico y la sensualidad inexhausta de sus pobladores, el cuerpo, tenso en su viaje hacia la nada, busca la compasiva piedad humana de una imagen que lo reconforte. Que alivie la violencia ancestral, mostrándonos lo vano de su furia y lo estéril de su crueldad maligna.

Es un país violento por definición, donde la cifra de homicidios ha escalado una aterradora cima de treinta mil muertos al año, la poesía de Mutis, culta, cosmopolita y refinada, nos depara un texto que reconocido en España, Francia e Italia, terminaba por dar razón de ser a una Colombia perturbada en su zozobra diaria. La misma que Maqroll paseaba por el mundo, errante y nostálgico. Su patria era su cuerpo, que el tiempo desgastaba, y la intrínseca inutilidad de toda empresa que pretendiera llevar a cabo. Sólo le quedaba la soledad en compañía de algunas mujeres que suavizan su tránsito.

Mutis no hace concesiones, salvo la ancestral compasión por ese ser rodeado de muerte por todas partes. Sin embargo, pase lo que pase mantiene su agnóstica fe, seguro de no poder regresar jamás al paraíso y, sin embargo, seguir buscándolo, día tras día, en su perenne exilio sobre la tierra.

Algunas de estas preocupaciones son las que Mutis comparte con los poetas reunidos en torno de la revista *Mito* (1955-1962) dirigida por Jorge Gaitán Durán (1924-1962).

Ellos, como grupo, establecen una conciencia más reflexiva de la propia escritura y el uso de un instrumento verbal capaz de asumir, en su libérrimo espacio, todo un abanico de inquietudes contemporáneas: la filosofía existencialista, la violencia colombiana, la revolución cubana.

De ahí el interés de Jorge Gaitán Durán por el erotismo, el trasfondo histórico y filosófico con que Eduardo Cote Lamus (1928-1964) contempla el erosionado paisaje de *Estoraques* (1963), historiando, por así decir, la naturaleza, o los aportes con que Fernando Charry Lara (1920), Héctor Rojas Herazo (1921) o Fernando Arbeláez (1924-1995) adensaron sus voces, en una indagación más desnuda del ser humano.

Dentro de este grupo de *Mito* Rogelio Echavarría (1926) con la publicación de *El transeúnte* mostraba su capacidad de sintonía con un país de ciudades – Bogotá, Medellín, Cali, Barranquilla, Bucaramanga, Cartagena, Pereira– que si bien se urbanizaba, todavía cargaba el lastre de consuetudinarios arcaísmos. La soledad del hombre de hoy en día se hacía visible y la vinculación de Rogelio Echavarría, durante tantos años a los afanes periodísticos, contribuyó a otorgarle ese carácter sobrio de lacónica secuencia, a sus noticias poéticas:

> Todas las calles que conozco
> son un largo monólogo mío,
> llenos de gentes como árboles
> batidos por oscura batahola.
> O si el sol florece en los balcones
> y siembra su calor en el polvo movedizo,
> las gentes que hallo son simples piedras
> que no sé por qué viven rodando.

Dos años después de la publicación, *El transeúnte*, Mario Rivero (1935) publica *Poemas urbanos* (1966) donde la temática propuesta por Echavarría se torna aún más crapulosa. Como si cierta intensidad deliberadamente poética que caracterizaba el lenguaje de *Mito* como grupo se prosificase, despojado aparentemente de toda metaforización perceptible.

Escritura directa y muy influida por los poetas norteamericanos, se nutría aún más de la actualidad periodística: estrellas de cine, bomba atómica, muerte de Porfirio Rubirosa. Se tornaba más deliberada en su aceptación del mal gusto, la música popular y el peso del cuerpo, con sus olores, humores y pesadumbres, tal como lo había revelado, con genésica hambre de encarnación, Héctor Rojas Herazo desde sus primeros libros de la década del cincuenta.

Así, Rivero buscaba asumir en el collage y la elegía, por Simón Bolívar, por el "Che" Guevara, esas urbes descosidas que como Bogotá y Medellín, por su crecimiento caótico e indetenible, se convirtieron en perversos focos de atracción de una inmigración campesina. Emigración que los desquició aún más con sus cinturones de pobreza y el doloroso recuerdo de una violencia, primero bipartidista y luego generalizada, que había despoblado los campos, tan inseguros como las mismas calles citadinas del desempleo y la mendicidad.

De ahí que Héctor Rojas Herazo escriba su conmovido "Responso por la muerte de un burócrata", y Mario Rivero exalte prostitutas y truhanes. Ambos trataban de lograr que la desangelada mitología urbana adquiriese héroes y heroínas. O más bien antihéroes.

También resulta curioso comprobar cómo la poesía no secundaba el aparente progreso de la modernidad ni tampoco el de los falaces índices del desarrollo. Su símbolo no era la flecha sino la espiral que volvía sobre sí misma, en ediciones no mayores de 1000 ejemplares en cerrado circuito que se retro-alimentaba a sí mismo. El mismo circuito de las efímeras y, sin embargo, incorregibles revistas literarias y algo más ampliado de los suplementos literarios poco a poco convertidos en magazines de variado contenido.

Por ello muchos poetas encontraron refugio en la docencia universitaria y a la marginación bohemia siguió la marginación del catedrático. Una universidad que parecía inevitable, pero que no resultaba ser forzosamente necesaria: siempre semeja extinguirse entre las restricciones económicas y los enfrentamientos políticos.

La lectura de un poeta como José Manuel Arango (1937), fiel a esa docencia, nos revela su aguda percepción de un país en llamas. Si bien los cadáveres en las calles obstaculizan el paso, es la visión de las montañas como una referencia ancestral la que le permite hallar una raíz en la fugacidad. En el deterioro circundante:

> Estas montañas nuestras
> del interior,
> casi olvidadas de tan familiares,
> casi invisibles de tan vistas,
> no es seguro siquiera que no sean
> enseres de un sueño.

Se insinuaba también allí una recuperación de la naturaleza, desde la renovada perspectiva de la ecología y el replanteamiento en la orientación conceptual de una poesía que más que pretender transformar la realidad, con el mesianismo revolucionario que distinguía el nadaísmo, prefería mirarse a sí mismo en la contemplación del mundo. El poema breve, el haiku, como destello revelador de una tierra opacada por las nieblas cotidianas y la ceguera de la costumbre.

Agitar, conmover, escandalizar: lo que la tribu iconoclasta del nadaísmo, capitaneada por Gonzalo Arango (1931-1976) había proclamado en los textos canónicos de Jaime Jaramillo Escobar (1932), J. Mario

(1940) y Eduardo Escobar (1943), ahora se ramificaba en un delta de propuestas más diversificadas.

La voz del profeta se trocó por la voz de quien mira, se exalta, duda y reflexiona.

Por la voz de quien simplemente canta, incluso la miseria diaria. De ahí que hasta J. Mario haya sustituido la impugnación por la remembranza.

Si el nadaísmo parecía asumir la rebeldía que se expresó por todo el mundo en el año axial de 1968, con el cuestionamiento juvenil de toda autoridad paterna, cualquiera que fuese, los poetas posteriores como Darío Jaramillo (1947) cruzaron sus lecturas –de Platón a Felisberto Hernández, de Porfirio Barba Jacob a Graham Greene– para desplegar así un mapamundi más ancho y más complejo.

Donde el cuerpo expresaba su torturada sed de amor y el contorno de trillados objetos cotidianos podía devenir tan indiferente como sugestivo. Las cosas eran ahora fetiches que nos encandilaban con los sueños que habíamos introducido en su interior para hacernos compañía. Obteniéndola en ese texto que ya no pertenecía a quien lo había escrito, como lo atestigua su último libro, donde la ciudad de Bogotá, vista con ojos de provinciano antioqueño, se llena de colores inéditos:

    Es claro que la noche sale de las entrañas de la
                                          [tierra,
  repta por el piso oscuro
  y luego sumerge al sol,
  entre tinieblas lo hunde

–todavía el azul del cielo se resiste–,
le saca sangre que tiñe los vidrios y los cerros.

Inocente de toda culpa, entregado hasta perder la razón, a la maravilla inagotable de esas tierras calientes, próximas a los ríos Sinú y Magdalena, un poeta como Raúl Gómez Jattin (1945-1997) hacía de la luz imparcial de la poesía un escándalo público. Una exaltación y una denuncia. Una celebración y un duelo. Era tan bello vivir, nos dice, y tan necesario amar sin límites, en un país que había resultado cruel e inseguro. Quizás por ello este recuento debe cerrarse con su figura.

También suicida, el siglo xx no parece dar tregua a los poetas colombianos de José Asunción Silva a Raúl Gómez Jattin. Si bien sus versos integran un arte de soñar y vivir, la muerte termina por enseñorearse del conjunto.

Intentan que emociones y recuerdos se hagan reales por obra del lenguaje, y la humanidad de una cruel sevicia que se destruye a sí misma dé paso quizás a una más sencilla comprensión de nosotros mismos. Sólo que la esquizofrenia que los médicos diagnosticaban en Gómez Jattin no sólo correspondía a su drama íntimo: era un mal nacional.

Si el país en los últimos años se ha embarcado en una exaltación nociva del consumo, en medio de la más afligente pobreza, para trascender quizá una inseguridad de base sobre sus orígenes, al malvivir por encima de las posibilidades reales de una comunidad que subsiste desplazando, marginando y asesinando a quienes no considera sus hijos legítimos, la poesía, en el abrupto final de estas figuras, ponía en duda, con muertes y fracasos repetidos, todo el andamiaje aparente de un país interesado en la poesía.

Del mismo modo que el país de los infinitos recursos naturales no daba de comer a sus hijos, y el país de leyes no lograba ejercer una mínima justicia, así el país de poetas, los encaminaba al suicidio. A la autodestrucción y al silencio de la escritura.

Pero leerlos, releerlos, volver a interrogar sus esfinges, es apostar de nuevo por la poesía. Por ese espacio único donde todos tenemos cabida. Empecinada, ilusa, ella trata de volver real el mundo y perdurable su belleza fugitiva.

BIBLIOGRAFÍA

En el capítulo inicial de este libro se incluye una amplia bibliografía que va de José Eusebio Caro al nadaísmo. En el *Álbum de nueva poesía colombiana,* Caracas, Fundarte, 1980, se encuentra bibliografía de la década 1970-1980. En el No. 83-84 de la revista española *Hora de Poesía,* septiembre-diciembre 1992, se propone un diálogo poético actualizado a nivel hispanoamericano, con su respectiva bibliografía, pp. 9-135, que ahora he ampliado a nivel latinoamericano, sobre todo en lo referente a la presencia de poetas colombianos en antologías editadas fuera del país. Ni ésta ni las otras listas bibliográficas pretenden ser exhaustivas sino sólo servir de auxiliar al lector o al estudiante, brindándole información complementaria y un marco más amplio de referencias. Si bien este libro se concentra en la poesía colombiana de los últimos cien años, la bibliografía incluida parte, casi toda ella, de José Asunción Silva y la renovación modernista: verdadero origen de nuestra lírica.

POETAS COLOMBIANOS

José Asunción Silva (1865-1896). Primeras publicaciones: 8 poemas en *La lira nueva,* 1886, antología pre-

parada por José María Rivas Groot. Primera publicación del "Nocturno", 1894, en Cartagena, Colombia, revista *Lectura para todos,* año II, No. 7, agosto 1894. Libros de poesía: *Poesías,* 1908. *Poesías completas,* 1951. *Poesías,* 1979.
Guillermo Valencia (1873-1943). Libros de poesías: *Poesías,* 1898. *Ritos,* 1899. Edición ampliada: 1914. *Catay,* versiones de poemas chinos, 1929. *Obra poética,* 1984.
Porfirio Barba Jacob (1883-1942). *Canciones y elegías.* México, Ed. Alcancía, 1932.1933. *Rosas negras.* Edición, Rafael Arévalo Martínez, Guatemala: Imprenta Electra, 1933. *La canción de la vida profunda y otros poemas.* Edición Juan Bautista Jaramillo Meza. Manizales: Imprenta Departamental, 1937. *El corazón iluminado.* Biblioteca Popular de Cultura Colombiana, No. 40. Bogotá, 1942. *Poemas intemporales.* México, Cooperativa Talleres Gráficos de la Nación, 1943, 2a. edición, México: Compañía General de Ediciones S.A., 1957. *Antorchas contra el viento.* (Reedición de *El corazón iluminado).* Edición, Daniel Arango, 1944. *Poesías completas.* Ediciones académicas, vol. 8. Medellín: Rafael Montoya, 1962. *Poesías completas.* Prólogo, Daniel Arango, Bogotá: Grancolombiana de Ediciones, s. f. *La vida profunda.* Edición dirigida por Alfonso Duque Maya y Eutimio Prada Fonseca. Bogotá: Andes, 1973. *Sus mejores poesías.* Medellín: Editorial Salesiana, 1973. *Poemas* Selección y estudio, Carlos García Prada. Bogotá: Editorial El Dorado, 1976. *18 poemas.* Bogotá: Colcultura, 1981. *Obra poética.* "Meditación sobre la poética porfiriana" por Carlos Jiménez Gómez. Medellín: Bedout. 1982. *Antorchas*

contra el viento. Compilación, prólogo y notas, Eduardo Santa. Medellín: Imprenta Departamental, 1983. *La tristeza del camino. Campaña florida.* Prólogo, Otto Morales Benítez. Bogotá: Grupo Grancolombiano, 1983. *Poemas selectos.* Selección, Carlos Jiménez Gómez, con ensayo de Alberto Bernal Ramírez. Bogotá: Printer Colombiana, 1983. *Poemas.* Recopilación y notas, Fernando Vallejo. Bogotá: Procultura, 1985. *Poesía completa.* Prólogo, Piedad Bonnett. Bogotá: Arango Editores, 1988. *Rosas negras.* Edición, Luis Antonio de Villena. Valencia (España), Mestral Libros, 1988. *Cartas de Barba Jacob.* Recopilación y notas, Fernando Vallejo. Bogotá: Revista Literaria *Gradiva* 1992.

Luis Carlos López (1879-1950). *De mi villorio.* Prólogo, Manuel Cervera. Madrid: Imprenta de la Revista de Archivos, 1908. *Posturas difíciles.* Colección Ánfora. Madrid: Librería de Pueyo, 1909. *Varios a varios.* En colaboración con Abraham López Penha y Manuel Cervera. Madrid, Librería de Pueyo, 1910. *Por el atajo.* Prólogo, Emilio Bobadilla; epílogo, Eduardo Castillo. 1a. edición. Cartagena, J. V. Mogollón y Cía., 1920. 2a. edición, prólogo, Baldomero Sanín Cano/. Cartagena: Delvalle y Espinosa Editores, 1928. *Hongos de la riba.* Jorge Zalamea, editor. Buenos Aires: Claridad, 1942. *La comedia tropical.* Jorge Zalamea (comp.). Bogotá: Nueva Prensa, 1962. *Sus versos.* Prólogo, Juan Lozano y Lozano. Medellín: Bedout, 1973. *Antología.* Bogotá: Colcultura, 1974. *Obra poética.* Edición crítica, Guillermo Alberto Arévalo. Bogotá: Banco de la República, 1976. *Luis Carlos López.* Estudio y compilación, Germán Espinosa. Bogotá: Procultura, 1989.

José Eustasio Rivera (1888-1928). Libro de poesía: *Tierra de promisión*, 1921.

Eduardo Castillo (1889-1938). Libro de poesía: *El árbol que canta*, 1928.

León De Greiff (1895-1976). Libros de poesía: *Tergiversaciones*, 1925. *Libro de signos*, 1930. *Variaciones alredor de nada*, 1936. *Farrago*, 1954. *Velero paradójico*, 1957. *Bárbara Charanga. Bajo el signo de Leo*, 1957. *Nova et vetera*, 1973. *Obras completas* 1975. *Obra dispersa. Poesía y prosa*, 2 vol., 1995.

Rafael Maya (1897-1980). Libros de poesía: *La vida en la sombra*, 1925. *Coros del mediodía*, 1928. *Después del silencio*, 1938. *Tiempo de luz*, 1951. *Navegación nocturna*, 1959. *El tiempo recobrado*, 1974.

Luis Vidales (1904-1994). Libros de poesía: *Suenan timbres*, 1926. *La Obreriada*, 1978. *Poemas del abominable hombre del barrio Las Nieves*, 1985. *Poesía inédita*, 1985. *El libro de los fantasmas*, 1985.

Jorge Zalamea (1905-1969). Libros de poesía: *El sueño de las escalinatas*, 1964. *Cantos*, 1975. *Che. Cantata para voces, tambores y chirimías*, 1980.

Aurelio Arturo (1906-1974). "Morada al sur", poema, Revista Universidad Nacional, Bogotá, 1942. Libros de poesía: *Morada al sur*, 1963. *Obra e imagen*, 1977, *Poemas inéditos*, 1995.

Arturo Camacho Ramírez (1910-1982). Libros de poesía: *Espejo de naufragios*, 1935. *Cándida inerte*, 1939. *Presagio de amor*, 1939. *Oda a Carlos Baudelaire*, 1945. *La vida pública*, 1962. *Límites del hombre*, 1964. *Obras completas*, 2 vol., 1986.

Jorge Rojas (1911-1995). Libros de poesía: *La ciudad sumergida*, 1939. *La forma de su huida*, 1939. *Rosa de agua*, 1941. *Soledades 1*, 1949. *Soledades II*, 1965. *Cárcel de amor*, 1976. *El libro de las tredécimas*, 1991. *Huellas*, 1993. *Facetas*, 1995.

Eduardo Carranza (1913-1985). Libros de poesía: *Canciones para iniciar una fiesta*, 1936. *Seis elegías y un himno*, 1939. *Ellas, los días y las nubes*, 1941. *Azul de ti*, 1952. *El olvidado y La Alhambra*, 1957. *Los pasos cantados*, 1973. *Hablar soñando y otras alucinaciones*, 1974. *Epístola mortal y otras soledades*, 1975. *Hablar soñando, Antología*, 1983.

Carlos Martín (1914). Libros de poesía: *Territorio amoroso*, 1939. *Travesía terrestre*, 1943. *Es la hora*, 1973. *Epitafio de "Piedra y Cielo" y otros poemas*, 1984. *El sonido del hombre*, 1986. *Hacia el último asombro*, 1991. *Vida en amor y poesía (Suma poética)*, 1995.

Gustavo Ibarra (1919-2001). Libros de poesía: *Hojas de tarja*, 1983; *Ordalias*, 1995; *Poemas para un libro sin tiempo*, 2001 y *Antología poética*, 2002.

Fernando Charry Lara (1920). Libros de poesía: *Cántico*, 1944. *Nocturnos y otros sueños*, 1949. *Los adioses*, 1963. *Pensamiento del amante*, 1981. *Llama de amor viva*, 1986.

Héctor Rojas Herazo (1921-2002). Libros de poesía: *Rostro de la soledad*, 1952. *Tránsito de Caín*, 1953. *Desde la luz preguntan por nosotros*, 1956. *Agresión de las formas contra el ángel*, 1961. *Las úlceras de Adán*, 1995.

Meira Delmar (1922). Libros de poesía: *Alba de olvido*, 1942. *Sitio del amor*, 1944. *Verdad del sueño*, 1946.

Secreta isla, 1951. *Huésped sin sombra*, 1971. *Reencuentro*, 1981. *Laúd memorioso*, 1995. *Alguien pasa*, 1998. *Pasa el viento*, antología poética, 1942-1998, 2000.

Álvaro Mutis (1923). Libros de poesía: *La balanza*, 1947, en colaboración con Carlos Patiño. *Los elementos del desastre*, 1953. *Los trabajos perdidos*, 1965. *Summa de Maqroll el Gaviero*, 1973. *Caravansary*, 1981. *Los emisarios*, 1984. *Crónica regia*, 1985. *Un homenaje y siete nocturnos*, 1986.

Jorge Gaitán Durán (1924-1962). Libros de poesía: *Insistencia en la tristeza*, 1946. *Presencia del hombre*, 1947. *Asombro*, 1951. *El libertino*, 1954. *Amantes*, 1958. *Si mañana despierto*, 1961. *Obra literaria*, 1975.

Fernando Arbeláez (1924). Libros de poesía: *El humo y la pregunta*, 1951. *La estación del olvido*, 1955. *Canto llano*, 1964. *Serie china y el pez del sol*, 1979. *Serie china y otros poemas*, 1980. *Poemas de exilio*, 1986.

Rogelio Echavarría (1926). Libros de poesía: *Edad sin tiempo*, 1948. *El transeúnte*, 1964.

Eduardo Cote Lamus (1928-1964). Libros de poesía: *Preparación para la muerte*, 1950. *Salvación del recuerdo*, 1953. *Los sueños*, 1956. *La vida cotidiana*, 1959. *Estoraques*, 1963. *Obra literaria*, 1976.

Jaime Jaramillo Escobar (1932). Libros de poesía: *Los poemas de la ofensa*, 1968. *Extracto de poesía*, 1982. *Sombrero de ahogado*, 1984. *Poemas de tierra caliente*, 1985. *Selecta*, 1987.

David Mejía Velilla (1935-2003). Libros de poesía: *Paisajes Claroscuros*, 1964; *Regreso a la montaña*, 1965;

Los silencios, 1966; *Nocturno de las criaturas*, 1966; *Íconos*, 1968 y *Los días y las noches*, 1983.

Mario Rivero (1935). Libros de poesía: *Poemas urbanos*, 1966. *Noticiario 67*, 1967. *Baladas sobre ciertas cosas que no se deben nombrar*, 1973. *Baladas, 1980. Del amor y su huella*, 1992. *Mis asuntos*, 1995.

José Manuel Arango (1937-2002). Libros de poesía: *Este lugar de la noche*, 1973. *Signos*, 1978. *Este lugar de la noche*, 1984. *Cantigas*, 1987. *Poemas escogidos*, 1988. *Poesía completa* (2003).

Giovanni Quessep (1939). Libros de poesía: *El ser no es una fábula*, 1968. *Duración y leyenda*, 1972. *Canto del extranjero*, 1976. *Libro del encantado*, 1978. *Poesía*, 1980. *Muerte de Merlín*, 1985. *Un jardín y un desierto*, 1993, *Carta imaginaria*, 1998. *Libro del encantado. Antología*, 2000.

Jotamario Arbeláez (1940). Libros de poesía: *El profeta en su casa*, 1965. *Mi reino por este mundo*, 1980. *La casa de memoria*, 1996. *Paños menores*, 2001.

Elkin Restrepo (1942). Primeros poemas en volúmenes colectivos, *Ohhh*, 1970, y *Antología de una generación sin nombre: últimos poetas colombianos*, 1970. Libros de poesía: *La sombra de otros lugares*, 1973. *Memoria del mundo*, 1974. *Lugar de invocaciones*, 1977. *La palabra sin reino*, 1982. *Retrato de artistas*, 1983. *Absorto escuchando el cercano canto de sirenas* 1985. *Fábulas*, 1991. *La dádiva*, 1991. *Sueños*, 1994; *La visita que no pasó del jardín*, 2002.

Eduardo Escobar (1943). Libros de poesía: *Invención de la uva*, 1966. *Monólogos de Noé*, 1967. *Del embrión a la embriaguez*, 1969. *Buenos días noche*, 1973. *Cuac*,

1970. *Cantar sin motivo*, 1977. *Confesión mínima* (antología), 1975. *Antología poética*, 1978. *Escribano del agua*, 1986.

Jaime García Maffla (1944). Libros de poesía: *Morir lleva un nombre corriente*, 1968. *Dentro de poco llamarán a la puerta*, 1972. *Guirnalda entre despojos*, 1976. *Sus ofrendas olvidadas*, 1976. *En el solar de las gracias*, 1978. *La caza*, 1984. *Las voces del vigía*, 1986.

Henry Luque Muñoz (1944). Libros de poesía: *Sol cuello cortado*, 1973. *Lo que puede la mirada*, 1977. *Libro de los caminos*, 1991.

Raul Henao (1944). Libros de poesía: *Combate del carnaval y la cuaresma*, 1973. *La parte del león*, 1978. *El bebedor nocturno*, 1978. *El dado virgen*, 1979. *Sol negro*, 1985. *El partido del diablo*, 1989.

Álvaro Miranda (1945). Libros de poesía: *Los escritos de don Sancho Jimeno*, 1982 y *Simulación de un reino*, 1996.

Raúl Gómez Jattin (1945-1997). Libros de poesía: *Poemas*, 1980. *Retratos*, 1988. *Hijos del tiempo*, 1992. *Poesía 1980-1989*, 1995. *Esplendor de la mariposa*, 1995.

Edmundo Perry (1945). Libros de poesía: *Como quien oye llover*, 1972. *Uno más uno*, 1977. *Circuito cerrado*, 1984. *Libro del buen amor*, 1985. *La misma historia*, 1986. *Prontuario de casi enero*, 1988. *El mundo sobre la mesa*, 1988. *Las galerías del abandono*, 1994. *La trilogía de un solo camino*, 1994. *La dueña del laberinto*, 1995.

María Mercedes Carranza (1945-2003). Libros de poesía, *Vainas y otros poemas*, 1972. *Tengo miedo*, 1983, *El canto de las moscas*, 1998.

Juan Manuel Roca (1946). Libros de poesía: *Memoria del agua*, 1973. *Luna de ciegos*, 1976. *Los ladrones nocturnos*, 1977. *Señal de cuervos*, 1979. *Fabulario real*, 1980. *Antología poética*, 1983. *País secreto*, 1983. *Ciudadano de la noche*, 1989. *Pavana con el diablo*, 1990. *Monólogos*, 1994. *La farmacia del ángel*, 1995.

Darío Jaramillo Agudelo (1947). Primeros poemas en volúmenes colectivos, *Ohhh*, 1970 y *Antología de una generación sin nombre: últimos poetas colombianos*, 1970. Libros de poesía: *Historias*, 1974. *Tratado de retórica*, 1978. *Poemas de amor*, 1986. *77 poemas*, 1987. *Cuanto silencio debajo de esta luna*, 1993. *Cantar por cantar*, 1994, *Aunque es de noche*, 1999 y *Libros de poemas*, 2003.

Álvaro Rodríguez (1948), *Recordando a Carroll*, 1982. *El viento en el puente*, 1990. *En alabanza del tiempo*, 1993.

Anabel Torres (1948). Libros de poesía: *Casi poesía*, 1975. *La mujer del esquimal*, 1980. *Las bocas del amor*. 1982. *Medias nonas*, 1992.

Jaime Alberto Vélez (1950-2002). Libros de poesía: *Reflejos*, 1981. *Biografías*, 1982. *Breviario*, 1991.

Samuel Jaramillo (1950). Libros de poesía: *Ásperos golpes*, 1973. *Habitantes de la ciudad y de la noche*, 1980. *Geografías de la alucinación*, 1982. *Selva que regresa*, 1988.

Piedad Bonnet (1951). Libros de poesía. *Círculo y ceniza*, 1989. *Nadie en casa*, 1994. *El hilo de los días*, 1995, *Ese animal triste* (1996), *Todos los amantes son guerreros* (1998).

Horacio Benavides (1952). Libros de poesía: *Orígenes*, 1979 *Las cosas pérdidas*, 1987. *Agua de la orilla*, 1989. *La sombra de agua*, 1994.

William Ospina (1954). Libros de poesía: *Hilo de arena,* 1986. El *país del viento,* 1992. *La luna y el dragón* (1993), *¿Con quién habla Virginia caminando hacia el agua?* (1995).

Víctor Gaviria (1955). Libros de poesía: *Con los que viajo sueño,* 1980. *La luna y la duche fría,* 1981. *El pulso y el cartógrafo,* 1987. *El rey de los espantos,* 1993, *Los días del olvidadizo,* 1998.

Rafael del Castillo (1962). Libros de poesía: *Canción desnuda,* 1985. *El ojo del silencio,* 1985. *Entre la oscuridad y la palabra,* 1992.

Ramón Cote (1963). Libros de poesía. *Poemas para una fosa común* 1984. *El confuso trazado de las fundaciones,* 1991. *Poemas para la estación de Delicias,* 1993.

Mario Jursich Durán (1964). Libros de poesía: *Glimpses,* 1990.

ANTOLOGÍAS DE LA POESÍA HISPANOAMERICANA

Anónimo. *Antología básica contemporánea de la poesía iberoamericana.* 2 vol. Buenos Aires, Ediciones Nereo-Editorial Pulitzer, 1978. T. 1: 351 p. T. II: 353-692 p. (De Colombia: Juan Lozano, José Eustasio Rivera, Miguel Rasch Isla, León de Greiff, Carlos García Prada, Emilia Ayarza, José Asunción Silva, Jorge Gaitán Durán, Álvaro Mutis, DoIIy Mejía).

Albareda, Gines de. Garfias, Francisco. *Antología de la poesía hispanoamericana. Colombia.* Madrid, Biblioteca Nueva, 1957. 570 p. Incluye 192 poetas colombianos, de Antón de Lezcamez a Eduardo Cote Lamus, divididos en los siguientes rubros: Poetas de la Conquista, El Barroco, El Neoclasicismo, El Romanticismo, El Modernismo y Tendencias actuales. En El Modernismo incluye poemas de José Asunción Silva, Guillermo Valencia, Ismael Enrique Arciniegas, Carlos Arturo Torres, Víctor Eduardo Caro, Ricardo Nieto, Aquilino Villegas, Porfirio Barba Jacob, Luis Carlos López, Carlos Villafañe, Aurelio Martínez Mutis, Vicente Casas Castañeda, Daniel Bayona Posada, Jorge Bayona Posada, Nicolás Bayona Posada, Leopoldo de la Rosa, José Eustasio Rivera, Eduardo Castillo, Miguel Rasch Isla, Ángel María Céspedes, Mario Carvajal, Juan Bautista Jaramillo Meza, Carlos López Narváez, Rafael Vásquez, Delio Seraville, Gregorio Castañeda Aragón, Gilberto Garrido, Manuel José Forero.

Baciú, Stefan. *Antología de la poesía latinoamericana, 1950-1970,* 2 vol. Albany, State University of New York Press, 1974. (De Colombia: Alfonso Bonilla Naar, Óscar Echeverry Mejía, Jorge Gaitán Durán, Eduardo Escobar).

Baeza Flores, Alberto. *Antología de la poesía hispanoamericana.* Buenos Aires, Ediciones Tirso, 1959. 303 p. (De Colombia: Ismael Enrique Arciniegas, Guillermo Valencia, Alfredo Gómez Jaime, Porfirio Barba Jacob, Luis Carlos López, Eduardo Castillo, José Eustasio Rivera, León de Greiff, Rafael Maya, Juan Lozano y Lozano, Alberto Ángel Montoya, Jorge Artel, Jorge Rojas, Eduardo Carranza, Meira Delmar, Óscar Echeverry Mejía, Carlos Castro Saavedra, Dora Castellanos).

Ballagas, Emilio. *Mapa de la poesía negra americana.* Buenos Aires, Editorial Pleamar, 1946. 324 p. (De Colombia: Candelario Obeso).

Barros, Daniel. *Antología básica contemporánea de la poesía latinoamericana*. Buenos Aires, Ediciones de la Flor, 1973. 2a. edición: 1979. 263 p. (De Colombia: Fernando Arbeláez, Fernando Charry Lara, Jorge Gaitán Durán, J. Mario, José Puben).

Becco, Horacio Jorge. *El modernismo en América*. Buenos Aires, Edicom, 1969. 109 p. (De Colombia: José Asunción Silva,. Guillermo Valencia).

Boccanera, Jorge. *La novísima poesía latinoamericana*. México, Editores Mexicanos Unidos, 3a. edición, 1982. 310 p. (De Colombia: William Agudelo, Guillermo Bustamante, J. G. Cobo, Diomedes Daza, Henry Luque).

Borges, Jorge Luis. Hidalgo, Alberto. Huidobro, Vicente. *Índice de la nueva poesía americana*. Buenos Aires, Editorial El Inca, 1926. (De Colombia: Luis Vidales).

Caillet-Bois, Julio. *Antología de la poesía hispanoamericana,* 2a. edición, Madrid, Aguilar, 1965. 2072 p. (De Colombia: Julio Arboleda, Ismael Enrique Arciniegas, Aurelio Arturo, Porfirio Barba Jacob, Arturo Camacho Ramírez, José Eusebio Caro, Miguel Antonio Caro, Eduardo Carranza, Francisca Josefa de Castillo, Fernando Charry Lara, Meira Delmar, Hernando Domínguez Camargo, Diego Fallón, Julio Flórez, Jorge Gaitán Durán, León de Greiff, Gregorio Gutiérrez González, Jorge Isaacs, Víctor M. Londoño, Luis Carlos López, Antonio Llanos, Rafael Maya, Epifanio Mejía, Rafael Núñez, José Joaquín Ortíz, Germán Pardo García, Rafael Pombo, Ovidio Rincón, José Eustasio Rivera, Jorge Rojas, José Asunción Silva, José Umaña Bernal, Diego Uribe, Guillermo Valencia, Tomás Vargas Osorio, Luis Vargas Tejada, Rafael Vásquez, Luis Vidales, Maruja Vieira).

Campos, Jorge. *Antología hispanoamericana*. Madrid, Ediciones Pegaso. 1950. 639 p. (De Colombia: Hernando Domínguez Camargo, Luis Vargas Tejada, Gregorio Gutiérrez González, José Joaquín Ortíz, Julio Arboleda, José Eusebio Caro, Rafael Pombo, Epifanio Mejía, Joaquín González Camargo, Diego Uribe, José Asunción Silva, Ismael Enrique Arciniegas, Guillermo Valencia, Pacho Valencia, Porfirio Barba Jacob, José Eustasio Rivera, Luis C. López, Luis Vidales, Jorge Artel, Eduardo Carranza, Antonio Llanos, Germán Pardo García, Rafael Maya).

Caracciolo-Trejo, Enrique. *The Penquin Book of Latin American Verse*. Londres, Penguin Books, 1971. (De Colombia: Gregorio Gutiérrez González, José Asunción Silva, Guillermo Valencia, Porfirio Barba Jacob, León de Greiff, Álvaro Mutis).

Cilloniz, Antonio. *Poesía hispanoaméricana*. Madrid, Alborada. 1989. (De Colombia: José Asunción Silva, Porfirio Barba Jacob, Eduardo Carranza, Álvaro Mutis, Jorge Gaitán Durán, Jaime Jaramillo Escobar).

Cobo Borda, Juan Gustavo. *Antología de la poesía hispanoaméricana*. México, Fondo de Cultura Económica, 1985 (De Colombia: Fernando Charry Lara, Álvaro Mutis, Jorge Gaitán Durán, Jaime Jaramillo Escobar, Mario Rivero, José Manuel Arango, Giovanni Quessep).

Cortés, María Victoria. *Poesía hispanoamericana* (Antología). Madrid, Taurus, 1959. (De Colombia: Francisca Josefa de Castillo, Hernando Domínguez Camargo, Luis Vargas Tejada, Gregorio Gutiérrez González, José Joaquín Ortíz, José Eusebio Caro, Rafael Pombo, Epifanio Mejía, Joaquín González Camargo, Diego Uribe,

José Asunción Silva, Ismael Enrique Arciniegas, Guillermo Valencia, Porfirio Barba Jacob, José Eustasio Rivera, Jorge Artel, Rafael Maya, Germán Pardo García, Eduardo Carranza).

Escalona-Escalona, José Antonio. *Muestra de poesía hispanoamericana del siglo* XX, 2 vol. Caracas, Biblioteca Ayacucho. 1985. 826 p. y 846 p. (De Colombia: Eduardo Carranza, Dora Castellanos, Fernando Charry Lara, Jorge Gaitán Durán, León de Greiff, Jaime Jaramillo Escobar, Rafael Maya, Álvaro Mutis, Germán Pardo García, Jorge Rojas).

Ferro, Hellen. *Antología comentada de la poesía hispanoamericana.* Nueva York, Las Americas Publishing Company, 1965. 455 p. (De Colombia: José Asunción Silva, José Eustasio Rivera).

Ferro, Hellen. *Del modernismo al compromiso político. Antología temática de la poesía hispanoamericana.* Buenos Aires, Editorial Cuarto Poder, 1975. 249 p. (De Colombia: José Asunción Silva, Guillermo Valencia, José Eustasio Rivera, Rafael Pombo).

Fitts, Dudley. *Antología de la poesía americana contempránea.* Estados Unidos, New Directions, 1942 (De Colombia: Eduardo Carranza, Luis Carlos López, Rafael Maya, Germán Pardo García).

Florit, Eugenio y Jiménez, José Olivio. *La poesía hispanoamericana desde el modernismo.* Nueva York, Appleton Century Crofts, 1968. (De Colombia, "Modernismo": José Asunción Silva, Guillermo Valencia. "Postmodernismo": Porfirio Barba Jacob, Luis Carlos López. "Postvanguardismo": Eduardo Carranza).

Freidemberg, Daniel. *Poesía hispanoamericana del siglo XX*. Buenos Aires, Centro Editor de América Latina, Biblioteca Básica Universal, N° 253 y N° 263, 1983. 119 p. y 147 p. (En el primer volumen, titulado "El perro vagabundo y otros poemas", Pezoa Veliz, Fernández Moreno y otros, se incluye de Colombia a Luis Carlos López. En el segundo, titulado "Los dados eternos y otros poemas", Girondo, Neruda, Vallejo y otros, se incluye, de Colombia, a León de Greiff).

García Prada, Carlos. *Poetas modernistas hispanoamericanos*. Madrid, Ediciones Cultura Hispánica, 1956. 355 p. (De Colombia: José Asunción Silva, Guillermo Valencia, Porfirio Barba Jacob).

Gimferrer, Pere. *Antología de la poesía modernista*. Barcelona, Barral Editores, 1969. 300 p. (De Colombia: Ismael Enrique Arciniegas, José Asunción Silva, Guillermo Valencia, Porfirio Barba Jacob, Luis Carlos López).

Gómez Luque, José María. *Antología de la poesía hispanoamericana*. Madrid, Editorial Alba, 1989. 192 p. *(De* Colombia: José Asunción Silva, León de Greiff, Álvaro Mutis, Juan Gustavo Cobo Borda).

Henríquez Ureña, Pedro. *Cien de las mejores poesías castellanas*. Buenos Aires, Editorial Kapelusz, 1929. 289 p. (De Colombia: José Eusebio Caro, Rafael Pombo, José Asunción Silva).

Jiménez, José Olivio. *Antología de la poesía hispanoamericana contemporánea, 1914-1970*. Madrid, Alianza Editorial, 1971. (De Colombia: León de Greiff, Eduardo Carranza).

—, *Antología crítica de la poesía modernista hispanoamericana*. Madrid, Ediciones Hiperión, 1985. 461 p. (De Colombia: José Asunción Silva, Guillermo Valencia).

Lastra, Pedro y Eyzaguirre, Luis. *Catorce poetas hispanoamericanos de hoy. Inti.* Revista de Literatura Hispánica, No. 18- 19. Otoño 1983-Primavera 1984. Providence College, Rhode Island, USA. (De Colombia: Álvaro Mutis).

Lewald, Ernest Herald. *Antología de veinte poetas postmodernistas latinoamericanos.* Buenos Aires, Instituto Amigos del Libro Argentino, 1967. 117 p. (De Colombia: Luis Carlos López).

Milán, Eduado y Lumbreras Ernesto: *Pristina y última piedra. Antología de poesía hispanoamericana presente.* México, Editorial Aldus, 1999. 569 p. (De Colombia: Raúl Gómez Jattín, Juan Gustavo Cobo Borda, William Ospina y Ramón Cote).

Montes de Oca, Francisco. *Poesía hispanoaméricana.* México, Editorial Porrúa, 1982. (De Colombia: Francisca Josefa de Castillo, José Joaquín Ortíz, José Eusebio Caro, Gregorio Gutiérrez González, José Manuel Marroquín, José Asunción Silva, Ismael Enrique Arciniegas, Guillermo Valencia, Luis Carlos López, Porfirio Barba Jacob, José Eustasio Rivera, Germán Pardo García, Eduardo Carranza).

Onis, Federico de. *Antología de la poesía española e hispanoamericana* (1882-1932). 1934: Reimpresa: Nueva York. Las Americas Publishing Company. 1961. (De Colombia: José Asunción Silva, Ismael Arciniegas, Guillermo Valencia, "Cornelio Hispano" (Ismael

López), Miguel Ángel Osorio, José Eustasio Rivera, Luis Carlos López, Rafael Maya).

—, *Anthologie de la poesía Ibero-Americaine*. Presentación de Ventura García Calderón, París, Unesco-Nagel, 1956. (De Colombia: José Joaquín Ortiz, José Eusebio Caro, Julio Arboleda, Gregorio Gutiérrez González, Rafael Pombo, Miguel Antonio Caro, José Asunción Silva, Guillermo Valencia, Porfirio Barba Jacob, Luis Carlo López, José Eustasio Rivera, Rafael Maya).

Ortega, Julio. *Antología de la poesía hispanoamericana actual*. México, Siglo XXI Editores, 1987. (De Colombia: Aurelio Arturo, Jorge Gaitán Durán, Álvaro Mutis, J. G. Cobo Borda).

Panero, Leopoldo. *Antología de la poesía hispanoamericana*. Desde Rubén Darío hasta nuestros días. Madrid, Editora Nacional, 1945. Tomo II: 517 p. (Su tomo II incluye los siguientes poetas colombianos: Guillermo Valencia, Cornelio Hispano (Ismael López), Miguel Ángel Osorio, Luis Carlos López, José Eustasio Rivera, Rafael Maya, Germán Pardo García).

Pellegrini, Aldo. *Antología de la poesía viva latinoamericana*. Barcelona. Seix-Barral, 1966.317 p. (De Colombia: Fernando Arbeláez, Fernando Charry Lara, Jorge Gaitán Durán, Álvaro Mutis, J. Mario Arbeláez).

Pellegrini, Juan Carlos. Martínez, David. *Antología de la poesía hispanoamericana: el modernismo*. Buenos Aires, Editorial Huemul, 1964. 2a. edición: 1968. 151 p. (De Colombia: José Asunción Silva, Guillermo Valencia, Ismael Enrique Arciniegas).

Perrone, Alberto M. *Nueva poesía de América*. Buenos Aires, Centro Editor de América Latina. 1970. 159 p.

(De Colombia: Álvaro Mutis, Jaime Jaramillo Escobar).

Prados, Emilio. Villaurrutia, Xavier. Gil Albert, Juan. Paz, Octavio. *Laurel. Antología de la poesía moderna en lengua española*. México, Editorial Séneca, 1941. 1.134 p. (De Colombia: Porfirio Barba Jacob).]

Ravoni, Marcelo. Porta, Antonio. *Poeti Ispanoamericani Contemporanei*. Milán, Feltrinelli, 1970. 579 p. (De Colombia: León de Greiff, Luis Vidales, Aurelio Arturo, Álvaro Mutis, Jorge Gaitán Durán).

Revista Caballo de Fuego. *La poesía del siglo veinte en América y España*. Buenos Aires, Ediciones de la revista "Caballo de Fuego", 1952. 333 p. (De Colombia: José Asunción Silva, Guillermo Valencia).

Rodríguez Padrón, Jorge. *Antología de poesía hispanoamericana*. (1915-1980) Madrid, Selecciones Austral 132, Espasa Calpe, 1984. 445 p. (De Colombia: Álvaro Mutis, J. G. Cobo Borda).

Ruano, Manuel. *Muestra de la poesía nueva latinoamericana*. Lima, Ediciones El Gallinazo, 1981. 268 p. (De Colombia: Gonzalo Arango, Jaime Jaramillo Escobar, Mario Rivero, J. Mario, Giovanni Quessep, William Agudelo, Eduardo Escobar, Henry Luque Muñoz, Juan Manuel Roca, J. G. Cobo Borda, Jaime Aljure).

Salvador, Álvaro: *Muestra de poesía hispanoamericana actual* (34 nombre en 34 años: 1963-1997). Granada, Diputación de Granada, 1998. 429 p. (De Colombia: J. G. Cobo Borda, William Ospina).

Sucre, Guillermo. Rojas, Gonzalo y otros. *Antología de la poesía hispanoamericana moderna*. Vol. 1. Caracas, Universidad Simón Bolívar, 1982. 660 p. (De Colombia: José

Asunción Silva, León de Greiff). Vol. II. Caracas, Monte Ávila Editores, 1993. 823 p. (De Colombia: Álvaro Mutis, Jorge Gaitán Durán, Juan Gustavo Cobo Borda).

Tapia Gómez, Alfredo. *1ra. Antología de la poesía sexual latinoamericana.* Buenos Aires, Editorial Freeland, 1969. 301 p. (De Colombia: Gonzalo Arango, Jorge Artel, Alfonso Borda Ferguson, Carlos Castro Saavedra, León de Greiff, Jorge Gaitán Durán, Carlos García Piada, Víctor M. Londoño, Juan Lozano, Alberto Ángel Montoya, José Asunción Silva, José Eustasio Rivera, Laura Victoria).

Zapata, Miguel Ángel: *Nueva poesía latinoamericana,* México, UNAM, 1999. 732 p. (De Colombia: Giovanni Quessep, Armando Romero, Juan Manuel Roca, J. G. Cobo Borda, Santiago Mutis, María Mercedes Carranza).

HISTORIA DE LA LITERATURA COLOMBIANA

Arango Ferrer, Javier. *La literatura de Colombia.* Buenos Aires, Universidad de Buenos Aires, 1940, 158 p.

Arango Ferrer, Javier. *Horas de literatura colombiana.* Bogotá, Instituto Colombiano de Cultura, 1978. 376 p.

Camacho Guizado, Eduardo. *Sobre literatura colombiana e hispanoamericana.* Bogotá, Instituto Colombiano de Cultura, 1978, 407 p.

Gómez Restrepo, Antonio. Valera, Juan. Menéndez y Pelayo, Marcelino. Rubio y Lluch, Antonio. *La literatura colombiana.* Bogotá, Biblioteca de Autores Colombianos, Nº 7, 1952, 412 p.

Gutiérrez Girardot, Rafael. "La literatura colombiana en el siglo XX", en *Manual de Historia de Colombia,* t. 3.

Bogotá, Instituto Colombiano de Cultura, 1980. (Comprende desde Guillermo Valencia hasta el grupo "Mito").

Sanín Cano, Baldomero. *Letras colombianas*. México, Fondo de Cultura Económica, 1944, 213 p.

Varios autores: *Manual de literatura colombiana*. 2 vols. Bogotá, Planeta, 1988.

POESÍA COLOMBIANA:
PANORAMAS CRÍTICOS GENERALES

Carranza, Eduardo: *Visión estelar de la poesía colombiana,* Bogotá, Biblioteca del Banco Popular, No 126, 1986, 312 p. Luego de una rápida visión global de la poesía colombiana (pp. 17-23), el libro comprende, en realidad, ensayos y notas sobre diversos poetas colombianos. Son ellos: José Eusebio Caro, Miguel Antonio Caro, Víctor Caro, Rafael Pombo, Diego Fallón, José Asunción Silva, Julio Flórez, José Rivas Groot, Antonio Gómez Restrepo, Guillermo Valencia, Eduardo Castillo, Aurelio Martínez Mutis, Mario Carvajal, Donaldo Bossa, Rafael Vásquez, Darío Samper, Alberto Ángel Montoya, Luis Vidales, Aurelio Arturo, Jorge Rojas, Gerardo Valencia, Carlos Martín, Andrés Holguín, Eduardo Mendoza Varela, Fernando Charry Lara, Jorge Gaitán Durán, Porfirio Barba Jacob, Ricardo Nieto, Carlos Villafañe, Gilberto Garrido, Antonio Llanos y Eduardo Cote Lamus.

Charry Lara, Fernando: *Poesía y poetas colombianos,* Bogotá, Nueva Biblioteca Colombiana de Cultura, Procultura-Presidencia de la República, 1985, 299 p. Notas y ensayos sobre 24 poetas colombianos, con selección ilustrativa de sus poemas. Los 24 poetas se hallan divididos en cuatro grandes grupos: 1. Modernistas. II. Los Nuevos. III. Piedra y Cielo. IV. Mito. Los poetas son Silva, Valencia, Porfirio Barba Jacob, José Eustasio Rivera y Eduardo Castillo, entre los modernistas. León de Greiff, Rafael Maya, José Umaña Bernal, Jorge Zalamea, Luis Vidales, Germán Pardo García, Juan Lozano y Lozano y Alberto Ángel Montoya, entre Los Nuevos. Aurelio Arturo, Arturo Camacho Ramírez, Jorge Rojas, Gerardo Valencia, Eduardo Carranza, Carlos Martín, en Piedra y Cielo. Y Héctor Rojas Herazo, Álvaro Mutis, Jorge Gaitán Durán, Fernando Arbeláez, Rogelio Echavarría y Eduardo Cote Lamus en el grupo de *Mito*.

Maya, Rafael: *Obra crítica,*. Bogotá, Banco de la República, 1982. Dos tomos. En el segundo tomo de la recopilación del trabajo crítico de Maya se encuentran ensayos suyos sobre los siguientes poetas colombianos: José Asunción Silva, José Joaquín Casas, Guillermo Valencia, Víctor M. Londoño, Porfirio Barba Jacob, Eduardo Castillo, José Eustasio Rivera, Luis Carlos López, Roberto Liévano, Cornelio Hispano, Aurelio Martínez Mutis, León de Greiff y José Umaña Bernal, junto a su trabajo sobre "La continuidad lírica en Colombia".

Mejía Duque, Jaime: *Momentos y opciones de la poesía en Colombia, 1890-1978,* Bogotá, La Carreta, 1979, 200 p. Ensayo sobre la poesía lírica nacional que estudia a Silva, Julio Flórez, Guillermo Valencia, Porfirio

Barba Jacob, Luis Carlos López, los Nuevos, Jorge Zalamea y León de Greiff, Piedra y Cielo, Aurelio Arturo, los cuadernícolas, el grupo de *Mito,* el Nadaísmo e Independientes. Entre estos últimos considera a Mario Rivero, Eduardo Gómez, Óscar Uribe, Henry Luque Muñoz, David Mejía Velilla, Giovanni Quessep, Jaime García Maffla, Elkin Restrepo, José Pubén, Harold Alvarado, Jorge Castillejo, Jorge Ernesto Leiva y J. G. Cobo Borda.

Romero, Armando: *Las palabras están en situación. Un estudio de la poesía colombiana de 1940 a 1960,* Bogotá, Procultura, 1985, 186 p. Partiendo de José Asunción Silva y tomando en cuenta el periodo que va de La Gruta Simbólica a Piedra y Cielo, el libro se concentra en el análisis de dos grupos, el de los Cuadernícolas, ejemplarizado por Fernando Charry Lara y Álvaro Mutis, y el de *Mito,* en el cual estudia las obras de Jorge Gaitán Durán, Fernando Arbeláez, Rogelio Echavarría, Eduardo Cote Lamus y Héctor Rojas Herazo.

Uribe Ferrer, René: "Raíz y desarrollo de la literatura colombiana. Poesía desde las culturas precolombinas hasta la gruta simbólica", en *Historia extensa de Colombia,* volumen XIX, Bogotá, Ediciones Lerner, 1965. En los capítulos XX a XXIV, Uribe Ferrer se refiere a José Asunción Silva, Guillermo Valencia, Abel Farina, Víctor M. Londoño, Cornelio Hispano, Antonio Gómez Restrepo, Max Grillo, Manuel Antonio Bonilla, Ricardo Nieto, Carlos Villafañe, Alfredo Gómez Jaime, Julio Flórez, Diego Uribe, Clímaco Soto Borda, Enrique Alvarez Henao, Luis María Mora, Pacho Valencia y Abraham Zacarías López-Pénha.

Varios autores: *Historia de la poesía colombiana,* Bogotá, Ediciones Casa Silva, 1991. De la poesía indígena a la generación de *Golpe de dados,* renovador panorama preparado por 13 autores, con actualizada bibliografía. Incluye también un análisis de antologías generales de la poesía colombiana en los siglos XIX y XX, al cual remitimos.

CRÍTICA SOBRE POESÍA COLOMBIANA

Alstrum, James J.: *La generación desencantada de "Golpe de dados". Los poetas colombianos de los años 70.* Bogotá, Universidad Central, 2000. 394 p.
Camacho Guizado, Eduardo: *La poesía de José Asunción Silva,* Bogotá, Ediciones Universidad de los Andes, 1968, 131 p.
Cobo Borda, Juan Gustavo. *Leyendo a Silva.* 3 volúmenes, Bogotá, Instituto Caro y Cuervo, 1994-1997.
—, *El transeunte* paso a paso. Repertorio crítico de la obra de Rogelio Echevarria. Selección y prólogo: J. G. Cobo Borda, Medellín, Universidad de Antioquia, 1999. 199 p.
Charry Lara, Fernando (compilador): *José Asunción Silva. Vida y creación,* Bogotá, Nueva Biblioteca Colombiana de Cultura, Procultura, Presidencia de la República, 1985, 528 p. Contiene 45 trabajos sobre Silva, de críticos nacionales y extranjeros, además de una bibliografía complementaria.
Galeano, Juan Carlos, *Polen y escopetas: la poesía de la violencia en Colombia.* Bogotá, Universidad Nacional, 1997. 166 p.

Ghiano, Juan Carlos: *José Asunción Silva,* Buenos Aires, Centro Editor de América Latina, 1967, 59 p.

Herrera, Luis Carlos, s. j.: *Rivera, lírico y pintor,* Bogotá, Biblioteca Colombiana de Cultura, 1972, 146 p.

Jiménez, David, *Poesía y Canon,* Bogotá, Norma, 2002, 197 p. De 1920 a 1950 como los propios poetas, en el ejercicio de la crítica, configuraron sus respectivas cánones.

Maya, Rafael. *Los orígenes del modernismo en Colombia,* Bogotá, Biblioteca de Autores Contemporáneos, 1961. 149 p. Sus capítulos están dedicados a Baldomero Sanín Cano, José Asunción Silva, Guillermo Valencia, Víctor M. Londoño, y a dos opositores del modernismo en Colombia: Luis María Mora y Tomás Carrasquilla.

Kohut, Karl (ed.): *Literatura colombiana hoy. Imaginación y barbarie,* Frankfurt-Madrid, Vervuert, 1984, 385 p. La sección V está dedicada al tema "Decadencia o auge? Los avatares de la poesía", con trabajos de J. G. Cobo Borda, Darío Jaramillo, José Morales Saravia (sobre Álvaro Mutis), Helena Araujo (poesía femenina) y Hubert Pöppel (poesía popular).

Mendoza, Cecilia de: *La poesía de León de Greiff,* Bogotá, Biblioteca Colombiana de Cultura, 1974, 69 p. Análisis estilístico de los tres primeros títulos de León de Greiff: *Tergiversaciones, Libro de signos, Prosas de Gaspar.*

Ospina William: *Por los países de Colombia,* ensayos sobre poetas colombianos. Medellín, Eafit, 2002. 269 p. Lecturas de Juan de Castellanos, Hernando Domínguez Camargo, Silva, Barba, Rivera, Luis Carlos

López, De Greiff, Aurelio Arturo, Álvaro Mutis, José Manuel Arango, Raúl Gómez Jattin, Gonzalo Arango.

Rodríguez Sardiñas, Orlando: *León de Greiff una poética de vanguardia.* Madrid, Playor, 1975, 186 p.

Santa, Eduardo: *Porfirio Barba Jacob y su lamento poético,* Bogotá, Instituto Caro y Cuervo, 1991, con amplia bibliografía y una selección de 18 poemas.

Torres, Hernán (editor): *Estudios. Edición en homenaje a Guillermo Valencia,* Cali, Carvajal y Cía., 1976, 438 p. Contiene dos poemas en honor de Guillermo Valencia, nueve ensayos sobre su obra y cinco discursos en torno a su trayectoria, además de una bibliografía selecta.

Uribe Ferrer, René: *Modernismo y poesía contemporánea,* Medellín, Ediciones la Tertulia, N° 5, 1962, 176 p. Prólogo de Rafael Maya. Contiene trabajos sobre el modernismo, significado y ámbito, Rubén Darío, Guillermo Valencia, Juan Ramón Jiménez, Porfirio Barba Jacob, Gabriela Mistral, la poesía contemporánea en lengua española, León de Greiff, Rafael Maya, Mario Carvajal.

Varios autores: *Álvaro Mutis.* Revista Anthropos. Barcelona, N° 202, enero-marzo 2004. Número especial coordinado por J. G. Cobo Borda que incluye 20 trabajos sobre Mutis, entre otros de Roberto González Echevarría, José Miguel Oviedo, Helena Araujo, Americo Ferrari, Adolfo Castañón y Álvaro Miranda.

DICCIONARIOS, GUÍAS Y CRONOLOGÍAS

Becco, Horacio Jorge: *Diccionario de literatura hispanoamericana. Autores,* Buenos Aires, Huemul, 1984, 313 p.

Echevarria, Rogelio: *¿Quién es quién en la poesía colombiana?* Bogotá, El Áncora Editores, 1997.

Gullón, Ricardo (dirigido por): *Diccionario de literatura española e hispanoamericana,* 2 vols., Madrid, Alianza Editorial, 1993.

Sánchez López, Luis María: *Diccionario de escritores colombianos,* 2a. edición, Bogotá, Plaza y Janés, 1982, 826 p.

Shimose, Pedro (dirigido por): *Diccionario de autores iberoamericanos,* Madrid, Ministerio de Asuntos Exteriores, 1982, 459 p. (Cubre el período 1890-1939).

Ward, Philip (edición al cuidado de): *Diccionario Oxford de literatura española e hispanoamericana,* Barcelona, Editorial Crítica, 1984, 864 p.

Rela, Walter: *Guía bibliográfica de la literatura hispanoamericana.* Desde el siglo XIX hasta 1970. Buenos Aires, Casa Pardo, 1971. 613 p.

Cronología 900AC-1985DC. Caracas, Biblioteca Ayacucho, 1987. *Cronología 1985-1991.* Caracas, Biblioteca Ayacucho, 1993.

Diccionario enciclopédico de las letras de América Latina. 3 vols. Caracas, Biblioteca Ayacucho - Monte Ávila Editores, 1995-1998.

HISTORIA DE LA LITERATURA HISPANOAMERICANA

Anderson Imbert, Enrique: *Historia de la literatura hispanoamericana,* 5a. edición, México, Fondo de Cultura Económica, 1966.

Arrom, José Juan: *Esquema generacional de las letras hispanoamericanas,* 2a. edición, Bogotá, Instituto Caro y Cuervo, 1977, 261 p.

Autores varios: *Panorama histórico-literario de nuestra América. 1899-1970.* La Habana, Casa de las Américas, 1982, 2 tomos. Tomo I: 1900-1943, 587 p. Tomo II: 1943-1970, 587-1171 pp.

Bella, Josef: *Historia de la literatura hispanoamericana,* 2a. edición, Río de Janeiro, Francisco Alves, 1982, 408 p.

Bellini, Giuseppe. *Historia de la literatura hispanoamericana.* Madrid, Editorial Castalia, 1985.

Foster, David William (comp.) *Handbook of Latin American Literatura* New York, Garland, 1987. 608 Sobre Colombia: pp. 153-190.

Franco, Jean. *Historia de la literatura hispanoamericana.* Barcelona, Ariel, 1980. 476 p.

Goic, Cedomil. *Historia y crítica de la literatura hispanoaméricana.* 3 vols. Barcelona, Editorial Crítica, 1988-1991.

Henríquez Ureña, Pedro: *Las corrientes literarias en la América Hispánica.* México, Fondo de Cultura Económica, 1949. 3 ed: 1964. 313 p.

Iñigo Madrigal, Luis (coordinador): *Historia de la literatura hispanoamericana.* Tomo II. Del neoclasicismo al modernismo. Madrid, Cátedra, 1987. (Contiene monografías individuales sobre José Asunción Silva y Guillermo Valencia).

Lazo, Raimundo. *Historia de la literatura hispanoamericana. El siglo XIX.* (1780-1914). 2a. edición. México, Editorial Porrúa, 1970. 333 p.

Mainer Baque, José Alves. *Atlas de literatura latinoamericana.* (Siglo XX), Barcelona, Ediciones Jover, 1972.

Martin, Gerald: "La literatura, la música y el arte de América Latina. 1870-1930", en *Historia de América Latina,*

Leslie Bethell, Ed. Cambridge University Press-Editorial Crítica. Barcelona, Crítica, 1991. p. 158-228.

Oviedo, José Miguel. *Historia de la literatura hispanoamericana.* 4 vols. Madrid, Alianza Universidad, 1995-2001.

Pizarro, Ana (organizadora): *América Latina. Palabra, literatura y cultura.* 3 vols. São Paulo: Memorial; Campinas: Unicamp, 1993-1995.

Sánchez, Luis Alberto. *Historia comparada de las literaturas americanas,* 4 vol. Buenos Aires, Editorial Losada, 1973-1976.

HISTORIA DE LA POESÍA HISPANOAMERICANA

Del Saz, Agustín. *Historia de la poesía hispanoamericana.* Barcelona. Seix Barral, 1948.

Ferro, Hellen. *Historia de la poesía hispanoamericana.* New York, Las Américas, 1964.

Forster, Merlin H. *Historia de la poesía hispanoamericana.* Indiana, The American Hispanist, 1981.

Menéndez y Pelayo, Marcelino. *Historia de la poesía hispanoamericana.* 2 tomos. Madrid, Suarez, 1911-1913.

ENSAYOS SOBRE POESÍA HISPANOAMERICANA

Chirinos, Eduardo: *El Techo de la Ballena. Aproximaciones a la poesía peruana e hispanoaméricana actual.* Lima, Pontificia Universidad Católica, 1991.

Fernández, Teodosio: *La poesía hispanoaméricana en el siglo xx,* Madrid, Taurus, 1987. (Con referencias a Luis Carlos López, Porfirio Barba Jacob, León de Greiff, Jorge Rojas, Eduardo Carranza, Aurelio Arturo).

Fernández, Teodosio: *La poesía hispanoaméricana en el siglo xx*, Madrid, Anaya, 1991.

Milán, Eduardo: *Una cierta mirada*, Crónica de poesía. México, Juan Pablos Editor, 1989.

Oyuela, Calixto. *Poetas hispanoamericanos*. Tomo II. Buenos Aires, Academia Argentina de Letras, 1950. (Incluye trabajos sobre Rafael Pombo, Diego Fallón, Miguel Antonio Caro, Rafael Núñez, Agripina Montes del Valle, Mercedes Alvarez de Flores, Teodulo Vargas, Joaquín González Camargo, José Rivas Groot, Antonio Gómez Restrepo, José Asunción Silva).

Serra, Edelweis. *Poesía hispanoamericana*. Ensayos de aproximación interpretativa. Santa Fe, Argentina, Instituto de Literaturas Hispánicas, 1964. (Incluye trabajos sobre sor Juana Inés de la Cruz, José Asunción Silva, Julio Herrera y Reissig, Juana de lbarbourou, Gabriela Mistral, César Vallejo, Jorge Luis Borges y Francisco Luis Bernárdez).

Rivera Rodas, Óscar. *Cinco momentos de la lírica hispanoamericana. Historia literaria de un género.* La Paz, Instituto Boliviano de Cultura, 1978. (Incluye aproximaciones a las obras de José Asunción Silva, Guillermo Valencia y Porfirio Barba Jacob).

Sucre, Guillermo. *La máscara, la transparencia.* Ensayos sobre poesía hispanoamericana, 2a. edición. México, Fondo de Cultura Económica, 1985. (Incluye trabajos sobre Álvaro Mutis, Jorge Gaitán Durán y J. G. Cobo Borda).

Varios autores: *La poesía nueva en el mundo hispánico. Los últimos años.* Madrid, Visor Libros, 1994. Panorama por países, el dedicado a Colombia fue redactado por J. G. Cobo Borda, pp. 141-150.